새로 펴낸 국어의미론

새로 펴낸

국어의미론

윤 평 현

역락

머리말

　이 책은 2008년 출간한 『국어의미론』을 전면적으로 개편하기 위해 새롭게 다시 쓴 책이다. 그 동안 『국어의미론』은 10여 쇄의 간행을 거치면서 국어의미론 학습의 기본서로서 과분한 사랑을 받아왔다. 그러나 변화와 발전을 거듭하는 국내외의 의미 연구를 책에 반영해야 한다는 책무를 저자로서 항상 짊어지고 있었다. 책이름을 『새로 펴낸 국어의미론』이라 한 것도 지난 책의 부족함을 보완하면서 특히 새로운 이론에 입각한 의미 연구의 흐름을 적극적으로 수용하려고 노력했기 때문이다.

　이 책은 국어의미론을 학습하는 학부의 상급 학년과 대학원 석사과정 연구생들에 맞추어서 집필하였다. 집필 중에도 특히 관심을 둔 것은 국어학에 대한 전문적인 지식이 없더라도 차분하게 읽으면 혼자서도 이해할 수 있도록 쉽게 쓰는 것이었다.

　이 책의 구성과 관련된 몇 가지 특징을 제시하면 다음과 같다.

　첫째, 전통적인 연구 주제에서부터 최근의 연구 동향까지 모두 살피면서, 어느 한쪽 이론에 치우치지 않고 전체적 균형을 맞추는데 관심을 두었다.

　둘째, 학습자가 의미 이론이나 개념을 쉽게 이해할 수 있도록 충분한 설명과 함께 필요에 따라 영어를 비롯한 다른 언어의 예도 제시했다.

　셋째, 내용을 보다 풍부하게 하기 위해서 주석을 많이 활용했는데, 내용주 가운데는 설명이 긴 것도 적지 않아서 부득이 각주로 달지 않고 '미주'로 처리하였다.

　넷째, 인용한 참고문헌의 외국인 인명은 한글로 적는 것을 원칙으로 했다.

따라서 맨 처음 나올 때는 한글과 원어를 병기하고 그 뒤로는 한글로 적었으며, 필요에 따라 원어를 확인할 수 있도록 책의 뒤편에 「한·영 인명 대조표」를 붙였다.

이 책의 원고가 완성될 때까지 애정을 가지고 기다려 주신 도서출판 역락의 이대현 사장님과 번번이 저자의 거친 원고에 고운 날개를 달아주시는 권분옥 편집장님께 심심한 사의를 표한다. 그리고 쾌적한 환경 속에서 글을 쓸 수 있도록 도와준 윤기한 선생과 자료 조사와 원고 교정에 애써준 김영미 선생, 강은진 선생, 하현정 선생에게도 진심으로 감사의 말을 전한다.

사십여 년이 넘는 세월 동안 편안한 마음으로 공부할 수 있었다. 정년퇴임으로 교단에서 물러난 지금도 불편 없이 계속 공부할 수 있으니 나는 참으로 행복한 사람이다. 이 모든 것이 나의 사랑하는 아내 이미숙의 덕이니 고맙기 그지없다. 끝으로 격려와 위로로 힘을 보태준 우리 가족들의 이름을 적어 본다. 최우영과 윤나라, 윤한결과 조윤미, 최승아와 최희원, 그리고 윤하영, 사랑한다.

세계적 대유행에 빠진 코비드 19의 종식을 간절히 빌면서 머리말을 쓴다.

2020. 7. 30.

윤 평 현

차례

제1부 총론

제1장 의미론의 형성

1. 언어학과 의미론 ———————————————————— 17
2. 의미 연구의 흐름 ———————————————————— 18
    2.1. 역사의미론 _ 19   2.2. 구조의미론 _ 21
    2.3. 생성의미론 _ 24   2.4. 화용론 _ 26
    2.5. 형식의미론 _ 27   2.6. 인지의미론 _ 27
3. 의미론의 연구 영역 ———————————————————— 29
    3.1. 의미의 층위 _ 29   3.2. 의미론의 연구 분야 _ 30
    3.3. 의미론의 연구 과제 _ 31

제2장 의미의 의미

1. 의미의 정의 ———————————————————— 35
    1.1. 지시설 _ 36   1.2. 개념설 _ 38
    1.3. 행동설 _ 41   1.4. 용법설 _ 43
    1.5. 진리조건설 _ 46   1.6. 의의관계설 _ 46
    1.7. 개념화설 _ 47
2. 언어의 기능 ———————————————————— 49
    2.1. 기술적 기능 _ 49
    2.2. 비기술적 기능: 표현적 기능과 사회적 기능 _ 50
3. 의미의 유형 ———————————————————— 51
    3.1. 개념적 의미 _ 52   3.2. 내포적 의미 _ 53
    3.3. 사회적 의미 _ 54   3.4. 감정적 의미 _ 55
    3.5. 반사적 의미 _ 55   3.6. 연어적 의미 _ 56
    3.7. 주제적 의미 _ 57

제2부 어휘의미론

제3장 의미장

1. 의미장에 대한 기초적 이해 ──────────────── 61
　　1.1. 의미장의 정의 _ 61　　　　1.2. 의미장과 의미 규정 _ 62
　　1.3. 개념장과 어휘장 _ 62
2. 장이론의 이론적 배경과 전개 ──────────── 63
　　2.1. 장이론의 이론적 배경 _ 63　　2.2. 장이론의 전개 _ 65
3. 계열적 장이론 ──────────────────── 67
　　3.1. 트리어의 장이론 _ 67　　　3.2. 바이스게르버의 장이론 _ 71
4. 통합적 장이론 ──────────────────── 76
　　4.1. 의미장 구성 _ 76　　　　4.2. 의미장 구성의 중심 _ 77
　　4.3. 은유 _ 79
5. 어휘장과 문화 ──────────────────── 81
　　5.1. 언어상대성 가설 _ 81　　　5.2. 어휘장의 빈자리 _ 84

제4장 성분분석

1. 의미성분 ────────────────────── 89
　　1.1. 의미성분과 성분분석 _ 89　　1.2. 성분분석 이론의 성립 배경 _ 90
　　1.3. 성분분석의 과정 _ 95　　　1.4. 의미성분의 유형 _ 103
　　1.5. 의미성분의 형식적 표상 _ 106　1.6. 성분분석의 효용성과 한계 _ 110
2. 의미원소 ────────────────────── 113
　　2.1. 생성의미론의 어휘분해 _ 113　2.2. 개념의미론의 의미원소 _ 116
　　2.3. 자연 의미 상위언어의 의미원소 _ 117

제5장 국어 어휘의 의미관계

1. 동의관계 —————————————————————————— 119
　　1.1. 동의관계의 규정 _ 119　　　　1.2. 동의어 생성의 유형 _ 124
　　1.3. 동의어의 경쟁 _ 128

2. 반의관계 —————————————————————————— 132
　　2.1. 반의관계의 규정 _ 132　　　　2.2. 반의어의 유형 _ 135
　　2.3. 비양립관계 _ 144
　　2.4. 반의관계의 복합성과 비전형성 _ 146

3. 하의관계 —————————————————————————— 150
　　3.1. 하의관계의 규정 _ 150　　　　3.2. 상의어와 하의어 _ 152
　　3.3. 하의관계의 특성 _ 154

4. 부분관계 —————————————————————————— 155
　　4.1. 부분관계의 규정 _ 155　　　　4.2. 부분어와 전체어 _ 156
　　4.3. 부분관계의 계층 구조 요건 _ 157
　　4.4. 부분관계의 특성 _ 158

제6장 국어 어휘의 의미 변이

1. 의미 변이 ————————————————————————————— 161

2. 단의어와 다면어 ——————————————————————— 163
　　2.1. 단의어 _ 163　　　　　　　　2.2. 다면어 _ 165

3. 다의어 ————————————————————————————— 173
　　3.1. 다의어의 규정 _ 173　　　　　3.2. 다의어의 생성 원인 _ 176

4. 동음이의어 ————————————————————————— 181
　　4.1. 동음이의어의 규정 _ 181　　　4.2. 동음이의어의 유형 _ 182
　　4.3. 동음이의어의 생성 원인 _ 186　4.4. 다의어와 동음이의어의 구별 _ 190

제7장 국어 어휘의 비유 의미

1. 비유와 의미 ——————————————— 197
  1.1. 비유의 본질 _ 197   1.2. 유사성과 인접성 _ 198
  1.3. 비유의 언어학적 접근 _ 200

2. 개념적 은유 ——————————————— 201
  2.1. 개념적 은유의 정의 _ 201   2.2. 근원영역과 목표영역 _ 201
  2.3. 개념의 사상 _ 202   2.4. 개념적 은유의 언어적 표현 _ 203
  2.5. 은유의 유형 _ 204

3. 개념적 환유 ——————————————— 211
  3.1. 개념적 환유의 정의 _ 211   3.2. '매체-목표'의 사상 _ 211
  3.3. 환유의 특성 _ 213   3.4. 환유의 유형 _ 214

제8장 의미변화

1. 의미변화의 규정 ——————————————— 223

2. 의미변화의 촉진 요인 ——————————————— 225
  2.1. 언어 전수의 비지속성 _ 225   2.2. 의미의 모호성 _ 226
  2.3. 유연성의 상실 _ 226   2.4. 언어의 다의성 _ 226
  2.5. 중의적 문맥 _ 227   2.6. 어휘구조의 복잡성 _ 227

3. 의미변화의 원인 ——————————————— 227
  3.1. 언어적 원인 _ 228   3.2. 역사적 원인 _ 230
  3.3. 사회적 원인 _ 232   3.4. 심리적 원인 _ 234
  3.5. 외국어의 영향 _ 236   3.6. 새로운 명칭의 필요성 _ 237

4. 의미변화의 분류 ——————————————— 237
  4.1. 명칭의 변화 _ 238   4.2. 의미의 변화 _ 240
  4.3. 복합변화 _ 241

5. 의미변화의 결과 ——————————————— 242
  5.1. 범위의 변화 _ 242   5.2. 가치의 변화 _ 245

제3부 문장의미론

제9장 문장과 의미

1. 문장의 구조와 의미 ─────────────────────── 249
　　1.1. 문장성분과 서술어 _ 249　　　1.2. 논항과 의미역 _ 250
　　1.3. 서술어의 선택제약 _ 252　　　1.4. 명제와 양태 _ 254
2. 문장 의미의 해석 원리 ────────────────── 255
　　2.1. 단어의 의미와 통사규칙 _ 255　　2.2. 합성성 원리 _ 256
3. 문장의 구조와 정보 ──────────────────── 258
　　3.1. 구정보와 신정보 _ 258　　　3.2. 주제와 설명 _ 261
4. 문장의미의 기본 속성 ─────────────────── 264

제10장 문장의 동의성

1. 동의성의 규정 ───────────────────────── 271
2. 동의문의 유형 ───────────────────────── 273
　　2.1. 어휘적 동의문 _ 273　　　2.2. 구조적 동의문 _ 277
　　2.3. 문장의 동의성과 화자의 관점 _ 284

제11장 문장의 중의성과 모호성

1. 중의성의 규정 ───────────────────────── 285
2. 중의성의 유형 ───────────────────────── 286
　　2.1. 어휘적 중의성 _ 286　　　2.2. 구조적 중의성 _ 288
　　2.3. 영향권 중의성 _ 293
3. 중의성의 해소 ───────────────────────── 295
　　3.1. 선택제약 _ 295　　　3.2. 문맥 _ 296
　　3.3. 세상지식 _ 296　　　3.4. 운율적 요소 _ 297
4. 모호성 ──────────────────────────────── 299
　　4.1. 모호성의 규정 _ 299　　　4.2. 모호성의 유형 _ 300
5. 중의성 검사 ───────────────────────────── 304

제12장 함의와 전제

1. 함의 ——————————————————————————— 309
   1.1. 함의의 개념 _ 309   1.2. 일방함의와 상호함의 _ 311
   1.3. 함의의 생성 _ 312
2. 전제 ——————————————————————————— 319
   2.1. 전제의 개념 _ 319   2.2. 전제의 생성 _ 323
3. 화용론적 전제 ——————————————————————— 329

제13장 형식의미론

1. 형식의미론의 도입 ———————————————————— 333
2. 진리조건 ————————————————————————— 334
3. 명제논리 ————————————————————————— 337
4. 술어논리 ————————————————————————— 348
5. 양화논리 ————————————————————————— 356

제4부 화용론

제14장 화용론의 성격

1. 화용론의 특성과 역사적 배경 ————————————— 363
   1.1. 화용론의 특성 _ 363   1.2. 화용론의 역사적 배경 _ 364
2. 화용론의 정의와 의미론과의 관계 ——————————— 366
   2.1. 화용론의 정의 _ 366   2.2. 의미론과 화용론 _ 367
3. 화용론의 연구 영역 —————————————————— 369
   3.1. 화용론의 연구 범위 _ 369   3.2. 쓰레기통 속의 화용론 _ 371

제15장 직시

1. 직시의 규정 ———————————————————— 373
    1.1. 직시의 개념 _ 373   1.2. 직시 표현 _ 374
2. 직시의 중심 ———————————————————— 375
    2.1. 직시의 기준점 _ 375   2.2. 직시의 투사 _ 376
3. 직시 표현의 용법 ——————————————————— 377
    3.1. 몸짓 용법 _ 377   3.2. 상징 용법 _ 379
4. '이·그·저'에 의한 직시 표현 ————————————— 380
    4.1. '이·그·저'의 직시 체계 _ 380   4.2. 2원 체계와 3원 체계 _ 381
    4.3. 나 먼저 원리 _ 383
5. 직시의 유형 ———————————————————— 384
    5.1. 인칭 직시 _ 385   5.2. 시간 직시 _ 390
    5.3. 장소 직시 _ 395   5.4. 담화 직시 _ 401
    5.5. 사회 직시 _ 404
6. 직시 표현의 비직시적 용법: 조응 ——————————— 408
    6.1. 조응의 개념 _ 408   6.2. 조응 표현과 선행사 _ 409

제16장 발화행위

1. 발화행위 이론의 출발 ————————————————— 413
2. 발화행위와 수행발화 ——————————————————— 414
    2.1. 발화행위의 세 측면 _ 414   2.2. 언표수반행위 _ 415
3. 명시적 수행발화와 비명시적 수행발화 ——————————— 416
    3.1. 언표수반효력과 수행발화 _ 416
    3.2. 명시적 수행발화와 비명시적 수행발화 _ 417
    3.3. 수행가설 _ 418

4. 적정조건 ─────────────────────────── 421

5. 언표수반행위의 분류 ──────────────────── 423

    5.1. 진술 행위 _ 425   5.2. 지시 행위 _ 426

    5.3. 약속 행위 _ 426   5.4. 표현 행위 _ 427

    5.5. 선언 행위 _ 428

6. 간접발화행위 ────────────────────── 429

    6.1. 간접발화행위의 개념 _ 429   6.2. 문장 형태와 언표수반행위 _ 430

    6.3. 간접발화행위의 인식 _ 431

제17장 함축

1. 그라이스 고전 이론 ───────────────────── 434

    1.1. 함축의 개념 _ 434

    1.2. 협력 원리와 대화 격률의 준수 _ 436

    1.3. 격률 울타리 _ 442   1.4. 함축의 유형 _ 444

    1.5. 대화함축의 특성 _ 454

2. 신-그라이스 이론 ─────────────────── 458

    2.1. 혼의 체계 _ 458   2.2. 레빈슨의 체계 _ 459

3. 적합성 이론 ──────────────────────── 462

    3.1. 적합성의 개념과 적합성 원리 _ 462

    3.2. 외축 _ 465   3.3. 함축된 가정과 함축된 결론 _ 468

미주 _471

참고문헌 _507

한·영 인명 대조표 _521

찾아보기 _525

제1부

총

론

제1장 의미론의 형성
제2장 의미의 의미

제1장 의미론의 형성

1. 언어학과 의미론

언어학은 인간의 언어를 연구하는 학문이다. 언어는 여러 가지 특성이 복합적으로 뒤섞여 있어서 간단하게 설명할 수 없지만, 언어에 대한 가장 기본적인 특징은 그것이 음성과 의미의 결합체라는 것이다. 그런데 언어로서 의미가 있는 음성을 사용하고, 음성 형태의 여러 단위들의 결합으로서 일정한 의미를 가진 문장을 사용하는 데에는 그 언어 속에 정해진 규칙이 있다. 따라서 언어의 연구는 크게 세 가지, 첫째, 음성과 음운에 대한 연구, 둘째, 형태와 문장 구성의 원리에 대한 연구, 셋째, 의미에 대한 연구로 나눌 수 있다. 그리고 이러한 연구 영역을 각각 음성학 및 음운론, 형태론 및 통사론, 의미론이라고 하는데, 국어학에서는 이들을 각각 음운론, 문법론, 의미론이라는 세 영역으로 크게 분류하고 있다.

의미론semantics은 위에서 말한 바와 같이 언어의 의미를 연구하는 언어학의 하위 영역이다. 그러면 언어학에서 의미론이 놓여 있는 위치는 어디쯤인가? 언어학을 음운론, 문법론, 의미론으로 3분할 때, 음운론이 어느 한 쪽 끝에 자리 잡으면, 다른 쪽 끝에 의미론이 자리 잡으며, 그 가운데 부분에 문법론이 위치하게 된다. 이러한 관계를 그림으로 나타내면 다음과 같다(사이드J. I. Saeed 2016: 8).

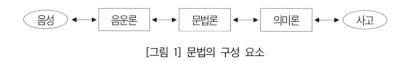

[그림 1] 문법의 구성 요소

[그림 1]을 보면, 음운론은 음성과 직접 관련을 맺고, 의미론은 그것이 지시하는 사고와 직접 관련을 맺고 있다. 문법론은 음운론과 의미론 사이에서 연결고리의 역할을 한다. 음성과 사고 사이에 자리 잡고 있는 언어학의 세 영역 가운데서 어느 하나라도 빠지면 그것은 언어의 완전한 구조라고 말할 수 없다. 이와 같이 의미론은 음운론, 문법론과 함께 언어학의 중심을 이루고 있는 언어학의 한 영역이다.[1]

2. 의미 연구의 흐름

의미에 대한 연구는 고대 그리스 시대부터 시작되었다. 언어기호와 대상과의 관계에 대해서, 스토아학파에서 제기한 자연론을 플라톤이 지지하고, 이에 반하여 아리스토텔레스가 규약론을 주장한 것도 의미 문제에 대한 논의였다.[2] 그리고 그 당시에도 어원에 관심을 갖기도 하고 은유에 대한 분석을 시도하기도 하였다. 그러나 문법론을 위시한 언어학의 주요 분야가 고대 그리스 시대부터 학문으로서 연구가 이루어졌으나, 의미에 대한 연구는 관심의 대상으로서만 존재하였을 뿐 크게 발전하지 못했다.

의미론이 학문으로서 체계를 세워 나아가기 시작한 것은 그로부터 오랜 세월이 흐른 후인 19세기 초엽이다. 의미론의 학문적 정립은 독일의 라틴어학자 라이지히C. K. Reisig를 출발점으로 삼고 있다. 라이지히 이후 의미 연구는 괄목할 만한 속도로 다양한 연구가 계속되어 지금에 이르고 있다. 그 동안의 연구를 시대적 변천 과정과 연구 경향을 중심으로 나누면 (1) 역사의미론, (2) 구조의미론, (3) 생성의미론, (4) 형식의미론, (5) 화용론, (6) 인지의미론 등으로 구분할 수 있다.[3)]

2.1. 역사의미론

독일의 베를린 대학에서 할레 대학으로 자리를 옮긴 라이지히 교수는 1825년경부터 문법에 대한 새로운 생각을 강의를 통해서 발전시켰다. 그는 라틴어학 강의에서 문법의 주요 영역으로 기존의 어원론etymologie, 통사론syntax과 함께 언어학의 한 영역으로서 최초로 의미론semasiologie을 수립하였다. 그리고 의미론을 '의미의 발달을 지배하는 원리'를 연구하는 학문으로 규정했다. 그러나 그는 의미론의 주제에 대한 명확한 견해를 갖지 못했던 것으로 보인다. 라이지히 교수의 의미에 대한 관심은 과거의 언어 연구가 언어의 '형식'에 지나치게 몰두한 것에 대한 반발로 환영을 받았으나 그 당시 그의 주장이 크게 확산되지는 못했다. 그럼에도 불구하고 의미론이 언어학의 한 영역으로 진입하게 하는 데에 기여했다. 라이지히 교수의 연구 결과는 그의 강의안인 『라틴어학 강의』가 하아제F. Haase를 중심으로 한 그의 제자들에 의해서 1839년에 출판되면서 주변에 알려지기 시작했다.

라이지히와 하아제로 대표되는 당시의 의미 연구는, 고전문헌학의 범위를 벗어나지 못하고 주위의 관심도 크게 끌지 못한 채 수십 년을 지내오다가 1880년대에 거의 새롭게 다시 시작되었다. 프랑스 언어학자 브레알M. Bréal은 1883년부터 '새로운 학문'으로서 의미 연구를 시작했다. 그는 이 연구가 너무 새롭기 때문에 아직 이름을 얻지 못했다고 하면서, 그러나 이 연구는 음성학이나 형태론과 마찬가지로 이름을 가질 만하므로 그것을 '의미론'sémantique[4)]이라고 부른다고 하였다. 그는 의미론을 '의미 작용signification의 과학'이며 '어휘의 의미변화를 연구'하는 학문으로 규정하였다.

19세기말 20 년 동안은 의미론에 대한 관심이 무척 높았던 시기였다. 독일에서 전문적인 연구가 나타나기 시작했으며, 특히 파울H. Paul(1880)의 『언어사의 원리』Prinzipien der Sprachgeschichte는 그 당시 가장 주목할 만한 저술이었다. 파울은 의미변화의 원리를 심리적 관점에서 설명하면서 아울러 문맥과 용법의 중요성을 강조하였다. 또한 프랑스에서도 '새로운 학문'의 최초의 고전이라고 할 만한 두 권의 저서가, 다름스뜨때에르A. Darmsteter와 브레알에 의하여 10년 간격으로 출간되었다. 다름스뜨때에르(1887)의 『낱말의 생태』La vie des mots에서는 단어의 생성과 사멸, 의미변화와 그 원인에 대하여 설명하고, 브레알(1897)의 『의미론 개설』Essai de sémantigue에서는 통시적 의미 연구와 함께 의미 연구의 심리적 관점을 강조하였다. 파울과 브레알의 심리 지향적 연구가 언어사용자 개인의 마음에 초점을 두었다면, 독일의 분트W. Wundt(1990)는 언어로 표현되는 마음은 개인이 아닌 민족정신Volksgeist이라는 민족심리학적 입장을 취하고 있다. 이밖에도 마르티A. Marty(1908)의 심리학적 의미 연구와 메이에A. Meillet(1903, 1921)의 사회학적 의미 연구가 이 시기에 있었다. 오그덴과 리차즈C. K. Ogden & I. A. Richards(1923)의 의미의 정의와 상징법에 대한 연구, 프로이드의 심리학적 방법으로 의미의 역사적 연구에 접근한 스퍼버H. Sperber(1923)도 이 시기에 있었다. 의미변화의 분류에 관한 주목할 만한 연구로 카노이A. Carnoy (1927)의 『단어의 과학』La science du mot과 슈테른G. Stern(1931)의 『의미와 의미 변화』Meaning and Change of Meaning를 꼽을 수 있다. 카노이는 의미변화를 전체 언어공동체에서 집합적으로 발생하는 '비의도적 의미변화'와 개별 언어사용자의 의식적인 노력에 의해서 발생하는 '의도적 의미변화'를 기본 범주로 의미변화의 하위 체계를 분류하고, 슈테른은 언어 외적 원인에 의한 의미변화와 순수한 언어적 원인에 의한 의미변화를 기본 범주로 하위 체계를 분류하고 있다.[5]

의미 연구의 첫 단계인 역사의미론은 1925년경의 라이지히로부터 1931년의 슈테른에 이르는 시기이다. 이 시기의 의미 연구는 어휘의 통시적 고찰이며

주된 관심은 의미변화에 있었다. 의미변화의 원리를 심리적 측면에서 설명하
고자 하였으며, 연구의 결과로 의미의 일반화와 특수화, 은유와 환유 등 의미
변화의 체계를 분류하는 것이었다.6)

2.2. 구조의미론

1927년 독일의 바이스게르버L. Weisgerber가 언어의 상징적 체계를 옹호하는
입장에서 역사의미론의 심리적 접근법을 비판하는 논문을 발표하였다.7) 이것은
소쉬르의 구조주의 언어학에 바탕을 둔 구조의미론의 출현을 알리는 것이었다.
이어서 훔볼트W. von Humbolt의 언어 철학과 소쉬르의 언어 이론을 바탕으로 1931
년 트리어T. Trier가 「지적 의미영역 내의 독일어 어휘」Der deutsche Wortschatzimm
Sinnbezirk des Verstandes를 발표하였다. 이 논문은 장이론field theory의 기틀을 제공
하였으며 아울러 구조주의 의미론 시대의 실질적인 출발점이 되었다. 장이론
은 한 언어의 어휘체계는 의미상 관련 있는 단어들로 집단화하여 장field을
이룬다는 것으로, 이때의 단어들의 집합을 의미장semantic field이라고 부른다.
이후 의미장 이론은 트리어(1934), 포르지히W. Porzig(1934), 바이스게르버(1962),
코세리우E. Coseriu(1967) 등으로 이어지면서 발전을 거듭했다. 이밖에 바이C.
Bally(1940)의 연상장 연구, 마토레G. Matore(1953)의 관념장 연구도 소쉬르의 이론
을 바탕으로 어휘체계를 밝히고자 한 것들이다. 이때까지의 유럽의 구조주의
의미론은 프랑스의 언어학자 기로P. Guiraud(1955)의 『의미론』La Sémantique과 헝
가리계의 영국 언어학자 울만S. Ullmann(1962)의 『의미론: 의미 과학 입문』
Semantics: An Introduction to the Science of Meaning 등에 의해서 종합적으로 정리되었다.
장이론으로 어휘체계를 구축하는 방안이 제시되면서 자연스럽게 그 뒤를
이은 것은 어휘체계로 묶인 어휘들의 내적 관계에 대한 관심이었다. 그래서
등장한 것이 성분분석componential analysis인데, 이 이론은 1950년대 후반에서
1960년대에 걸쳐 유럽과 미국에서 발달하였다. 성분분석 이론은 유럽 구조주

의 음운론의 음소 분석 방법에서 그 원리를 착안하였으며[8], 코세리우(1962), 포티에B. Pottier(1964), 그레마스A. Greimas(1966) 등에 의해서 발전되었다. 미국에서는 콘클린Konklin(1955), 굿인어프Goodenough(1956), 론스베리F. Lounsbury(1956) 등 문화인류학자들이 친족 명칭을 분석하는 수단으로 성분분석 방법을 사용하면서 발전하였다. 초기의 나이다E. A. Nida는 성분분석에 관심을 두지 않았으나 후기에는 성분분석론의 옹호자가 되었으며, 나이다(1975)에서 성분분석의 이론과 방법론을 상세하게 설명하고 있다.

1960년대 중반에 접어들면서 어휘의 의미관계에 대한 관심이 증대하였다. 영국의 라이온스J. Lyons(1963)에서, 단어의 의미는 한 단어와 다른 단어 사이의 의의관계[9]라고 주장하면서 어휘의 의미관계에 대한 연구가 활발하게 전개되었다. 의미관계 연구는 라이온스(1968, 1977, 1995)가 선편을 잡고 크루스A. Cruse(1986)에서 연구의 깊이를 더했는데, 많이 논의되는 의미관계는 동의관계, 반의관계, 하의관계, 분류관계 등이다. 머피M. I. Murphy(2003)에서는 앞선 연구에 대해 비판적으로 개관하고 있다.

이상의 설명을 요약하면, 구조의미론은 역사의미론이 취한 의미의 심리적 개념을 거부하고 언어의 상징적 체계를 중시하였으며, 역사의미론의 통시적 고찰에서 벗어나 공시적 관점에서 어휘체계를 연구했다. 주된 연구 방법론으로 의미장과 성분분석이 있으며, 이를 바탕으로 어휘들의 의미관계에 대한 연구가 활발하게 이루어졌다.

의미 연구와 관련 있는 이 시기의 다른 연구로, 미국에서 사피어E. Sapir를 계승한 워프B. L. Whorf가 언어상대성linguistic relativity 이론을 제안하였다. 그리고 당시에는 언어학 밖의 의미 연구라고 할 수 있는 일반의미론과 철학적 의미론이 1930년대 이후 등장하였다. 의미의 심리학적 접근인 일반의미론이 코르지브스키A. Korzybski(1933)에 의해서 창시되었으며, 하야카와S. I. Hayakaw(1949)의 연구로 널리 보급되었다. 철학적 의미론은 타르스키A. Tarski(1935, 1944), 카르납R. Carnap(1942) 등의 논리학적 의미 연구이며, 이 전통을 이어받은 형식의미론이 언어 연구의 주요 영역으로 자리 잡았다.

소쉬르의 영향으로 1930년대에 출발한 구조주의 의미론은 라이온스와 크루스로 이어지면서 그 전통을 유지했다. 그런데 이때까지의 연구를 고전적 구조의미론이라고 하면 1980년대 이후부터 새로운 대안으로서의 구조주의 의미론이 등장했다[10]. 어휘장, 성분분석, 의미관계로 대표되는 전통적인 구조의미론의 연구 주제가 1960년대 중반 이후 출현한 생성주의 의미론과 접목하면서 새로운 연구 방법론으로 전개되었다.

비어즈비카M. Wierzbicka(1972, 1996, 2002)는, 소수의 의미원소semantic primitive로 모든 단어와 문장의 의미를 기술하고자 하는 '자연 의미 상위언어'natural semantic metalanguage 이론을 제안했다. 자켄도프R. Jackendoff(1983, 1996, 2002)는 의미를 화자의 마음속에 있는 개념으로 보고, 의미원소로 개념구조를 설명하고자 하는 개념의미론conceptual semantics을 주창한다. 비어비쉬M. Bierwisch(1983)에서는 언어를 의미적 형태와 개념적 구조의 두 층위로 구분하여 자연언어의 다의성 기술을 시도하는 '두 층위 의미론'two-level-semantics을 개진하고, 비어비쉬와 랑M. Bierwisch & Lang(eds.)(1989), 랑(1991, 1994) 등을 거치면서 발전을 거듭하고 있다. 푸체욥스키J. Pustejovsky(1995)의 생성어휘부generative lexicon 이론도 이 시기에 등장했다.

다른 한편으로, 구조주의의 의미관계를 전산언어학 차원에서 해결하고자 하는 연구 경향이 등장했다. 어휘 데이터베이스를 개발한 심리언어학자 밀러와 펠바움G. Miller & C. Fellbaum은 2007년에 워드넷WordNet 프로그램을 내놓았는데, 이것은 의미관계의 개념을 실용화한 것으로 전산의미론의 기틀을 다졌다. 멜축I. A. Mel'čuk(1988, 1996)은 의미를 텍스트로, 텍스트를 의미로 전환하는 기술 체계를 수립하기 위한 '의미-텍스트 이론'Meaning-Text Theory을 제안했으며, 멜축과 그의 동료들(1999)은 설명결합사전을 개발했다. 설명결합사전은 어휘의 결합관계를 사전의 의미 정보로 체계화하였으며, 이에 필요한 장치로 '어휘함수'fonction lexicale를 제시했다. 워드넷과 어휘함수가 어휘의 계열관계 연구에 관심을 둔데 반하여 어휘의 결합관계를 말뭉치의 분포적 분석 방법으로 고찰하는 연구도 등장했다. 최초의 말뭉치 기반 현대영어사전인 싱클레어와 핸크스J. M. Sinclair & P. Hanks(1987)은 이러한 연구를 기초로 해서 얻은 결과이다.

2.3. 생성의미론

소쉬르의 구조언어학을 일컬어 언어 연구에 있어서의 코페르니쿠스적 전환이라고 하면서 경이로워하였다. 그런데 다시 언어학의 혁명이라고 일컫는 일이 1957년 촘스키N. Chomsky의 『통사구조』Syntactic Structure에서부터 일어났다. 이른바 변형생성문법이 등장한 것이다. 초기의 촘스키(1957)에서는 문법체계의 명시적 기술을 추구하였기 때문에, 명시적·체계적 기술이 용이하지 않은 의미 문제가 자연히 그의 문법체계 속에서 배제되었다. 그러나 1963년 카츠와 포더J. J. Katz & J. D. Fodor의 「의미 이론의 구조」 The Structure of a Semantic Theory는 촘스키의 통사론에 걸맞은 의미론으로서 이전의 어휘 중심의 어휘의미론에서 문장 중심의 통사의미론으로 전환하는 새로운 의미 연구의 장을 개척하였다.11) 이 연구는 카츠와 포스탈J. J. Katz & P. M. Postal(1964), 크리마Klima(1964) 등으로 이어지고 일련의 연구를 촘스키가 『통사 이론 양상』Aspects of the Theory of syntax(1965)에서 수용하였다. 촘스키(1965)는 통사규칙이 도출한 모든 의미 정보는 심층구조에 주어지며 변형으로 의미변화를 가져오지 않는다는 표준이론 standard theory을 내세웠다. 그러나 표준이론의 심층구조는 의미를 포착하기에 충분하지 못하며, 의미정보를 더 잘 나타내주기 위해서는 심층구조가 보다 더 상세해야 한다고 주장하는 생성의미론generative semantics이 등장하였다. 이 이론에서 내세우는 심층구조는 의미적 표현을 반영하는 논리형태와 동일한 것이기 때문에 표준이론의 심층구조와는 다르지만 변형이 문장의 의미를 바꿀 수 없다는 점에서는 표준이론과 같다. 이러한 입장을 추구하는 학자들로는 레이코프J. Lakoff, 로스J. Ross, 바크K. Bach, 맥콜리J. D. McCowley 등이 있다. 다른 한편으로, 생성의미론에 대립되는 해석의미론interpretive semantics이 나왔는데, 이 이론은 표준이론의 모형을 바탕으로 하면서도 모든 의미 정보가 심층구조에서만 주어진다는 견해를 버리고, 심층구조나 표면구조도 의미 해석에 관여한다고 주장한다. 이러한 주장을 하는 학자들로는 자켄도프, 바인라이히U. Weinreich, 도어티R. C. Dougherty 등이 있다. 그리고 이 해석의미론은 '의미보존 가설'의 표준이론을 수정하여, 변형규칙에 의한 의미변화의 초래를 인정한 촘스키(1973)의 확대표준이론과 견해를 같이 한다.

촘스키의 문법 모형과 문장의미의 해석에 대한 견해는 수정을 거듭한다. 변형규칙이 문장 의미를 바꿀 수 없다는 표준이론(1965)과, 심층구조뿐만 아니라 표면구조에서도 의미정보를 얻을 수 있다는 확대표준이론extended standard theory(1973)을 거쳐 수정확대표준이론revised extended standard theory(1975, 1981)이 전개되었다. 표준이론에서 확대표준이론을 거쳐 수정확대표준이론에 이르는 과정에서 볼 수 있는 특징 중의 하나는 변형규칙이 계속 축소되어 간다는 것이다. 변형규칙이 축소되면서 반대로 증가 발전한 것은 의미해석규칙인 논리형태 부문이다. 이는 곧 이전의 문법 모형에 비해 상대적으로 의미 부문이 강조되고 있음을 뜻한다.

한편, 필모어C. J. Fillmore(1969)에서는 언어 연구는 의미가 중심이 되어야 함을 강조하고, 의미 중심의 심층격deep case 체계를 정립하는 격문법case grammar 이론을 제시하였으며, 체이프W. Chafe(1970) 또한 의미 중심의 문법 모형을 내놓았다. 그리고 레이코프(1987)와 래너커R. W. Langacher(1987)는 언어 연구에 인지cognition의 중요성을 부각시키면서 인지문법cognitive grammar을 창시하였다.

이 시기에도 자연언어의 분석에 논리적 방법을 사용하여 문장의 진리조건을 논의하는 형식의미론이 지속적으로 발전하였으며, 특히 몬태규(1974)는 이 방면의 연구에 선구적인 업적을 남겼다. 또한 형식의미론이 다루는 문장의 진리조건 차원에서 발화의 정보 내용과 그것의 전달 조건 차원으로 관심 대상을 전환한 상황의미론situation semantics이 바와이스와 페리J. Barwise & J. perry(1983)

에 의하여 등장했으며, 형식의미론의 틀 속에서 화자보다는 청자를 중심으로
담화를 분석하는 담화표상이론discourse representation theory이 캄프H. Kamp(1981)에
의해서 제시되기도 하였다.

2.4. 화용론

화용론pragmatics이라는 용어는 미국의 철학자 모리스C. Morris(1938)에 의해서
처음 등장했다. 모리스는 기호학의 연구 영역으로 통사론, 의미론과 함께 화용
론을 제시하고, 화용론은 언어 기호와 해석자 즉 언어사용자와의 관계를 연구
하는 분야라고 하였다. 그 동안 언어 연구에서 관심 밖에 있었던 화자와 청자
의 관계를 주목한 것이다. 이러한 관심이 카르납(1943) 등에 이어지기도 했지
만, 화용론이 크게 부상한 것은 1960년을 전후한 언어철학자들의 영향이었다.

영국의 언어철학자 오스틴J. L. Austin은 1955년 하버드 대학교에서 행한 특강
을 통하여, 모든 발화는 행위를 수반한다는 주장과 함께 언어의 수행적 측면을
강조하였다. 이때 한 특강 내용이 1962년 『How To Do Things with Words』라
는 이름으로 출간되면서 발화행위의 중요성이 널리 부각되었다. 촘스키의 언
어학이나 논리 실증주의에 입각한 형식의미론과 같은 기존의 의미 이론이
언어의 기술적 측면만을 지나치게 강조한 나머지 언어표현을 맥락에서 유리
된 채 분석하는 것에 대하여, 오스틴은 모든 발화는 행위의 수행이라는 관점에
서 발화 장면 속에서 언어의 의미를 파악하고자 했다.

오스틴의 발화행위 이론을 뒷받침하여 설J. R. Searle(1969, 1975)은 발화행위가
성립하기 위한 요건으로서 적정조건appropriateness condition을 체계화하였으며,
곧 이어서 그라이스P. H. Grice(1975)의 함축implicature 이론이 등장하였다. 이후
괄목할 만한 연구로 세이덕J. M. Sadock(1974), 바크와 하니쉬K. Bach & R. H.
Harnish(1979) 등이 이어지고, 그 동안의 연구를 체계적으로 소개한 레빈슨S. C.
Levinson(1983), 메이J. L. Mey(1993) 등에 의해서 널리 전파되었다.

2.5. 형식의미론

전통적으로 논리학자들은 자연언어와 형식언어[12] 사이에는 근본적인 차이가 없다고 주장하며, 형식언어에 대한 분석 방법이 자연언어의 진리조건과 함의 관계를 밝히는데 적용될 수 있다고 말한다. 다시 말하면, 자연언어에는 중의성이 있기 때문에 진리론의 대상으로 삼기 어려운데, 처음부터 이러한 중의성이 배제된 언어를 형식언어로 만들고 이 형식언어를 대상으로 의미론의 여러 개념을 밝힘으로써 자연언어의 진리조건과 함의관계를 설명할 수 있다고 주장한다. 그리고 형식언어가 추구하는 의미분석의 방법이 논리적 형식주의를 취하고 있기 때문에 이러한 입장에 선 의미론을 형식의미론formal semantics 또는 논리적 의미론logical semantics이라고 부른다.

형식의미론은 프레게(1892), 카르납(1943), 타르스키(1944) 등 많은 철학자들에 의해서 시작되었다. 그러나 자연언어와 관련하여 형식의미론의 연구에서 가장 중요한 역할을 한 사람은 철학자이며 논리학자인 몬태규R. Montague이다. 그는 논리학에 근거한 형식의미론의 논문(1974ㄱ, 1974ㄴ, 1974ㄷ)을 통하여 형식의미론이 자연언어의 의미를 분석하는 데 이용될 수 있는 기틀을 마련하였다. 그리고 이러한 이론이 파티B. Partee(1973, 1975), 다우티D. Dowty(1979), 다우티와 월과 피터스D. Dowty & R. Wall & B. Peters(1981) 등에 의해서 언어학에 접목되었다. 최근에는 형식의미론이 곧바로 몬태규 의미론을 가리키는 것처럼 되었는데, 이것도 몬태규 문법이 형식의미론 연구에 지대한 영향을 끼친 결과라고 할 수 있다.

2.6. 인지의미론

'인지'는 인간이 정보를 얻고 저장하고 분류하고 사용하는 일련의 정신 과정을 의미한다. 이 용어는 인지심리학에서 유래하였는데, 인지심리학은 인간의 정보처리 과정에 대하여 연구하는 학문이다.

언어학에서의 인지에 관한 관심은 구조주의 언어학과 생성주의 언어학의 자율언어학autonomous linguistics에 대한 반동에서 시작되었다. 구조언어학은 모든 언어 요소가 개별적으로 존재하는 것이 아니라 하나의 전체 속에서 체계를 갖춘 구조임을 주장한다. 생성언어학에서도 언어는 인간의 정신 속에 내재하는 지식의 체계라고 하면서 타고난 인간의 언어능력linguistic competence을 중시한다. 이와 같이 구조언어학과 생성언어학은 언어 자체가 가지고 있는 자율적 체계를 기본으로 하고 있다. 그러나 인지언어학cognitive linguistics에서는 자율언어학의 폐쇄적 시각으로 언어의 본질을 고찰하는 데에는 한계가 있다고 말한다. 곧 인간이 언어를 이해하고 사용하는 데에는 지각, 개념 체계, 경험, 세상사에 대한 지식, 문화적 배경 등 일반적인 인지능력cognitive competence과 불가분리의 관계에 있는데, 구조화된 체계 또는 타고난 언어능력과 같은 폐쇄성으로는 언어를 설명할 수 없다는 것이다. 인지적 산물이면서 인지작용의 도구인 언어는 그 구조와 기능에서 필연적으로 인간의 인지능력이 반영된다고 말한다.

인지의미론은 탈미L. Talmy(1975)에서 출발하여, 레이코프(1987)와 래너커(1987)에 의해서 본격적으로 전개되었다. 레이코프는 『여자, 불, 위험한 것들』*Women, Fire, Dangerous Things*(1987)을 통해서 전통적 범주화에 대한 새로운 대안으로 원형 이론13)을 제시하고, 객관주의를 거부하고 대신에 체험주의14)를 주장하였다. 래너커는 『인지문법의 기초 Ⅰ, Ⅱ』*Foundations of Cognitive Grammar I, II*(1987, 1991)를 통해서 인지문법을 제안하였다. 격문법의 창시자인 필모어는 자신의 격문법 체계에 새롭게 언어 해석의 장치로서 '틀'의 개념을 도입한 틀의미론frame linguistics을 개발하였다. 생성의미론자였던 레이코프, 래너커, 필모어가 지금은 촘스키 문법에 맞서서 인지언어학을 주창하면서 선도하고 있다.

3. 의미론의 연구 영역

언어의 종류에는 일상적인 언어생활의 도구로 쓰이는 자연언어와 특정의 목적으로 만들어져 쓰이는 인공언어가 있다. 연구 대상으로 삼는 언어에 따라서 여러 종류의 의미론이 있는데, 그 중에서 자연언어의 의미를 연구 대상으로 삼는 의미론을 언어학적 의미론linguistic semantics[15]이라고 한다. 언어학적 의미론은 언어학의 다른 분야와 마찬가지로 이론적인 측면과 기술적인 측면을 가지고 있다. 그렇기 때문에 언어학적 의미론은 '이론적인 언어학적 의미론'과 '기술적인 언어학적 의미론'으로 구별하는데, 이를 줄여서 각각 이론의미론 theoretical semantics과 기술의미론descriptive semantics이라고 부른다. 이론의미론은 일반적인 의미 이론을 연구하고, 기술의미론은 개별 언어의 의미 현상을 연구한다. 우리의 관심 대상은 언어학적 의미론이며, 구체적으로 우리는 일반적인 의미이론과 이를 기반으로 한국어의 의미 현상에 대해서 고찰할 것이다.

3.1. 의미의 층위

일상적인 언어생활에서 의사소통에 직접 관여하는 언어 층위는 단어, 문장, 발화이다. 단어는 의미를 가진 최소의 자립형식으로 실제 언어생활의 기초가 되는 언어 단위이고, 문장은 우리의 사고를 표현하는 언어형식으로서 언어생활의 중심이 되는 언어 단위이다. 즉 단어와 문장은 의사소통의 도구로서 가장 핵심적인 언어형식이다. 그런데 단어나 문장은 그것의 문자적 의미뿐만 아니라 비문자적 의미로 사용되는 경우가 매우 많다. 예컨대 '우산'이라는 단어가 발화 장면에 따라서 '우산을 주라.'는 의미로 쓰일 수 있고 '우산을 받으라.'는 의미로 쓰일 수도 있고, 또 다른 의미로 쓰일 수도 있다. 마찬가지로 '비가 온다.'라는 문장이 발화 장면에 따라서 '우산을 주라.'는 의미로 쓰이기도 하고, '외출을 미루자.'는 의미로 쓰이기도 하고, 그밖에 더 많은 의미로도 쓰일 수 있다. 이와 같이 우리가 사용하는 단어나 문장이 발화로 쓰일 때 맥락에 따라서 의미가 다양하게 해석될 수 있다. 즉 단어나 문장 못지않게 발화가 의미 해석에 중요한 역할을 한다. 따라서 의미 해석에 직접 참여하는 언어의 층위를 단어, 문장, 발화로 구별하고, 의미의 층위도 각각 단어의미, 문장의미, 발화의미로 분류한다.

3.2. 의미론의 연구 분야

의미론의 연구 분야도 의미 층위에 따라서 (가) 단어 또는 어휘의미를 연구하는 어휘의미론lexical semantics, (나) 문장의미를 연구하는 문장의미론sentence semantics, (다) 발화의미를 연구하는 화용론pragmatics으로 분류한다.

의미론 연구의 흐름에서 보았듯이, 의미 연구는 단어의미에서 문장의미로, 문장의미에서 발화의미로 연구 영역이 확장되었다. 역사의미론 시대에서의 의미 연구는 주로 단어의 의미변화, 곧 단어의미에 대한 통시적 고찰이었으며, 구조의미론에서의 의미 연구는 어휘체계와 그 속에서의 의미관계를 살펴보는 공시적 고찰이었다. 이와 같이 초창기에는 단어 중심으로 의미 연구가 이루어졌으며, 구조의미론 시대의 울만(1951)은 의미론의 연구 대상이 어휘에 국한되지 않고 통사적 측면, 곧 문장으로까지 확대되어야 함을 지적하였다.16) 의미 연구의 대상이 문장으로까지 확대된 것은 촘스키(1957)의 변형생성이론이 등장하고 카츠와 포더(1963)에서 투사규칙을 제안하면서부터이다. 그들의 제안은 단어의미의 성분분석을 설명하는 어휘의미론적 측면도 있지만 다른 한편으로는 의미론이 단어 중심의 어휘의미론에서 문장 중심의 문장의미론으로 전환하는 계기가 되었다. 형식논리 체계를 기초로 하여 문장의 의미를 기술하는 형식의미론도 문장의미론에 속한다. 그리고 1950년대 후반 오스틴을 위시한 언어철학자들에 의해서 발화에 대한 관심이 증폭되고 그것이 차츰 언어학에 파급되면서 발화의미에 대한 연구가 본격화되었다. 곧 언어학의 한 영역으로 화용론이 자리 잡게 되었다.

언어학의 영역으로 화용론이 진입하면서 자연스럽게 의미론과 화용론의 관계 설정에 대한 논의가 있게 되었다. 여기에는 세 가지 견해가 있는데, 하나는 화용론의 독자성을 인정하여 의미론과 화용론을 언어학의 개별 영역으로 보는 것이고, 다른 하나는 언어의 의미 현상을 연구한다는 공통의 목적을 가지고 있으므로 두 영역의 경계를 두지 않고 의미론 속에 화용론을 포함시키는 것이다. 곧 단어의미와 문장의미를 연구하는 기존의 의미론과 발화의미를 연구하는 화용론을 굳이 구별할 필요가 없다는 견해인데, 우리 국어학계에서는 대체로 이 견해에 따라 화용론을 의미론의 한 분야로 간주한다. 또 다른 견해는, 화용론의 범주 속에 의미론을 포함시키는 것이다. 의미론과 화용론의 관계에 대한 좀 더 상세한 설명은 14장으로 미룬다.

3.3. 의미론의 연구 과제

앞에서 우리는 의미론의 연구 분야에 대하여 살펴보았다. 그러나 이러한 연구 분야 속에서 구체적으로 무엇을 연구하느냐에 대해서는 논의가 간단하지 않다. 다시 말하면, 의미론의 연구 대상은 구체적으로 무엇이며, 의미론에서 다루어야 할 연구 범위는 어디까지인가 하는 문제를 결정하는 일이 쉽지 않다. 이에 대한 언어학자들의 논의가 계속되면서 대체로 단어와 문장 의미의 연구 대상으로 동의할 만한 공통적인 이해를 구할 수 있었다. 이를 켐프슨R. M. kempson(1977)과 딜론G. L. Dillon(1977)을 통하여 살펴보자.

켐프슨(1977: 4)에서 의미론이 충족시켜야 할 조건으로 다음과 같은 세 가지를 들고 있다.

> (가) 의미론은 단어 의미와 문장 의미의 본질을 파악하고, 그것들의 관련성
>   을 설명해야 한다.

  (나) 의미론은 단어와 문장에 나타나는 중의성에 대하여 예측할 수 있어야
     한다.
  (다) 의미론은 단어와 단어, 문장과 문장 사이의 의미관계를 체계적으로 기
     술하고 설명하여야 한다.

한편, 딜론(1977: 1-2)에서는 단어와 문장을 중심으로 한 의미 연구의 영역으로 여덟 가지 과제를 제시하는데, 그 과제의 이해를 위해서 예를 함께 제시하면 다음과 같다. 그러나 구체적인 이해는 앞으로 설명할 내용들이기 때문에 뒤로 미룬다.

  (가) 단어나 문장의 중의성ambiguity
    ㉠ 차를 샀다.
    ㉡ 키가 큰 남자와 여자가 찾아 왔다.
  (나) 단어 결합의 부조화incongruous 또는 변칙성anomalous
    ㉠ 바위가 튤립을 웃겼다.
    ㉡ 초록빛 생각이 완만히 춤춘다.
  (다) 모순성contradiction
    ㉠ 무색의 붉은 직물
    ㉡ 우리는 네모난 원탁에 둘러앉았다.
  (라) 잉여성redundancy
    ㉠ 의도적인 살해
    ㉡ 그는 말에서 낙마했다.
  (마) 단어 사이의 의미적 관련성semantic relatedness
    ㉠ 쫓다 / 뒤따르다
    ㉡ 유용하다 / 횡령하다 / 훔치다 / 도둑질하다
  (바) 단어들의 일반성generality과 특수성speciality
    ㉠ 양친 - 아버지
    ㉡ 갖다 - 훔치다 - 유용하다
  (사) 논리적 관계에 있는 문장들 사이의 함의entailment와 동치equivalence

　　　㉠ 그녀는 그를 죽였다. / 그는 죽었다.

　　　㉡ 그 책은 베개 밑에 있다. / 베개는 그 책 위에 있다.

　(아) 단어의 연상성association

　　　㉠ 호랑이는 (일반적으로) 사납다.

　　　㉡ 수녀는 (일반적으로) 자애롭다.

　위에서 열거한 켐프슨(1977)의 세 가지 조건이 의미론에서 추구해야 할 원론적인 문제라면, 딜론(1977)의 여덟 가지 과제는 의미론에서 풀어야 할 보다 구체적인 문제라고 할 수 있다. 그러므로 딜론(1977)에서 제시한 의미론의 과제는 켐프슨(1977)에서 제시한 의미론의 조건 속에 포함된다고 할 수 있으며, 앞으로 우리는 딜론(1977)에서 열거한 과제와 그 밖의 여러 의미 현상들을 탐색함으로써 궁극에는 켐프슨(1977)에서 내세운 조건들을 충족시키는 데 힘쓰게 될 것이다. 따라서 어휘의미론과 문장의미론은 주로 이러한 과제들을 살펴보게 된다.[17]

　전통적인 의미론의 연구 영역은 단어의미와 문장의미라는 점은 앞에서도 지적한 바 있으며, 위에서 살펴본 것들도 모두 단어의미와 문장의미에 관한 문제들이다. 그러면 화용론에서는 구체적으로 어떠한 것들을 연구 대상으로 삼을 것인가? 이 문제에 대해서도 분주한 논의가 계속되고 있으나, 현재 이렇다 할 만한 결론이 나 있지 않은 상태이다. 단어의미와 문장의미를 중심으로 한 전통적인 의미론에서 포착되지 않은 모든 의미 현상에 대해서 화용론이 관심을 갖는다고 한다면, 화용론 연구는 그 대상을 결정짓는 것부터가 무리일 수 있다. 현재 화용론 연구는 직시, 함축, 전제, 발화행위, 공손성, 담화 구조 등을 중심으로 그 지평을 더 넓혀가고 있다.

제2장 의미의 의미

1. 의미의 정의

의미론이 언어의 의미를 연구하는 학문이라고 할 때 맨 먼저 관심을 두고 생각할 것은 마땅히 '의미'가 무엇인가 하는 문제이다. 의미란 무엇인가? 다시 말하면 의미의 의미는 무엇인가? 이 물음에 대한 대답은 결코 간단하게 해결할 수 없는 과제이다. 실제로 고대 그리스 시대의 철학자부터 시작하여 지금에 이르기까지 많은 언어학자들이 이에 대한 해답을 찾아 나섰지만 현재까지 뾰족하게 내세울 만한 것이 없는 실정이다. 그 대신에 의미의 본질을 어떻게 보느냐에 따라서 의미 연구의 분야가 언어학뿐만 아니라 철학, 논리학, 심리학을 위시하여 최근에 들어서는 전산언어와 인공지능의 연구 대상으로까지 확장되고 있다. 그만큼 의미에 대한 다양한 정의들이 있으며.[18] 그에 따라서 각각의 특색이 있는 의미 이론으로 발전하고 있다.

의미의 본질에 대한 접근은 전통적으로 철학과 심리학에 뿌리를 두고 있다. 그렇기 때문에 의미의 본질에 대한 언어학적 탐색은 철학과 심리학의 영향 속에서 출발하였으며, 과거는 물론이거니와 현재에 이르기까지 의미의 본질에 대한 언어학적 논의는 철학 또는 심리학과의 경계를 넘나들면서 계속되고 있다. 이제 여러 의미 이론 가운데서 몇 가지 주요 학설을 소개하기로 한다.

1.1. 지시설

1.1.1. 지시물

지시설referential theory은 단어나 문장과 같은 언어표현의 의미는 그 표현이 지시하는 지시물이라고 본다. 예를 들어, '나무'라는 언어표현의 의미는 실제로 그 단어가 지시하는 지시 대상으로서의 '나무'라는 것이다. 그렇기 때문에 지시설은 한 언어표현의 의미를 그것이 실제로 지시하는 대응물object과 동일시한다고 말할 수 있다.

이와 같은 견해는 고유명사처럼 고유한 개체를 가지고 있는 언어표현에서는 의미 규정이 어느 정도 설명력을 갖는다. 예를 들어, 영어의 한 표현으로서 사람 이름인 'Fido'의 의미는 이 표현이 지시하는 실제 세계의 대응물인 사람 Fido이며,19) 고유명사 '첨성대'의 의미는 이 표현이 지시하는 대상인 첨성대 바로 그것이다. 그러나 고유명사가 아닌 보통명사는 이와 다를 수 있는데, 예를 들어, '개'의 의미는 그것이 지시하는 개체인 개의 집합 혹은 개들이 공유하고 있는 속성을 가리킨다. 앞에서 예로 든 '나무'의 의미도 나무의 집합 혹은 모든 나무들이 공유하고 있는 속성[TREEHOOD]이라고 할 수 있다. 따라서 지시물은 구체적인 사물을 가리킬 수도 있고 추상적인 속성을 가리킬 수도 있다. 언어표현과 지시물의 지시 관계를 그림으로 나타내면 다음과 같다.

(1) (ㄱ)　　　　　　　　　　　　　　(ㄴ)

/첨성대/ ↔ [언어표현]　[지시물]　　/나무/ ↔ [언어표현]　[지시물]

[그림 1] 언어표현과 지시물의 지시 관계

1.1.2. 지시설의 한계

그런데 지시설은 우리가 사용하고 있는 언어표현의 의미를 포착하는 데에 있어서 적지 않은 문제점을 안고 있다.

첫째, 지시물을 지시할 수 없는 많은 단어들, 예를 들어서 '사랑, 평화, 추억'과 같은 추상명사들이나, '잊다, 이해하다, 두렵다, 어렵다'와 같이 추상적인 개념을 가진 용언들에 대해서는 이 이론이 적절한 설명이 되지 못한다. '아주, 퍽, 항상'과 같은 부사류나, '또, 혹은, 그리고'와 같은 접속어들도 어떤 대상을 지시한다고 말할 수 없다. 더욱이 '도깨비, 용, 가시나무새'와 같은 단어들은 그 명칭은 있으나 실제로 존재하는 지시물이 없기 때문에 지시설에 따르면 이러한 단어들은 의미가 없어야 할 것이다. 그러나 설령 그 의미가 무엇인가 분명하게 말할 수는 없다고 하더라도 우리는 이 단어들이 의미를 가지고 있다고 생각한다.

둘째, 한 지시물에 대한 다른 언어표현의 경우에, 지시물은 같지만 의미가 다르게 나타날 수가 있는데, 지시설은 이러한 의미 차이를 설명해 주지 못한다. '샛별'과 '개밥바라기'는 같은 지시물인 '금성'을 달리 표현한 것으로 두 표현의 내면적인 의미는 서로 다르다. 그런데도 지시설은 지시 대상이 동일하다고 해서 두 표현의 의미가 같다고 말해야 된다. '군사 쿠데타로 집권한 독재자'와 '조국 근대화를 이룩한 대통령'이라는 표현이 지시하는 대상은 '박정희'로서 같지만 두 표현이 담고 있는 내포적 의미가 다르다는 것을 우리는 잘 알고 있다. 이와 같이 의미를 언어표현의 실제적 지시물로 보는 데에는 여러 가지 무리가 따르게 된다.

1.2. 개념설

1.2.1. 심리적 영상

지시설이 언어표현과 지시물을 직접 연결함으로써 양자를 직접적 관계로 설명하는데 반하여, 개념설conceptual theory은 양자 사이에 심리적 영상mental image이라는 매개체를 내세워서 간접적으로 설명한다. 심리적 영상이란 한 언어표현을 접할 때 우리의 마음이나 정신 속에 떠오르는 관념이나 개념을 말한다. '개'라는 말소리를 듣거나 글자를 볼 때 사람들의 머릿속에는 개에 대한 어떤 영상image이 떠오르는데, 그 영상이 '개'의 의미라는 것이다. 다시 설명하면, 어떤 단어나 문장의 의미는 그 표현을 알고 있는 사람의 마음이나 정신 속에서 그 표현과 연합되어 있는 관념 또는 개념이라고 본다.

이와 같이 개념설은 의미를 인간의 마음속에 존재하는 심리적 실체로 파악하고 있으며, 이러한 견해는 소쉬르(1916)의 기호 이론과 오그덴과 리차즈(1923)의 의미의 기본삼각형으로 대표된다.

1.2.2. 소쉬르의 기호 이론

소쉬르(1916 / 1959: 65-70)에 따르면, 언어 기호는 기표記標 signifiant와 기의記義 signifié의 결합으로 되어 있다. 바꾸어 말하면, 언어 기호는 명칭과 사물의 결합이 아니라 청각영상과 개념의 결합이라고 말할 수 있다. 그리고 소쉬르는 청각영상에 대응하는 개념을 의미라고 말한다. 결과적으로 소쉬르는 기표에 대응하는 기의를 의미로 파악하고 있다. 예를 들면, 기표인 '소'에 대응하는 기의로서 우리는 [牛]와 같은 개념을 상정할 수 있는데, 바로 [牛]가 '소'의 의미라는 것이다.

(2) 기표   기의
    'saram'(사람) ↔ [人]
    'namu'(나무) ↔ [木]

(2)는 기표와 기의의 대응관계를 나타낸 것인데, 이때 기표 '사람'의 의미는 그것의 기의인 [人]이며, 마찬가지로 '나무'의 의미는 [木]이라고 할 수 있다.

1.2.3. 의미 삼각형

오그덴과 리차즈(1923: 11)에서 다음과 같은 의미의 기본 삼각형basic triangle을 제시한다.

(3)

[그림 2] 의미 삼각형

[그림 2]에서 '기호'는 언어표현으로서 단어나 문장을 가리킨다. '지시물'은 언어표현이 가리키는 실제적인 지시물 또는 대상object을 말한다. 그리고 '사고 또는 지시'는 개념concept을 뜻한다. 이 이론에 따르면, 언어표현은 기호의 일종 이며, 의미란 기호인 언어표현이 그 대상인 지시물을 지시하는 작용이다. 이때 기호와 지시물 사이에는 직접적인 관계가 없다. 곧 단어 '나무'와 그것이 지시 하는 것으로서 우리 주위에서 볼 수 있는 '나무'와의 사이에는 직접적인 관계 가 없다는 것이다. 이런 관계를 위의 그림에서 점선으로 표시하고 있다. 다만 그 둘 사이의 관계, 곧 기호와 지시물 사이의 관계는 그 사이에 놓여 있는

심리적 실체인 개념을 통해서 파악할 수 있다. 다시 말하면, '나무'라는 단어의 의미는 기호 '나무'와 그 지시물인 실체 사이에서 연상되는 심리적 영상 곧 개념이라는 것이다.

[그림 2]에서 말하는 '기호'와 '사고 또는 지시'를 소쉬르의 기호 이론에서 말하는 용어로 바꾸어 보면 각각 '기표'와 '기의'에 해당한다. 소쉬르의 기호 이론과 오그덴과 리차즈의 의미 삼각형의 차이점은, 기호 이론이 언어표현의 의미를 기표와 기의 양자 사이의 관계로 한정함으로써 언어 밖의 실제 세계를 도외시한데 반하여, 의미 삼각형에서는 기호와 개념의 양자와 함께 언어표현의 실제 대상인 지시물도 설명의 틀 속에 넣음으로써 언어 세계와 언어외적인 실제 세계의 관계를 고려하고 있다는 점이다.

1.2.4. 개념설의 장점과 한계

지시설이 실제로 존재하지 않는 사물에 대해서는 그 의미를 파악하지 못하는 문제가 있었던 데 반해, 개념설은 실제 대상이 없어도 우리가 그 의미를 생각해 낼 수 있다는 장점이 있다. 예를 들어서, '도깨비'나 '용'과 같은 것은 실체가 없지만 우리는 그것들에 대해서 어떤 영상을 가지고 있으며, 그 영상이 바로 그것들의 의미라고 말할 수 있다. '안중근'과 같은 역사적 인물의 경우에도 우리는 그 실체를 접해본 적이 없지만 역사적 기록이나 전언 등을 통하여 그 지시물에 대한 어떤 영상을 갖게 된다.

그런데 개념설도 여러 가지 문제점을 안고 있다(이익환 1995: 34-5). 첫째, 개념이나 영상에 대한 개인적인 차이를 어떻게 객관적인 의미로 처리할 수 있는가 하는 문제이다. '개'에 대해서 모든 사람들이 똑같은 영상만을 갖는 것이 아니다. 또한 동일한 사람이라 하더라도 한 언어표현에 대해서 상황에 따라서는 다른 영상을 떠올릴 수도 있다. 예컨대 남녀간의 '사랑'에 대한 영상을 청소년기, 장년기, 노년기 등 시기에 따라서 조금씩 다르게 가질 수 있다. 이와 같이 영상이 가지고 있는 불투명성은 영상 또는 개념이라고 하는 것이 구체적으로 무엇인가를 명확하게 설명하는데 어려움을 준다. 개념을 어떤 언어표현이 불러일으킬 수 있는 다양한 심리적 영상들을 모두 포괄하는 공통적 특질 또는 그 집합이라고 규정지을 때에도 남는 문제는 마찬가지이다. 둘째, 영상을 동반하지 않는 단어, 예컨대 영어 단어 'and, or, if, then, whereas, is' 등이나, '또, 그러니까, 혹은'과 같은 접속어나, '을, 에게, 처럼'과 같은 조사 따위의 의미를 어떻게 파악할 수 있는가 하는 문제이다. 그리고 심리적 측면에 의지하는 만큼 실증적인 설명력을 갖는 데에도 한계가 있다. 셋째, 한 언어표현을 이해하는 데에 있어서 어떤 영상을 우리의 마음속에 갖는 것이 필수적이라면, 영상화 작업에 능하지 못한 사람은 이해력이 상대적으로 낮다고 보아야 한다. 그러나 이러한 주장을 뒷받침할 확실한 증거를 우리는 가지고 있지 않다. 이상에서 언급한 문제점들은 심리주의적 입장에서 의미를 설명하려고 하는 이론들이 가지고 있는 공통점이라고 할 수 있다.

1.3. 행동설

1.3.1. 자극 - 반응

블룸필드L. Bloomfield(1933)의 행동주의 이론behaviorist theory에 의하면, 한 언어표현의 의미는 화자가 그 표현을 발화하는 상황과 그 상황이 청자에게 일으키는 반응이다. 블룸필드(1933: 23-7)는 언어적 요소를 다음 (4)와 같이 세 가지로 구분하여 설명하고 있다.

(4) ㄱ. 언어 행위 이전의 실제 사건   [S]
    ㄴ. 언어 행위   [r···s]
    ㄷ. 언어 행위 이후의 실제 사건   [R]

(4)를 이해하기 위해서 다음 (5)의 예화를 살펴보자.

(5) 영호와 영수 형제가 함께 길을 걷다가, 배고픔을 참지 못한 동생 영수가
담 너머 사과나무에 열린 사과를 보고[S], 형 영호에게 사과 하나를 따
달라고 말한다[r]. 영수의 말은 영호에게 자극이 되어[s], 영호는 담을
올라가 사과를 따서 영수에게 준다[R].

(5)에서 영수가 배가 몹시 고프고 또 사과를 보는 것은 언어외적인 실제의
자극[S]이며, 이 자극은 화자로 하여금 사과를 따 달라고 말을 하는 언어적
대체 반응[r]으로 나타난다. 이 대체 반응이 청자인 영호에게는 언어적 대체
자극[s]이 되어 담 위로 올라가 사과를 따는 것과 같은 언어외적인 실제의
반응[R]을 불러일으킨다. 실질적인 언어행위[r⋯s]는 언어행위 이전의 실제적
사건[S]과 언어행위 이후의 실제적 사건[R] 속에 자리 잡고 있다. 이러한 상황을
도식화하면 다음 (6)과 같다.

(6) $S \rightarrow r \cdots s \rightarrow R$

(6)에서 볼 수 있는 바와 같이, 한 언어표현[r⋯s]의 의미는 그것을 동반하는
화자의 자극[S]과 청자의 반응[R]을 통해서 알 수 있다. 결국 행동설에서 말하는
의미는 화자가 그 표현을 발화하는 상황과 그 표현이 청자로부터 유도되는
반응이다. 술안주 감으로 좋은 음식을 보고 술 생각이 나서 '딱 한 잔만 할까.'
하고 남편이 말하자 아내는 그 말을 듣고 주방에서 술병을 가져오는 일련의
과정에서, 남편이 말하고 아내가 그 말의 의도를 알아듣는, 곧 언어행위는
실질적인 화자의 자극과 청자의 반응을 통해서 이해할 수 있다는 것이다.

1.3.2. 행동설의 한계

행동설은 의미를 추상적 개념으로 파악하는 이전의 심리주의적 태도에서 벗어나, 언어표현이 이루어지는 상황을 중심으로 보다 과학적이고 기계적인 분석을 시도하려고 한 점에서 의의를 찾을 수 있다. 그러나 이 이론은 지극히 제한된 범위 안에서 가치를 가질 뿐이며 대신 여러 가지 취약점을 안고 있다. 무엇보다도 먼저 지적할 수 있는 것은, 상황에 대한 화자의 언어적 반응이나 청자의 반응이 항상 동일한 것이 아니기 때문에 의미를 일관성 있게 기술하는 일이 쉽지 않다는 점이다. 비가 오는 것을 보고 화자가 할 수 있는 언어적 반응은 '비가 온다.', '창문을 닫아라.', '우산 좀 주렴.' 등 다양할 수 있으며, 화자의 발화 예컨대 '비가 온다.'는 화자의 말에 대한 청자의 반응 또한 우산을 가져다주거나, 사색에 잠기거나, 한숨을 내쉬거나, 그야말로 각양각색의 반응이 있을 수 있다. 곧 언어사용이 대체로 가변적이기 때문에 포괄적인 의미이론을 세우는 데에는 이 이론이 한계가 있다. 그리고 개념설에서도 문제점으로 지적되었던 수많은 접속어나 조사의 의미를 행동설 역시 설명하지 못한다. 접속사나 조사를 통하여 어떠한 자극과 반응의 연쇄를 상정한다는 것이 쉽지 않기 때문이다.

1.4. 용법설

1.4.1. 용법

용법설use theory에서는, 단어의 의미는 그 단어의 용법use이라고 주장한다. 곧 단어가 일정한 의미를 가지고 있다는 견해를 인정하지 않고, 단어가 사용되는 구체적인 맥락에서의 용법이 그 단어의 의미라고 보는 태도이다. 따라서 용법설은 의미를 개념 또는 영상으로 보는 개념설과는 대립관계에 있는 반면에 화용론적 입장에서 언어표현의 의미를 설명하려고 한다. 용법설은 언어철학자 비트겐슈타인L. Wittgenstein(1953)이 주장했는데,20) 이와 합치되는 언어학적 이론을 퍼스J. R. Firth(1957)에서 전개한 바 있다. 모든 언어표현은 맥락을 중심으로 의미를 파악해야 한다는 맥락 이론contextual theory이 그것이다.

용법설에 따르면, 한 단어의 의미는 그 단어의 사용법을 앎으로써 결정지을 수 있다. 비트겐슈타인(1953)에서 단어의 용법을 서양 장기chess에서의 장기짝에 비유하여 설명한다. 우리가 장기를 둘 때 장기의 여러 가지 규칙을 아는 것은 물론이고 수시로 일어나는 장기판의 상황에 대해서 폭넓게 이해하고 있으며, 그 속에서 개개의 장기짝은 상황에 맞게 부려서 쓰이게 된다. 다시 말하면, 장기짝의 하나인 '마'馬의 의미는 그것의 모양이나 만든 재료 따위를 통해서는 전혀 알 수 없으며, 그것이 장기판에서 어떻게 운용되고 있는가를 관찰함으로써 알 수 있다는 것이다. 이와 같이 장기짝의 의미를 안다는 것이 장기판에서 장기짝이 어떻게 쓰이는가를 아는 것처럼, 우리가 어떤 단어의 의미를 알거나 배우는 것은 그 단어가 실제 언어생활에서 어떻게 쓰이는가를 아는 것을 의미한다고 할 수 있다.

1.4.2. 용법설의 장단점

의미의 본질을 파악하고자 할 때 용법설이 설득력 있게 받아들여지는 경우가 적지 않다. 그것은 용법설이 언어의 사용적 측면을 중시하는 만큼 기존의 의미 이론에서 설명하지 못한 부분을 사용의 관점에서 설명할 수 있는 가능성을 보여주기 때문이다(이익환 1995: 47). 첫째, 실질적인 의미를 갖지 못하기 때문에 의미의 실체를 밝히는 데 걸림돌이 되었던 단어들, 예컨대 앞에서 언급한 접속사나 조사 따위의 의미를 다른 의미이론보다 용법설이 더 설득력 있게 설명할 수 있다. 이러한 단어들에 대해서 심리적 영상을 떠올리는 일이나 어떠한 자극과 반응의 연쇄적 고리를 구성하는 것이 여의치 않음은 앞에서도 지적한 바 있다. 그러나 이들이 각각 나름대로의 용법을 가지고 있음은 분명한 사실이며, 그 용법을 밝히는 것이 곧 의미라는 설명이 가능하기 때문이다. 둘째, 우리가 단어의 의미를 습득해 가는 과정을 설명하는 데에 용법설이 적절한 근거를 제공해 줄 수 있다. 예를 들어서, 말을 배우는 어린아이에게 '쌀'이라는 단어를 가르칠 때, 개념설에서 말하는 것처럼 어떤 영상과 관련지어 쌀의 의미를 이해시키려고 한다거나 행동설의 주장처럼 '쌀'에 대한 사람들의 반응을 관찰하게 하여 알게 한다거나 하는 것이 결코 쉬운 일이 아니다. 그러나 용법설에서는 이 단어가 언제, 그리고 어떻게 쓰이는가를 보여줌으로써 어린아이는 그 의미를 터득하게 된다고 설명할 수 있다.

그러나 용법설에도 적지 않은 문제점이 있다. 두드러진 문제점 몇 가지만 들어보기로 한다. 첫째, 의미 기술의 문제를 들 수 있다. 어떤 단어의 경우에는 그 용법이 천변만화하듯 무수히 많아 일일이 열거한다는 것은 거의 불가능한 일이다. 지금도 어디에선가 새로운 용법이 생겨나고 있을 수 있다. 특정의 단어뿐만이 아니라 일상 언어의 많은 단어들도 그 단어가 쓰이고 있는 한 새로운 용법은 계속 나타나게 될 것이며, 따라서 그 단어의 의미를 기술하는 일은 어느 때가 되어도 끝났다고 말할 수 없다. 포괄적인 의미를 가진 단어, 예컨대 대용代用으로 많이 쓰이는 의존명사 '것'이나 동사 '하다'의 경우만 하더라도, 이것들은 사용 범위가 대단히 넓고 용법 또한 무척 다양해서 사용되는 예를 모두 열거한다는 것은 거의 불가능에 가깝다. 그러나 열거하지 않았다고 해서 그 용법 곧 의미가 없는 것은 아니며, 그것들을 어떻게 기술할 것인가 하는 문제 또한 쉽게 해결할 수 없는 일이다. 둘째, 학습의 문제이다. 어떤 단어의 용법을 얼마만큼 습득하였을 때 비로소 그 단어의 용법을 안다고 말할 수 있는가? 현실적으로 사람들은 한 단어의 의미를 일거에 모두 습득하는 것이 아니라 상당한 시간을 두고서 차근차근 이해해 가는데, 어느 단계에 이르렀을 때 그 단어의 의미를 알고 있다고 말할 수 있는 기준을 세우기가 어렵다.

1.5. 진리조건설

문장의 의미를 파악하는 일을 문장의 진리조건을 밝히는 것으로 간주하는 의미 이론을 진리조건설truth-conditional theory이라 한다. 진리조건이란 어떤 문장이 어떤 상황에서 참true이 되고 어떤 상황에서 거짓false이 되는가를 따지는 조건을 말한다. 따라서 우리가 문장의 의미를 안다는 것은 그 문장이 어떤 상황에서 참 또는 거짓이 될 수 있는 조건을 안다는 것이다. 결국 문장은 진리치truth value로서의 의미를 갖는다고 할 수 있다.

참은 사실reality과의 일치를 의미한다. 다시 말하면, 문장의 내용과 일치하는 실제 상황이 있으면 참이고 그러한 상황이 없으면 거짓이 된다. 예컨대 '하늘에 구름 한 점 없다.'라고 하는 문장이 있다고 할 때, 이 문장은 참일 수도 있고 거짓일 수도 있다. 그것은 실제로 '하늘'이라는 공간이 있고 '구름'이라는 개체가 있으며, 그리고 그 공간에 그 개체가 하나도 없으면 이 문장은 참이되고 그렇지 않으면 거짓이 된다. 그리고 이 문장의 의미는 참 또는 거짓이라고 하는 진리치로서의 의미만 갖는다.

1.6. 의의관계설

의의관계설sense relation theory은 라이온스J. Lyons(1963)에서 제기되었는데, 그는 의미를 의의관계sense relation로 파악한다. 라이온스(1963, 1977: 206)에서 어휘소의 의미를 지시reference와 의의sense로 구별하는데, 지시란 어휘소가 가리키는 대상 즉 외연denotation을 뜻하고, 의의는 어휘소 속에 내재하는 개념을 뜻한다. 의의관계설은 단어(어휘소)의 의미는 단어와 단어의 의의관계에 의해서 파악된다고 말한다. 예컨대 '할머니'의 의미는 '인간, 여자, 할아버지, 손자' 등과 같은 다른 단어와의 의의관계에 의해서 규정될 수 있다. 곧 한 단어의 의미는 그 단어와 다른 단어들과의 의의관계들의 전체 집합이라고 규정한다.[21]

그러나 의의관계설은 의미의 본질에 관한 문제를 의의관계라는 간접적이고 이차적인 장치를 통해서 설명하는 것이 적절하지 않다는 문제점을 안고 있다.

1.7. 개념화설

인지의미론에서는 언어표현의 의미를 개념화conceptualization라고 말한다. 개념화는 의미를 구성해가는 동적 과정이다. 다시 말하면, 언어표현은 그 자체에 의미가 있는 것이 아니라 언어표현을 촉매제로 해서 의미를 구성한다. 이처럼 언어표현을 기반으로 의미를 구성해가는 인지 과정을 개념화라고 한다. 따라서 인지의미론에서는 의미와 개념화를 동일시하며, 언어표현의 의미는 언어사용자가 어떤 대상이나 사태를 어떻게 파악하는가의 문제, 곧 개념화 자체라고 생각한다. 다음 [그림 3]과 같은 상황을 가정해 보자.

[그림 3] 책과 꽃병이 있는 세계

개념화에 참여하는 언어사용자, 즉 개념화자conceptualizer는 꽃병에 주의attention를 두고 그 주변 곧 꽃병 아래에 있는 책과 관련하여 다음 (7)과 같이 개념화할 수 있다.

(7) 꽃병이 책 위에 있다.

(7)의 화자가 '꽃병'을 중심으로, '책'을 배경으로 파악했다면, 다음 (8)은 반대로 '책'을 중심으로 하고 '꽃병'을 배경으로 파악하였다.

(8) 책 세 권이 꽃병 밑에 놓여 있다.

(7)과 (8)은 서로 다르게 개념화되었는데, 그것은 개념화자가 [그림 3]의 상황에서 어떤 것에 주의를 기울여서 파악하느냐, 다시 말하면 화자가 사태를 어떻게 해석하느냐에 따라서 개념화가 달라진다.

다음 (9ㄱㄴ)도 동일한 상황이 다르게 개념화되었다.

(9) ㄱ. 사냥꾼이 사슴을 쫓았다.
    ㄴ. 사슴이 사냥꾼한테 쫓겼다.

(9ㄱㄴ)은 화자가 사냥꾼에 주의를 기울이느냐 사슴에 주의를 기울이느냐, 곧 사태를 어떻게 파악하고 해석하느냐에 따라서 다르게 기술되었다. 진리조건설에 따르면 동일한 상황을 기술한 (9ㄱ)과 (9ㄴ)은 진리조건이 동일하기 때문에 의미가 같지만, 인지의미론에서는 개념화가 다르기 때문에 의미도 다르다고 말한다.

이와 같이 동일한 상황에 대한 주의가 사람마다 다르고 사태에 대한 인식이나 감정 상태도 다르게 나타날 수 있는데, 이것을 해석construal이라고 말한다. 곧 해석은 하나의 상황을 이해하고 그것을 적절하게 언어로 표현할 수 있는 인지능력이다(래너커 2013: 43). (9ㄱ)과 (9ㄴ)의 다른 표현은 화자의 해석이 반영된 결과이다. 한 언어표현은 그 표현의 개념적 내용과 그 내용을 해석하는 화자의 특정한 방식이 반영되어 있다.

이상에서 우리는 의미에 대한 여러 학설 가운데서 특히 관심을 가질 만한 몇 가지 이론에 대해서 살펴보았다. 의미를 어떻게 정의할 것인가 하는 문제가 간단하지 않은 만큼 앞으로도 의미에 대한 다양한 견해들이 제시될 것이며, 그에 따라서 각각 특색 있는 의미 이론이 전개될 것이다. 의미의 본질에 대한 논의는 이제까지 그러했던 것처럼 앞으로도 오랜 세월을 두고 백가쟁명百家爭鳴과 같이 계속될 것이다.22)

2. 언어의 기능

우리는 언어로 자신의 생각이나 느낌을 말하고 어떤 사태에 대해서 정보를 주고받는다. 언어로 자신의 감정을 표출하기도 하고 언어로 의례적이거나 형식적인 친교 행위를 하기도 한다. 이러한 기능을 기본적인 것과 부차적인 것으로 구별하면 언어의 기능은 기술적 기능descriptive function과 비기술적 기능non-descriptive function으로 분류할 수 있다. 비기술적 기능은 다시 표현적 기능 expressive function과 사회적 기능social function으로 분류한다(라이온스 1977, 1995: 44-5).

2.1. 기술적 기능

우리는 언어를 통해서 세상 또는 세계의 사물이나 사건을 있는 그대로 기술하는데 이것을 언어의 기술적 기능이라고 한다.

(10) ㄱ. 찔레꽃이 곱게 피었다.
　　ㄴ. 지금 서울 지방은 비가 내리고 있습니다.
　　ㄷ. 개기월식이 작년에 있었으니까 앞으로 19년 후에나 다시 볼 수 있겠군.

언어의 일차적 기능은 (10ㄱ~ㄷ)처럼 하나의 사건이나 상태를 사실적으로 말하는 것이다. 이러한 표현은 명시적으로 단언되거나 부정될 수 있고 객관적으로 참인지 거짓인지 판단할 수 있다. 언어의 기본적 기능은 기술적 기능이다.

2.2. 비기술적 기능: 표현적 기능과 사회적 기능

언어의 부차적 기능을 비기술적 기능이라고 하는데, 비기술적 기능에는 표현적 기능과 사회적 기능이 있다. 표현적 기능은 화자의 감정이나 태도를 전달하는 기능이다.

> (11)　ㄱ. 아이고!
> 　　　ㄴ. 아니, 이게 누구야?

(11ㄱ)은 아프거나 힘들 때 나오는 소리로 발화 당시의 화자의 감정을 드러낸다. (11ㄴ)의 '아니'는 놀라움을 표현하고 발화 전체의 어조에서도 놀랍거나 반가운 감정이 드러나게 된다. 같은 언어형식도 어조에 따라 의미가 다를 수 있는데, 예를 들어서 '잘 한다.'라는 언어표현이 어떤 사건에 대한 사실적 표현으로 쓰이기도 하고 부정적 감정을 실은 반어적 표현으로 쓰이기도 한다. 이때 전자는 기술적 기능을 갖지만 후자는 표현적 기능을 갖는다. 이와 같이 화자가 자신의 감정을 나타내는 기능을 표현적 기능이라고 한다.

사회적 기능은 대화참여자 사이의 사회적 관계를 나타내는 기능이다.

> (12)　ㄱ. 원하는 회사에 다니게 되었다니 축하하네.
> 　　　ㄴ. 날씨가 참 좋군요.

(12ㄱ)은 축하, 사과, 칭찬, 위로, 조언 등 사회규범에 따라서 의례적으로 하는 표현의 하나이고, (12ㄴ)은 가까운 관계이거나 설령 처음 보는 사람이더

라도 친교적 행위로 할 수 있는 표현이다. 또한 (12ㄱㄴ)의 표현 속에는 화자와 청자의 사회적 관계가 드러난다. 이와 같이 언어를 통해서 화자와 청자 사이의 사회적 작용이나 관계를 나타낼 수 있는데 언어의 이러한 기능을 사회적 기능 이라고 한다.

한 언어표현은 어느 한 가지 기능만으로 사용될 수도 있지만 경우에 따라서 는 두 가지 또는 세 가지 기능으로 사용될 수 있다. 예를 들어서 앞의 (12ㄱ)과 (12ㄴ)은 문장 표현 그대로의 기술적 기능과 함께 사회적 기능을 드러낸다. '꽃이 참 곱구나.'라는 표현에서도, 화자가 청자에게 꽃이 곱다는 사실을 전달 할 목적으로 말을 했다면 기술적 기능으로 쓰인 것이다. 그러나 이 표현이 화자의 독백일 때는 표현적 기능으로, 청자에게 그 꽃을 나에게 줄 수 없겠느 냐는 요청의 의미로 쓰였다면 사회적 기능으로 쓰인 것이다.[23)]

3. 의미의 유형

의미 유형의 분류는 두 가지에서 일곱 가지에 이르기까지 학자들에 따라 다양한 견해가 제시되었다. 딜론(1977)은 가장 단순하게 의미를 (가) 정의적 의미definitional meaning, (나) 연상적 의미associative meaning로 분류한다. 정의적 의미는 언어표현 그대로의 의미 곧 문자적 의미literal meaning이고, 연상적 의미 는 문맥 속에서 갖게 되는 부차적인 의미 곧 비문자적 의미non-literal meaning이 다. 라이온스(1977, 1995)는 의미를 기술적 의미descriptive meaning와 비기술적 의 미non-descriptive meaning으로 구별하고, 다시 비기술적 의미를 표현적 의미 expressive meaning와 사회적 의미social meaning로 분류한다. 따라서 라이온스는 의미를 (가) 기술적 의미, (나) 표현적 의미, (다) 사회적 의미의 세 유형으로 분류한다. 이는 앞의 언어의 기능과 동일한 분류인데 그것은 언어의 기능을 언어의 의미정보 곧 언어의 의미적 기능으로 간주하기 때문이다. 다시 설명하

면, 세상의 사물이나 사건에 대한 정보를 사실적으로 전달하는 기능을 기술적
기능이라 하고 이것을 의미정보의 차원에서 기술적 의미라고 부른다. 화자의
감정이나 태도를 전달하는 표현적 기능과 대화 참여자 사이의 사회적 관계를
나타내는 사회적 기능을 의미정보의 차원에서 각각 표현적 의미와 사회적
의미라고 부른다. 따라서 앞에서 설명한 기술적 기능, 표현적 기능, 사회적
기능이 그대로 기술적 의미, 표현적 의미, 사회적 의미로 대치된다.[24] 가장
다양한 분류의 하나로 리치(1981: 9-23)에서 의미의 유형을 다음 (13)과 같이
분류한다.

> (13) 의미의 일곱 가지 유형
>   (가) 개념적 의미conceptual meaning
>   (나) 연상적 의미associative meaning
>   ㉠ 내포적 의미connotative meaning
>   ㉡ 사회적 의미social meaning
>   ㉢ 감정적 의미affective meaning
>   ㉣ 반사적 의미reflected meaning
>   ㉤ 연어적 의미collocative meaning
>   (다) 주제적 의미thematic meaning

리치(1981)은 (가)~(다)와 같이 의미를 크게 세 갈래로 나누고, (나)에서 다시
다섯 갈래로 나눔으로써 전체적으로 의미의 유형을 일곱 가지로 분류한다.[25]
이제 의미의 유형을 리치(1981)의 분류에 따라서 좀 더 자세하게 살펴보기로
한다.

3.1. 개념적 의미

개념적 의미는 언어표현에서 일반적으로 추론해 낼 수 있는 가장 보편적이

면서 핵심적인 의미이다. 그렇기 때문에 개념적 의미는 언어로 이루어지는 의사소통의 중심적 요소이며, 언어의 본질적 기능을 수행하는 필수적인 의미이다. '부인'의 개념적 의미는 [+인간] [-남성] [+성인] [+기혼] 등의 의미성분으로 분석하여 명세할 수 있는데, 이러한 의미는 이 단어가 가지고 있는 보편적이고 핵심적인 의미라고 할 수 있다.

개념적 의미는 그 말을 사용하는 사람이나 그 말이 쓰이는 상황에 관계없이 언제나 일정하게 보존하고 있는 기본적 의미이기 때문에 앞에서 언급한 정의적 의미 또는 기술적 의미와 성격을 같이한다. 논리적 의미론에서는 비기술적 요소가 배제된 개념적 의미 중심으로 연구하며 이러한 의미를 명제적 의미 propositional meaning라고 말한다.26)

3.2. 내포적 의미

개념적 의미가 한 언어사회의 구성원들이 공통으로 인지하고 있는 언어체계에 속하는데 반하여, 연상적 의미는 개인의 경험에 따라서 달라질 수 있는 가변적인 것이다. 따라서 개념적 의미가 고정적이고 핵심적인 의미라면 연상적 의미는 구체적인 상황과 문맥 속에서 그 의미가 변화할 수 있기 때문에 비고정적이며 비핵심적인 의미이다. 연상적 의미는 그것이 나타나는 상황이나 속성에 따라서 내포적 의미, 사회적 의미, 감정적 의미, 반사적 의미, 연어적 의미 등으로 하위분류할 수 있다.

내포적 의미는 한 언어표현이 가지고 있는 순수한 개념적 의미의 차원을 넘어서 부차적으로 나타나는 의미이다. 앞에서 개념적 의미의 예로 든 '부인'을 다시 생각해 보자. '부인'은 그것이 지시하는 개념적 의미 이외에도 [두 다리를 가진], [잉태할 수 있는] 등과 같은 물리적 특성을 가지고 있는가 하면, [사교적인], [모성 본능적인] 등의 심리적 및 사회적 특성을 가지고 있다. 그리고 [치마를 주로 입는], [부엌일을 많이 하는] 등과 같이 전형적인 특성도 있다. 이러한 특성들은 부인이 지시하는 개념적 의미에 내재하는 속성에 속하는데, 이러한 의미를 내포적 의미라고 한다. 또한 내포적 의미는 개인이나 집단 또는 사회의 전반적인 관점에 따라서 지시물에 대한 추정적인 특성을 갖기도 한다. 그렇기 때문에 '부인'이라고 하면 [점잖은], [근면한], [재치 있는], [배려가 많은] 등의 긍정적인 특성과 함께 [연약한], [눈물이 많은], [겁이 많은], [감정적인], [비합리적인], [변덕스러운] 등과 같은 부정적인 특성이 특정의 집단에 의해서 부과되기도 한다. 그러나 이러한 특성들은 한 언어사회 내에서 누구나 공동으로 인식하는 의미라고 할 수 없기 때문에 개념적 의미가 될 수 없으며, 다만 특정의 상황이나 문맥에서 개념적 의미에 덧붙여 나타날 수 있기 때문에 내포적 의미에 속한다. 이와 같이 내포적 의미는 개념적 의미에 비해 상대적으로 불안정하므로 가변적이면서 주변적인 의미에 속한다고 할 수 있다.

3.3. 사회적 의미

사회적 의미는 언어를 사용할 때에 사회적 환경이 서로 다르다는 것을 인식하는 데서 나타나는 의미이다. 언어 사용에서 사회적 상황을 드러내는 요소로는 대화 참여자의 연령, 성별, 직업, 종교, 또는 사회적 지위나 관계, 개인적인 말씨 등 여러 가지가 있다. 예를 들어서, '낄끼빠빠 모름? 레알 극혐'낄 때 끼고 빠질 때 빠지는 거 모르니? 진짜 극도로 혐오이네과 같은 표현을 사용하는 화자와 그 말을 듣는 청자는 사회적 환경이 서로 다를 수 있는데, 이와 같이 사회적 의미는 언어 사용의 사회적 환경의 차이를 인식하는 데서 나타나는 의미이다. 어떤 화자가 특정 지역의 방언을 사용한다거나 어떤 전문 분야의 용어를 많이 사용한다거나 할 때에, 또는 대화에 참여하는 사람들 사이에서의 존댓말이나 말투 등을 통해서 우리는 사회적 의미를 인식할 수 있다.

사회-문체적 변이를 유발할 수 있는 주요 요소에는 다음 (14)와 같은 것이 있다.

(14) 방언: 지역 또는 사회 계층의 언어
     시대: 19세기의 언어 등
     분야: 법률 용어, 과학 용어, 광고 언어 등
     신분: 공손체, 대화체, 속어 등
     양식: 메모, 강연, 농담 등
     개인적 특성: 헤밍웨이의 문체, 이청준의 문체 등

사회적 의미는 화자와 청자의 사회적 차원과 층위가 서로 다름으로 해서 나타나는 의미이기 때문에 달리 문체적 의미stylistic meaning라고도 말한다.[27]

3.4. 감정적 의미

감정적 의미는 화자의 개인적 감정이나 태도, 곧 정서가 언어에 반영되어 나타나는 의미이다. 따라서 정서적 의미라고도 말할 수 있다. 화자의 감정은 주로 소리의 고저, 강세, 길이, 억양 등과 같은 운율적 요소에 의하여 나타나는 경우가 많다. 예를 들면, '기분이 아주 좋다.'를 말할 때, '아주'에 힘을 주어 말하거나 '아주'를 길게 늘여서 말함으로써 화자의 감정이나 태도를 드러낼 수 있다. 이처럼 운율적 요소를 매개로 나타나는 의미이기 때문에 감정적 의미는 의존적 범주parasitic category에 속한다. '저런!, 아이구!' 등과 같은 감탄사는 화자의 감정 표현이 주된 기능이라고 할 수 있으므로, 이 경우에는 다른 의미의 개입 없이 감정적 의미를 나타낸다고 할 수 있다.

3.5. 반사적 의미

반사적 의미는 한 언어표현이 가지고 있는 의미의 요소 가운데서 하나가 다른 의미적 반응을 일으킴으로써 나타나는 의미이다. 기독교에서 '성신'聖神

을 나타내는 '*The Holy Ghost*'와 '*The Comforter*'는 동의적 표현인데, 전자로부터는 두려움을 느낄 수 있고, 후자로부터는 온화하고 편안함을 얻을 수 있다. 이것은 '*ghost*'유령와 '*comfort*'안락한가 비종교적인 일상의 의미로 반응한 결과이다. '정겨운'이라는 이름을 가진 사람은 정이 넘칠 것 같은 느낌을 받는다면 그것도 반사적 의미가 작용한 것이다. 이와 같이 반사적 의미는 동일한 표현이 다른 의미나 연상을 유발함으로써 발생하는 경우가 많다.

3.6. 연어적 의미

연어적 의미는 한 단어가 연어를 이룬 다른 단어로 인해서 얻게 되는 의미이다. '귀여운 아이'라는 연어에서의 '귀여운'은 그것이 가지고 있는 개념적 의미로 해석할 수 있지만, '귀여운 어른'에서의 '귀여운'을 본래의 개념적 의미로 해석하기에는 부자연스러운 데가 있다. 이때의 '귀여운'에서는 비록 귀염성을 가지고 있을지라도 그것이 '사랑스러워서 기특하게 여길 만한' 것은 아니다. 이것은 '귀여운'이 '어른'이라는 단어와 연어 관계를 이룸으로써 발생하는 결과이다. '귀여운'과 함께 배열된 단어의 예를 더 들어보자.

(15) ㄱ. 귀여운 {소녀, 학생, 여자, 강아지, 인형, 장난감 …}
ㄴ. 귀여운 {선생님, 남자, 장군, 불독, 독수리, 도시 …}

(15ㄱ)은 자연스럽지만 (15ㄴ)은 자연스럽게 받아들여지지 않는다. 그것은 (15ㄴ)의 연어가 '귀여운'이 가지고 있는 개념적 의미의 범위에서 벗어났기 때문이다. 이와 같이 보편성을 벗어난 단어의 배열에서 연어적 의미가 나타나는 것이 일반적이다.

연어적 의미는 이와 같이 단어 간의 공기관계에 의해서 나타난다. 그렇기 때문에 공기관계를 이용하여 단어의 의미 차이를 알아볼 수 있다. 다음 (16)은 형용사 '즐겁다'와 '기쁘다'의 공기관계를 예로 든 것이다.

    (16) ㄱ. 즐거운 {소풍, 여행, 뱃놀이, 식사 시간, 학교생활 …}
          ㄴ. ^{??}기쁜 {소풍, 여행, 뱃놀이, 식사 시간, 학교생활 …}

'즐겁다'와 '기쁘다'는 유사한 의미를 가지고 있지만 그 의미를 구별하기가 쉽지 않다. 그러나 '즐겁다'와 함께 쓰일 수 있는 단어와 '기쁘다'와 함께 쓰일 수 있는 단어를 살펴보면 서로 구별되는 점이 있다. '즐겁다'와 '기쁘다'는 모두 마음속의 희열을 나타내는데, 희열을 가져다주는 요인이 어떻게 작용하느냐에 따라서 달라진다. 대체로 '즐겁다'는 외부의 요인이 마음에 만족을 줌으로써 희열의 감정이 내적으로 젖어들 때에 사용하고, '기쁘다'는 희열의 감정이 내부에서 시작해서 외부로 분출할 때에 사용한다. 앞의 (16ㄴ)에서 '기쁘다'가 자연스럽지 못하는 것은 그것과 공기관계에 있는 활동들이 외적 활동으로서 내적 감정을 유발하지 못하기 때문이다. 반대로 다음 (17)에서는 기쁨의 요인이 내적 감정에서 외부로 분출하기 때문에 '기쁘다'가 쓰일 수 있다.

    (17) ㄱ. 창호가 시험에 합격했다는 <u>기쁜</u> 소식을 듣고 나는 한걸음에 집으로
            뛰어갔다.
          ㄴ. 승리를 알리는 나팔 소리가 병사들을 <u>기쁘게</u> 했다.
          ㄷ. 삼십 년 만에 만난 딸을 부둥켜안고 <u>기쁨</u>의 눈물을 흘렸다.

물론 (17)에서도 '즐겁다'가 쓰일 수 있지만 희열의 감정이 어떻게 작용하느냐 하는 점에서 '기쁘다'와 차이가 있다.[28]

3.7. 주제적 의미

화자는 어순, 초점, 강조 등에 의해서 전달 내용을 조직할 수 있는데, 이와

같이 화자의 의도에 의해서 전달 내용을 조직함으로써 얻어지는 의미를 주제
적 의미라고 한다. 다음 (18ㄱㄴ)은 능동문과 그에 대응하는 피동문의 예인데,
이 두 문장은 화자가 의도하는 바에 따라서 어순이 조직되었다.

    (18) ㄱ. 김 순경이 그 사건의 전말을 밝혔다.
          ㄴ. 그 사건의 전말이 김 순경에 의해서 밝혀졌다.

  (18ㄱ)과 (18ㄴ)은 개념적 의미는 같지만 소통 가치에서 서로 다르다. 그것은
화자가 주제를 무엇으로 삼느냐에 따라서 어순을 달리 배열하였기 때문이다.
다음 (19)는 '나의 누님'에 대한 두 가지 정보를 나열하였지만 화자의 의도가
다름을 알 수 있다.

    (19) ㄱ. 나의 누님은 가난하지만 행복하다.
          ㄴ. 나의 누님은 행복하지만 가난하다.

  화자가 누님의 삶에 대하여 '행복함'에 초점을 더 두고 있으면 (19ㄱ)과 같이
말하고, '가난함'에 초점을 두고 있으면 (19ㄴ)과 같이 말하게 된다.
  화자가 어떤 단어를 특정한 문맥에서 의도를 가지고 사용했다면, 그 단어에
도 의도의 의미가 있는 것은 당연한 일이다. 예컨대 특정한 상황에서 '그 여자
는 과거가 있다.'라고 말했을 때, 화자는 '과거'라는 단어를 통하여 그 여자에게
있었던 과거의 어떤 사실에 대하여 부정적 가치 판단을 드러내고 있다. 이와
같이 주제적 의미는 화자의 의도에 의해서 드러나기 때문에 의도 의미intended
meaning라고도 한다.[29]

제2부

어휘의미론

제3장 의미장

제4장 성분분석

제5장 국어 어휘의 의미관계

제6장 국어 어휘의 의미 변이

제7장 국어 어휘의 비유 의미

제8장 의미변화

제3장 의미장

1. 의미장에 대한 기초적 이해

1.1. 의미장의 정의

어휘를 일정한 체계 속에 있는 단어들의 집합이라 할 때, 어휘에 체계를 부여하는 데는 여러 가지 기준과 방법이 있다. 그 가운데 하나는 특정의 의미를 기준으로 삼아 그 의미와 상호 긴밀한 관계에 있는 단어들을 한 집단으로 체계화하는 것이다.

    ⑴ 빨갛다, 노랗다, 파랗다, 하얗다, 까맣다

⑴의 단어들은 색깔을 나타낸다는 점에서 의미상 서로 긴밀한 관계에 있다. 이와 같이 의미상 서로 밀접한 연관이 있는 단어들의 집합을 의미장意味場 semantic field이라 한다. 그러므로 ⑴의 단어들은 어휘체계의 한 부분을 형성하면서 한편으로는 색깔의 의미장을 구성하고 있다. 한 언어의 어휘체계는 이와 같이 아주 많은 의미장을 형성하고 있는데, ⑴과 같은 색깔의 의미장 주변에는 또 '밝다, 어둡다, 흐리다'와 같은 '빛깔'을 나타내는 의미장이 있을 수 있으며,

또한 색깔이나 빛깔의 의미장은 그보다 상위에 있는 '시각'의 의미장 속에
포함된다. 뿐만 아니라, '시각'의 의미장은 '청각, 후각, 미각, 촉각' 등과 함께
'감각'이라고 하는 보다 상위의 의미장에 포함될 수 있다. 그러므로 의미장은
하나의 작은 장場 field이 모여서 큰 장을 이루고, 큰 장이 모여서 보다 큰 장을
이루며, 보다 큰 장들의 집합은 궁극적으로 한 언어의 어휘의 총화가 된다.

1.2. 의미장과 의미 규정

한 의미장에 속하는 단어는 같은 장 속에 있는 다른 단어들과의 상호 관계
속에서 그 의미가 결정된다. 예컨대 앞에서 예로 든 단어 '흐리다'는 같은 의미
장 속에 있는 '밝다'와 '어둡다'라는 단어와의 관계 속에서 그 의미가 규정될
수 있다. '중견수'의 의미는 '투수, 포수, 1루수, 2루수, 3루수, 유격수, 좌익수,
우익수' 등 야구의 수비수를 가리키는 같은 의미장 속의 다른 단어들과의 관계
를 통하여 밝혀진다. 다른 예를 더 들어보면, '동, 서, 남, 북'과 같은 방향어
속에 포함된 각각의 단어들은 같은 의미장 속에 있는 다른 단어들과의 관계
속에서 그 의미를 파악할 수 있다. 그러므로 의미장 이론에서 말하는 단어의
의미는 그 단어의 어휘체계상의 위치이며, 이러한 위치 관계를 밝히는 것이
어휘의미론의 과제이다.

1.3. 개념장과 어휘장

한 언어의 어휘체계는 의미상 어떤 관련성을 가진 어휘들로 집단화되어서
하나의 장을 이룬다는 이론을 장이론field theory이라 하며, 장이론의 체계를 수
립한 사람은 독일의 트리어J. Trier이다.

트리어(1931)에 의하면, 한 언어의 어휘체계 속에서 모든 단어의 의미는 그
어휘체계 속의 다른 단어들의 의미에 의지하여 정의될 수 있다. 그리고 한

단어의 주위에는 그 단어와 개념적으로 연관이 있는 단어들이 있는데, 그 단어들은 상호 개념적으로 친족관계에 있는 개념적 친족들conceptual relatives이다. 개념적으로 친족관계에 있는 어휘들의 내적 관계를 개념장conceptual field이라 하고, 이들의 외적인 구체적 구현을 어휘장lexical field이라 한다. 예를 들어, 빛을 스펙트럼을 통해서 살펴보면 우리는 무수하게 많은 색채들을 접하게 되는데, 그 많은 색채들은 서로 경계를 나눌 수 없는 물리적 연속체로 되어 있다. 그렇지만 우리는 개념적으로 경계를 나누어 영역을 설정하고 있으며, 이 영역들은 하나의 개념장을 이루고 있다. 그리고 이 개념장이 구체적인 어휘로 실현되어 어휘장을 이룬다. 따라서 개념장과 어휘장은 같은 영역을 갖는다고 할 수 있다.

2. 장이론의 이론적 배경과 전개

2.1. 장이론의 이론적 배경

의미장 이론이 트리어(1931, 1934), 포르지히(1934) 등에 의하여 본격적으로 전개되기까지의 이론적 배경을 살펴보자. 장이론의 근원은 훔볼트W. von Humbolt로 거슬러 올라간다. 다른 한편으로는 소쉬르에 의해서도 장이론이 제기되었다. 이들에 의하여 시작된 장이론은 훔볼트를 원류로 한 신훔볼트학파와 소쉬르를 원류로 한 제네바학파로 계승되면서 각각 독자적인 연구 영역을 확보하였다. 그리고 언어학에서 '장'이라는 용어가 최초로 등장한 것은 1924년 입센G. Ipsen에 의해서였다.[30]

2.1.1. 훔볼트

훔볼트는 언어를 인간의 정신세계와 끊임없는 관계 속에서 활동하는 유기체로 간주한다. 이러한 훔볼트의 견해를 동적 언어관[31])이라고 하는데, 동적 언어관은 '언어세계관'과 '내적 언어형식'이라는 두 가지 주요 개념으로 나타난다. 훔볼트에 의하면, 모든 언어는 각각의 고유한 세계관을 가지고 있으며, 따라서 언어가 서로 다르다는 것은 단순하게 두 언어의 소리나 기호가 다른 것이 아니라 세계관 그 자체가 다른 것이라고 규정한다. 이와 같은 주장을 언어세계관 가설이라고 하는데, 훔볼트는 언어에 반영되어 있는 세계관을 규명하는 것이 언어 연구의 근본적인 목적이라고 하였다.[32])

또한, 훔볼트의 언어이론 가운데서 큰 비중을 차지하는 것은 '분절'이다. 훔볼트는 분절을 언어 전체를 지배하는 원리라고 단언한다. 분절이란 총체로부터 부분으로 들어가는 원리이며, 이러한 작용을 통해서 모든 언어는 분절구조를 이룰 수 있다. 곧 훔볼트가 말하는 분절은 한 언어의 어휘를 분류하고 체계화하는 기준과 방법을 암시하는 것으로, 이 분절의 개념이 후에 트리어 (1931, 1934), 바이스게르버L. Weisgerber(1962)에서 장이론의 기본원리로 수용된다.

2.1.2. 소쉬르

소쉬르(1916)는 언어적 형식을 가진 구성요소들 사이의 결합관계를 통합관계와 계열관계로 구분하는데, 이것은 한 언어의 어휘체계를 분석하는 원리로 이용할 수 있다. 통합관계는 선적 연쇄linear sequence를 이루고 있는 구성 요소들 사이의 관계이고, 계열관계는 구성 요소 사이의 어떤 공통성에 의하여 맺어진 관계로서 주어진 문장에서 서로 대치될 수 있는 요소들의 집합으로 나타난다.

(2) ㄱ. 키가 큰 여자
ㄴ. 돌이가 왔다.

(3) ㄱ. 키가 큰 남자
　　ㄴ. 키가 큰 아이
　　ㄷ. 키가 큰 어른

(2ㄱ)에서 '키'와 '가'의 관계, '키가'와 '큰'의 관계, '키가 큰'과 '여자'와의 관계는 선적 연쇄를 이루는 통합관계이다. (2ㄴ)에서, '돌이가'와 '왔다'의 결합 관계도 통합관계이다. 그런데 (2ㄱ)에서의 '여자'는 (3ㄱ~ㄷ)의 '남자', '아이', '어른'과 계열관계를 이루고 있다. (2ㄴ)에서도 '돌이' 대신에 '창수, 철이, 순이, 명희' 등이 쓰일 수 있기 때문에 이들은 계열관계를 이루게 된다. '왔다' 대신 에 '갔다, 죽었다, 쉬었다' 등이 쓰일 수 있고, 또 '왔다' 대신에 '온다, 오겠다' 등이 쓰일 수도 있는데, 이것들도 각각 '왔다'와 계열관계를 이루고 있다.

구성 요소들 사이의 이러한 관계는 한국어라는 한 언어의 체계적인 내적 조직의 일면을 보여 준다. '키가 큰 여자'라는 한 언어형식이 우리 국어에서 문법적인 한 단위로 쓰일 수 있다는 것은, 선적 연쇄로 이루어진 이들 구성 요소들의 결합을 가능하게 하는 어휘적 조직이 한국어에 내재하고 있음을 의미한다. 마찬가지로 '여자, 남자, 아이, 어른' 등이 어떤 문맥에서 상호 대치 될 수 있는 것은 이들이 하나의 계열에 속할 수 있음을 뜻하며, 결국 이것들은 한국어의 내적 조직의 의미적 국면을 보여주는 것이라 할 수 있다.

2.2. 장이론의 전개

소쉬르(1916)에서 말한 구성 요소들 사이의 결합관계를 장이론에 접목시킨 사람은 트리어(1931)와 포르지히(1934)이다. 트리어(1931)는 계열관계에 바탕을 두고 어휘체계의 분석을 시도하였으며, 포르지히(1934)는 통합관계에 바탕을 두고 어휘들 사이의 관계를 규명하고자 했다.

한편, 트리어는 어휘체계에서는 소쉬르의 계열관계를 받아들였으나, 어휘체계의 분석 원리에서는 훔볼트의 분절 개념을 받아들이고 있다. 모든 언어의 본질을 나타내는 가장 일반적이고 가장 심원한 특징은 언어의 분절 구조에 있다고 말한 훔볼트(1822)의 근본 사상을 트리어는 장의 개념의 기초로 삼고 있는데, 트리어가 '언어내용의 연구는 분절 구조의 연구이다.'라고 한 것은 이를 단적으로 드러낸다. 이에 반하여, 포르지히는 소쉬르의 통합관계에 훔볼트의 내적 언어형식의 개념을 접목시켜 의미장 이론을 수립했다.

이와 같이 트리어와 포르지히는 훔볼트와 소쉬르의 이론을 각기 다른 관점에서 수용하여 한 언어의 어휘체계를 수립하고 분석하였다. 이들은 한 언어의 어휘를 체계화하는 데 있어서는 소쉬르의 이론을 수용하고, 어휘들의 내적 구조를 분석하는 데 있어서는 훔볼트의 이론을 적용한다. 그리고 어휘체계에 주목해서 트리어와 같은 방법의 장이론을 계열적 장이론이라 하고, 포르지히와 같은 방법의 장이론을 통합적 장이론이라 한다.

이상에서 설명한 장이론 전개의 특성을 정리하면 다음 [표 1]과 같다.

[표 1] 장이론 전개의 특성

장이론가	어휘체계(소쉬르)	어휘체계의 분석원리(훔볼트)	장이론의 갈래
트리어(1931)	계열관계	분절	계열적 장이론
포르지히(1934)	통합관계	내적 언어형식	통합적 장이론

훔볼트의 언어세계관 개념을 '언어적 중간세계'로 발전시킨 바이스게르버는 초기에 트리어가 장이론을 수립하는 데 기여했다가 그 뒤로는 트리어의 장이론을 수용하면서 독자적인 장이론을 내놓았다. 그렇기 때문에 바이스게르버도 기본적으로는 계열적 장이론을 전개한다고 할 수 있다. 그리고 코세리우E. Coseriu(1962)에서는 트리어와 포르지히의 이론을 비판적으로 수용하고 있다.

계열적 장이론의 트리어와 바이스게르버, 통합적 장이론의 포르지히에 대해서는 절을 달리하여 좀 더 자세히 설명하기로 한다.

3. 계열적 장이론

3.1. 트리어의 장이론

3.1.1. 어휘의 계층적 조직

우리는 앞에서 개략적으로 의미장의 정의, 의미장에서의 단어의 의미 규정, 개념장과 어휘장 등에 대하여 살펴보았다. 이것들은 전적으로 트리어의 이론에 의지하여 설명한 것이다.

트리어는 한 단어와 그 단어의 주위에는 개념적으로 연관이 있는 단어들이 있는데, 이들의 내적관계를 개념장이라 하고, 개념장의 외적 구현을 어휘장이라 하며, 따라서 개념장은 어휘장과 동일한 영역을 갖는다고 한다. 그리고 이러한 장은 계층적 성격을 가지고 있는데, 그것은 각 장이 계층적으로 독립된 부분장sub-field을 이루는 것이다. 따라서 한 언어의 어휘체계는 최하위 계층의 부분장으로부터 그것을 포괄하는 각 계층의 부분장으로 통합되고, 이러한 계층적 통합은 궁극적으로 최상위 계층인 하나의 장으로 귀결된다. 이것은 한 언어의 어휘 전체를 한 다발로 구축하는 것인데, 이와 같은 어휘의 계층적 조직을 라이온스(1977: 295)에서 다음 [그림 1]과 같은 수형도로 설명한다.

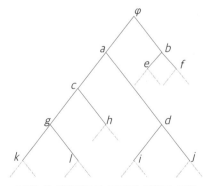

[그림 1] 계층적으로 조직된 어휘의 모형

[그림 1]은 계층적 조직을 이루고 있는 한 언어의 어휘체계 전체 혹은 부분을 개략적으로 보여준다. 이 수형도의 최상위 계층이 φ로 나타난 것은 한 언어의 어휘 전체 혹은 하위의 어느 한 부분이 실재적 어휘는 없고 추상적인 개념장으로부터 계층적으로 구조화될 수 있음을 나타내며, 만일 [그림 1]이 한 언어의 어휘 전체를 나타낸다면, 적어도 그 언어의 최상위에는 실제로 어휘가 없는 φ 그대로이다. 그리고 [그림 1]의 하위의 마디node는 한 어휘체계 속의 부분장을 나타낸다.

위에 제시한 [그림 1]의 한 예로 다음 [그림 2]의 어휘장을 살펴보자.

[그림 2] '동물'creature의 어휘장

[그림 2]는 '동물'로 나타내어지는 한 의미영역의 어휘장이다. [그림 2]에서 보면, '동물'은 '짐승'과 '조류'의 부분장으로 이루어지며, '짐승'은 '말'과 '양'의 부분장으로, '조류'는 '독수리'와 '종달새'의 부분장으로 이루어진다. 또한, '말'과 '양'은 각각 '수말'과 '암말', '숫양'과 '암양'의 부분장으로 이루어진다. 이러한 계층적 어휘 구조는 의미의 하의관계를 나타낸다.

3.1.2. 어휘체계의 분절 구조

이상의 설명에서 알 수 있듯이 한 언어의 전체 어휘는 계층적인 부분장의 집합으로 이루어져 있는데, 이와 같이 전체를 부분으로 나누는 원리가 '분절'

이다. 그리고 분절을 통해서 한 언어의 어휘체계는 분절 구조를 이루게 된다. 그러므로 모든 어휘는 어휘장 안에서 분절화되어 존재하며, 각각의 단어는 분절화된 전체 속에서 그 의미를 갖게 된다. 트리어는 학교의 성적 평가어를 보기로 들어 분절 구조와 단어의 의미에 대해서 설명한다.

[표 2] 독일어 성적 평가어 어휘장

sehr gut (수)	gut (우)	genügend (미)	mangelhaft (양)	ungenügend (가)

[표 2]는 독일어의 성적 평가어 어휘장인데 이것은 예전에 한국의 초·중·고등학교에서 사용한 등급 표시와 같다. 위의 표에서 '양'의 의미를 알기 위해서는 설령 이 단어의 어원을 알고 있다 하더라도 다음 사실을 알고 있지 않으면 안 된다.

    (4) ① 성적 평가라는 개념 집합 전체가 단순한 계열을 이루고 있으며, 다섯 단계의 언어적, 개념적 부분장으로 나누어져 있다.

       ② 그 가운데 자리가 단어장 '미'이며, 맨 아래 자리가 '가', 이 두 자리의 가운데가 '양'이다.

       ③ '미'의 위 자리에 '우', '수'가 있다.

이와 같은 장의 분절 구조가 각각의 단어의 의미를 가르쳐 주며, 개개의 단어만으로는 아무런 의미도 파악할 수 없다. 그러므로 트리어는 단어의 의미란 어휘장 속에서 파악할 수 있으며, 각각의 단어는 개념적으로 인접해 있는 다른 단어들과의 상호의존적 관계 속에서 결정된다고 보았다.

3.1.3. 분절 구조의 변경

트리어(1931)는 단어의 의미변화를 분절 구조의 변경으로 설명한다. 트리어에서의 관심의 대상은 1200년대와 1300년대의 독일어 '지성'verstand의 의미장이었다. 1200년대와 1300년대의 '지성'의 장을 비교하면 대강 다음의 [그림 3]과 같이 요약된다.

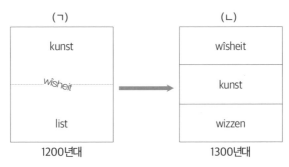

[그림 3] 독일어 '지성'verstand의 단어장

[그림 3]의 (ㄱ)은 1200년대 '지성'의 장을 나타내고, (ㄴ)은 100년 후인 1300년대 '지성'의 장을 나타낸다. 1200년대 중세 독일어에서 *kunst*는 귀족적이거나 기사도적인 명예와 도덕을 갖춘 지식을 나타내고, *list*는 서민 계층의 일상적이고 기능적인 기술과 지식을 나타낸다. 곧, *kunst*는 상부의 영역을, *list*는 하부의 영역을 나타내며, *wîsheit*는 이 두 영역을 아우른 의미로서 지식에 대한 일반적인 단어이다. 그런데 봉건제도가 붕괴되어 귀족과 서민의 구별이 사라진 1300년대에 이르러서는 의미장이 (ㄴ)과 같이 변했다. 서민적이면서 다소 경멸적이었던 *list*는 의미장 속에서 사라지고, 두 영역을 포괄하던 *wîsheit*는 종교적, 신비적 지식으로 그 의미가 한정되었으며, *kunst*는 귀족의 몰락과 함께 보다 세속적인 기술과 지식을 나타냈다. 그리고 평범하고 일상적인 지식을 나타내는 *wizzen*이라는 새로운 단어가 이 의미장 속에 등장했다.[33]

트리어(1931)은 [그림 3]의 (ㄱ)과 (ㄴ)을 통해서, 1200년대와 1300년대 중세 독일어의 '지성'의 의미장 구조를 시대별로 각각 조사하여 기술하는 기술적 연구와, 두 시대를 비교하여 약 100년 동안 일어난 의미장 내부의 통시적 변화를 기술하는 역사적 연구를 보여주고 있다. 그리고 [그림 3]의 (ㄱ)과 (ㄴ)에서 볼 수 있듯이, 시간의 흐름에 따라 단어의 의미는 변화할 수 있는데, 이러한 의미변화는 한 의미장 속에서 분절 구조가 변경되는 것이라고 설명한다. 곧 [그림 3]의 (ㄱ)과 (ㄴ)은 바뀐 분절 구조를 잘 보여주고 있다.

3.2. 바이스게르버의 장이론

3.2.1. 정신적 중간세계

홈볼트의 동적언어관에 입각한 언어세계관을 발전적으로 수용한 사람이 1920년대의 바이스게르버이다. 바이스게르버는 홈볼트의 언어세계관 개념을 언어적 중간세계로 발전시켰다. 바이스게르버는 종래의 언어 연구에서, 언어는 외부 세계에 대응하는 음성 형식이라고 간주하는 데 대하여, 음성 형식과 외부 세계 사이에 '정신적 중간세계'를 설정한다. 곧, 바이스게르버의 정신적 중간세계는 다음 [그림 4]와 같은 관계로 설명된다.

[그림 4] 바이스게르버의 정신적 중간세계

[그림 4]를 보면, 음성 형식이 외부 세계의 사물과 만나는 것은 직접적으로 이루어질 수 없으며, 정신적 중간세계를 통해서만 가능하다. 다시 말하면, 외부 세계에 '존재' 하는 모든 사물은 정신적 작용을 통해서 '의식된 존재'로

바뀌게 되는데, 이와 같은 변형이 이루어지는 중간 장소를 정신적 중간세계라고 한다. 그러므로 정신적 중간세계는 이미 주어진 '외부 세계'와 인간의 '내부 세계'가 만나는 곳이다.

바이스게르버는 '오리온' 별자리를 예로 들어서 정신적 중간세계와 정신적 중간세계의 완성 과정을 설명한다. 밤하늘에 나타나는 별자리라는 것은 수없이 많은 별들 속의 한 부분에 불과할 따름이며, 실제로는 별자리를 형성하는 어떠한 배열도 존재하지 않는다. 따라서 '오리온'이라는 별자리도 존재하지 않는다. 오직 '오리온'이라는 별자리는 이것을 바라보는 특정한 인간 집단의 사고 속에서 생겨날 뿐이다. 이처럼 인간의 정신활동과 외부 세계가 마주친 결과로서 '오리온'이라는 별자리가 정신적 중간세계로서 존재한다. 결국 인간이 언어와 만나는 곳에서는 언제나 정신적 중간세계가 함께 작용하며, 중간세계는 그 본질에 있어서 언어적 성격을 띠게 된다. 따라서 정신적 중간세계는 '언어적 중간세계'라고 말할 수 있다.

3.2.2. 언어 내용 연구

위에서 우리는 정신적 중간세계가 언어적 성격을 띠고 있으며, 그렇기 때문에 정신적 중간세계는 언어적 중간세계라고 하였다. 따라서 바이스게르버의 언어 연구는 정신적 중간세계에 대한 언어학적 탐색이라 할 수 있다.

바이스게르버(1962)는 언어 연구를 다음 (5)와 같은 네 단계로 구분하여 설명한다.

    (5) 언어 연구의 네 단계
        (가) 형태 중심 고찰
        (나) 내용 중심 고찰
        (다) 직능 중심 고찰
        (라) 작용 중심 고찰

바이스게르버(1962)에 따르면 언어 연구에는 네 단계가 있는데, 그 첫 번째 단계는 음성과 같은 형태를 주된 개념으로 하는 형태 중심의 고찰이고, 두 번째 단계는 내용을 주된 개념으로 하는 내용 중심의 고찰이다. 이 두 단계는 에르곤으로서의 언어를 연구 대상으로 하는 정적 고찰로서 문법적 조작에 해당하는 단계이다. 그리고 세 번째 단계는 포착을 주된 개념으로 하는 직능 중심의 고찰이며, 네 번째는 타당성을 주된 개념으로 하는 작용 중심의 고찰이다. 직능 중심의 고찰과 작용 중심의 고찰은 에네르게이아로서의 언어를 그 연구 대상으로 하는 동적 고찰로서 완전한 언어학적 조작에 해당하는 단계이다. 이상의 설명을 다시 정리하면 다음 (6)과 같다.

(6) 형태 중심 ⎤
　　내용 중심 ⎦ 정적 고찰 − 문법적 조작
　　직능 중심 ⎤
　　작용 중심 ⎦ 동적 고찰 − 완전한 언어학적 조작

언어는 형태와 내용으로 구성되어 있기 때문에, 언어 연구가 형태 중심에서 내용 중심으로 이어지는 것은 당연한 단계이다. 그런데 바이스게르버가 특히 중시한 것은 내용 중심 연구이다. 바이스게르버는 언어 내용을 구체적으로 밝히기 위해서 장이론을 전개하였다. 결국 바이스게르버의 장이론은 언어의 내용을 연구하는 것이며, 따라서 그의 연구 방법을 '언어 내용 연구'라고 말한다.

3.2.3. 장의 원리와 구조

1920년대 바이스게르버의 언어 연구는 트리어의 장이론에 기여하였고, 다시 바이스게르버(1954, 1962)에서는 트리어의 장이론을 수용하면서 자신의 장이론 체계를 수립하였다. 따라서 트리어와 바이스게르버의 장이론은 근본적으로 맥락을 같이 한다고 할 수 있다.[34) 그런데 장의 유형을 설정하는 관점에서 바이스게르버는 트리어와 다른 태도를 보이고 있다. 바이스게르버(1962)는 장의 분절 구조가 규정하는 관점의 수에 따라 장의 유형을 두 가지로 분류한다. 하나의 관점으로 규정되는 단층적 장과 상이한 여러 관점에 의하여 규정되는 다층적 장이 그것이다. 단층적 장은 서열적 분절(예: 수의 계열, 성적 평가어의 체계, 군대 계급어의 체계), 평면적 분절(예: 친척어장), 입체적 분절(예: 색채어장) 등으로 세분될 수 있으며, 다층적 장에는 그 동안 장이론 논쟁에서 잘 알려진 '죽음'에 대한 단어장이 있다.

바이스게르버(1962: 184)에서 제시한 독일어 '죽음'의 어휘장의 분절 구조는 다음 [그림 5]와 같다.

[그림 5] 독일어 '죽음'의 단어장

바이스게르버는 죽음의 어휘장을 세 가지 관점에서 구조화했는데, 위의 [그림 5]에 나타난 세 겹의 동심원은 세 가지 관점에 따른 분절 구조를 나타낸다.

동심원 속의 세 가지 관점은 다음의 (가)~(다)와 같다.

> (가) 속의 원은 일반적인 죽음을 나타낸다.
>> sterben사람이 죽다 - verenden짐승이 죽다 - eingehen식물이 죽다
>
> (나) 가운데 원은 죽음의 원인이나 부수적인 상황을 객관적으로 나타낸다.
>> erliegen병사하다 - umkommen비명횡사하다 - verhungern굶어죽다 -
>> erfrieren얼어죽다 - fallen꽃잎이 지다 등
>
> (다) 바깥의 원은 죽음에 대한 주관적인 감정이나 평가를 나타낸다.
>> ㉠ einschlummern잠자듯이 편안하게 죽다 - entschlafen고이 잠들다
>> ㉡ hinübergehen타계하다 - heimgehen고향으로 돌아가다
>> ㉢ abkratzen척살되다 - verrecken폐사하다 등[35]

  죽음을 나타내는 단어들이 [그림 5]와 같이 세 가지 관점에서 분절되어 있지만, 이것은 다른 장이라기보다는 한 장 속에 들어 있는 세 개의 부분장이라고 할 수 있다.

  이와 같이 바이스게르버는 트리어의 장이론을 수용하면서 보다 치밀하게 이론과 체계를 구축하고 있으며, 특히 풍부한 자료를 바탕으로 단어의 가치를 입체적 구조 속에서 파악하고 있다. 다시 말하면, 장이론의 전개가 트리어에 의하여 본격화되었지만, 그에게서 나타난 불충분한 점들은 바이스게르버가 보완하고 이론적 기반을 확고히 하였다. 언어 내용 연구의 실질적인 출발점을 바이스게르버에 두는 것도 이 때문이다.

4. 통합적 장이론

4.1. 의미장 구성

4.1.1. 본질적 의미관계

포르지히(1934)에서는 소쉬르의 통합관계에 훔볼트의 내적 언어형식의 개념을 접목시켜 의미장 이론을 전개하였다. 따라서 통합적 장이론은 포르지히의 장이론이라고 할 수 있다.

포르지히의 장이론은 단어 상호 간의 통합관계를 바탕으로 한다. 어떤 단어와 그것과 통사적으로 통합이 가능한 관계에 있는 다른 단어들이 하나의 장을 이룬다고 보는 것이다. 다음 (7)은 동사와 명사 사이의 통합관계를 보여주는 예이다.

> (7) ㄱ. 걷다 - 발
>   ㄴ. 핥다 - 혀

(7ㄱ)에서, 동사 '걷다'와 공기하는 명사는 '발'이다. 곧, '걷다'라는 동작은 '발'의 움직임을 전제로 하고 있다. (7ㄴ)의 두 단어 '핥다'와 '혀'도 마찬가지의 관계에 있다. 곧, 동사 '걷다'와 '핥다'의 의미 속에는 각각 명사 '발'과 '혀'의 의미가 포함되어 있다. 포르지히는 이와 같이 한 단어가 의미상 다른 단어를 포함하고 그럼으로써 두 단어가 필수불가결한 관계에 있는 것에 주목하여, 이 두 단어의 의미 사이에 존재하는 관계를 본질적 의미관계라고 한다. 그리고 본질적 의미관계에 있는 단어들의 집단이 한 의미장을 구성하는 것으로 보았다.

4.1.2. 연어와 포용

본질적 의미관계에 따라 구성되는 의미장을 포르지히는 연어와 포용의 개념으로 설명한다. '차다'와 '발' 사이의 본질적 의미관계는 '발로 차다'와 같이 연어적 성격을 띠고 있으며, 이것들은 통합관계의 기본이 됨은 물론 장 형성의 바탕을 이룬다. 그리고 '차다'라는 단어 속에는 '발로'라는 의미가 포용되어 있다. '치다'와 '주먹'의 관계를 통해서 다시 살펴보면, 이 두 단어는 '주먹으로 치다'와 같이 연어적 성격을 가지고 있으며, 단어 '치다' 속에 '주먹으로'라는 의미가 포용되어 있다.

그리고 두 단어가 연어적이라 함은 두 단어의 결합에 선택제약이 지켜지고 있음을 암시하는데, 예컨대 '흐르다'는 '물, 기름'과 같은 유동체만을 주어로 선택할 수 있으며, 이러한 선택제약이 지켜지지 않으면 비문이 된다. 또한 선택제약이 지켜지지 않은 두 단어 사이에는 본질적인 의미관계가 성립될 수 없다.

한편, 본질적 의미관계는 어원적으로 동족 관계에 있는 단어 사이에서도 존재한다. '자다 - 잠', '꾸다 - 꿈', '띠다 - 띠' 등은 어원적으로 동족 관계에 있으면서, 특수한 의미장을 구성하는 예이다.

4.2. 의미장 구성의 중심

4.2.1. 동사 중심의 의미장 구조

동사와 명사에 의한 본질적 의미관계의 예를 더 들어본다.

> (8) ㄱ. 잡다 - 손, 보다 - 눈, 듣다 - 귀, 물다 - 이, 자르다 - 칼, 굽다 - 불
> ㄴ. 입다 - 옷, 쓰다 - 모자, 끼다 - 장갑, 신다 - 신, 매다 - 허리띠
> ㄷ. 짖다 - 개, 찌다 - 살, 피다 - 꽃

본질적 의미관계에 있는 단어의 보기로 쉽게 떠오르는 것은 앞에서 든 (7)이나 (8ㄱ)과 같이 어떤 행위와 그 행위의 실행에 사용되는 신체 기관 또는 도구와의 관계로 결합되는 것이다.[36] 그러나 본질적 의미관계의 예가 이런 것들에만 국한되는 것은 아니다. (8ㄴ)은 착용동사와 그 대상의 관계로 묶인 것이며, (8ㄷ)은 어떤 행위와 그 주체의 관계로 통합된 것이다. 이밖에도 동사와 명사가 통합된 예는 일일이 열거할 수 없을 정도로 많으며, 동사뿐만 아니라 형용사와 명사의 관계에서도 이러한 예는 수없이 많다.

그러면 이와 같은 관계에 의해서 의미장을 이루는 두 단어, 곧 명사와 동사(또는 형용사) 가운데서 상호간의 본질적 의미관계를 성립하게 하는 중심 단어는 어떤 것인가? 그것은 명사가 아닌 동사(또는 형용사)로 보아야 한다. 왜냐하면 동사와 형용사의 서술 기능에 의하여 명사가 선택되기 때문이다. 그러므로 의미장 구성에서 중심을 이루는 단어는 동사와 형용사이다. 만일 의미장 구성의 중심을 명사에 두면 두 단어 사이의 관계가 명확하지 않게 된다. 이 점을 '잡다 - 손'의 관계에서 살펴보자. '잡다'는 '손'을 필요로 하기 때문에 동사 '잡다'에서 보면 명사 '손'은 필요불가결한 것이다. 그런데 '손'은 그것과 통합될 수 있는 동사가 '잡다'뿐만 아니라 '놓다, 쓰다, 보다, 흔들다, 뒤집다, 가리다' 등 셀 수 없이 많다. 따라서 이렇게 구성된 의미장은 무의미할 수밖에 없다. 다시 말해서, 동사와 형용사는 그것이 서술하는 대상이나 상황이 한정되어 있는데 반하여, 명사는 그것과 관련 있는 서술이 다양하게 나타날 수 있다. 그렇기 때문에 포르지히는 동사와 형용사를 의미장 구성의 중심으로 간주한다.

4.2.2. 통합 대상의 다양성

동사와 통합되는 대상의 범위는 동사의 의미정보에 따라 다양하게 나타날 수 있다. 예컨대 앞의 (8ㄷ)에서 예로 든 동사 '짖다'는 '개'만을 그 대상으로 하지만, 동사 '울다'는 '아이, 학생, 여자' 등의 사람은 물론이며, '소, 염소, 늑대' 등의 짐승이나, '매미, 여치, 귀뚜라미' 등의 곤충 또는 그 밖의 다른 사물들을 그 대상으로 삼을 수 있다. '짖다-개'처럼 동사와 통합 가능한 대상의 범위가 좁은 것은 두 단어 사이의 의미관계가 긴밀하기 때문에 의미장의 구조를 밝히는 데에도 훨씬 유익하다. 그러나 범위가 넓고 좁음의 문제보다 더 중요한 것은, 한 언어의 동사와 형용사가 다양하고 풍부하면 그에 따라 명사는 물론 어휘 전체의 영역이 넓어진다는 점이다.

앞에서 언급한 바와 같이, 동사와 관계를 맺는 명사가 오직 하나뿐인 것이 있는가 하면 다수가 한 의미군을 이루는 것도 있다. 의미군을 이루는 것들 가운데는 의미의 무리를 하나의 총괄 개념으로 묶을 수 있는 상위 개념이 있는 것도 있지만 그렇지 않은 것도 있다.

> (9) ㄱ. 입다 ― 옷[바지, 저고리, 조끼, 치마, 외투, 겉옷, 속옷 …]
> ㄴ. 뜨다 ― X[해, 달, 별]

'입다'와 공기할 수 있는 명사의 의미군은 '바지, 저고리, 조끼, 치마, 외투, 겉옷, 속옷' 등이며, 이것을 포괄하는 상위 개념으로 '옷'이 있다. 그러나 '뜨다'의 경우에는 천체를 구성하는 '해, 달, 별' 등의 하위 개념이 있으나 이것들을 포괄하는 상위 개념이 없다. 곧 모든 하위 개념에 대한 상위 개념이 단일어로서 반드시 존재하는 것은 아니다.

4.3. 은유

포르지히는 의미장을 바탕으로 은유를 설명하는데, 두 개의 의미장의 구성 요소를 결합해서 하나의 의미 있는 진술을 만드는 것을 은유라고 말한다.

(10)   ㄱ. 춤추다 - 아이
        ㄴ. 출렁이다 - 물결

(11)   물결이 춤춘다.

(10ㄱ)과 (10ㄴ)은 각각 별개의 의미장을 구성하고 있는데, 그 구성 요소를 서로 교차하면, (11)과 같은 표현이 나올 수 있다. (11)은 은유적 표현인데, 이와 같은 은유는 의미장이 실제로 존재하기 때문에 가능하다. 곧, 은유는 한 의미장을 이루는 두 단어가 본질적 의미관계를 일탈함으로써 만들어내는데, 본질적 의미관계에 있는 두 단어 사이의 강한 결속이 해체되고 대신에 다른 단어와 또 다른 결합을 함으로써 새로운 문체적 효과를 낳게 된다. 포르지히는 이처럼 두 개의 의미장이 결합하여 만들어진 새로운 표현을 은유라고 한다.

포르지히(1934)의 장이론이 가지고 있는 약점은 어휘 전체에 대한 보편성이 부족하다는 것이다. 다시 말해서, 연어적 성격에 바탕을 둔 어휘구조의 분석 방법은 일반성을 확보하는 데 어려움이 있다. 예컨대, '좋다'라는 형용사는 거의 모든 명사와 연어적 관계가 성립될 수 있는데, 이때 '좋다'와 연어적 관계를 이루는 모든 명사가 하나의 의미장을 이룬다고 하는 것은 무리가 있다. 설령 의미장을 이룬다 하더라도 그것이 단일한 하나의 의미장으로 성립될 수 있는지도 의문스럽다.

트리어(1934)의 장과 포르지히(1934)의 장의 다른 점은, 트리어의 경우에는 하나의 장 속에 포함된 단어들은 장이론에 따라 상호간에 의미가 규정되는 데 반하여, 포르지히의 경우에는 동사로부터 주어 또는 목적어로 쓰이는 명사로의 일방적인 방향으로 의미관계가 작용한다는 점이다.

5. 어휘장과 문화

5.1. 언어상대성 가설

5.1.1. 언어와 사고

언어가 문화의 영향을 받는다는 것은 두말할 나위가 없다. 목축 사회에서는 '말'馬이 생활의 중심에 있기 때문에 말에 대한 명칭과 관련 어휘가 특히 발달되어 있다. 에스키모어에는 '눈'을 가리키는 수많은 종류의 단어가 있으며, 반대로 멕시코 고원지대의 아즈텍어aztec에는 '눈'과 '얼음', '추위'를 가리키는 단어가 별개로 있지 않고 한 단어로 세 의미를 모두 나타낸다. '눈'에 대한 두 언어의 차이를 보면, 생활과 문화가 언어에 얼마나 직접적인 영향을 미치는지 짐작할 수 있다. 이와 반대로 언어가 사고의 인식 과정과 문화에 직접적인 영향을 미치기도 한다. 이것은 언어와 사고의 관계를 부각시키는 것으로, 사용하는 언어에 따라서 사고방식이 다를 수 있음을 말한다. 다시 말하면, 사용하는 언어가 다르면 그에 대응하여 사고방식이나 세계관도 다르다는 것인데, 이것을 언어상대성 가설linguistic relativity hypothesis이라고 한다.

언어상대성은 훔볼트에 의해서 처음으로 제기되었는데, 언어는 언어를 사용하는 사람의 사고방식이나 정신구조에 일정한 영향을 미친다는 것이 그의 견해이다. 훔볼트 이후 언어상대성은 바이스게르버에 의해서 다시 주장되고, 다른 한편으로는 미국의 인류학자인 보아스F. Boas(1910)에 의해서 제기되었다. 보아스의 관심이 사피어E. Sapir와 워프B. L. Whorf로 이어지면서 언어상대성은 이들에 의해서 본격적으로 주장되었으며, 그래서 언어상대성 가설을 이들의 이름을 따서 '사피어-워프 가설'Sapir-Whorf hypothesis이라고 부른다.

5.1.2. 색채어 장과 친족어 장

언어상대성 가설을 검증하기 위해서 여러 가지 증거가 인용되는데 일반적으로 많이 논의되는 것이 색채어와 친족어이다. 다음 [표 3]은 색채어의 일부분이다.

[표 3] 색채어 장

한국어	영어	웨일스어
푸르다	green	gwyrdd
	blue	glas
	grey	llwydd
	brown	

색채의 스펙트럼은 경계가 없는 물리적 연속체이지만 [표 3]과 같이 언어에 따라 범주화가 다르게 나타난다. 그것은 언어마다 다른 개념장에 의해서 경계가 나누어지고 그 개념장에 따라서 어휘적 실현이 이루어지기 때문이다. [표 3]에서 영어의 'green'과 'blue'는 각각 다른 색채로 인식되는데 국어에서는 '푸르다' 하나로 지칭된다. 영어의 'grey'와 'brown'도 별개의 색채인데 국어에서는 이것을 아우르는 고유한 명칭이 없고, 지금은 각각 대응적으로 '회색'과 '갈색'으로 나누어 부른다. 영어와 웨일스어에서도 색채어의 경계가 다름을 볼 수 있다.

다음 [표 4]는 동기간을 가리키는 친족어를 언어별로 비교한 것이다.

[표 4] 동기간 친족어 대조표

개념	영어	독일어	말레이어	터키어	한국어	중국어
ELDER BROTHER	brother	bruder	sudarā	kardes	형, 오빠	兄, 哥
YOUNGER BROTHER					아우, (남)동생	弟
ELDER SISTER	sister	schwester			누나, 언니	姊
YOUNGER SISTER					누이, 아우, (여)동생	妹

　동기간을 개념적으로 구분할 때 고려할 수 있는 요인은 성별과 나이의 위아래이다. [표 4]에서 보면, 이러한 개념이 어휘장에 반영된 언어는 한국어와 중국어이다. 영어와 독일어는 성별의 구별만 있고 나이의 위아래를 고려한 단어가 없다. 나이의 많고 적음은, 영어에서 '*elder brother*'와 '*younger brother*'에서처럼 한정어를 사용하여 나타낸다. 말레이어와 터키어는 아예 성별의 구별도 없이 전체를 한 단어로 지칭한다. 이와 같이 거의 동일한 개념장을 가지고 있다고 여겨지는데도 실제로 실현되는 어휘장을 보면 언어마다 다르다. 이것은 문화가 사고에 영향을 미치고 사고가 언어에 영향을 미치면서 일어난 결과이다. 또한 그러한 결과물로서의 언어는 우리들의 사고 과정이나 경험 양식에 관여하게 된다. 다시 말하면, 언어에 의해서 사람들의 사고방식과 경험이 규정되는 만큼, 사용하는 언어가 다르면 사고와 경험의 양식도 달라질 수 있다.

5.2. 어휘장의 빈자리

5.2.1. 어휘적 빈자리

어휘체계 속에서 볼 때 개념적으로 있을 법하지만 실제 단어가 존재하지 않은 경우를 볼 수 있다. 위에서 언급한 '*elder brother*'와 '*younger brother*'도 개념은 있으나 영어에는 이에 합당한 독립된 단어가 없다. 이와 같이 개념적으로 있을 법하지만 실제로 어휘화가 되어 있지 않은 현상을 어휘적 빈자리어휘공백 lexical gap라고 한다.

다음 (12)는 라틴어의 친척어장에 나타난 빈자리이다(게켈러Geckeler, H. 1971. 장영천 옮김 1990: 46).

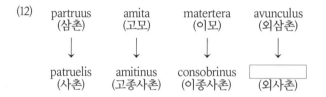

(12)는 부모의 남녀 형제와 그 자녀를 가리키는 단어들인데 어머니의 남자 형제의 자녀외사촌를 지시하는 단어가 비어 있다. 곧 어휘적 빈자리인데, 이 빈자리는 '*avunculi filius*'외삼촌의 아들로 메우고 있다.

다음 (13)은 손가락을 가리키는 고유어를 순서대로 나열한 것이다.

(13) 엄(지) - 검(지) - ⬚ - ⬚ - 애끼(지)

손가락이 다섯 개로 구성되어 있다는 것은 신체적으로 고정된 것이기 때문에 다섯 손가락의 존재는 개념적으로 분명하다. 따라서 이에 대한 명칭이 있어야 하는데 셋째와 넷째 손가락의 고유어가 비어 있다. 이 빈자리는 훗날 한자어인 '장지'長指와 '무명지'無名指 또는 '약지'藥指로 채웠다.

다음 (14)는 가축과 그 새끼를 나열한 것인데 '돼지'에서 빈자리가 나타난다.

(14)

말	소	개	돼지
↓	↓	↓	↓
망아지	송아지	강아지	

그런데 '돼지'는 원래 '돝'에 접미사 '-아지'가 붙어서 된 '도야지'의 변이형으로 기원적으로 '-아지' 계열의 단어였다. 그런데 '돝'이 세력을 잃으면서 '돝'의 자리로 '돼지'가 올라감으로써 그 자리에 어휘적 빈자리가 발생한 것이다 (심재기 2000: 40).

다음 (15)는 날짜를 헤는 시간어인데, 모두 고유어로 되어 있고 '오늘'의 다음날을 가리키는 자리에만 한자어 '내일'來日이 들어가 있다. 고유어 계열로만 보면 어휘적 빈자리라고 할 수 있다.37)

(15) 그제 - 어제 - 오늘 - 내일 - 모레 - 글피

다음 (16)은 영어 어휘장에서 볼 수 있는 빈자리의 예이다.

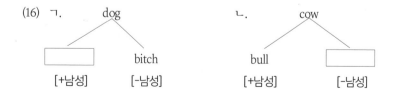

(16) ㄱ.　　　dog　　　　　　　　ㄴ.　　　cow

[+남성]	bitch	bull	[-남성]
[+남성]	[-남성]	[+남성]	[-남성]

(16ㄱ)과 (16ㄴ)은 [남성]의 의미성분에서 상반되는 어휘적 실현을 보여준다.

(16ㄱ)에서는 [+남성]의 단어가 비어 있고, (16ㄴ)에서는 [-남성]의 단어가 비어 있다.

이와 같이 어휘장 속의 빈자리는 어떤 언어에서나 쉽게 찾아볼 수 있는 현상인데, 이러한 공백은 해당 언어의 어휘체계 속에서 일어난 우연한 일일 수도 있지만 대체로 그 언어의 문화적 특성이 반영된 결과라고 할 수 있다.

5.2.2. 빈자리 채우기

어휘장 속의 비어 있는 어휘를 필요에 따라 채우게 되는데 이것을 빈자리 채우기라고 한다. 빈자리 채우기의 예를 몇 개 들어본다.

앞의 (15)는 고유어 계열의 빈자리에 한자어 '내일'이 사용되었다. 다음 (17)은 무지개의 색깔을 가리키는 색채어인데 고유어와 한자어가 함께 섞여 있다.

    (17) 빨강 - (주황) - 노랑 - (초록) - 파랑 - (남색) - (보라)

'빨강, 노랑, 파랑'을 제외한 다른 것은 다른 언어에서 차용한 것인데, '주황 朱黃, 초록草綠, 남색藍色'은 한자어에서, '보라'는 몽고어에서 차용하였다.[38]

상의어 또는 하의어를 전용하여 빈자리를 채우기도 한다. 상의어와 하의어에 대한 상세한 설명은 제5장으로 미룬다.

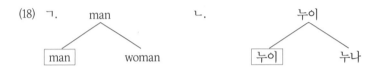

    (18) ㄱ. man   ㄴ. 누이

          man   woman   누이   누나

(18ㄱ)에서 *man*은 성별의 구별 없이 모든 사람을 가리키는데, *man*의 하의어로 [-남성]의 *woman*이 쓰이면서 그에 대응하는 [+남성]의 빈자리가 생기게

되었다. 그래서 그 자리에 상의어인 *man*이 들어서게 된 것이다. 위의 (16)에서 보았던 빈자리에도 상의어가 전용되어, 각각 *dog*와 *cow*가 빈자리를 채우게 된다. 위에서 예로 든 *man*이나 *dog*, *cow*를 보면 이들 상의어에는 유일한 하의어로 *woman*, *bitch*, *bull*이 있는데, 이러한 경우에는 상의어가 하의어의 빈자리를 채우게 된다. (18ㄴ)의 '누이'도 손위나 손아래의 여자 형제를 모두 가리키는데, 손위의 '누나'가 나타나면서 손아래의 자리에 상의어 '누이'가 들어서게 된 것이다.

제4장 성분분석

단어의 의미는 어떻게 구성되는가에 대해서 생각해 보자. 단어가 의미를 가지고 있다고 할 때, 단어의 의미는 한 덩어리로 된 단일한 의미체인가 아니면 몇 개의 의미들이 모여서 이루어진 의미의 복합체인가? 구조의미론의 성분 분석 이론componential analysis theory은 단어의 의미는 더 작은 몇 개의 의미들로 구성되어 있다는 가정 아래, 단어의 의미를 구성하는 요소로서 의미성분 semantic component이라는 추상적인 개념을 설정한다. 이후의 생성주의 의미론 에서는 문장의미에 투사되는 단어의 의미를 포착하기 위해서 의미원소semantic primitive라는 개념을 제안한다. 이 장에서는 전통적인 성분분석 이론으로서 의미 성분 중심으로 설명하고, 아울러 의미원소에 대한 기본적인 개념을 소개한다.

1. 의미성분

1.1. 의미성분과 성분분석

단어의 의미를 화학 물질의 분자와 비교하면, 몇 개의 원자가 모여서 분자를 이루듯이 몇 개의 의미 조각이 모여서 한 단어의 의미를 이룬다고 할 수 있다. 곧 단어의 의미는 몇 개의 의미 조각의 집합이다. 이 때 단어의 의미를 이루고 있는 구성요소를 의미성분semantic component이라고 한다. 그리고 단어가 가지고 있는 의미성분을 발견하고 조직하여 궁극적으로 어휘의 의미를 규명하고자 하는 방법론을 성분분석componential analysis이라 한다.

성분분석의 예를 들어보면, '총각'이라는 단어는 '성숙한 남성이면서 아직 결혼하지 않은 사람'을 가리키는데, 이것을 의미성분으로 나타내면 다음 (1)과 같다.

(1) 총각: [인간] [남성] [성숙] [미혼]

이와 같이 '총각'은 [인간], [남성], [성숙], [미혼]의 의미성분으로 이루어졌으며, '총각'의 의미는 이러한 의미성분의 총화라고 설명할 수 있다. 그리고 이처럼 단어가 어떠한 의미성분들로 구성되어 있는가를 분석하는 작업이 의미의 성분분석이다.

의미성분의 표시 방법은, (1)과 같이 대괄호 [ ] 속에 넣어 표시하되 성분요소는 고딕체 또는 대문자로 쓰는 것이 일반적이다. 이렇게 표시된 의미성분은 하나의 추상적인 의미 단위로 간주한다. (1)에서의 [인간]은 '총각'의 의미를 구성하고 있는 몇 개의 의미성분 가운데 하나이며, 이것은 '인간'의 의미 속성을 나타내는 추상적인 의미 단위이다.[39]

1.2. 성분분석 이론의 성립 배경

성분분석은 다른 분야의 연구 방법을 받아들여 발전하기 시작했는데, 유럽의 구조주의 언어학자들에 의해서 제안된 음소분석 방법과 미국의 문화인류학자들에 의해서 제안된 친척어휘 기술 방법이 그것이다. 그리고 의미론적 관점에서는 초기 생성문법에서 성분분석에 대한 윤곽을 그려볼 수 있는 개략적인 논의가 이루어졌다.

1.2.1. 유럽 구조주의의 음소 분석

소쉬르 이후의 후기 구조주의에서는 하나의 음소를 더 작은 단위로 분석하여 기술하는 방법을 고안했다. 음소는 몇 개의 음성적 특성이 모여서 이루어진 소리의 복합체라는 전제 아래 그 음성적 특성을 분석한 것이다. 자음 'ㅂ'과 'ㅍ'을 예로 들어보자.

(2) ㅂ[p] : [양순음] [폐쇄음] [무성음] [무기음]
     ㅍ[pʰ]: [양순음] [폐쇄음] [무성음] [유기음]

현대 음운론에서도 음소는 변별적 자질40)이라는 음성적 특징들로 구성된 것으로 설명하는데, 이러한 음운론의 음소 분석 방법이 단어의 의미를 분석하는 방안으로 확장되기 시작하였다.41)

1.2.2. 미국 문화인류학의 친족어 분석

성분분석 방법은 문화인류학 분야에서 친인척 관계를 파악하는 데에 매우 유용하게 사용되었다. 미국의 문화인류학자들이 아메리카 인디언의 언어에서 친족 명칭을 분석하는 수단으로 성분분석 방법을 사용한 것이 그 시작이다. 친족 관계에 대한 분류 또는 친족 명칭에 대한 분석이 여러 학자들에 의해서 이루어졌는데, 대부분의 학자들은 친족 명칭에는 서로의 관계를 규정해주는 성분이 있으며, 그 성분을 사용해서 친족 관계를 기술할 수 있음을 설명하고자 하였다. 친족 관계를 기술하는 데 필요한 성분으로는 대체로 '성', '세대', '계통'의 세 가지 의미성분을 근간으로 하고 있다. 그러나 학자에 따라서는 각 항목별로 좀 더 세세하게 구별하여 설명하고 있는데, 여기서는 간단한 예를 두어 가지 소개한다.

인류학자 웰리스와 아트킨스Wallace & Atkins(1960)도 친족 명칭을 '성', '세대',

'계통'의 세 가지 성분을 이용하여 기술하는데, 구체적으로 성별(a)에서 남성은 [a_1], 여성은 [a_2], 세대(b)에 따라 2세대 위는 [b +2], 1세대 위는 [b +1], 자신의 세대는 0, 1세대 아래는 [b - 1], 2세대 아래는 [b - 2], 계통(c)으로 직계는 [c_1], 방계는 [c_2], 탈직계는 [c_3] 등의 기호를 이용한다. 이에 따라서 몇 가지 친족 명칭을 기술하면 다음과 (3)과 같다.

(3) 할아버지 [c_1] + [a_1] + [b + 2]   할머니 [c_1] + [a_2] + [b + 2]
아 버 지 [c_1] + [a_1] + [b + 1]   삼 촌 [c_3] + [a_1] + [b + 1]
아   들 [c_1] + [a_1] + [b - 1]   손 녀 [c_1] + [a_2] + [b - 2]

최명옥(1998)에서는 친족 명칭의 의미 분석을 친족의 부류와 친족 명칭의 집합을 구별하는 데 필요한 의미성분을 추출하는 것으로 보고, 친족 명칭을 구별하는 데에 필요한 의미성분으로 세대, 성, 연령, 결혼, 촌수, 가계 등 6가지를 들고 있다. 세대(G)는 존속(+), 같은 세대(0), 비속(-)의 구별과 함께 한 세대 위 G^{+1}, 두 세대 아래 G^{-2} 등과 같이 표시한다. 성(S)은 남성 S^m 여성 S^f로 표시하고, 연령(A)은 연상 A^e 연하 A^y로 표시한다. 결혼(M)은 기혼 M^a, 미혼 M^s, 혼연(결혼에 의하여 맺어짐) M^u로, 촌수(D)는 가계도에서 '나'ego로부터 상대방에 이르기까지의 선분의 수로 계산하는데, 예컨대 증조할아버지는 D^3, 손자는 D^2가 된다. 그리고 가계(L)는 부계 L^{pa}, 모계 L^{ma}, 처계 L^{wi}, 타계 L^o로 구별한다. 이에 따라서 몇 개의 친족 명칭을 성분분석하면 다음 (4)와 같다.

(4) 할아버지 [L^{pa} G^{+2} D^2 S^m]   할머니 [L^{pa} G^{+2} D^2 M^u S^f]
고   모 [L^{pa} G^{+1} D^3 S^f]   고모부 [L^{pa} G^{+1} D^3 M^u S^m]
외 숙 부 [L^{ma} G^{+1} D^3 S^m]   외숙모 [L^{ma} G^{+1} D^3 M^u S^f]
내 종 형 [L^o - L^{pa} G^0 D^4 A^e S^m]   외종매 [L^o - L^{ma} G^0 D^4 A^y S^f]
(L^o-L^{pa}는 '부계와 관련된 타계'를, L^o-L^{ma}는 '모계와 관련된 타계'를 뜻한다)

이상에서 살펴본 바와 같이, 음운론에서 모든 음소를 몇 개의 변별적 자질을

이용하여 체계를 세우는 것과 마찬가지로 친족 명칭에서도 몇 개의 의미성분
을 이용해서 친족 명칭의 의미를 분석하고 있다.

1.2.3. 초기 생성문법

촘스키(1957)의 초기 생성문법은 통사론 중심이었기 때문에 의미에 대한 논
의가 거의 이루어지지 않았다. 이러한 초기의 촘스키 이론에 의미적 국면을
처음으로 도입한 것은 카츠와 포더(1963)이다.[42] 카츠와 포더(1963)에서 관심을
둔 것은 심층구조의 구 표지phrase maker를 기본으로 문장의 의미를 해석하는
것인데, 여기에는 먼저 문장을 이루는 어휘들의 의미를 상술하고, 어휘의 의미
를 바탕으로 해서 구와 문장의 의미를 단계적으로 해석하는 규칙, 곧 투사규칙
projection rule을 제안하였다. 여기에서는 성분분석의 원리와 관련하여 카츠와
포더에서 내놓은 어휘의 의미표시에 대해서 간단하게 설명한다.

어휘의 의미는 사전에 주어져 있는 것으로 가정할 수 있으며, 한 어휘의
여러 가지 해석은 사전에 의해서 밝혀지게 된다. 사전 목록으로서 의미표시의
예를 *bachelor*를 통해서 살펴보면 다음 (5)와 같다(카츠와 포더 1963: 186).

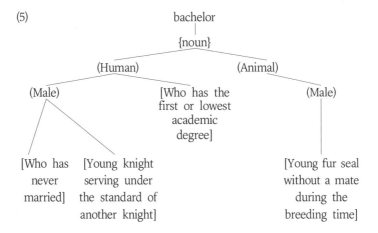

(5)

수형도로 그려진 (5)의 의미표시를 이해를 돕기 위해서 다시 정리하면 다음 (6)과 같다.

(6) bachelor {명사}
    a. (인간) (남성) [결혼한 적이 없는 사람]
    b. (인간) (남성) [다른 기사의 깃발 아래에서 봉사하는 젊은 기사]
    c. (인간) [학사학위를 가진 사람]
    d. (동물) (남성) [번식기에 짝이 없는 젊은 물개]

(5)와 (6)의 목록에 사용된 약정은 다음과 같다. 중괄호 { } 안에 있는 목록은 문법적 정보를 나타내는 문법표지grammatical maker이다. 곧 *bachelor*가 가지고 있는 4가지 의미는 모두 명사noun임을 나타낸다. 그리고 (5)와 (6)에는 두 가지 유형의 의미성분이 있는데 그것은 소괄호 ( )와 대괄호 [ ]로 표시되어 있다. 소괄호 ( ) 안에 있는 목록은 의미표지semantic maker인데, 여기서 말하는 의미표지는 단어가 가지고 있는 의의sense와 동일한 개념으로 전통적인 의미성분과 다를 바가 거의 없다. 또한 의미표지는 단어들을 함께 묶어주는 연결고리와 같은 것으로, 우리는 이러한 의미표지를 사용하여 동의어, 반의어, 중의성, 환언, 분석성, 모순 등의 개념을 정의할 수 있다. 대괄호 [ ] 안에 있는 목록은 구별소distinguisher인데, 이것은 의미 항목을 확인할 수 있는 특별한 의미정보로서 의미표지에 의해서 설명되지 않는 다른 것들을 나타낸다.[43] 예를 들어서, "*John is still bachelor.*"에서의 *bachelor*의 의미는 (인간) (남성) [결혼한 적이 없는 사람]으로 파악할 수 있다.

이와 같이 카츠와 포더(1963)에서, 어휘의 의미표시에 세 가지 표지를 사용하고 있는데, 문법표지는 해당 어휘가 문장 속에서 통사적으로 쓰이는 문법적 기능을 나타내는 것으로 의미성분과는 직접적인 관계가 없다. 의미표지는 해당 어휘와 다른 어휘들과의 체계적인 관계를 설명하는 데 쓰일 수 있으며, 따라서 의미표지는 어휘들 사이의 의미론적 개념을 정의할 수 있다. 구별소는 해당 어휘의 의미에서 특수한 부분을 밝히는 데에 사용된다. 이와 같이 의미표지와 구별소는 어휘의 의미를 의미원소들로 분해하는데 이용될 수 있으며, 따라서 의미표지와 구별소는 성분분석에서 말하는 의미성분을 더 세분한 개념이라고 할 수 있다.

이상에서 살펴본 바와 같이 카츠와 포더는 어휘의 의미 구조를 밝히기 위해서 성분분석의 방법을 사용하고 있다.

1.3. 성분분석의 과정

1.3.1. 성분분석의 원리

이상에서 우리는 한 단어의 의미는 여러 개의 의미성분으로 구성되어 있음을 보았다. 이제 의미성분을 찾는 원리에 대하여 생각해 보자.

우리가 알고 있는 수많은 단어를 보면 어떤 단어들은 의미의 성분 하나가 동일함을 알 수 있다. 다음 (7)에 열거한 단어는 '남성'의 의미가 공통으로 포함되어 있다.[44]

(7) 수탉 숫양 황소 장끼 / 청년 총각 홀아비 아저씨

따라서 '남성'은 (7)과 같은 단어들의 의미를 규정하는 데에 기여할 수 있으며, 이것을 바탕으로 우리는 [남성]이라는 의미성분으로 추출할 수 있다. 또한 (7)에서 빗금(/) 뒤의 단어들은 '인간'의 의미를 가지고 있는 것들로서 따라서 의미성분으로 [인간]을 분석할 수 있다.

의미성분 [인간]을 포함한 단어들은 이밖에도 다음 (8)과 같이 많이 있다.

(8) 학생 군인 교수 노인 부인 처녀 / 유아 소년

[인간]이라는 의미성분을 가지고 있는 단어들은 그 속에 또 다른 의미성분들을 가질 수 있는데, 예컨대 (8)의 뒷부분에 있는 두 단어 '유아, 소년'에는 [미성숙]이라는 의미성분이 있다. 그리고 [미성숙]이라는 의미성분은 다음 (9)와 같은 단어에서도 찾을 수 있다.

(9) 강아지 능소니 개호주 모쟁이 고도리 노가리[45]

다음 (10)은 [피동성]의 의미성분을 가지고 있는 단어들이다.

(10) 쓰이다 잡히다 물리다 안기다 풀어지다 포위되다 감금당하다

다음 (11)의 동사는 [CAUSE]라는 사동성 의미성분을 가지고 있다.

(11) kill: cause to die
      darken: cause to become dark
      uglify: cause to become ugly

이상에서 우리가 살펴본 예들은 명사나 동사로서 품사가 동일한 것이었다. 그러나 품사가 서로 달라도 동일한 의미성분이 분석될 수 있다.

(12) 분루(명사) 낙루하다(동사) 갈쌍하다(형용사) 글썽글썽(부사)

(12)는 품사가 다르지만 모두 [눈물]의 의미성분을 가지고 있는 단어들이다.[46]

많은 동사들은 공통의 의미성분으로 분류할 수 있는데, 몇 개의 예를 들면 다음 (13)과 같다.

(13) ㄱ. 걷다, 기다, 뛰다, 달리다, 날다 … [이동]

　　 ㄴ. 대다, 닿다, 만지다, 부비다, 건들다 … [접촉]

　　 ㄷ. 보다, 듣다, 맡다, 따갑다, 맵다, 덥다, 춥다 … [감각]

　　 ㄹ. 입다, 쓰다, 끼다, 매다, 신다 … [착용]

　　 ㅁ. 즐겁다, 간절하다, 무섭다, 괴롭다, 두렵다 … [심리]

　　 ㅂ. 바뀌다, 변하다, 갈리다, 벌어지다, 화하다 … [변성]

이상에서 우리는 여러 단어들이 가지고 있는 의미성분의 일부를 분석해
보았는데, 이와 같은 분석에는 우리가 알고 있는 수많은 단어들의 의미에 대한
사전적 지식이 필요하다. 단어 의미에 대한 지식은 여러 단어들의 공통적인
의미성분과 단어들 사이의 의미 차이를 드러내는 변별적인 의미성분을 분석
하는 데에 직접적으로 작용한다.

또한, 성분분석을 할 때의 의미성분은 앞의 어휘장에서 살펴본 바 있는 어휘
의 계층적 구조가 유용하게 이용될 수 있다. 예를 들어, '*human*'은 다음 (14)와
같이 확장할 수 있다.

(14)

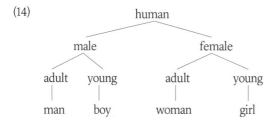

(14)에서 *man*은 단계적으로 *adult*, *male*, *human*을 상위어로 가지고 있는
데, 이것을 의미 차원에서 보면 *man*이라는 단어의 의미는 *adult*, *male*, *human*
이 가지고 있는 의미성분을 포함하는 것으로 볼 수 있다. 이러한 점은 수형도
의 맨 끝에 있는 다른 단어에도 그대로 적용된다. 그렇다고 해서 윗마디에
있는 세 개의 단어의 의미가 끝에 있는 단어가 가지고 있는 의미성분 전체라고

말할 수는 없다.

위의 (14)를 참고해서 수형도 끝에 있는 단어들을 성분분석하면 다음 (15)와
같다.

(15) man   : [HUMAN] [MALE]   [ADULT]
     boy   : [HUMAN] [MALE]   [YOUNG]
     woman : [HUMAN] [FEMALE] [ADULT]
     girl   : [HUMAN] [FEMALE] [YOUNG]

이와 같이 어휘의 계층적 구조를 통해서 단어의 의미성분을 분석할 수 있는
데, (15)의 분석 결과를 보면, 분석 대상의 단어들이 공통의 의미성분을 가지고
있으면서 또한 상반되는 의미성분도 있음을 알 수 있다.

1.3.2. 의미성분의 검증

위에서 우리는 의미성분의 분석 방법에 대하여 알아보았다. 이제 우리가
상정한 의미성분이 한 단어의 의미성분으로서 타당하게 설정되었는가 하는
문제를 생각해 보자. 의미성분의 타당성 검증은 다음 (16)과 같이 모순 문장을
만들어 보는 방법이 있다(켐프슨 1977: 92-6).

(16) 의미성분의 타당성 검증
     (ㄱ) 검증 대상 단어를 긍정하는 문장을 만들고,
     (ㄴ) 이어서 그 단어의 의미성분을 부정하는 문장을 만든다.
     (ㄷ) 그 결과로 앞뒤 두 문장의 의미가 모순이 되면 상정한 의미성분은
          타당한 것으로 판정한다.

이 방법은 검증 대상 단어가 가지고 있는 의미성분을 부정함으로써 의미

충돌이 일어나는 모순 문장을 만드는 것인데, 모순이 성립되는 것을 이용하여 의미성분이 대상 단어의 의미성분이 될 수 있음을 설명하는 것이다. '부인'을 예로 들어서 타당성 검증을 해보기로 하자. 먼저 '부인'의 의미성분으로 [인간], [여성], [성숙], [기혼]을 상정하기로 한다. 그리고 다음 (17ㄱ~ㄹ)과 같이 검증 대상 단어 '부인'을 긍정하는 문장을 만들고 다시 의미성분을 부정하는 문장을 만들어 본다.

(17) ㄱ. †김 선생님은 부인이고 인간이 아니다.
ㄴ. †김 선생님은 부인이고 여성이 아니다.
ㄷ. †김 선생님은 부인이고 성숙하지 않다.
ㄹ. †김 선생님은 부인이고 결혼하지 않았다.

(17ㄱ~ㄹ)의 문장은 모두 논리적으로 앞뒤가 맞지 않은 모순문이다(문장 앞의 †표시는 모순문임을 나타낸다). 따라서 위에서 든 네 성분들은 '부인'의 의미성분으로 타당하다고 할 수 있다.

만일 '부인'의 의미성분으로 [힘이 센]을 상정하고 검증해 보면 다음 (18)과 같이 앞뒤의 모순관계가 성립되지 않는다. 따라서 [힘이 센]은 '부인'의 의미성분이 될 수 없다.

(18) 김 선생님은 부인이고 힘이 세지 않다.

다른 예로, 동사 '죽이다'의 의미성분으로 [~게 하다]x ([죽다]y)[47]를 상정하고 그 타당성을 검증해 본다.

(19) ㄱ. †x가 y를 죽였으나 y가 죽지 않았다.
ㄴ. †x가 y를 죽였으나 x가 y를 죽게 하지 않았다.

(19ㄱㄴ)은 모두 모순이 되기 때문에 '죽이다'의 의미성분으로 [~게 하다]x ([죽다]y)를 설정하는 것은 타당하다.

그런데 '죽이다'의 의미성분으로 [의도한]을 추가해서 타당성 검증을 하면 사정이 다른 것을 볼 수 있다.

(20) x가 y를 죽였으나 죽이려고 의도한 것은 아니었다.

(20)은 모순관계에 있지 않으며 따라서 [의도한]은 '죽이다'의 의미성분이 될 수 없다. 그러나 '죽이다'가 아닌 '살해하다'의 의미성분으로 [의도한]을 상정하면 다음 (21)과 같이 모순관계가 성립된다.

(21) $^\dagger x$가 y를 살해했으나 죽이려고 의도한 일은 아니었다.

따라서 [의도한]은 '살해하다'의 의미성분이 될 수 있다.

이상의 설명에 따라 동사 '죽이다'와 '살해하다'를 성분정의componential definition하면 다음 (22)와 같다.

(22) 죽이다 : [~게 하다]x ([죽다]y)
　　　살해하다: [의도한]x ([~게 하다]x ([죽다]y))

이와 같은 성분정의를 통해서 '죽이다'와 '살해하다'의 의미가 의미성분 [의도한]의 유무에 따라서 구별될 수 있음을 알 수 있다.

이상에서 우리는 의미성분을 부정하는 방법으로 의미성분의 성립 여부를 검증하여 보았다. 그러나 이러한 검증 방법은 함의entailment의 관점에서 보면 양말의 겉과 속을 바꾼 것과 같이 동일한 결과가 된다.

(23) ㄱ. 김 선생님은 부인이다.

ㄴ. 김 선생님은 인간이다.

(24) 김 선생님은 부인이고, 김 선생님은 인간이다.

(23ㄱ)은 (23ㄴ)을 함의한다. 그렇기 때문에 이 두 문장을 연결한 (24)은 항상 참이 되는 항진명제이다. 문장 속의 '부인'은 '인간'에 포함되며, 따라서 '부인'에는 '인간'의 의미 속성을 나타내는 의미성분이 있다고 말할 수 있다. 곧 검증 대상 단어와 그 단어의 의미성분에 해당하는 단어를 동시에 한 문장으로 서술하여 항진명제가 성립하면, 그 의미성분은 타당한 의미성분이다. 앞의 예문 (17)이 의미성분을 부정하는 방법이라면 함의관계에 있는 (24)는 의미성분을 긍정하는 방법에 의해서 의미성분을 검증한다.

1.3.3. 이원적 의미성분과 잉여규칙

가. 이원적 의미성분

음운론에서 성질이 다른 두 소리를 변별하고자 할 때 자질의 유무로 설명한다. 하나의 자질이 +와 -의 두 값을 가진 것으로 보고, +는 그 자질이 있고 -는 그 자질이 없는 경우이다. 이와 같은 이원적binary 분류 방법은 음운론뿐만 아니라 통사론과 의미론 등 언어학 전반에서 널리 사용한다. 마찬가지로 성분분석에서도 어떤 의미성분의 있고 없음을 이분법으로 나타낼 수 있다.

앞 절에서 든 성분분석의 예 (15)를 이원적 표시 방법으로 나타내면 다음 (25)와 같다.

```
(25) man    : [+HUMAN] [+MALE] [+ADULT]
     boy    : [+HUMAN] [+MALE] [-ADULT]
     woman  : [+HUMAN] [-MALE] [+ADULT]
     girl   : [+HUMAN] [-MALE] [-ADULT]
```

이원적 분류는 성분분석의 결과를 경제적으로 나타낼 뿐만 아니라 단어 사이의 공통성과 시차성을 명시적으로 보여주기 때문에 어휘의 의미관계를 설명하는 데에 유용하다. 예컨대 *man*과 *boy*는 반의관계에 있는데, (25)를 보면 두 단어가 [HUMAN]과 [MALE]에서 동일하고 [ADULT]에서 다름을 볼 수 있다. *man*과 *woman*도 [HUMAN]과 [ADULT]에서 같고 [MALE]에서 대조되는 반의관계에 있다.

나. 잉여규칙

한 단어의 의미성분을 어디까지 기술할 것인가 하는 문제는 경제성의 원리에서 생각할 필요가 있다. '아내'의 의미성분을 열거하면 [+인간], [-남성], [+성숙], [+기혼], [+동물], [+구체물] 등을 들 수 있다. 그러나 [+동물]과 [+구체물]은 명세할 필요가 없는 성분이라는 것은 조금만 생각하면 알 수 있다. 그것은 [+동물]은 [+인간]이라는 성분에서 예측할 수 있고, [+구체물]도 [+동물]이라는 성분에서 예측할 수 있기 때문이다. 이와 같이 의미성분들의 관계를 보면 자동적으로 예측이 가능한 성분이 있는데, 이러한 성분을 잉여성분redundant component이라 한다. 그리고 자동적인 예측 체계를 잉여규칙redundancy rule 또는 함의규칙entailment rule이라 한다.

앞의 설명을 잉여규칙으로 나타내면 다음 (26)과 같다.

(26) [+인간]인 단어는 [+동물]이다.
　　　[+동물]인 단어는 [+구체물]이다.[48]

의미의 잉여규칙 가운데는 부정적인 속성을 내포하는 것이 있다. 예를 들어, [+동물]이면 [+구체물]이기 때문에 [+동물]은 [-추상물]임을 내포한다.

(27) [+동물]인 단어는 [-추상물]이다.

그렇기 때문에 [+동물]의 속성을 가진 단어를 기술할 때 [+구체물]을 명시할 필요가 없는 것처럼 [-추상물]도 명시할 필요가 없다. 국어사전에서 단어의 의미를 어디까지 기술할 것인가는 하는 것도 이와 동일한 문제인데, 이때에도 잉여규칙이 적용된다고 할 수 있다.

1.4. 의미성분의 유형

1.4.1. 의미영역

성분분석의 일차적인 목적 가운데 하나는 단어들의 의미 차이를 명확하게 기술하는 것이다. 그러나 무작위로 단어를 모아서 의미 차이를 따져보는 일은 무의미하며 성분분석의 취지에도 부합하지 않는다. 성분분석을 하기 위해서는 먼저 분석 대상으로 삼을 단어들의 범위를 정해야 하는데, 의미 차이는 무엇보다도 의미에서 관련이 있는 단어들, 바꾸어 말하면, 의미상 공통성을 가진 단어들을 대상으로 분석하고 기술할 때 가장 효과적이다.

수많은 단어들은 의미의 공통성에 따라서 아주 많은 부류로 나눌 수 있다. 그리고 의미의 공통성에 따라 나눈 한 부류의 어휘를 의미영역semantic domain 이라 한다. 그렇기 때문에 의미영역은 특정의 의미성분을 공유하고 있는 단어들의 집합이다.

의미영역의 크기를 어느 정도로 하느냐 하는 문제는 의미성분을 어떤 관점에서 결정하느냐 하는 문제와 직결된다. 한 의미영역에 속하는 어휘들을 대상으로 성분분석을 할 때 그 어휘 집단은 먼저 의미성분에 의해서 결정되어 있다고 말할 수 있다. 다시 말하면, 의미영역은 의미성분의 영역과 의미성분 사이의 내적 관계에 의해서 범주화할 수 있으며, 따라서 의미영역과 의미성분은 상호보완적인 관계에 있다.

1.4.2. 의미성분의 유형

가. 공통 성분과 진단 성분

성분분석에 사용되는 의미성분은 분석 대상이 되는 의미영역의 특성과 분석의 목적에 따라서 그 유형이 설정될 수 있다. 다음은 의미성분의 유형에 대하여 살펴본다.

이 세상의 사물이 모두 하얗다면 이와 대조되는 색깔이 존재하지 않기 때문에 하얀색 자체도 존재하지 않는다. 색채에 대한 개념 자체가 없는 것은 말할 것도 없다. 그러나 대부분의 사물은 색깔이 있고, 사물마다 조금씩 다른 색깔을 지님으로써 서로 대조를 이룬다. 그리고 대조에 의해서 사물의 색깔은 각각의 의미를 가질 수 있다. 이것은 단어의 의미에도 그대로 적용되는데, 단어들은 어떤 의미성분은 공유하면서도 다른 의미성분에서 대조됨으로써 의미를 갖게 된다. 곧 단어는 다른 단어들과의 체계적 대조systematic contrast에 의해서 각각의 의미를 드러낸다.

그러면 성분분석에 활용할 의미성분을 어떠한 관점에서 설정할 것인가? 그것은 먼저 두 가지 기준을 생각할 수 있다. 하나는 한 의미영역에 속하는 모든 어휘가 공통으로 가지고 있는 공통 성분common component이고, 다른 하나는 한 의미영역에 속하는 어휘들의 의미 차이를 구별하는 데에 사용되는 진단 성분diagnostic component[49]이다. 여기에 하나를 더하면, 한 의미영역에 속하는 일부 어휘가 가지고 있지만 의미의 변별에 결정적인 역할을 한다고 할 수 없는 보충 성분supplementary component이 있다.

앞의 (25)에서 이미 살펴보았듯이, 한 의미영역에 속하는 *man, boy, woman, girl*은 [HUMAN]이라는 공통 성분을 가지고 있으면서 [MALE]과 [ADULT]라는 진단 성분을 가지고 있다. 공통 성분 [HUMAN]은 앞의 네 단어를 한 의미영역으로 범주화하면서 인간이 아닌 다른 개체와 구별한다. 진단 성분 [MALE]은 *man, boy*와 *woman, girl*의 의미 차이를 드러내고, [ADULT]

는 *man*, *woman*과 *boy*, *girl*의 의미 차이를 보여준다. 만일 앞의 네 어휘목록에 *bull*, *cow*, *calf* 등을 추가하면 의미영역에 변화가 생기면서 공통 성분은 [MAMMAL]이 되고 [HUMAN]은 일부의 어휘에만 있는 진단 성분이 된다. 이것을 표로 보이면 다음 [표 1]과 같다.

[표 1] 의미영역과 의미성분

의미성분 \ 의미영역	man	boy	woman	girl	bull	cow	calf
[MAMMAL]	+	+	+	+	+	+	+
[HUMAN]	+	+	+	+	-	-	-
[MALE]	+	+	-	-	+	-	±
[ADULT]	+	-	+	-	+	+	-

위의 단어들은 [표 1]에서 든 의미성분 이외에도 더 많은 성분이 필요한데, 예컨대 인간과 소를 구별하기 위한 진단 성분이 요구될 수 있다.

다음 (28)은 반의관계에 있는 두 단어 '총각'과 '처녀'를 성분분석한 것인데, 의미성분을 비교해 보면 다수의 공통 성분과 하나의 진단 성분으로 되어 있는 것을 볼 수 있다.

(28) 총각: [+인간] [+남성] [+성숙] [-기혼]
    처녀: [+인간] [-남성] [+성숙] [-기혼]

이상의 설명에서 알 수 있는 바와 같이, 공통성분은 한 의미영역의 어휘들이 공유하고 있는 의미성분이고, 진단 성분은 한 의미영역의 어휘들의 의미를 변별하는 데에 쓰이는 의미성분이다. 결국 공통 성분과 진단 성분은 한 의미영역 내에 있는 어휘들의 의미를 공통성共通性과 시차성示差性으로 구분한 것으로, 이것들은 의미를 상호 규정하는 데에 반드시 필요한 의미성분임을 알 수 있다.

나. 보충 성분

이에 반하여, 보충 성분은 어떤 단어의 부차적인 특성에 의해서 파악되는 의미성분이기 때문에 다른 단어와의 의미 차이를 구별하는 데에는 직접적으로 사용되지 않는다. 보충 성분은 대체로 은유와 같은 비유적 전이에 의해서 나타나는데, 예를 들어서 '철수는 정말 곰이구나.'라는 표현에서는 '곰'의 개념적 의미는 큰 의미가 없으며, '곰'이 가지고 있는 내포적 의미인 [미련함]이 보충 성분으로 사용된다. 다시 말하면, 보충 성분인 [미련함]이 '철수'에게 전이되어 철수라는 사람의 성격을 비유적으로 나타낸 것이다. 다시 '아버지'의 예를 가지고 살펴보자. 생물학적 혈연관계로서의 '아버지'는 [인간], [남성], [직계], [일 세대 위]라는 의미성분이 의미를 규정하기 위해서 필요하다. 또한 '어머니'와 같은 다른 혈연관계를 나타내는 단어와의 의미적 변별을 위해서도 앞의 성분들이 공통 성분 또는 진단 성분으로 참여하게 된다. 그러나 '그 분은 나에게 아버지와 같은 존재였다.'와 같은 비유적 표현에서는 '아버지'가 가지고 있는 개념적 의미는 부차적인 것이 되고, 대신에 보충 성분인 [자상한 보살핌]이 중심의미로 쓰이게 된다. 이 밖에도 비유적으로 쓰인 '하늘에 계신 우리 아버지', '우리 조국의 아버지', '발명의 아버지' 등에서도 '아버지'가 가지고 있는 내포적 의미가 중심의미로 전이된 것이다.

1.5. 의미성분의 형식적 표상

앞에서 우리는 의미성분의 표시 방법에 대해서 필요에 따라 부분적으로 살펴보았다. 그리고 의미성분을 형식적으로 표상하는 방법이 분석 대상인 어휘 집단의 특성이나 성분분석의 목적에 따라서 다를 수 있음을 짐작할 수 있었다. 이제 의미성분을 형식화하는 방법에 대해서 좀 더 체계적으로 알아보자.

1.5.1. 이분법

의미성분을 가장 명시적으로 보여주는 방법은 앞에서 언급한 바가 있는 이분법이다. 이분법은 다음 (29)와 같이 의미성분에 + 또는 -를 붙여서 표시하는 방법이다.

> (29) 총각: [+인간] [+남성] [+성숙] [-기혼]
> 처녀: [+인간] [-남성] [+성숙] [-기혼]

이분법은 명사와 같은 단어의 의미성분을 명세화할 때 간결하면서도 명시적이라는 장점이 있다. 특히 의미관계처럼 어휘의 위계 또는 대조를 드러내고자 할 때 효과적으로 사용된다.

1.5.2. 관계 표시 방법

수많은 단어들 가운데는 독자적으로 사물 자체의 특성을 나타내는 것도 있지만, '아버지'와 '아들', '형'과 '동생'의 예와 같이 다른 단어와의 관계 속에서 설명해야 하는 것이 있다. '아버지'의 의미성분으로 [남성], [어버이]를 상정할 때, [남성]은 사물을 분류할 때 폭넓게 적용되는 성분인데 반하여, [어버이]는 아들 또는 딸과 같은 자식을 가짐으로 해서 취할 수 있는 성분이다. 따라서 [어버이]에는 자식과의 관계가 내포되어 있기 때문에 [~의 어버이]라고 나타내는 것이 더 적절할 수 있다. 이와 같이 다른 대상과의 관계 속에서 파악되는 성분을 관계 성분이라 하고, [남성]처럼 사물 자체의 특성을 나타내는 성분을 분류 성분이라 한다. 친족 명칭을 분류 성분과 관계 성분으로 표시하면 다음 (30)과 같다.

> (30) 아 버 지: [남성] [~의 어버이]

어 머 니: [여성] [~의 어버이]

할아버지: [남성] [[~의 어버이]의 어버이]

할 머 니: [여성] [[~의 어버이]의 어버이]

아　　들: [남성] [~의 자식]

손　　녀: [여성] [[~의 자식]의 자식]

1.5.3. 논리학적 표시 방법

동사는 특정한 사건이나 명제를 표현하기 때문에 논리학적 표시 방법으로 설명하는 것이 이로울 수 있다. 동사 '살리다'의 의미성분으로 [~게 하다], [살다]를 상정할 때, 이렇게 나열만 하면 누가 누구를 살게 한다는 뜻인지 알 수 없다. 그렇기 때문에 다음의 (31)과 같이 논항 x, y를 설정하여 표시하는 방법을 사용할 수 있다.

(31) 살리다: [~게 하다]x ([살다]y)

이와 같이 동사와 같은 서술 기능을 가진 단어는 논리학적 표시 방법이 효과적일 수 있다.

1.5.4. 선택제약의 반영

동사와 관련된 다른 방법으로 선택제약을 반영하여 표시하는 방법이 있다. 한 의미영역에 속하는 동사가 문장 속에서 특정 대상과의 통합만이 허용되는 경우가 있다. 이러한 경우에는 진단 성분이 쉽게 파악된다. 동사와 선택제약 관계에 있는 대상의 속성이 드러나기 때문이다. 이때에는 그 대상을 통해서 드러나는 진단 성분을 형식화에 반영할 수 있다. 다음 (32)는 착용동사의 선택 제약을 예로 든 것이다.

(32) 쓰다: 머리에 모자를 쓰다 / 안경을 쓰다 / 입마개를 쓰다 [머리 또는
　　　얼굴]
　　끼다: 손에 장갑을 끼다 / 팔에 완장을 끼다 / 옆구리에 책을 끼다 [손
　　　또는 어깨]
　　입다: 저고리를 입다 / 바지를 입다 / 속옷을 입다 [몸통]
　　신다: 신을 신다 / 양말을 신다 [발 또는 다리]

(32)에서 볼 수 있는 바와 같이 착용동사 '쓰다, 끼다, 입다, 신다'는 우리
몸의 신체 부위와 관계가 있다. 이것을 의미성분 표시에 반영하면 다음 (33)과
같이 형식화할 수 있다.

(33) 쓰다 : [+착용] [+머리 또는 얼굴]
　　끼다 : [+착용] [+손 또는 어깨]
　　입다 : [+착용] [+몸통]
　　신다 : [+착용] [+발 또는 다리]

1.5.5. 관계 표시와 논리학적 표시 방법의 혼합

끝으로 관계 표시와 논리학적 표시 방법이 함께 사용된 예를 살펴보자. '형'
은 '동생'과 관계적 속성을 가지고 있으며, '오빠'와 '동생'의 경우도 마찬가지
이다. 곧 '형'과 '오빠'는 '동생'과의 관계 속에서 설명될 수 있는데, 이때 '동생'
의 성이 진단 성분이 된다. 다음 (34)는 'x는 y의 {형, 오빠}이다'라는 문장을
상정하고 성분분석한 것이다.

(34) 형　 : [동기(x, y)] [y보다 손위(x)] [남성(x)] [남성(y)]
　　오빠 : [동기(x, y)] [y보다 손위(x)] [남성(x)] [여성(y)]

(34)는 관계 표시를 포함하여 논리학적 표시법으로 나타낸 것인데, 관계

성분이 사용되는 경우에는 논리학적 표시법이 더 유용할 수 있다. 또한 위의 (34)에 이분법을 추가하여 표시할 수 있는데, 이때 모든 성분에서 동일하고 동생(y)의 성에서 변별적임이 쉽게 드러날 것이다.

1.6. 성분분석의 효용성과 한계

1.6.1. 성분분석의 효용성

성분분석이 단어들의 의미를 기술할 때 유용하면서도 경제적이라는 점은 앞에서도 언급한 바 있다. 이제 성분분석의 효용성에 대하여 좀 더 구체적인 예를 들어서 살펴보자. 그러나 이 절에서 설명하는 대부분의 것들이 장을 달리하여 다시 논의될 주제들이기 때문에 여기서는 어휘구조의 특성과 성분분석이 상호 관련되는 부분만을 간략하게 언급한다.

첫째, 성분분석은 어휘의 의미관계를 정의하는 데에 유용하다. 여러 의미관계에서 살펴볼 수 있으나 구체적인 설명은 다음 제 5장으로 미루고 여기서는 반의관계와 하의관계에 대해서만 간략하게 살펴본다.

'총각'과 '처녀'는 반의관계에 있는데, 이것은 다음 (35)의 의미성분을 비교해 보면 알 수 있다.

(35) 총각 : [+인간] [+남성] [+성숙] [-기혼]
　　　처녀 : [+인간] [-남성] [+성숙] [-기혼]

'총각'과 '처녀'의 의미성분 집합을 보면, 모든 의미성분이 동일하지만 [+남성]과 [-남성]에서 서로 대조적이다. 이와 같이 의미성분 집합을 공유하면서 하나의 의미성분에서 대조적인 두 단어는 반의관계에 있다.

'부인'과 '어머니'는 하의관계에 있으며, 두 단어는 다음 (36)과 같이 성분분석할 수 있다.

(36) 부 인: [+인간] [-남성] [+성숙] [+기혼]
어머니: [+인간] [-남성] [+성숙] [+기혼] [+자식이 있는]

(36)에서 상의어 '부인'이 가지고 있는 성분들은 하의어 '어머니'의 성분에 모두 포함되어 있다. 이와 같이 두 단어 P, Q의 의미성분 집합을 비교함으로써 하의어를 다음 (37)과 같이 정의할 수 있다.

(37) 하의어: Q의 모든 의미성분이 P의 의미성분에 포함되면 P는 Q의 하의
어이다.

이 밖에도 동의관계, 비양립관계[50] 등 단어의 의미관계를 정의하고 설명하는 데에 성분분석이 유용하게 사용될 수 있다.

둘째, 성분분석은 모순, 함의, 중의성, 선택제약 등 문장의 의미관계를 설명하는 데에도 유용하게 사용된다. 여기서는 모순과 선택제약에 대해서만 간단하게 살펴본다.

(38) ㄱ. 창수가 살았다.
ㄴ. 창수가 죽었다.

'살다'와 '죽다'의 의미성분의 하나인 [+생존]과 [-생존]은 동시에 참 또는 거짓이 될 수 없다. 따라서 (38ㄱ)과 (38ㄴ)은 동시에 참 또는 거짓이 될 수 없는 모순 관계에 있다.

다음으로 다음 (39)를 통해서 문장의 선택제약을 살펴보자.

(39) 아이가 우유를 마신다.

서술어 '마시다'는 주어로 '아이'나 '개'와 같은 유정명사를 취하고, 목적어로 '우유'나 '공기'와 같이 흘러서 움직이는 성질이 있는 대상을 취한다. 그것은 동사 '마시다'의 행위 주체가 [유정물]이어야 하고 행위의 대상이 [유동체]이어야 한다는 선택제약 때문이다.

이 밖에도 성분분석은 문장의 중의성을 설명하는 데에 도움을 줄 수 있다. 또한 문장 속에서의 단어들의 배열적 결합 양상을 성분분석을 이용하여 설명할 수 있으며, 더 나아가 은유를 설명하는 데에도 효과적이다.

1.6.2. 성분분석의 한계

성분분석은 한 단어의 의미를 체계적으로 기술하고, 단어와 단어 사이의 의미관계를 설명하는 데에 많은 유용성을 가지고 있다. 그러나 이론적인 한계와 실제 적용에서의 문제점도 적지 않다.

첫째, 성분분석은 언어의 창조성을 설명할 수 없다. 곧 성분분석은 의미성분을 선천적인 것으로 간주하고 있기 때문에 근본적으로 인간들은 새로운 개념을 습득할 수 없다는 잘못된 예측을 하고 있다.

둘째, 성분분석은 의미성분의 보편성을 가정한다. 곧 상위언어로서의 의미성분은 모든 개별언어에 공통적으로 존재한다고 가정한다. 그러나 의미성분이 모든 언어에 보편적인 목록으로 존재하고 그 가치 또한 모든 언어에서 동일하게 나타나는가에 대해서는 충분하게 설명할 수 없다. 특히 언어상대성을 주장하는 입장에서는 극단적 견해라고 비판한다.

셋째, 성분분석에 필요한 상위언어로서 의미성분의 목록은 어느 정도까지 설정되어야 하며, 그것의 목록화가 가능한가에 대해서 분명하게 설명하지 못한다. 모든 언어의 수많은 어휘들 속에 담겨져 있는 의미를 의미성분으로 분석할 때 도대체 어느 정도의 의미성분이 필요하며, 그것들을 체계적으로 분석하여 전체의 의미성분으로 목록화하는 일이 가능한가에 대해서 확신할 수 없다.

넷째, 성분분석은 실제로 매우 제한적인 범위 안에서만 이루어지고 있다. 성분분석은 친척 어휘와 같이 분류체계가 잘 짜인 어휘 집단에서 그 분석이 효과적이며, 명사와 같은 구체적 사물을 지시하는 어휘에서도 어느 정도 분석의 결과를 기대할 수 있다. 그러나 추상적인 어휘에서는 성분분석에 한계가 있다. 특히 추상 어휘는 그 의미가 불투명한 만큼 그에 합당하고 적절한 상위언어를 찾아내기가 쉽지 않다.

이밖에도 성분분석 이론이 안고 있는 문제점은 더 있는데 대체로 의미성분에 대한 입증 문제와 상위언어의 설정 문제가 주된 것이다.[51]

2. 의미원소

생성주의를 기반으로 하는 학자들은 문장의미에 사상되는 단어의 의미를 분석하기 위해서 의미원소를 제안한다. 대표적으로 생성의미론의 어휘분해, 자켄도프의 개념의미론, 비어즈비카의 자연 의미 상위언어 이론 등을 들 수 있다.

2.1. 생성의미론의 어휘분해

위에서 우리는 단어의 의미를 분석하는 원리에 대해서 살펴보았다. 그러면 단어의 의미성분이 문장을 구성하고 해석하는데 어떻게 작용하는가? 이는 전통적인 구조주의 의미론에서는 관심 밖의 일이었다. 그런데 생성의미론에서는 단어의미에서 문장의미로 확장되는 과정을 설명하기 위한 방안의 하나로 어휘분해lexical decomposition를 제안했다.

어휘분해는 단어의 의미를 더 이상 분해할 수 없는 원초적 의미 단위로 해체해서 문장의 기저구조에 표시하는데, 이것은 생성의미론에서 개발한 성분분석 방법이다. 생성의미론에서는 촘스키(1965)의 표준이론이 제시하는 심층구조가 문장의 의미정보를 충분히 반영하지 못하기 때문에 심층구조(기저구조)가 더 깊어져야 하며 논리형태로서의 의미구조와 같아야 한다고 주장한다. 다시 말하면, 기저구조가 곧 문장의 의미구조가 되어야 하며 의미구조는 의미원소semantic primitive로 표시해야 한다고 주장한다. 따라서 의미가 복합적인 어휘는 의미원소로 분해해서 기저구조에 표시하게 된다.

예문을 통해서 보다 구체적으로 어휘분해와 의미원소에 대해서 살펴보자.

(40) a. Mary is *dead*.
　　 b. Mary *died*.
　　 c. Bill *killed* Mary.

(40a~c)의 '*dead, die, kill*'을 생성의미론의 성분분석 방법으로 표시하면 다음 (41a~c)와 같다.

(41) a. *dead* = [NOT-ALIVE]
　　 b. *die* = [BECOME-NOT-ALIVE]
　　 c. *kill* = [CAUSE-BECOME-NOT-ALIVE]

(41a~c)의 성분분석을 보면, 추상어휘 'not', 'become', 'cause'를 설정하여 각각의 단어를 보다 원초적인 요소로 분석하고 있다. 이 때 'not, become, cause'는 각각의 단어에 포함되어 있는 의미 요소이며, 이들은 [ALIVE]와 동등한 성질의 의미성분으로 간주하여 각각 [NOT], [BECOME], [CAUSE]와 같이 표시한다. 이러한 의미성분들은 기본적이고 보편적이며 더 이상 나눌 수 없는 원자적인 것이다. 이와 같이 단어의 의미를 구성하는 의미 요소로서 더 이상 나눌 수 없는 원자적인 의미를 의미원소라고 한다. 그리고 단어의 의미를 의미원소로 분해하여 표시하는 방법을 어휘분해라고 말한다.

위의 (40c)의 의미구조는 다음 (42)와 같이 나타낼 수 있다.

(42)

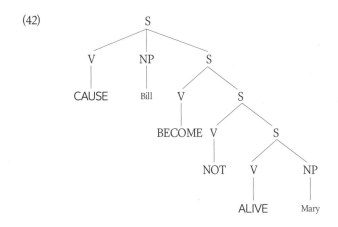

(42)의 의미구조에서 CAUSE, BECOME, NOT, ALIVE는 각각 문장의 술어로 간주한다. 이 술어는 술어상승규칙predicate raising rule에 의해서 위 층위의 문장으로 올라가 문장의 술어 S와 결합되며, 이 과정을 거치면 다음 (43)과 같은 의미구조가 된다.

(43)

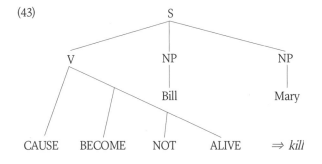

(43)의 V 마디를 보면 그 하위에 추상어휘들이 하나로 결합되어 있는데, 이 단계에서 어휘삽입규칙lexical insertion rule을 적용하면 'kill'로 어휘화된다.

마찬가지로 BECOME-NOT-ALIVE로부터 '*die*'를, NOT-ALIVE로부터 '*dead*' 를 얻게 되는데, 그 결과를 보면 앞의 (41a~c)와 같다(이익환 2000: 153-4).

이처럼 생성의미론은 이론적 기저에 어휘분해라는 성분분석 방법이 자리 잡고 있으며, 어휘분해의 과정을 통해서 문장의 생성 과정을 설명하고자 한다.

2.2. 개념의미론의 의미원소

생성의미론의 제안이 성공적으로 정착하지는 못했지만 그 이후 의미원소를 이용하여 문장의 구성 원리를 설명하려고 하는 연구가 활발해졌다. 자켄도프 (1983, 1991, 2002)에 의하면 한 표현의 의미는 화자의 마음속에 있는 개념이며, 그 표현의 논항은 개념적 요소 곧 의미원소로 채워진다. 구체적으로 단어의 개념구조는 선택제약을 나타내는 의미원소와 존재론적 인지 범주를 나타내는 의미원소로 구성된다. 동사 '마시다'를 성분분석하면 다음과 같다.

(44) 마시다: [사건CAUSE([사물], [사건 GO([사물] LIQUID]ᵢ,
          [경로TO ([장소 IN ([사물MOUTH OF ([사물]ⱼ)])])])])]

(44)에서 'CAUSE, GO, TO, IN, MOUTH, OF'는 생성의미론의 의미분해에 서 제시한 바 있는 의미원소로 통사구조와 개념구조를 연결하고, 'LIQUID'는 선택제약을 나타내는 의미원소로 특정한 선택제약을 표시한다. 그리고 '사건 event, 사물thing, 경로path, 장소place'는 존재론적 인지 범주로서 어휘의 존재론 적 체계와의 연결을 표시한다. 자켄도프는 개념구조를 통해서 언어와 실세계 의 결합 양상을 설명하기 때문에 그의 이론을 개념의미론conceptual semantics이 라고 부른다.[52]

2.3. 자연 의미 상위언어의 의미원소

성분분석의 극단적인 견해가 비어즈비카A. Wierzbicka(1972, 1996)에 의해서 등장하였다. 의미원소를 '자연 의미 상위언어'natural semantic metalanguage: NSM라고 부르는데, NSM 이론의 발상은 소수의 의미원소로 모든 언어의 단어의미와 문장의미를 분석하고 기술하는 체계를 세우는 것이다. 비어즈비카는 의미원소는 생득적이면서 경험에 의해 개발될 수 있다고 주장하면서, 초기의 비어즈비카(1972)에서 14개의 의미원소를 설정했다. 이후 비어즈비카와 고다드A. Wierzbicka & C. Goddard(2002)에서는 60개를 설정했으며, 최근의 NSM 홈페이지(2017)에서는 65개의 의미원소를 제시하고 있다.[53]

NSM 이론의 의미원소를 이해하기 위해서 단어 '죽이다'kill를 예로 들어보자. '죽이다'의 언어적 정의는 다음과 같다.

(45) 어떤 사람 X가 어떤 사람 Y를 죽였다.

(46) (ㄱ) 어떤 사람 X가 어떤 일을 다른 사람 Y에게 했다.
　　 (ㄴ) 이것 때문에, 그와 동시에 어떤 일이 Y에게 일어났다.
　　 (ㄷ) 이것 때문에, Y의 몸에 어떤 일이 일어났다.
　　 (ㄹ) 이것 때문에, 이후 Y는 더 이상 살아 있지 않는다.

(46)은 의미원소를 편의상 한국어로 옮겨 쓴 것인데, '(x가 y를)죽이다'kill는 결과적으로 SOMEONE, NOT, SAME, SOMETHING, DO, BECAUSE, HAPPEN, TIME, BODY, LIVE, AFTER 등의 의미원소로 분석된다.[54]

그런데 NSM 이론은 적지 않은 약점이 지적된다(하마완드Z. Hamawand 2016: 17). 첫째, 단어의 의미에 대한 정확한 기술을 제공하지 못한다. 의미원소가 매우 일반적이어서 그 정의가 모호하기 때문이다. 예를 들면, '하늘'에 주어진 정의가 '해'나 '구름'에도 적용될 수 있으므로 정확성을 보장할 수 없다. 둘째,

의미원소 사이에 적용되는 동의관계(아프다-병들다)나 반의관계(크다-작다) 등의
의미관계를 설명할 수 없다. 또한 앞에서 언급한 바와 같이 기본적인 의미원소
를 확정하지 못하고 유동적으로 증가하는 점도 약점이 될 것이다.

제5장 국어 어휘의 의미관계

1. 동의관계

1.1. 동의관계의 규정

1.1.1. 동의관계의 개념

형태는 다르지만 의미가 같거나 비슷한 단어 사이의 의미관계를 동의관계 synonymy라고 하고, 동의관계에 있는 단어들을 동의어synonym라고 한다. 동의관계에 있는 단어와 의미 사이의 구조는 다음 (1)과 같다.[55]

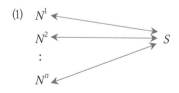

(1) N^1
N^2 ⟷ S
$\vdots$
N^n

서로 다른 단어인 N^1, $N^2 \cdots N^n$이 S라는 동일한 의미를 가지고 있기 때문에 N^1, $N^2 \cdots N^n$은 동의관계에 있으며, 이 단어들은 동의어 쌍을 이루고 있다.

(1)과 같은 대응관계를 구체적인 예로 보이면 다음 (2)와 같다.

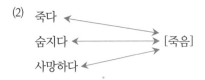

명칭이 다른 단어인 '죽다, 숨지다, 사망하다'가 동일하게 [죽음]이라는 의미를 가지고 있으며, 따라서 이 세 단어는 동의관계에 있음을 나타낸다.

1.1.2. 동의와 유의

단어의 의미가 같을 때 그 단어들은 동의적synonymous 관계에 있다고 말한다. 그런데 동의적이란 말의 의미를 분명하게 하는 것은 간단한 일이 아니다. 의미가 완전히 같은 것만을 말하는지 아니면 의미가 비슷한 것까지를 포함하여 말하는지가 분명하지 않다. 그래서 언어학자에 따라서는 의미가 완전히 동일한 것만을 동의관계同義關係라 하고 의미가 비슷한 것은 유의관계類義關係라 하여 서로 구별하기도 한다. 그러나 특정 분야의 전문용어가 아닌 일상생활의 언어에서는 의미가 완전히 같은 동의어는 거의 존재하지 않는다고 가정하는 것이 일반적이다.

> (3) 걱정 / 근심 / 시름, 모든 / 온갖, 홀로 / 혼자, 아주 / 매우, (아는) 척 /
> (아는) 체, 달리다 / 뛰다, 한가하다 / 여유롭다, 촐랑대다 / 촐랑거리다
> / 촐랑이다

(3)의 예를 보더라도 의미가 온전히 같다고 할 만한 동의어를 찾기가 쉽지 않다. 대체로 거의 같거나 매우 비슷한 의미라고 말할 수 있다. 그렇다면 동의

관계는 의미가 동일한 것과 의미가 비슷한 것을 포괄하는 개념이라고 할 수 있다.

1.1.3. 동의관계의 성립

이상에서 동의관계를 의미가 동일하거나 비슷한 단어 사이의 의미관계라고 설명하였다. 이제 우리는 의미가 비슷하다는 것에 대해서 보다 분명하게 할 필요가 있다. 매우 드물더라도 의미가 완전히 같은 단어가 있다면 그것을 동의관계라고 말하는 데에는 문제가 없다. 그러나 단어의 의미가 비슷한 경우에는 동의관계의 성립을 인정할 수 있는 적절한 기준이 필요하다. 일반적으로 우리가 동의어라고 생각하는 단어는 서로 교체해서 사용할 수 있다고 생각한다. 그것은 두 단어를 바꾸어 사용해도 문장이 가지고 있는 본래의 의미가 변하지 않는다고 판단하기 때문이다. 이것은 개념적 의미기술적 의미가 같으면 동의적으로 이해하고 있다는 뜻이다.

(4) 선암사 입구에는 속이 아주 깊은 {화장실 / 해우소}이 / 가 있습니다.

(4)에서 '화장실'과 '해우소'는 그것이 기술하는 바가 동일하기 때문에 교체해서 사용해도 문장의 의미가 변하지 않는다. 곧 '화장실'과 '해우소'는 개념적 의미가 같으며 다만 의미 차이가 있다면 내포적 의미나 사회적 의미에서 다르다고 말할 수 있다.

이와 같이 동의관계는 개념적 의미가 같은 단어 사이의 의미관계라고 규정할 수 있다. 따라서 동의어는 기술적 의미가 아닌 맥락에 의해서 생성되는 비기술적 의미, 관용어나 비유를 통한 확장된 의미 등에서는 반드시 일치하지 않을 수 있다.

1.1.4. 절대 동의관계와 상대 동의관계

우리는 위에서 의미가 완전하게 같은 단어는 거의 존재하지 않는다고 했다. 그러면 완전한 동의어란 어떠한 동의어를 말하는가? 다음 세 가지 조건을 모두 충족시키는 단어 쌍이 있다면 그것은 완전한 동의어라고 말할 수 있다. 그리고 이러한 동의어를 절대 동의관계absolute synonymy에 있다고 말한다(라이온스 1995: 61).

> (5) 절대 동의관계의 조건
>   (가) 모든 의미가 동일하다.
>   (나) 모든 맥락에서 동의적이다.
>   (다) 모든 의미의 차원 - 기술적 차원 및 비기술적 차원 - 에서 의미적
>   으로 동등하다.

조건 (가)를 충족할 수 있는 동의어를 찾기가 쉽지 않다는 것은 여러 번 언급한 바 있다. 우리가 접할 수 있는 가장 가까운 예로는 두 지역의 방언을 동시에 구사하는 화자의 입장에서, 같은 대상을 가리키는 다른 방언을 생각해 볼 수 있다.

> (6) ㄱ. 아궁이(경기) - 부삭(전남)
>   ㄴ. 호주머니(경기) - 개주머니(경상)

(6)의 예는 사용 지역을 달리하는 방언들인데, 만일 사회적 또는 정서적 차원에서 두 방언을 아무런 차별 없이 받아들이는 화자가 있다면 그 사람에게는 조건 (가)가 충족되었다고 할 수 있다. 조건 (나)는 모든 맥락에서 상호 교체가 가능해야 한다는 조건이다.

> (7) ㄱ. 그 말을 듣고 나는 부끄러운 생각에 {얼굴 / 낯}을 들 수 없었다.

ㄴ. 골목 입구 커피숍에서 {얼굴 / *낯}이 둥근 여자가 기다리고 있었다.

'얼굴'과 '낯'은 동의어로서 (7ㄱ)과 같이 서로 교체하여 쓰일 수 있다. 절대 동의관계의 두 번째 조건을 충족시키고 있으나 (7ㄴ)과 같이 교체가 불가능한 경우도 많이 나타난다. 조건 (다)는 앞의 (가)와 (나)를 모두 포함한 것으로 실질적 조건이라고 할 수 있다. 조건 (다)는 모든 의미 즉 기술적 의미뿐만 아니라 비기술적 의미까지 동일해야 한다는 것인데, 이러한 조건이 지켜진 동의어라면 모든 의미가 동일한 것은 물론이고 모든 맥락에서도 상호 교체가 가능하기 때문이다. 다음 (8)의 '달걀'과 '계란'은 기술적 의미와 비기술적 의미에서 모두 같다고 할 만하다.

(8) 가난했던 시절에 어머니는 {달걀, 계란}을 팔아 운동화를 사주셨다.

그러나 모든 화자가 아무런 차별 없이 '달걀'과 '계란'을 서로 넘나들면서 사용하는 것은 아니다. 화자의 계층이나 성향에 따라 '달걀'을 사용하는 화자가 있고 '계란'을 사용하는 화자가 있는데, 관습적으로 장년층에서는 '계란'이 많이 쓰이고 젊은 층에서는 학교 교육의 영향으로 '달걀'이 많이 사용되기도 한다. 『표준국어대사전』에서도 '달걀'은 한자어인 '계란'을 순화한 말이라고 설명하고 있다. 이와 같이 화자가 정서적으로 두 단어를 구별하는 경향이 있다면 두 단어는 완전한 동의어가 될 수 없다. 이상의 설명에서 짐작할 수 있듯이, (5)의 조건은 완전한 동의어에 대한 이론적·논리적 조건일 따름이지 실제로 이를 충족시키는 단어 쌍은 거의 존재하지 않는다.

위의 세 가지 조건을 모두 충족시키는 경우를 절대 동의관계라고 하는데 반해, 세 가지 조건을 부분적으로 충족시키거나 세 가지 조건 모두를 충족시키지 못하는 경우를 상대 동의관계relative synonymy라고 한다. 만일 엄밀한 의미의 동의관계와 구별되는 개념으로 유의관계를 설정한다면, 동의관계는 앞에서

말한 절대 동의관계에 해당하고 유의관계는 상대 동의관계에 해당한다고 할
수 있다.56)

1.2. 동의어 생성의 유형

동의어의 생성 배경에 따라 동의어는 아래와 같이 다섯 가지 유형으로 나눌
수 있다(사이드 2016: 62).

1.2.1. 방언의 차이에 의한 동의어

서로 다른 방언권에 있는 화자들이 동일한 지시 대상을 두고 각각 다른
단어를 사용함으로써 동의어가 생성된다. 다음 (9)는 '하루살이'와 '벌레'를
가리키는 방언을 예로 들었다.

> (9) ㄱ. 날파리(충남) - 날타리(전북) - 깔따구(전남)
>   ㄴ. 벌레(경기) - 버레기(전북) - 벌거지(전남)

근래에는 북한이나 연변 등지에서 온 동포들이 많아지면서 새로운 지역
방언을 쉽게 접할 수 있다. '반찬'을 가리키는 북한어의 '건건이'나 '괜찮다'의
뜻으로 쓰이는 연변어의 '일없다' 등이 그 예이다.

다음 (10)은 영어의 예인데, *cupboard*는 영국 영어British English의 어휘이고
*press*는 아일랜드 영어Irish English 어휘이다.57)

> (10) ㄱ. The orange juice is in the cupboard.
>   ㄴ. The orange juice is in the press.

방언의 차이에 의해서 양립하는 동의어는 동일한 지시 대상에 대한 서로

다른 표현이기 때문에 지역적 차이가 드러나는 사회적·정서적 의미를 제외하면 절대동의어에 매우 가깝다고 할 수 있다.

1.2.2. 차용에 의한 동의어

다른 언어로부터 차용한 단어가 이미 쓰이고 있는 단어와 의미가 같음으로 해서 동의어가 만들어지게 된다. 우리 국어는 역사적으로 한자어 차용이 많을 뿐만 아니라 현대 국어에서는 서구 외래어의 유입이 많은 편이다.

(11) ㄱ. 얼굴 - 안면, 키 - 신장, 콩팥 - 신장, 아우 - 동생, 집 - 가옥, 알리다
   - 고지告知하다, 고맙다 - 감사感謝하다 (고유어 - 한자어)
ㄴ. 열쇠 - 키, 수레 - 카트, 목도리 - 머플러, 모임 - 미팅, 동아리 - 서클
   (고유어 - 외래어)
ㄷ. 상여금 - 보너스, 견본 - 샘플, 면담 - 인터뷰, 주제 - 테마, 경기 - 게
   임, 안내자 - 가이드 (한자어 - 외래어)
ㄹ. 빛깔 - 색채 - 칼라, 옷 - 의상 - 드레스, 탈 - 가면 - 마스크, 말미 -
   휴가 - 바캉스 (고유어 - 한자어 - 외래어)

다른 한편으로 이미 사용해온 한자어나 외래어를 순화하고 다듬어서 새말을 만듦에 따라 동의어가 생겨나기도 한다.

(12) ㄱ. 색인 - 찾아보기, 교배 - 짝짓기, 자립 - 홀로서기, 식량 - 먹거리 (한
   자어 - 다듬은 말)
ㄴ. 메뉴 - 차림표, 네티즌 - 누리꾼, 웰빙 - 참살이, 트릭 - 속임수, 스크
   린도어 - 안전문 (외래어 - 다듬은 말)

이와 같이 국어 순화에 대한 관심과 언중들의 의식이 변화하면서 한자어나 서구 외래어를 순우리말로 바꾸어 쓰려는 경향이 늘어나면서 동의어의 수효

도 증가하는 추세이다.

1.2.3. 전문어에 의한 동의어

특정 전문 분야에서 자신들의 관련 영역을 보다 정밀하게 기술하기 위해서 전문어를 사용하게 되는데, 전문어에 대응하는 일반어가 있으면 두 단어는 동의어가 된다. 분야별로 몇 개의 예를 들어보자.

> (13) ㄱ. 의학: 충수 - 맹장, 담낭 - 쓸개, 모세포혈관 - 골수, 늑골 - 갈비뼈
> ㄴ. 화학: 염화나트륨 - 소금, 지방 - 기름, 에탄올 / 에틸알코올 - 주정
> 酒精
> ㄷ. 법률 / 행정: 소환하다 - 부르다, 출두하다 - 나가다, 소명하다 - 해
> 명하다 / 밝히다
> ㄹ. 경제 / 금융: 명의 - 이름, 가액 - 금액, 거래선 - 거래처, 소화되다 -
> 매입하다
> ㅁ. 종교: 곡차 - 술, 성부 / 천주 - 하느님, 소천하다 / 열반하다 / 선종
> 하다 - 죽다
> ㅂ. 군대: 부식 - 반찬, 관물 - 물품, 얼차려 - 체벌
> ㅅ. 언어학: 음운 - 음성, 어휘소 - 단어, 의의 - 의미

(13)의 예 가운데는 '충수 - 맹장'과 같이 절대 동의어에 가까울 만큼 의미가 같은 단어도 있지만 반대로 엄밀하게 따지면 분명하게 구별되는 개념을 가진 단어가 포함되어 있다. 예컨대, '음운 - 음성'만 하더라도 이 두 단어는 개념이 전혀 다르지만 일반 사람들에게 음운이라는 용어가 익숙하지 않기 때문에 결국 음성과 유사한 개념으로 받아들이게 된다.

1.2.4. 문체의 차이에 의한 동의어

문체는 개념이 포괄적이기 때문에 앞에서 열거한 방언, 차용어, 전문어에 의한 동의어도 넓게는 문체의 범위 안에 들 수 있다. 사회적 환경이나 심리적 경향에 따라 화자가 격식이나 내포를 달리하는 말을 사용할 수 있다. 서울말은 교양 있는 사람들이 사용하는 보다 격식적인 것인데 반하여 방언은 그러하지 못하다거나, 한자어나 외래어는 격식을 갖추는 자리에서 주로 쓰이고 고유어는 그러하지 않다고 생각하는 경향이 그러하다. 전문어와 일반어에서 격식과 비격식의 차이를 갖게 되는 점도 마찬가지이다. 또한, 화자의 심리적 경향에 따라 동일한 지시 대상이 감정이나 판단 가치를 달리한 표현으로 쓰이는 경우가 있다. 한 단어는 중립적 표현으로 쓰이고, 다른 단어는 특별한 내포를 가지고 쓰이는 것이다. '아내'가 중립적 표현이라면, '부인'과 '마누라'는 각각 [+격식]과 [-격식]이라는 부차적 의미가 있다고 할 수 있다. 곧 내포를 달리함으로써 결과적으로 문체의 차이가 드러나는 동의어이다. 내포에 의한 동의어에는 다음 (14)와 같이 다양한 유형이 있다.

> (14) ㄱ. 정치가 - 정치꾼, 승려 - 중, 대답 - 대꾸, 노인 - 늙은이
> ㄴ. 밥 - 진지, 술 - 약주, 자다 - 주무시다, 아버지 - 아버님 / 아비, 할머니 - 할멈 / 할망구
> ㄷ. 딸 - 공주, 눈썹 - 아미, 달 - 상아 / 소아 / 옥륜
> ㄹ. 입 - 주둥아리, 두목 - 왕초, 바보 - 머저리 / 밥통 / 얼간이, 거짓말 - 구라
> ㅁ. 데모대 - 운동권, 파출부 - 가사 도우미, 탈북자 - 새터민, 국제결혼 가정 - 다문화 가정

(14ㄱ)은 중립적인 단어와 긍정 또는 부정의 특별한 내포를 가진 단어가 동의어의 짝을 이룬다. (14ㄴ)은 존비어와, (14ㄷ)은 정감어와, (14ㄹ)은 비속어

와 동의어의 짝을 이루고 있는 예이다. (14ㅁ)은 동일한 지시 대상을 기존의
단어보다 더 긍정적인 의미가 내포된 단어로 순화한 말이다.

1.2.5. 완곡어법에 의한 동의어

우리는 죽음·질병·두려움·불결한 것·성·신체의 특정 부위와 같은 것은
직설적인 표현 대신 완곡한 표현을 사용한다. 따라서 직접 표현과 그것을 대신
하는 완곡어 사이에 동의관계가 성립된다.

  (15) ㄱ. 죽다 - 돌아가시다, 아프다 - 편찮다, 신神 - 주主, 결핵 - 가슴앓이,
          암 - 큰병
       ㄴ. 똥 - 대변, 오줌 - 소변, 변소 - 먼데 / 화장실, 남근 - 고추, 유방 - 가
          슴, 성교하다 - 관계하다

(15ㄱ)은 두려움이나 질병을 완곡어로 대신하는 것이고, (15ㄴ)은 불결하거
나 성과 관련 있는 신체나 행위를 완곡어로 대신한 것이다. 다른 사람이 듣고
불쾌할 수 있는 것을 피하기 위해서 완곡어법을 사용하기도 하는데 예를 들면,
'노인' 대신에 '어르신'을 사용한다.[58]

1.3. 동의어의 경쟁

1.3.1. 동의 경쟁의 결과

지시 대상을 다양하게 표현할 수 있다는 점에서 동의어의 존재는 장점이
될 수 있다. 그러나 동일한 대상을 지시하는 단어가 둘 이상 있다는 것은 단어
들로서는 불편하지 않을 수 없다. 그렇기 때문에 동의어들 사이에서는 피치

못할 충돌이 일어나면서 서로 살아남기 위하여 경쟁하게 된다.[59] 동의어 경쟁
은 다음과 같은 네 가지 유형의 결과를 가져온다.

가. 공존

경쟁 관계에 있는 동의어가 계속 함께 사용된다. 공존하는 동의어는 내면적
으로 경쟁이 지속되고 있다고 할 수 있다.

> (16) 시늉 - 흉내, 가끔 - 종종, 겨우 - 가까스로, 목숨 - 생명, 달걀 - 계란, 아
>   우 - 동생, 어머니 - 모친, 열쇠 - 키, 동아리 - 서클

나. 생존과 소멸

한 쪽은 계속 쓰이고 다른 쪽은 사라져 없어진다. 곧 생존과 소멸의 결과로
나타나는 것이다. 소멸되어 지금은 쓰이지 않는 단어를 사어死語 또는 폐어廢語
라고 한다.

> (17) 천 - 즈믄, 벽 - ㅂ름, 바다 - 바를, 저녁 - 나조, 부유하다 - 가ㅿ멸다

다. 합성

동의중복의 합성어로 사용된다. 동의 경쟁의 관계에 있는 두 단어가 한 단어
로 합쳐지는 것을 동의중복tautology이라고 한다.

> (18) 틈새, 가마솥, 담장-牆, 뼛골-骨, 널판-板, 야밤夜-, 무색-色[60], 걸프만gulf灣,
>   유리그라스琉璃glass

라. 의미변화

한 쪽 단어의 의미가 변화한다. 의미변화가 일어남으로써 두 단어는 결과적
으로 동의 경쟁에서 벗어난다. 의미변화에는 두 부류가 있는데, 하나는 의미의

범위가 바뀌는 것이고 다른 하나는 의미의 가치가 바뀌는 것이다.

> (19) ㄱ. 종친 - 겨레(→ 민족), 형체 - 얼굴(→안면), 석방 - 방송(→ 매스컴)
> ㄴ. 표적表迹 - 보람(→ 좋은 결과), 여자 - 계집(→ 여자의 낮춤말), 부
> 인 - 마담(→ 유흥업소 주인)

(19ㄱ)은 의미의 범위가 변화한 예이다. 본래 '종친'宗親과 '겨레'는 동의어였
는데 세월이 흐르면서 '겨레'가 '민족'의 뜻으로 의미가 확대되었다. 다른 예로
'백'百과 '온'이 동의어였으나 현재는 '온누리', '온 집안'에서와 같이 '온'이 '전
체'의 뜻으로 의미가 확대되었다. '형체'形體와 '얼굴'도 같은 의미였는데 지금
은 '얼굴'이 축소된 의미로 쓰이고 있다. 같은 의미였던 '석방'釋放과 '방송'放送
도 지금은 '방송'이 '매스컴'이라는 전혀 다른 의미로 전이되었다. (19ㄴ)은
의미의 가치가 변화한 예이다. '표적'表迹과 '보람'이 동의어였는데 '보람'이 의
미가 상승되었으며, '계집'과 '마담'은 의미가 하락하였다.

1.3.2. 생존 어휘의 세 부류

이와 같이 동의어 간의 경쟁은 다양한 결과로 나타나는데, 특히 생존과 소멸
의 결과를 보면 쓰이던 단어가 사라진다는 점에서 소멸은 안타까운 일이 아닐
수 없다. 이러한 극단적인 결과 때문에 동의어의 경쟁을 적자생존에 비유하기
도 한다. 적자생존의 경쟁 속에서 살아남는 단어는 대체로 다음과 같은 세
가지 부류에 속한다.

가. 음절이 짧은 단어

동의어는 음절이 짧은 쪽이 살아남는다. 이것은 음절의 길이가 짧은 쪽이
긴 쪽보다 경쟁력이 있다는 뜻인데, 결국 사람들은 기억하고 사용하기에 편리

한 쪽을 선호하기 때문이다.

(20) 강 - ᄀᄅᆷ, 문 - 지게, 벽 - ᄇᄅᆷ, 용 - 미르, 농부 - 녀름지슬아비, 중풍
    - ᄇᄅᆷ마ᄌᆞᆫ병

(20)과 같이 음절이 짧은 단어가 살아남았는데, 한자어가 들어온 이후에
많은 고유어가 소멸한 것도 음절의 길이와 무관하지 않다. '눈眼, 코鼻, 귀耳,
손手, 발足, 배腹, 살膚, 물水, 불火, 해日, 땅地, 낮晝' 등 단음절로 된 고유어 단어가
한자어가 있음에도 불구하고 그대로 쓰이는 것도 음절의 길이와 관련이 있음
을 짐작할 수 있다.

나. 동음이의어가 없는 단어

동음이의어를 갖지 않는 쪽이 살아남는다. 동의 경쟁 관계에 있는 단어가
또 다른 단어와 동음이의어로서 경쟁 관계에 놓여 있다면 그만큼 경쟁에서
불리한 처지에 놓이게 된다. 그렇기 때문에 반대로 동음 경쟁의 관계에 있지
않은 단어가 경쟁에서 우위를 지켜 살아남을 수 있다. 중세국어에서 '벽'壁과
동의 관계에 있는 'ᄇᄅᆷ'壁은 다른 한편으로 'ᄇᄅᆷ'風과 동음이의어로서 경쟁
관계에 있었다. 곧 'ᄇᄅᆷ'壁은 동의 경쟁 속에서 협공을 받고 있는 셈으로 그만
큼 경쟁에서 밀려나기 쉬웠으며, 그 결과로 '벽'이 살아남은 것이다. 다음 (21)
은, 앞의 단어가 살아남고 뒤의 단어는 소멸하였거나 소멸될 기로에 있는데
빗금(/) 뒤의 단어와 동음이의어로서 경쟁 관계에 있다.

(21) 이자利子 - 길 / 길道, 농사 - (녀름 >)여름 / 여름夏, 연기 - (ᄂᆡ >) 내 /
    내냄새, 재단하다 - ᄆᆞᄅᆞ다 / ᄆᆞᄅᆞ다乾

다. 문화적으로 우위에 있는 단어

문화적으로 우위에 있는 말이 살아남는다. 힘이 다른 두 문화권의 어휘가

동의어로서 충돌할 때 강한 힘을 가진 문화권의 단어가 유리한 처지에 있다. 국어에서는 대체로 중국어 한자어와 서구 외래어가 우위에 있었으며, 지역 방언에서도 서울말이 우위에 서게 된다.

(22) ㄱ. 단오端午 - 수리, 비단緋緞 - 깁, 천千 - 즈믄, 서풍西風 - 하늬바람, 우
         유牛乳 - 쇠젖
     ㄴ. 옥수수 - 강내미(황해) - 옥시기(강원), 배추 - 배차(전남), 회오리바
         람 - 돌개바람(함경)

지역 방언은 표준어에 밀려 이미 사라진 것도 있지만 지금 남아있는 것도 시간이 흐름에 따라 세력을 잃고 있다.

2. 반의관계

2.1. 반의관계의 규정

2.1.1. 반의관계의 개념

서로 반대되거나 대립되는 의미를 가진 단어 사이의 의미관계를 반의관계 antonymy라고 하며, 반의관계에 있는 단어를 반의어antonym라고 한다.

반대와 대립은 철학을 위시하여 논리학·심리학·언어학 등 여러 학문 분야에서 주요 주제로 삼아왔다. 그렇기 때문에 반대 또는 대립에 대한 개념이 다르게 정의될 수 있음은 쉽게 짐작할 수 있다. 따라서 반의관계는 논의의 관점에 따라 대립관계, 상반관계 등 다른 명칭이 사용되고 있으며, 반의어에 대해서도 반대말, 대립어, 상대어 등 여러 용어가 혼용되고 있다.[61] 의미의 대립에 대해서도 아주 다양한 유형들이 제시되고 있는데, 이것도 대립 또는

반대에 대한 서로 다른 관점과 대립 구조가 가지고 있는 다양성 때문이다.

그러면 두 단어의 의미가 서로 반대 또는 대립된다는 것은 무엇을 의미하는 가? 반의관계의 개념을 보다 분명하게 하기 위해서 우리는 의미적 대립에 대해서 생각해 볼 필요가 있다. '참새'에 대립되는 것으로 '잉어'를 제시하면서, 그 근거로 참새는 '깃털'을 가지고 있으며 '공중'에서 '날아다니'는 데에 반하여, 잉어는 '비늘'을 가지고 있으며 '수중'에서 '헤엄친다'는 점을 들어보자. 다시 말하면, 참새와 잉어는 그것들이 가지고 있는 중요한 특성 가운데서 여러 가지가 상반된다. 그러나 우리는 참새와 잉어를 대립적인 관계로 인정하지 않는다. 그러면, 반의관계에 있다고 말할 수 있는 '남편'과 '아내'는 어떠한가? '남편'과 '아내'는 인간이고 성숙하며 결혼을 한 부부 사이라는 점에서 공통성을 가지고 있다. 그러나 '성'에 있어서 각각 '남성'과 '여성'이라는 것은 다른 점이다. 다시 말하면 '남편'과 '아내'는 의미 특성으로 보아 많은 공통성을 가지고 있으면서 '성'이라는 한 가지 특성에서 구별된다. 이것은 앞에서 언급한 '참새'와 '잉어'가 다수의 차이점을 가지고 있는 것과 비교되는데, 이와 같이 반의관계는 의미상 많은 공통성을 가지고 있으면서 오직 하나의 차별성이 있을 때 성립한다.

요컨대 반의관계는 서로 반대되거나 대립되는 의미를 가진 단어 사이의 의미관계이며, 반의관계는 두 단어가 의미상 여러 가지 공통성을 가지고 있으면서 다만 하나의 비교 기준parameter이 다름으로 해서 성립한다. '총각'의 반의어가 '처녀'인 것은 많은 공통성을 가지고 있으면서 '성'이라고 하는 하나의 비교 기준이 다르기 때문이며, 이와 반대로 '총각'과 '부인'이 반의어가 될 수 없는 것은 두 단어가 '성'과 '결혼'이라는 두 개의 비교 기준에서 다르기 때문이다. 이와 같이 반의관계는 하나의 비교 기준이 다름으로 해서 성립된다.

2.1.2. 반의관계의 성립 조건

위에서 반의어의 성립은 여러 가지 의미 속성 가운데서 비교 기준으로 삼은 하나의 의미 속성이 달라야 함을 지적하였다. 이 점은 반의어를 규정하는 기본적인 요건으로 이것을 이질성 조건이라고 말할 수 있다. 그러나 이러한 이질성은 반의관계가 성립될 수 있는 동질성을 전제로 한다. 곧 반의어는 여러 가지 동질성 속에서 서로를 차별화하는 이질성이 있음으로 해서 성립된다. 이제 반의관계의 성립 조건으로서 동질성과 이질성의 조건을 살펴본다.62)

> (23) 반의관계의 성립 조건
>   (가) 동질성 조건: ㉠ 동일 의미영역, ㉡ 동일 어휘범주
>   (나) 이질성 조건: ㉢ 대조적 배타성

먼저 동질성 조건에 대해서 살펴보자. 반의관계에 있는 두 단어는 우선 동일 의미영역에 속해야 한다. 의미영역이란 의미의 공통성에 따라서 나눈 한 부류의 어휘를 말하며, 그렇기 때문에 의미영역은 일정한 의미성분을 공유하고 있다. 앞에서 언급한 '남편'과 '아내'는 의미상 여러 가지 공통성을 가지고 있기 때문에 동일 의미영역에 속한다. '독수리'와 '부엉이'도 동물이며 조류라고 하는 점에서 동일 의미영역에 있다고 할 수 있으며, '달리다, 뛰다, 걷다' 등도 신체를 사용하여 이동한다는 점에서 동일 의미영역에 속한다. 이와 같이 반의어는 동일 의미영역 안에 있어야 하는데, 이것은 반의관계에 있는 두 단어의 의미 범주를 결정하는 데 필요한 조건이다.

동일 어휘범주는 반의관계에 있는 두 단어의 품사와 형태를 규정한다. '살다'와 '삶'의 반의어는 각각 '죽다'와 '죽음'인데, 이것은 반의어의 품사가 동일해야 함을 말해 준다. '기쁘다'의 반의어로 '슬픔'이 될 수 없는 것은 어휘범주로서 품사가 상이하기 때문이며, 반대로 '슬프다'가 '기쁘다'의 반의어가 될 수 있는 것은 두 단어의 품사가 동일하기 때문이다. 또한 반의관계에 있는

두 단어는 동일 품사로서 단어의 형태도 동일해야 한다. '가볍다'의 반의어는 '무겁다'이고 '가벼운'의 반의어는 '무거운'이다. 과거시제 의문형 종결형태인 '갔느냐'의 반의어는 동일한 형태의 '왔느냐'이다. 이와 같이 반의관계에 있는 두 단어는 품사와 형태가 동일해야 한다.

다음은 이질성 조건인데, 이것은 반의어 성립의 기본 조건으로 앞에서 이미 말한 바 있다. 다시 말하면, 동질성 조건의 하나인 동일 의미영역에 속하는 단어가 반의어가 되기 위해서는 공통적인 의미 속성 속에서도 서로가 대립되는 대조적 배타성이 있어야 한다. '아들'과 '딸'은 '자식'이라는 동일 의미영역에 있지만 '성'에 의해서 배타적 대립관계에 있으며, '길다'와 '짧다'도 '길이'의 장단에서 대조적인 배타성을 가지고 있다.

2.2. 반의어의 유형

위에서 언급한 바와 같이 반대 또는 대립에 대해서는 그것의 개념에서부터 다양한 논의가 있기 때문에, 논의의 전개 방향과 관점의 차이에 따라 반의어의 하위분류 체계가 복잡한 양상을 보여주고 있다. 그러나 여기서는 간결하면서도 일반적인 분류체계를 통해서 반의관계의 여러 양상에 대하여 살펴보기로 한다. 반의어는 상보 반의어, 등급 반의어, 관계 반의어로 구별한다.

2.2.1. 상보 반의어

상보 반의어complementary antonym는 상호배타적인 두 영역으로 양분함으로서 대립 관계에 있는 단어 쌍을 가리킨다. 예컨대 '남자'와 '여자'는 인간이라는 영역을 상호배타적으로 양분하고 있다. 따라서 어떤 사람이 남자이면 그 사람은 필연적으로 여자가 아니며, 반대로 어떤 사람이 남자가 아니라면 그 사람은 여자이다.

[그림 1] 상보 반의어의 구조

이와 같이 상보 반의어는 영역을 남김없이 양분한다. 따라서 한쪽 단어의 긍정이 다른 쪽 단어의 부정을 함의하는 관계에 있으며, 그렇기 때문에 상보 반의어는 상보적 쌍complementary pairs 또는 이원적 쌍binary pairs이라 부른다.63) 다음 (24)는 상보 반의어의 예이다.

(24) 기혼 - 미혼, 추상 - 구상, 참 - 거짓, 살다 - 죽다, 성공하다 - 실패하다, 합격하다 - 불합격하다

상보 반의어가 가지고 있는 특성 네 가지를 살펴보기로 하자. 지금 살펴보는 상보 반의어의 특성은 아래에서 설명할 등급 반의어가 가지고 있는 특성과 대조되는 것들이기 때문에 서로 비교하면서 이해하는 것이 좋다. 상보 반의어 인 '남자'와 '여자'를 예로 들어서 설명한다.

첫째, 상보 반의어는 한쪽 단어의 단언과 다른 쪽 단어의 부정 사이에 상호 함의 관계가 성립한다.

(25) ㄱ. 소설가 김유정은 남자이다.
ㄴ. 소설가 김유정은 여자가 아니다.

(25ㄱ)은 (25ㄴ)을 함의하고 그 역도 가능한 상호함의 관계에 있다.

둘째, 상보 반의어는 두 단어를 동시에 긍정하거나 부정하면 모순이 된다.

(26) ㄱ. †소설가 김유정은 남자이면서 여자이다.

ㄴ. †소설가 김유정은 남자도 아니고 여자도 아니다.

이와 같이 상보 반의어는 동시에 참이 되거나 동시에 거짓이 될 수 없으며, 따라서 이들은 논리적 측면에서 모순 관계에 있다.

셋째, 상보 반의어는 정도어의 수식을 받을 수 없으며, 비교 표현에도 쓰일 수 없다.

(27) ㄱ. †소설가 김유정은 매우 남자이다.
      ㄴ. †소설가 김유정은 박태원보다 더 남자이다.

(27ㄱ)은 정도어의 수식을 받은 예이고, (27ㄴ)은 비교 표현과 함께 쓰인 예이다.

넷째, 상보 반의어의 평가 척도는 절대적 개념이다. 아래에서 설명할 등급 반의어가 판단 대상에 따라서 평가 기준이 달라질 수 있는 상대적 개념인데 반하여 상보 반의어는 판단 대상에 관계없이 항상 동일한 기준이 적용되는 절대적 개념으로 사용된다. 예컨대 '남자'와 '여자'는 그 대상이 사람이면 언제 어디서나 변함없이 동일한 기준에 의해서 판단된다.

2.2.2. 등급 반의어

등급 반의어gradable antonym는 두 단어 사이에 등급성gradablity이 있는 단어 쌍을 가리킨다. 다시 말하면, 두 단어 사이에는 등급화할 수 있는 중간지대가 있으며 그렇기 때문에 한 쪽을 부정하는 것이 바로 다른 쪽을 의미하는 것이 아니다. '길다'와 '짧다'를 예로 들어보자.

[그림 2] 등급 반의어의 구조

'길다'를 부정한 '길지 않다'가 반드시 '짧다'를 의미하지 않으며, 반대로 '짧다'를 부정한 '짧지 않다'가 '길다'를 뜻하는 것이 아니다. 곧 '길다'와 '짧다' 사이에는 덜 길거나 덜 짧은 중간지대가 있다.

중간지대의 존재를 '뜨겁다'와 '차갑다'를 통해서 살펴보면 보다 분명하게 알 수 있다.

(28) 뜨겁다 - (따뜻하다) - (미지근하다) - (시원하다) - 차갑다

이와 같이 등급 반의어 '뜨겁다'와 '차갑다' 사이에는 덜 뜨겁거나 덜 차가운 중간 상태가 존재한다. 그리고 '길다'와 '짧다'에서는 중간지대를 가리키는 개념은 있지만 그것을 지시하는 단어는 없는데 반하여, '뜨겁다'와 '차갑다' 사이에는 그것을 가리키는 개념이 어휘화되어 있다.

등급 반의어의 예를 보면 형용사가 많은데, 그것은 등급화가 가능한 속성을 가진 어휘가 주로 형용사이기 때문이다. 다음 (29)는 등급 반의어의 예인데 모두 형용사이다.

(29) ㄱ. 높다 - 낮다, 크다 - 작다, 넓다 - 좁다, 무겁다 - 가볍다, 빠르다 - 느
리다, 두껍다 - 얇다
ㄴ. 좋다 - 나쁘다, 친절하다 - 냉혹하다, 잘생기다 - 못생기다, 정중하
다 - 무례하다, 유쾌하다 - 불쾌하다

다음은 등급 반의어가 가지고 있는 특성에 대하여 알아보자.

첫째, 등급 반의어는 한쪽 단어의 단언과 다른 쪽 단어의 부정 사이에 일방 함의 관계가 성립한다. '넓다'와 '좁다'를 예로 든다.

(30) ㄱ. 우리 학교 운동장은 넓다.
ㄴ. 우리 학교 운동장은 좁지 않다.

(30ㄱ)은 (30ㄴ)을 함의하지만 그 역은 성립하지 않는다. 곧 (30ㄱ)과 (30ㄴ)은 일방함의 관계에 있다.

둘째, 등급 반의어는 두 단어를 동시에 부정할 수 있다. 이것은 두 단어 사이에 중간 지대가 있기 때문이다.

(31) 우리 학교 운동장은 넓지도 않고 좁지도 않다.

'넓다'와 '좁다' 사이에 중간 상태가 있으며, 따라서 (31)과 같이 두 단어를 동시에 부정하는 것이 가능하다.

셋째, 등급 반의어는 정도 부사의 수식을 받을 수 있으며, 비교 표현에도 쓰일 수 있다.

(32) ㄱ. 우리 학교 운동장은 매우 넓다.
ㄴ. 우리 학교 운동장은 이웃 학교 운동장보다 더 넓다.

넷째, 등급 반의어의 평가 척도는 상대적 개념이다. '운동장이 넓다 / 좁다'와 '방이 넓다 / 좁다'에서 볼 수 있듯이, 어떤 공간의 넓고 좁음은 절대적 기준이 아닌 상대적 기준에 의해서 결정된다. 아무리 '큰 개구리'라 하더라도 '작은 코끼리'보다 실질적인 크기에서 더 클 수 없다. 이와 같이 등급 반의어는 판단 대상에 따라서 기준이 달라질 수 있는 상대적 개념이다.

다섯째, 등급 반의어 중에는 두 단어 가운데 한 단어가 더 기본적이고 일반
적으로 쓰이는 것이 있다. 대개가 측정 형용사이며 앞의 (29ㄱ)이 그 예이다.
예컨대 공간의 면적을 중립적으로 말할 때 우리는 일반적으로 '좁다'보다는
'넓다'를 사용한다. 이것은 '얼마나–질문'how-question에서 잘 드러나는데, 운동
장의 면적을 묻는 중립 질문neutral question으로 우리는 '운동장이 얼마나 넓으
냐?'라고 말한다. 강물의 수심을 물을 때에도 '강물이 얼마나 깊으냐?'라고
말하는데, 이것은 '깊다'가 '얕다'보다 일반적으로 사용되는 단어임을 말해 준
다. 물론 운동장이 좁다는 것이 전제된 상황이라면 '운동장이 얼마나 좁으냐?'
라고 말함으로써 편향적으로 운동장의 좁은 정도를 묻게 된다.

두 단어 가운데서 보다 일반적인 뜻을 지닌 '넓다'와 '깊다'를 무표적
unmarked 표현이라 하고, 반대로 '좁다'와 '얕다'를 유표적marked 표현이라 한다.
다음 (33ㄱ)과 (33ㄴ)은 등급 반의어를 짝지어 나열한 것이데, (33ㄱ)은 무표적
이고 (33ㄴ)은 유표적이다.

(33) ㄱ. 크다 길다 높다 무겁다 두껍다 밝다　빠르다 진하다 세다(강하다)
　　　ㄴ. 작다 짧다 낮다 가볍다 얇다　어둡다 느리다 연하다 약하다

(33ㄱ)이 (33ㄴ)보다 현저하게 드러나는 성향이 있기 때문에 보다 우월적
지위에 있으며, 따라서 이러한 단어가 무표적 표현으로 쓰이게 되는 경향이
강하다. 이와 같은 특성은 측정이나 도량을 표현하는 명사에서도 다음 (34)와
같이 무표적인 것이 쓰인다.

(34) 크기 길이 높이 무게 두께 밝기 빠르기 진하기 세기

이와 같은 측정 명사들은 의미가 한 쪽으로 편향되지 않고 일반적이면서
중립적으로 사용된다.[64]

2.2.3. 관계 반의어

관계 반의어relative antonym는 두 단어가 상대적 관계를 형성하고 있으면서 어떤 축을 중심으로 의미상 대칭을 이루는 단어 쌍을 가리킨다. '남편'과 '아내'를 예로 들어보자. 두 단어 사이에는 x가 y의 남편이면 y가 x의 아내가 되는 상대적 관계 속에서 대칭을 이루고 있다. '주다'와 '받다'도 마찬가지인데, 만일 x가 y에게 A를 주면, y는 x에게서 A를 받는다. 곧 '주다'와 '받다'는 상대적 관계 속에서 서로 대칭 관계를 이루고 있다. 관계 반의어는 대립 쌍을 이루고 있는 단어들이 일정한 방향성을 가지고 있다는 점에서 방향 반의어 directional antonym라고 말하기도 한다.[65]

관계 반의어는 대립 쌍의 상호 관계에 따라서 네 가지 하위 유형으로 나눌 수 있다.

가. 역의관계

역의관계converse는 서로 대체될 수 있는 두 단어 사이의 관계를 나타낸다. 'x가 y의 A이다 = y가 x의 B이다'와 같은 동치 관계가 성립할 때 A와 B는 역의관계에 있다.[66] 이는 어떤 축을 중심으로 한 쪽의 방향을 다른 쪽에 상대적으로 명시함으로써 두 단어 사이의 관계를 나타낸다. 위에서 예로 든 '남편 - 아내', '주다 - 받다'가 역의관계에 있으며 이러한 단어의 짝을 역의어라 한다. 다음 (35)는 역의어의 예이다.

> (35) ㄱ. 오른쪽 - 왼쪽, 위 - 아래, 앞 - 뒤, 동쪽 - 서쪽, 동북東北 - 서남西南
> ㄴ. 남편 - 아내, 부모 - 자식, 할아버지 - 손자, 형 - 동생, 신랑 - 신부, 의사 - 환자, 스승 - 제자, 상관 - 부하, 주인 - 하인, 고용주 - 피고용주, 고소인 - 피고소인[67]
> ㄷ. 주다 - 받다, 사다 - 팔다, 가르치다 - 배우다, 때리다 - 맞다

(35ㄱ)은 공간적 위치 관계, (35ㄴ)은 혈연이나 사회적 관계, (35ㄷ)은 행위의 이동 관계에서 대칭을 이루고 있다.

다음 (36)과 같은 환언 관계를 설명하는 데에 역의어가 사용될 수 있다.

(36) ㄱ. 음악 감상실은 서점 <u>위층</u>에 있다
  ㄴ. 서점은 음악 감상실 <u>아래층</u>에 있다.

이와 같이 동일한 상황에서 논항의 위치가 바뀌고 역의어가 사용되면 그 문장들은 환언 관계에 있게 된다.

나. 역행관계

역행관계reverse는 한쪽이 일정 방향(→)으로 이동하는 것을 나타내고 다른 쪽은 반대 방향(←)으로 이동하는 것을 나타낸다. 예컨대 회전문에서 '밀다'push와 '끌다 / 당기다'pull는 힘이 어느 방향으로 작용하는가를 알려준다. 역행관계는 행위나 상태의 변화를 나타내는 동사가 주류를 이루는데, 역행관계에 있는 단어 곧 역행어의 예를 들면 다음 (37)과 같다.

(37) ㄱ. 가다 - 오다, 열다 - 닫다, 감다 - 뜨다, 접다 - 펴다, 오르다 - 내리다,
    상승하다 - 하강하다, 전진하다 - 후퇴하다, 입다 - 벗다, 나타나다
    - 사라지다
  ㄴ. 늘다 - 줄다, 팽창하다 - 수축하다, 확장하다 - 축소하다, 차다 - 비
    다, 채우다 - 비우다

(37ㄱ)은 행위에 의한 역행관계이고, (37ㄴ)은 상태의 변화에 의한 역행관계이다.

다. 대척관계

대척관계antipodal는 두 단어가 방향의 양쪽 끝을 나타낸다. 대척어의 예로 '출발점 - 도착점'을 들면, '출발점'은 방향의 축을 따라 한쪽의 끝을 나타내고 '도착점'은 정반대의 다른 쪽 끝을 나타낸다. 다음 (38)은 대척어의 예이다.

> (38) 시작 - 끝, 꼭대기 - 밑바닥, 출발선 - 결승선, 지붕 - 바닥, 천당 - 지옥, 천재 - 바보, 우등생 - 낙제생

우리가 어떤 상황의 양 극단을 말할 때 'X에서 Y까지'라고 하는 관용표현을 쓰는 일이 많은데, 이때의 X와 Y는 대척점으로서 대척어가 미치는 범위를 가리킨다.

> (39) 요람 - 무덤, 머리 - 발끝, 하나 - 열, 세 살(버릇) - 여든 살, 바늘(도둑) - 소(도둑)

우리의 속담에 '바늘 도둑이 황소 도둑 된다.'라는 말이 있는데, 옛사람들의 의식 속에서 '바늘'과 '소'는 가장 작은 사물과 가장 큰 사물로서 대척관계에 있다고 할 수 있다. '바늘구멍으로 황소바람 든다.'는 속담도 마찬가지이다.

라. 대응관계

대응관계counterpart는 표면에서 위상의 차이를 보이는 관계이다. 표면상에서 요철凹凸과 같이 한 쪽은 들어가고 다른 쪽은 나온 상태를 가리키는 것으로 '볼록 - 오목'이 대응어의 전형적인 예이다.

> (40) 두둑 - 고랑, 양각 - 음각, 수나사 - 암나사, 수키와 - 암키와, 산꼭대기 - 산골짜기

(40)의 예들을 보면 모두 표면의 상태에서 상호 방향이 다른 쪽을 나타내고 있다.

2.3. 비양립관계

2.3.1. 비양립관계의 개념

위에서 우리는 의미의 대립이 개념적으로 분명하지 않은 부분이 있으며, 그렇기 때문에 여러 가지 다른 견해와 함께 다른 용어가 사용될 수 있음을 지적한 바 있다. 여기서 사용하고 있는 반의관계와 반의어도 의미의 대립을 설명하는 데에 완전하지 못할 뿐만 아니라, 특히 어휘의 전체적 체계에서 볼 때 다른 개념을 도입할 필요성을 갖게 한다. 반의관계의 개념이 가지고 있는 한계와 함께 의미의 대립을 더 넓게 생각해 볼 수 있는 것으로 비양립관계非兩立關係 incompatibility가 있다.68)

비양립관계는 단어 사이에 하나 이상의 대비적 의미성분을 가지고 있는 관계이다. 단어 $X \cdot Y \cdot Z$ 사이에 일련의 의미성분을 공유하고 있으면서 하나 이상의 대조적 의미성분에 의해서 구별될 때 $X \cdot Y \cdot Z$는 비양립관계에 있다. 반의관계가 오직 하나의 의미성분이 대조적인 데 반하여 비양립관계는 하나 이상의 의미성분이 대조되는 것이기 때문에 비양립관계 속에는 반의관계의 개념이 포함된다. 결국 비양립관계는 단어 사이의 의미가 서로 다름 곧 차이 difference가 있으며, 그렇기 때문에 두 단어는 양립이 불가한 관계이다. 비양립 관계의 전형적인 예로 일주일의 일곱 요일을 들 수 있는데, 어느 날이 '월요일' 이라면 그 날은 '화요일'이나 그 밖의 다른 요일이 될 수 없다. 곧 '월요일'은 '화요일' 또는 다른 요일과 비양립관계에 있다. '처녀'는 [성]에서 대조적인 '총각'과도, [결혼]에서 대조적인 '부인'과도 비양립관계에 있으며, 또한 [성]과 [결혼] 두 가지 의미성분에서 대조적인 '남편'과도 비양립관계에 있다. 이와 같이 공통적인 의미성분을 가지고 있으면서 최소한 하나 이상의 의미성분이 다르면 그 단어들 사이에는 비양립관계가 성립된다.

2.3.2. 이원 분류와 다원 분류

비양립관계의 하위 유형은 이원 분류와 다원 분류로 구분하여 살펴볼 수 있다.

이원 분류binary taxonomy는 양립 불가의 어휘항목이 단 둘인 경우이다. 위에서 살펴본 반의어의 여러 유형들은 대체로 이원 대립의 관계에 있다고 할 수 있는데, 구체적인 예로는 '여자 - 남자', '위 - 아래', '죽다 - 살다', '때리다 - 맞다' 등을 들 수 있다.

다원 분류multiple taxonomy는 양립 불가의 어휘항목이 셋 이상인 경우이다. 앞에서 예로 든 일주일은 7개의 어휘항목을 가지고 있으며, 열두 달로 구성된 달 이름도 다원 분류의 예이다. 이 밖에도 '금·은·동·철' 등 금속의 종류, 색채어, 동·식물의 종류, 동물 중에서도 개의 종류 등 다원 분류의 예는 아주 많다.

이원 대립의 구조를 주로 반의관계의 관점에서 파악하고 있다면, 비양립관계는 대체로 다원 분류의 구조에 초점이 맞추어지는 경향이 있다. 다음 (41)은 앞에서 언급한 다원 분류의 구체적인 예이다.

(41) ㄱ. 일월 이월 삼월 사월 오월 … 십이월
　　 ㄴ. 빨강 주황 노랑 초록 파랑 남색 보라 …
　　 ㄷ. 포도 사과 배 감 자두 살구 …
　　 ㄹ. 동쪽 서쪽 남쪽 북쪽 …

(41)의 예와 같이 동일한 층위에 있는 어휘들을 분류학적 자매들taxonomic sisters이라고 말한다. 색채어의 예를 들어서 다시 설명하면, '빨강'과 '파랑'은

다원 분류의 자매 구성원sister members이며, 이런 관계에 있는 단어는 서로 양립할 수 없기 때문에 (42)와 같이 말할 수 없다.

(42) †내 차의 색깔은 빨강이면서 파랑이다.

비양립관계가 주로 동일 층위의 수평적 관계인데 반하여 다음 절에서 다루어질 하의관계는 계층적으로 위아래인 수직적 관계이다. 따라서 비양립관계와 하의관계는 씨줄과 날줄처럼 어휘의 전체적인 체계를 교직交織하고 있다.

2.4. 반의관계의 복합성과 비전형성

2.4.1. 반의관계의 복합성

한 단어가 둘 이상의 반의어를 갖는 경우가 적지 않다. 곧 한 단어의 반의관계가 복합적일 수 있는데, 반의관계의 복합성은 다음 (43)과 같은 두 가지 경우로 구별하여 살펴볼 수 있다.

(43) 반의관계의 복합성
(가) 복수의 비교 기준에 의한 반의
(나) 다의적 해석에 의한 반의

(가)는 한 단어가 둘 이상의 비교 기준에 의해서 각각의 반의어를 갖게 되는 경우이다. '아버지'의 반의어가 무엇이냐는 물음에 사람들은 무엇이라고 대답할까? '어머니'라는 대답도 있고 '아들'이라는 대답도 가능할 것이다. '아버지'와 '어머니'는 여러 가지 공통성 속에서 [성]이라고 하는 하나의 비교 기준이 다름으로 해서 반의관계가 성립된다. 그리고 '아버지'와 '아들'은 [세대]라고 하는 비교 기준에 의해서 반의관계가 성립된다. 이와 같이 한 단어는 둘 이상

의 비교 기준을 가질 수 있으며, 이에 따라서 복수의 반의어를 갖게 된다.
'처녀'의 반의어를 의미성분을 이용하여 알아보기로 하자.

　(44) ㄱ. 처녀: [+인간] [+성숙] [-남성] [-기혼]
　　　 ㄴ. 총각: [+인간] [+성숙] [+남성] [-기혼]
　　　 ㄷ. 부인: [+인간] [+성숙] [-남성] [+기혼]

　'처녀'의 반의어는 '총각'일 수도 있고 '부인'일 수도 있다. '처녀'는 [성]에서
'총각'과 대조적이고, [결혼]에서 '부인'과 대조적이다. 이와 같이 복수의 비교
기준에 의해서 '처녀'는 복합적인 동의어 짝을 갖게 된다.
　(나)는 한 단어가 여러 의미를 갖는 다의어인 경우이다. 다시 말하면 다의어
의 의미에 따라서 반의어가 다를 수 있다. '좋다'의 반의어는 무엇일까? '나는
영희가 좋다.'의 경우에는 '싫다'이고, '영희가 머리가 좋다.'의 경우에는 '나쁘
다'이다. 그리고 '그 사람은 비위가 좋다.'의 경우에는 '약하다'가 될 수 있다.
'좋다'가 다의적이기 때문에 의미에 따라서 반의어가 '싫다, 나쁘다, 약하다'
등이 될 수 있다. 다음 [표 1]은 '깊다'의 여러 가지 의미와 그에 따른 반의어를
표로 보인 것이다.

[표 1] '깊다'의 반의어

표제어	예문	뜻	반의어
깊다	물속이 깊다	수면에서 바닥까지 거리가 멀다	얕다
	계곡이 깊다	밖에서 안까지 거리가 멀다	가깝다
	병환이 깊다	병환이 오래되어 더욱 심하다	가볍다
	산 그림자가 깊다	빛깔이 짙다	옅다
	마당이 깊다	주위보다 바닥이 낮거나 패어 있다	높다

　다음 (45)에서 다의어와 그에 대응하는 복수 반의어의 예를 몇 개 더 들었다.

(45)　ㄱ. 가볍다: ① (책상이) 가볍다 - 무겁다
　　　　　　　② (몸살이) 가볍다 - 심하다
　　　　　　　③ (언행이) 가볍다 - 신중하다
　　　　　　　④ (봄바람이) 가볍다 - 세다 / 강하다
　　　　　　　⑤ (응수가) 가볍다 - 대수롭다
　　　ㄴ. 열다: ① (문을) 열다 - 닫다
　　　　　　　② (뚜껑을) 열다 - 덮다
　　　　　　　③ (입을) 열다 - 다물다
　　　　　　　④ (마개를) 열다 - 막다
　　　　　　　⑤ (자물쇠를) 열다 - 잠그다
　　　　　　　⑥ (회의를) 열다 - 마치다 / 끝내다
　　　ㄷ. 벗다: ① (옷을) 벗다 - 입다
　　　　　　　② (모자를) 벗다 - 쓰다
　　　　　　　③ (안경을) 벗다 - 끼다
　　　　　　　④ (신을) 벗다 - 신다

　국어에서 착용을 뜻하는 단어는 매우 발달되어 있으나 그에 반대되는 단어
는 (45ㄷ)과 같이 아주 단순하다. '벗다' 이외에는 '(넥타이를) 매다'에 대응하
는 '풀다'가 있다.

2.4.2. 반의관계의 비전형성

　종래에는 단어의 사전적 의미를 중심으로 반의성을 분석하였기 때문에 반
의관계의 양상이 대체로 투명하고 규범적이었다. 구조주의적 관점에서는 보
편성을 가진 사전적 의미에서 반의성을 분석하였으며 그 결과로서의 반의어
쌍이 전형성을 띠었다. 그러나 인간의 경험 세계가 다양해지면서 특정한 맥락
에서 연상되는 반의어가 등장하게 되었다. 예를 들어서, '사다'의 반의어가
무엇이냐는 질문에 규범적이면서 전형적인 대답은 '팔다'이지만, 개인에 따라

'빌리다', '임차하다', '훔치다' 등의 대답도 제시된다. '사다'와 '팔다, 빌리다, 임차하다, 훔치다' 등은 '소유의 전이'라는 공통성이 있으면서 개인적인 인지 작용에 따라 상이한 연상이 가능하기 때문이다.[69] 자극어 '산'에 반응하는 반의어를 살펴보면 다음 [그림 3]과 같다

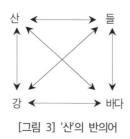

[그림 3] '산'의 반의어

'산'을 기준으로 하면, '산 : 들', '산 : 강', '산 : 바다'의 3개의 반의어 쌍을 갖게 된다. 동일하게 '들', '강', '바다'를 자극어로 취하면 '강 : 바다', '들 : 강', '들 : 바다'의 3개 반의어 쌍을 더 갖게 된다. 따라서 위의 그림은 모두 6개의 반의어 쌍으로 구성되어 있다. 이와 같이 개인적인 경험과 연상 작용에 따라 자극어에 반응하는 반의어가 다양하게 나타나는데, 이는 반의어 쌍을 규정하는 것이 간단하지 않음을 말해준다.

『넓은풀이 우리말 반의어 사전』(2010)에서는 반의어를 1차 반의어와 2차 반의어로 분류한다. 1차 반의어는 규범적인 반의어이고 2차 반의어는 1차 반의어의 동의어들인데, '사다'를 보기로 들면 [표 2]와 같다.

[표 2] '사다'의 반의어(『넓은풀이 우리말 반의어 사전』 2010: 180)

표제어	1차 반의어	2차 반의어
사다	팔다	장사하다, 판매하다, 한눈팔다, 빙자하다, 매도하다, 매출하다, 팔아먹다, 매각하다, 매여하다, 팔아넘기다

[표 2]와 같이 반의어의 범위를 2차 반의어에까지 확장하면 결과적으로 반의관계의 성립 조건이 무의미할 뿐만 아니라 반의성에 대한 개념도 불투명해진다.

다음 (46)은 우리가 흔히 접하는 담화 맥락인데 규범성을 벗어난 대립 관계를 보여주고 있다.[70]

(46) ㄱ. 이영애의 남편은 <u>연예인</u>이 아니라 <u>일반인</u>이다.
     ㄴ. 침대는 <u>가구</u>가 아니라 <u>과학</u>입니다.

만일 (46ㄱ)의 '연예인'과 '일반인'을 일반 화자가 반의관계로 인식한다면 반의성 분석은 더욱 복잡해진다. 더 나아가 (46ㄴ)의 '가구'와 '과학'의 대립을 반의관계로 보게 된다면 이것은 자유 연상의 경계를 넘어선 것으로 반의관계의 설정 자체를 재고해야 할 것이다.

3. 하의관계

3.1. 하의관계의 규정

하의관계hyponymy[71]는 한 단어의 의미가 다른 단어의 의미를 포함inclusion하는 관계이다. 곧 지시 범위가 넓은 A가 B의 의미를 포함하면 두 단어 A와 B는 하의관계에 있다. 하의관계에 있는 두 단어 A와 B는 의미상 서로 포함하고 포함되는 관계에 있기 때문에 하의관계를 포함관계라고 부르기도 한다.

하의관계는 어휘장 속에서 그 성격이 분명하게 드러난다. 한 어휘장과 그것의 부분장 속에 있는 단어 사이에서, 상위의 단어는 하위의 단어의 의미를 포섭하고 있으며, 따라서 두 단어는 하의관계에 있게 된다.

(47)

(47)에서 '새'의 어휘장은 '참새, 제비, 매, 까마귀, 독수리' 등의 부분장으로 구성되어 있는데, 이때 '새'와 '참새, 제비, 매, 까마귀, 독수리' 등은 하의관계에 있다. '매'와 '솔개, 황조롱이, 새매' 등의 관계도 마찬가지이다.

흔히 하의관계는 생물학적 분류 기준인 '종'種 species이 유지되는 단어들 사이에서 나타나는데, 생물학적 종의 관계를 보이는 하의관계의 단어들은 상위에 위치한 단어와 그것의 '종류'kind의 관계로 볼 수 있다. 이러한 관계를 보여 주는 단어의 짝으로, '꽃 : 장미', '사과 : 홍옥', '물고기 : 잉어' 등을 들 수 있는데, 이것들의 관계가 곧 하의관계이다.

그런데 하의관계에서 다루는 분류법은 생물학과 같은 과학적 분류법science taxonomy이 아니라 한 언어공동체의 일반 화자들이 가지고 있는 보편적 판단에 의한 민간 분류법folk taxonomy을 따른다. 그렇기 때문에 하의관계의 구성은 언어마다 다르게 나타날 수 있다. 예를 들어서, 감자를 독일어에서는 쌀, 밀, 보리와 같은 곡물류로 분류하고 한국어나 일본어에서는 야채로 분류한다. 수박이나 토마토는 생물학적 분류로는 과일이 아니지만 우리는 이것들을 과일의 하위어로 생각하고 있다. 영어에서 새bird는 동물animal의 하위어라기보다 동위어로 생각하고 있다. 그러나 한국어에서 새는 동물의 하위어이며 동물의 동위어는 식물이다.

3.2. 상의어와 하의어

하의관계에 있는 단어는 계층적 구조 속에 있는데, 계층적으로 위에 있는 단어를 상의어上義語 hypernym 또는 상위어上位語 superordinate라고 하고 아래에 있는 단어를 하의어下義語 hyponym 또는 하위어下位語 subordinate라고 한다. (47)에서 '새'와 '매'의 관계를 보면 '새'는 상의어이고 '매'는 하의어이다. 마찬가지로 '매'는 '황조롱이'의 상의어이고 '황조롱이'는 '매'의 하의어이다. 그리고 같은 층위에 있는 단어들, 예컨대 '새'의 하위어인 '참새, 제비, 매, 까마귀, 독수리' 등은 '새'의 공하의어共下義語 co-hyponym 또는 동위어同位語 coordinate라고 한다. 마찬가지로 '새매, 황조롱이, 솔개' 등도 '매'의 공하의어이다.

상의어는 하의어보다 일반적이고 포괄적인 의미를 갖는 반면에 하의어는 보다 구체적이고 특수한 의미를 갖는다. 하의관계에 있는 다음 (48)의 예를 보면 쉽게 알 수 있다.

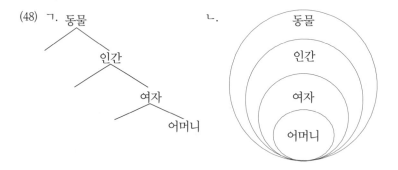

(48)ㄱ)은 계층적 구조를 보여 주는 수형도이고 (48ㄴ)은 이것을 동심원으로 나타낸 것인데, (48ㄴ)에서 볼 수 있는 바와 같이 상의어로 올라갈수록 의미영역이 넓어지고 하의어로 내려갈수록 의미영역이 좁아진다. 그리고 상의어보다 하의어가 더 특수하고 구체적인 의미를 갖는다는 것은 상의어보다 하의어가 더 많은 양의 의미 정보를 가지고 있다는 뜻인데, 이것을 의미성분으로

표시하면 다음 (49)와 같다.

(49) ㄱ. 동 물: [+생물] [+동작성]
     ㄴ. 사 람: [+생물] [+동작성] [+인간]
     ㄷ. 여 자: [+생물] [+동작성] [+인간] [+여성]
     ㄹ. 어머니: [+생물] [+동작성] [+인간] [+여성] [+자식이 있는]

(49)에서 볼 수 있는 바와 같이, 상의어에서 하의어로 내려갈수록 의미성분이 추가된다. 이것은 상의어보다 하의어가 더 많은 의미 정보를 가지고 있음을 뜻한다. 곧 상의어는 의미의 외연이 넓은 반면에 내포가 좁고, 반대로 하의어는 외연이 좁은 반면에 내포가 넓다.

한 단어가 포괄적인 의미를 가진 상의어로도 쓰이고, 보다 구체적인 의미를 가진 하의어로도 쓰이는 경우가 있는데, 영어의 예를 들면 일반적인 사람을 지시하는 'man¹'과 구체적으로 남자를 가리키는 'man²'의 경우이다. '누이'는 본래 손위와 손아래의 여자 형제에 두루 쓰이는 말인데, 아래의 (50)과 같이 근래에는 손위의 '누나'와 구별하여 손아래 여자 형제를 가리키는 데에 주로 쓰인다.

(50)

'man'이나 '누이'는 두 가지 의미를 가진 다의어인데, 두 의미를 별개의 어휘항목으로 보면 두 단어 사이에 하의관계가 성립하며, 이러한 의미관계를 자기 하의관계auto-hyponymy라고 부른다. 자기 하의관계는 한 단어가 일반적인 의미와 구체적인 의미를 동시에 갖는 다의어에서 나타나는 현상이다.

3.3. 하의관계의 특성

하의관계의 특성은 이행성transitivity과 함의entailment의 관점에서 살펴볼 수 있다.

첫째, 하의관계는 이행적 관계이다.[72] 수형도의 계층적 구조 속에서 한 단어와 바로 아래 마디node의 단어는 중간에 다른 단어가 개입하지 않기 때문에 직접 하의관계에 있다고 말한다. 위의 (47)에서, '새'와 '매'는 직접 하의관계에 있으며 '매'와 '솔개'도 직접 하의관계에 있다. 그리고 '새 - 매 - 솔개'와 같이 한 경로에 있는 단어는 하의관계가 그대로 이어지기 때문에 '새'와 '솔개'도 하의관계에 있으며, 이때 이 둘의 하의관계를 간접 하의관계라고 한다. 이와 같이 한 경로에 있는 단어들은 하의관계를 그대로 이어받는 이행적 관계에 있다.

둘째, 하의관계는 일방함의의 관계가 성립한다. 하의관계를 함의의 개념으로 정의하면 다음 (51)과 같다(크루스 1975: 25).

(51) 하의관계
      동일한 통사구조의 문장에서 두 단어의 통사적 위치가 같고, 문장 사이
      에 일방함의의 관계가 성립하면 두 단어는 하의관계에 있다.

(51)의 정의를 실제의 문장을 통해서 확인해 보기로 하자.

(52) ㄱ. 영이가 경호에게 장미를 선물로 주었다.
      ㄴ. 영이가 경호에게 꽃을 선물로 주었다.

(52ㄱ)과 (52ㄴ)은 문장의 구조가 같으며 '장미'와 '꽃'의 통사적 위치 또한 동일하다. 그리고 (52ㄱ)은 (52ㄴ)을 함의하는 데 반하여 (52ㄴ)은 (52ㄱ)을 함의하지 못하는 일방함의 관계에 있다. 따라서 '장미'와 '꽃'은 하의관계에 있다.

(53) ㄱ. 나는 하늘을 높이 나는 매를 보았다.

ㄴ. 나는 하늘을 높이 나는 새를 보았다.

(53ㄱㄴ)은, (53ㄱ)이 참이면 (53ㄴ)도 반드시 참이 되는 함의관계에 있다. 그러나 그 역은 성립하지 않기 때문에 일방함의 관계이다. 함의의 방향은 하의어를 포함한 문장이 상의어를 포함한 문장을 함의하는 방향으로 이루어진다. 곧 내포가 넓은 하의어 문장이 내포가 좁은 상의어 문장을 함의한다.

4. 부분관계

4.1. 부분관계의 규정

부분관계meronymy는 한 단어가 다른 단어의 부분이 되는 관계이다. 예를 들면 '팔'은 '몸'을 구성하고 있는 부분이며, 이때 두 단어는 부분관계에 있다.[73]

부분관계는 'X는 Y의 한 부분이다.'X is a part of Y 또는 'Y는 X를 가지고 있다'Y has X와 같은 문장 틀을 이용하여 관계를 확인할 수 있다.[74] '팔'과 '몸'의 부분관계는 다음 (54)와 같은 문장 틀로 확인해 볼 수 있다.

(54) 팔은 몸의 한 부분이다.

부분과 전체의 관계로 구성된 '코 : 얼굴', '바퀴 : 자동차', '아가미 : 물고기' 등은 부분관계의 예들이다. 그리고 부분관계는 하의관계와 마찬가지로 계층 구조를 이루고 있는데, 다음 (55)는 부분관계의 전형적인 예로서 외부에서 본 인체 곧 '몸'에 대한 부분들을 보이고 있다.

(55)

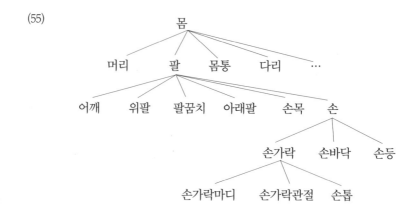

이와 같은 분류법에는 논란의 여지가 있을 수 있는데, 예컨대 '어깨'가 '팔'의 일부인가 아니면 '몸통'의 일부인가 하는 점이다. 그러나 앞서 하의관계에서 언급했던 것과 같이 이러한 분류는 한 언어 속에 스며있는 화자들의 보편적인 판단을 따른다.

부분관계에서 유의할 점은 부분part과 조각piece을 혼동해서는 안 되는 일이다. 오디오를 분해했을 때의 부품 하나하나와, 그것을 땅바닥에 내동댕이쳐서 깨졌을 때의 덩어리 하나하나를 생각해 보자. 전자는 오디오의 부분들이지만 후자는 박살난 오디오의 조각에 불과하다.

4.2. 부분어와 전체어

부분관계에서 부분을 가리키는 단어를 부분어meronym라고 하고, 전체를 가리키는 단어를 전체어holonym라고 한다. 앞의 (55)에서 '머리, 팔, 몸통, 다리'는 '몸'의 부분어이며, 이러한 부분어들에 의해서 이루어진 '몸'은 전체어이다. '어깨, 위팔, 팔꿈치, 아래팔, 손목, 손'과 '팔'도 부분어와 전체어의 관계에 있다. 그런데 '팔'과 같이 어떤 단어에 대해서는 부분어이지만 또 다른 단어에 대해서는 전체어가 되는 것이 있다. 이처럼 계층적으로 중간에 위치한 단어를 중간적 전체어intermediate holonym라고 한다. '나무 : 잎 : 잎맥'은 전체에서 부분으로 이어지는 계층적 구조를 가지고 있는데, '잎'은 '나무'에 대해서는 부분어이고 '잎맥'에 대해서는 전체어의 위치에 있는 중간적 전체어이다.

계층 구조로 볼 때 전체어가 위에 위치하고 부분어가 아래에 위치한다. 그러나 전체어가 부분어의 상위에 있다고 해서 전체어가 더 일반적이고 보편적인 의미를 가졌다고 말할 수 없다. 전체어가 부분어의 상위에 위치하게 된 것은 의미상의 문제가 아니라 외연의 관점에서 볼 때 더 포괄적이기 때문이다.

전체어가 상위에 오고 부분어가 하위에 오는 것이 일반적이지만 그렇다고 이러한 계층 구조가 절대적인 것은 아니다. 부분어가 전체어의 상위에 오는 계층 구조도 있기 때문이다. 예를 들면, '잎'은 '나무', '풀', '꽃' 등의 부분어이지만 오히려 '잎'은 '나무', '풀', '꽃' 등 여러 개체의 전체어에 결속됨으로써 보다 더 포괄적인 속성을 가지고 있다고 할 수 있다.[75]

4.3. 부분관계의 계층 구조 요건

하의관계는 부류 관계로서 한 종류kind인가 아닌가를 따짐으로써 어렵지 않게 그 계층 구조를 설정할 수 있다. 그러나 부분관계는 동일한 단어일지라도 구분의 원리에 따라서 해당하는 부분이 다르게 나타날 수 있기 때문에 계층 구조를 설정할 때 보다 신중해야 한다. 예컨대 '팔'과 '심장'은 다같이 '몸'의 부분임에 틀림없지만, 이들은 구분의 원리가 서로 다르게 적용되어 한 계층 구조 속에 동시에 나타날 수 없다. 이것은 '몸'의 계층 구조를 보여주고 있는 (55)를 통해서도 짐작할 수 있다. 부분관계가 적절한 계층 구조로 조직되기 위해서는 다음과 같은 두 가지 요건이 지켜져야 한다(크루스 1986: 168-9).

첫째, 부분관계는 동일한 일반적 유형의 요소로 구성되어야 한다. 예를 들어서, 계층 구조 내의 어휘항목이 물리적 대응물이면 그 집합 전체의 어휘항목도 동일해야 한다. 예컨대 '몸'은 앞의 (55)와 같이 외부적으로 보이는 대상을 구조화할 수도 있지만, '위, 간, 창자, 콩팥' 등과 같이 다른 구조 속에서 실현되는 대상이 있다. 또한 '신장, 체중, 부피' 등은 '몸'을 이해하는 요소들이지만 '몸'의 부분이 될 수 없다. 곧 부분관계의 계층 구조는 동일한 유형의 어휘항목으로 이루어져야 한다.

둘째, 부분관계는 구분의 원리가 유지되어야 한다. 예를 들어서, '몸'을 구분하면서 '몸 - 팔 - 손 - 손가락 - 손톱'까지 구분한 뒤에 '뼈, 근육, 혈관' 등에까지 확장하면 안 된다. 전체와 부분에 대한 구분 원리가 설정되었으면 오직 그것만 적용되어야 한다. 인간의 신체는 '머리, 팔, 몸통, 다리' 등 분절적 부분 segmental part으로 구분하거나, '뼈, 근육, 신경, 피, 혈관' 등 체계적 부분systemic part으로 구분해야 한다.

4.4. 부분관계의 특성

하의관계의 특성을 이행성과 함의를 통해서 살펴보았는데, 부분관계도 이 두 가지 관점에서 살펴보기로 한다. 그럼으로써 부분관계와 하의관계의 차이점도 함께 생각할 수 있을 것이다.

첫째, 부분관계는 이행적 관계가 임의적이다. 이 점은 하의관계가 항상 이행적인 것과는 상반된다. '손톱'은 '손가락'의 부분이고, '손가락'은 '손'의 부분이다. 따라서 '손톱은 손의 부분이다.'라는 문장의 성립에서 볼 수 있듯이 '손톱'은 '손'의 부분어임을 알 수 있다. 곧 '손톱 → 손가락', '손가락 → 손' 사이의 부분관계가 '손톱 → 손'으로 이행된다. 그러나 부분관계에는 이러한 이행적 관계가 이루어지지 않은 경우가 적지 않다. '유리창'은 '창문'의 부분어이고, '창문'은 '방'의 부분어가 될 수 있다. 그렇다고 해서 '유리창'이 '방'의 부분어라고 말할 수는 없다. 유리창이 없는 방도 있기 때문이다. 따라서 '유리창은 방의 부분이다.' 또는 '방은 유리창을 가지고 있다.'라고 하는 문장 틀이 항상 성립하는 것은 아니다. 예를 하나 더 들면, '구멍'은 '단추'의 부분어이고, '단

추'는 '셔츠'의 부분어이다. 그렇지만 '구멍'이 '셔츠'의 부분어가 되는 데는
문제가 있다. '구멍은 셔츠의 일부이다.'라는 문장을 자연스럽다고 할 수 없을
것이다. 이와 같이 부분관계는 이행적일 수도 있고 비이행적일 수도 있다.

　둘째, 부분관계도 일방함의 관계가 성립한다. 동일한 문장 구조로 되어 있는
다음 (56ㄱ)과 (56ㄴ)의 '뺨'과 '얼굴'은 부분관계에 있다.

　　(56)　ㄱ. 아버지는 아들의 뺨을 어루만졌다.
　　　　　ㄴ. 아버지는 아들의 얼굴을 어루만졌다.

　두 문장을 보면, (56ㄱ)은 (56ㄴ)을 함의하고 (56ㄴ)은 (56ㄱ)을 함의하지
않는 일방함의 관계에 있는 것을 알 수 있다. 이와 같이 일반적으로 부분관계
는 부분어를 포함한 문장(부분어문)이 전체어를 포함한 문장(전체어문)을 일방함
의한다.

　그러나 함의가 반드시 부분어문이 전체어문을 함의하는 방향으로 나타나는
것은 아니다. 다음 (57)은 전체어문인 (57ㄴ)이 부분어문인 (57ㄱ)을 함의한다.

　　(57)　ㄱ. 나는 안경 렌즈를 주문했다.
　　　　　ㄴ. 나는 안경을 주문했다.

　이상에서 살펴본 바와 같이, 부분관계는 부분어문이 전체어문을 함의하는
일방함의 관계가 일반적이지만 그 반대의 방향으로 이루어지기도 한다. 이
점은 항상 하의어문이 상의어문을 함의하는 하의관계와 다른 점이다.

제6장 **국어 어휘의 의미 변이**

1. 의미 변이

언어의 양면인 형식과 의미가 어떻게 결합하는 것이 가장 이상적일까? 하나의 형식에 오직 하나의 의미가 결합되는 것을 생각해 볼 수 있을 것이다. 그러나 그것은 말 그대로 이상에 불과할 뿐이며 인간이 사용하는 언어의 현실은 그렇지 않다.76) 우리는 단어의 형식이 동일한데도 문맥에 따라서 의미를 달리하는 경우를 흔히 접하게 된다.

언어의 형식과 의미의 대응에서, 하나의 형식이 둘 이상의 의미를 갖는 현상을 의미 변이meaning variation라고 한다.77) 의미 변이에는 다음 (1)과 같이 네가지 양상이 있다.

(1) ㄱ. 과일^{1}로 술을 담그기도 하는데 개중에는 그러지 못하는 과일^{2}도 있다.
ㄴ. 이 책^{1}은 낡았지만 많은 영감을 받은 책^{2}이라서 오랫동안 간직하고 있다.
ㄷ. 순례자의 길^{1}을 걸으면서 그들이 거쳤던 인고의 길^{2}을 생각해 본다.
ㄹ. 복잡한 시내^{1}에서 벗어나 고개를 넘으면 맑은 시내^{2}가 굽이쳐 흐른다.

(1ㄱ~ㄹ)의 밑줄 친 단어들은 문맥에서 각각 다른 의미로 쓰이는 문맥적 변이contextual variation를 보여준다. (1ㄱ)의 '과일[1]'은 사과, 배, 감 등 사람이 먹을 수 있는 열매로서의 일반적인 의미의 과일을 가리키고, '과일[2]'는 여러 과일 중에서 특정의 과일을 가리키는데, '과일'은 문맥에서만 해석을 달리하는 단의어單義語 monosemic word이다. (1ㄴ)의 '책[1]'은 사물의 [형태]를 가리키고, '책[2]'는 그것에 담겨있는 [내용]을 가리키는 다면어多面語 multi-facet word이다. (1ㄷ)의 '길[1]'은 사람이나 차가 다닐 수 있는 '도로'를 의미하고, '길[2]'는 시간의 흐름에 따라 전개되는 '과정'을 의미하는 다의어多義語 polysemous word이다. (1ㄹ)의 '시내[1]'은 도시의 안쪽을 의미하고, '시내[2]'는 물이 흐르는 작은 내를 의미하는 동음이의어同音異義語 homonymous word이다.

단의어는 하나의 형태가 하나의 의미로 결합된 단어인데, 여기서 말하는 '하나의 의미'는 단어의 의미가 명세화되지 않아서 여러 문맥에서 널리 쓰일 수 있을 만큼 일반적임을 뜻한다. (1ㄱ)의 '과일'은 '사과, 배, 감, 포도, 바나나' 등을 두루 가리키며 그런 만큼 의미에서 구체성이 부족하고 모호하다. 다면어는 몇 개의 의미면意味面 facet으로 구성된 단어인데, '책'은 물리적인 [형태]와 추상적인 [내용]이라는 두 개의 의미면으로 구성되어 있다. (1ㄴ)의 문맥에서 '책[1]'은 [형태]의 측면이 부각되고, '책[2]'는 [내용]의 측면이 부각되었다. '책을 보았다'와 같은 문장에서의 '책'은 맥락에 따라 [형태]가 부각되기도 하고, [내용]이 부각되기도 하고, [형태]와 [내용]이 모두 부각되기도 하기 때문에 중의적이다. 다의어는 하나의 단어에 둘 이상의 의미가 결합된 것으로, (1ㄷ)의 '길[1]'은 중심의미이고 '길[2]'는 중심의미에서 확장된 의미이다. 문맥에서의 변이 양상을 보면, 다면어는 의미면이 부각됨으로써 발생하는 의미 변이이고, 다의어는 독립적인 개별 의미가 문맥에서 달리 실현됨으로써 발생하는 의미 변이이다. 동음이의어는 형태가 동일한 두 단어가 각각 다른 의미로 쓰이는 것으로 다의어의 의미 변이와는 현저한 차이가 있다. (1ㄹ)의 '시내[1]'와 '시내[2]'는 동음이의어로서 형태는 같지만 전혀 다른 의미로 독자적으로 쓰이고 있다. 다의어와 동음이의어는 중의적으로 쓰인다는 점에서 동일하지만 구체적인 의미 변이에서는 양상을 달리한다. 그것은 다의어의 두 의미가 상호관련성이 있는데 반하여 동음이의어의 두 의미는 의미상 전혀 관련이 없다는 점이다.[78]

단어의 문맥적 변이를 설명하고 구별하는 데에 모호성vagueness과 중의성ambiguity이 유용하게 활용된다. 위에서 언급했듯이 단어는 의미가 모호한데 반하여 다면어, 다의어, 동음이의어는 중의적이다.[79] 그러나 이것이 의미 변이의 여러 양상을 구별하는 절대적인 기준이 될 수 없을 뿐만 아니라 그것들의 경계 자체가 분명하지 않다.

전통적으로 의미 변이에 대한 관심은 단의어를 출발점으로 하여 다의어와 동음이의어에 집중되었다. 그런데 새로운 개념으로 다면어가 등장하면서[80] 의미변이의 양상은 '단의어-다면어-다의어-동음이의어'로 이어지는, 경계가 흐릿한 불연속체로 다변화되었다. 이제 이들에 대해서 고찰하되, 단의어와 다면어는 기본적인 개념과 특성에 대해서만 간단하게 살펴보고, 주요 관심 대상인 다의어와 동음이의어에 더 많은 지면을 할애하기로 한다.

2. 단의어와 다면어

2.1. 단의어

하나의 형태가 하나의 의미로 결합된 단어를 단의어라고 한다. 단의어의 형태와 의미 사이의 관계는 다음 (2)와 같다.

(2) N ↔ S

'노을'은 '해가 뜨거나 질 무렵에, 하늘이 햇빛에 물들어 벌겋게 보이는 현상'을 의미한다. '노을'은 이 의미 이외의 다른 의미가 없는 단의어이다.

(3) <u>노을</u>은 연한 황톳빛에서 짙은 자줏빛으로 변하며 하늘을 불태웠다.

(3)에는 두 가지의 다른 '노을'이 있는데, 하나는 '연한 황톳빛'의 '노을[1]'이고 다른 하나는 '짙은 자줏빛'의 '노을[2]'이다. 그러나 그것들은 한 의미의 '노을'이며 다만 문맥적 변이에 따라 다른 해석이 있을 따름이다. 이처럼 단의어에서 말하는 '하나의 의미'는 의미가 포괄적이고 일반적이며, 그렇기 때문에 단의어는 의미가 모호하다는 특성을 갖는다. '아이'는 '나이가 어린 사람'을 뜻하는데, 어느 나이까지를 어리다고 하는지, 이때의 아이의 성별은 남자인지 여자인지에 대한 의미 정보가 없다. 이처럼 단의어는 의미가 구체화되어 있지 않으며 구체성이 없는 만큼 의미가 모호하다.

대부분의 단어가 처음에는 하나의 의미 곧 단의어로 출발하지만 문맥적 변이에 따라 차츰 새로운 의미가 나타나게 된다. 새로운 의미는 일시적이거나 임시적인 것으로 잠시 나타났다가 없어지기도 하고 관용화하여 독립된 의미로 자리매김할 수도 있다. 앞의 '아이'도 본래 단의어인데 '우리 <u>아이</u>가 나이가 서른이 넘었지만 아직 부족한 점이 많습니다.'에서처럼 남에게 자기 자식을 낮추어 말하는 자리에 관습적으로 쓰이고, 그 의미가 자립성을 얻었다고 판단되면 '아이'는 다의어로 진입하게 된다. '뱃속에 <u>아이</u>가 들어섰다.'에서는 아직 태어나지 않은 대상을 지시하는데 이것도 독립된 의미로 진행할 수 있다. 실제로 사전에 따라 '아이'를 단의어로 처리하기도 하고 다의어로 처리하기도 하는데 이러한 변이 양상은 아주 흔한 일이다. 이럴 때 자연스럽게 등장하는 문제가 단의어의 개념을 보다 명확하게 정의하는 것과 함께 단의어와 다면어, 단의어와 다의어의 경계를 설정하는 일이다.

2.2. 다면어

2.2.1. 다면어의 규정

한 단어의 의미가 둘 이상의 의미면facet으로 구성된 단어를 다면어라고 한다. 다면어의 명칭(N)과 의미면(F)의 관계는 다음 (4)와 같다.

(4)

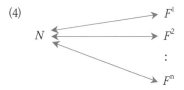

이와 같이 다면어는 한 단어가 둘 이상의 의미면으로 구성되어 있다. 의미면에 대한 이해를 위해서 다면어의 전형적 보기인 '책'을 다시 예로 든다. 일반 화자들이 '책'이라는 단어를 접하면 '글이나 그림이 있는, 종이로 만든 물건' 정도의 의미를 떠올릴 것이다. 그런데 다음 (5ㄱㄴ)과 같은 구체적인 문맥에서는 '책'을 구별해서 인식하게 된다.

(5) ㄱ. 책이 매우 두껍다.
　　 ㄴ. 책이 아주 재미있다.

(5ㄱ)은 책의 겉모습 즉 [형태]가 부각되고, (2ㄴ)은 그 안에 담긴 [내용]이 부각된다. 이처럼 의미면은 단어의 의미구조 속에 공존하지만 구체적인 맥락에서 각각 독립적으로 지각된다. 그러나 의미면은 독립적으로 지각되지만 개념적으로는 하나의 통일체를 이룬다.[81]

다음 (6)의 '은행'은 (7ㄱ~ㄷ)과 같이 세 가지 의미로 해석될 수 있다.

(6) 나는 <u>은행</u>에 들어갔다.

(7) ㄱ. 나는 (예금을 하러) 은행에 들어갔다.
　　ㄴ. 나는 (비를 피하려고) 은행에 들어갔다.
　　ㄷ. 나는 (계약직으로) 은행에 들어갔다.

(최경봉 2015: 265의 예문)

이와 같이 세 가지 해석이 가능한 것은 '은행'이 [기관], [건물], [구성원] 등의 의미면을 안고 있는 다면어이기 때문이다. 다음 (8ㄱ~ㄹ)은 '대한민국'의 다면성을 예로 들었다.

(8) ㄱ. 선조들은 <u>대한민국</u>의 독립을 온 세상에 알렸다. [국가]
　　ㄴ. <u>대한민국</u>은 통일 정책을 수립하고 이를 추진한다. [정부]
　　ㄷ. <u>대한민국</u>은 삼면이 바다로 둘러싸인 반도이다. [영토]
　　ㄹ. 외환위기에 처하자 <u>대한민국</u>이 금모으기에 나섰다. [국민]

'책'은 두 가지 의미면으로, '은행'은 세 가지 의미면으로, '대한민국'은 네 가지 의미면으로 이루어진 다면어이다. 이와 같이 다면어는 둘 이상 여러 개의 의미면으로 이루어질 수 있다.

'책'처럼 일정한 형상을 갖춘 다면어는 일반적으로 물리적인 [형태]와 추상적인 [내용]의 두 가지 의미면으로 이루어지는데, '논문, 신문, 잡지, 편지, 영화' 등도 이러한 유형의 다면어이다. '노래, 강의, 연설' 등도 청각적 형상의 [음성]과 그 속에 담긴 [내용]의 두 의미면으로 구성되어 있다.

(9) 김 박사의 <u>강연</u>은 알아듣기가 어려웠다.

(10) ㄱ. 김 박사의 <u>강연</u>은 (목소리가 작아서) 알아듣기가 어려웠다. [음성]
　　 ㄴ. 김 박사의 <u>강연</u>은 (내용이 난해해서) 알아듣기가 어려웠다. [내용]

(9)가 (10ㄱㄴ)처럼 두 가지 해석이 가능한 것은 '강연'이 [음성]과 [내용]의
두 의미면을 가진 다면어이기 때문이다.

'은행'처럼 '기관'을 지시하는 다면어는 일반적으로 [기관], [건물], [구성원]
의 세 가지 의미면을 갖는다. 이러한 유형의 다면어에는 '학교, 교회, 병원,
회사' 등이 있다. 그러나 의미면은 여러 가지 관점에서 바라볼 수 있기 때문에
위에서 언급한 전형적인 의미면 이외의 다른 의미면이 부각될 수 있다.

   (11) ㄱ. 그 <u>은행</u>은 오후 4시에 문을 닫는다. [업무]
          ㄴ. 현지 교민들은 <u>대한민국</u>을 연호하면서 열광했다. [국호]

(11ㄱ)의 '은행'은 (7ㄱ~ㄷ)의 전형적인 의미면이 아닌 [업무]의 의미 국면이
부각되었고, (11ㄴ)의 '대한민국'도 (8ㄱ~ㄹ)의 의미면이 아닌 [국호]의 의미
국면이 부각되었다. 뿐만 아니라 전형적인 의미면이 취소되는 경우도 있는데,
특히 '기관'을 지시하는 다면어는 [건물]의 의미면이 필수적이지 않는 경우도
있다. 예를 들면 '카카오뱅크'와 같은 인터넷 은행은 [건물]의 의미 국면이
없는 '은행'인데, 이처럼 인터넷상에 존재하는 '회사, 학교, 기구' 등과 같은
기관은 [건물]이 필수적인 의미 국면이라고 할 수 없다.

의미면의 개념이 등장하기 이전의 다면어는 전통적으로 단의어로 간주되었
다. 국어사전에서 '책'의 뜻풀이를 보면, '글, 그림 따위를 인쇄한 종이를 여러
장 겹쳐 묶은 것'<연세한국어사전>처럼 [형식] 위주로 기술하거나, '어떤 생각이나
사실을 글이나 그림 따위로 나타낸 종이를 겹쳐서 한데 꿰맨 물건'<고려대한국어
사전>처럼 [형식]과 [내용]을 함께 기술하면서 대부분의 사전이 단의어로 처리
하고 있다. '은행'도 마찬가지인데, '문제 은행, 골수 은행' 등의 예와 같은 파생
된 의미를 실어서 다의어로 처리하는 사전도 있지만 규범적인 '은행'의 의미
자체는 단의어로 처리하고 있다. 그러나 생성어휘부 이론에서는 이런 유형의
단어를 다의 현상으로 설명한다.82) 이것은 단의성과 다면성, 다면성과 다의성

의 구분이 명료하지 않음을 말해주고 있는데, 특히 단의어와 다의어 사이의 불연속적 경계에 놓인 다면어의 개념과 범위를 보다 정치하게 규정할 필요가 있다.

2.2.2. 의미면의 의미 특성

의미면이 가지고 있는 의미 특성을 독립성과 원근법으로 구별하여 살펴본 다(크루스 2000: 114-9).

첫째, 의미면은 한 단어의 의미 속성으로서 상호의존적으로 공존하지만 각각의 의미면은 독자적으로 독립성을 갖는다. 의미면의 독립성을 보여주는 특성 몇 가지를 살펴보자.

(12) 이 책을 어떻게 생각하세요?

(13) ㄱ. 이 책은 장정이 아주 화려합니다.
    ㄴ. 이 책은 알맹이 없는 수사로 채워졌습니다.
    ㄷ. 이 책은 장정이 아주 화려하지만 알맹이 없는 수사로 채워졌습니다.

'책'은 [형태]와 [내용]의 의미면으로 구성되었지만, (13ㄱ)에서의 책은 [형태]를 지시할 때 정상적이고, (13ㄴ)은 [내용]을 지시할 때 정상적이다. 이처럼 문맥에 따라 의미면이 분별되는 것은 그것들이 각각 독자적 용법이 있음을 말하는 것이다. 앞의 두 문장을 등위 접속한 (13ㄷ)이 액어법 없이 양립할 수 있는 것도 의미면의 독립성을 보여주는 예이다.

의미면의 독립성은 다음과 같은 대용 표현에서도 확인할 수 있다. 다음 (14)는 '그러하다' 대용 표현이 쓰인 예문이다.

(14) 민수가 이 책이 잘 만들어졌다고 하니까 지우도 그렇다고 말했다.

민수가 '책'의 [형태]에 대해서 말하고 있다면 지우도 [형태]에 대해서 말하고, 민수가 '책'의 [내용]에 대해서 말하고 있다면 지우도 [내용]에 대해서 말한다. 대용 표현에서의 동일성 제약이 지켜지고 있는데, 이것도 의미면의 독립성을 증명한다.

그리고 의미면은 각각 독자적인 의미관계를 갖는다. 다음 (15)와 (16)은 '책'의 하의어와 부분어이다.

(15) '책'의 하의어
ㄱ. 경표지본, 연표지본, 헝겊본, 보드북, 포켓북 … [형태]
ㄴ. 시, 소설, 전기, 사전, 연설, 논문 …   [내용]

(16) '책'의 부분어
ㄱ. 표지, 날개, 등, 쪽 …   [형태]
ㄴ. 편, 장, 절, 문단, 문장 … [내용]

(15ㄱㄴ)은 '책'과 하의관계에 있지만 (15ㄱ)은 [형태]의 측면으로, (15ㄴ)은 [내용]의 측면으로 상호 구별된다. (16ㄱㄴ)은 '책'과 부분관계에 있는데, 마찬가지로 (16ㄱ)은 [형태], (16ㄴ)은 [내용]으로 구별된다. 이와 같이 의미면은 하의관계와 부분관계에서도 독자적인 의미 체계를 가지고 있다. 또한 '소설'은 '연표지본'이고 '전기'는 '경표지본'이라는 식의 [내용]과 [형태] 사이에 일대일 대응이 없기 때문에 '경표지본'의 '소설'과 '연표지본'의 '전기'도 가능하다.

둘째, 의미면은 개념적으로 하나의 통일체이지만 그것을 우리는 여러 관점에서 바라보게 된다. 어떤 사물을 앞, 뒤, 옆, 위에서 보는 것처럼 의미면을 다양한 시각에서 보는 것으로 이것을 원근법perspective이라고 한다. '민호가 책을 시작했다.'는 '책'의 [내용]이 부각되어 '책을 읽기 시작했다.' 또는 '책을 쓰기 시작했다.'의 중의적 해석이 가능하다. 그러나 [내용]의 의미면만으로 중의성이나 문맥에서의 다른 의미를 충분히 설명했다고 말할 수 없다. 책이 어떤

목적으로, 어떻게 쓰였으며, 내용의 양이 얼마나 되는가? 등등 여러 관점에서
의미면이 부각될 수 있다. 원근법을 네 가지 관점으로 나누어 간단히 설명한
다.83)

> (가) 부분으로 구성된 전체로 보기
>   전문성을 갖춘 수의사는 '말'의 몸과 그 부분의 기능에 주로 관심을
>   갖는다. 자동차 정비공이 부분을 통해서 자동차 전체를 보는 것과도
>   같다. 곧 어떤 사물을 부분으로 구성된 전체로 바라보는 관점이다.
> (나) 다른 종과 대조해서 특정한 종으로 보기
>   동물분류학자는 '말'을 볼 때, 사슴, 얼룩말 등 다른 종kind들과 어떻게
>   다른가에 관심을 갖는다. 사물의 크기, 형태, 색깔 등의 형태를 다른
>   종들과 대조해서 바라보는 관점이다.
> (다) 어떤 기능을 가지고 있는 것으로 보기
>   기수나 조련사는 '말'을 경주마로서의 목적이나 기능에 주로 관심을
>   갖는다. '이 말은 상태가 좋다.'라고 했을 때, 수의사는 건강 상태를 말하
>   고 기수나 조련사는 경주마로서의 능력을 말한다. 곧 사물을 어떤 목적
>   이나 기능을 가지고 있는 것으로 바라보는 관점이다.
> (라) 근원의 관점에서 보기
>   어떤 사물을 볼 때 그것이 존재하게 된 근원이나 방식에 관심을 둘
>   수 있다. '말'과 같은 생명체는 그것의 생명 주기, 수태, 출산 등이 포함
>   된다. '시'에 대해서, 그 시의 창작 동기, 수정 과정, 시인의 견해 등이
>   포함될 수 있다. 곧 어떤 사물의 근원이나 변화 과정과 같은 존재 양식
>   으로 바라보는 관점이다.

앞에서 살펴본 예문을 원근법의 관점에서 다시 분석해 보자.

(17) 민호가 책을 시작했다.

(18) ㄱ. 민호가 책을 (읽기) 시작했다.

ㄴ. 민호가 책을 (쓰기) 시작했다.

(17)은 [내용]의 의미면만 부각되는데도 해석은 (18ㄱㄴ)과 같이 중의적이다. 그런데 (18ㄱ)은 책의 목적이 읽기 위한 것이기 때문에 '어떤 기능을 가지고 있는 것으로 보기' 즉 기능적 원근법을 취한다. (18ㄴ)은 책의 작업을 말하는 것으로 '근원의 관점에서 보기' 즉 생명 주기 원근법을 취한다. 이처럼 원근법의 관점에서 다면어의 의미 특성을 보다 깊이 있게 분석할 수 있다.

2.2.3. 의미의 문맥적 조정과 선택

문맥 안에서의 단어는 문맥과의 상호작용을 통해서 여러 의미로 해석될 수 있다. 이 점은 앞의 단의어나 다면어뿐만 아니라 이후에 살펴볼 다의어와 동음이의어에도 적용된다. 이 때 문맥이 단어에 미치는 효과에는 두 가지 유형이 있다. 첫째, 하나의 단어가 여러 문맥에서 다른 의미로 쓰일 수 있는데, 이것은 문맥에 따라 단어의 어떤 의미특성은 강조되고 다른 의미특성은 억제되기 때문이다. 이러한 현상을 의미의 문맥적 조정contextual modulation이라고 한다. 둘째, 중의적인 단어가 여러 문맥에서 다른 의미로 쓰일 수 있는데, 이것은 문맥이 단어의 두 의미 가운데 하나를 활성화할 수 있기 때문이다. 이러한 현상을 의미의 문맥적 선택contextual selection이라고 한다. 이처럼 문맥 내에서의 단어는 문맥에 의해서 의미가 '조정'되거나 '선택'되는 과정을 거치게 된다.

(19) ㄱ. 나의 <u>사촌</u>은 두 아이의 엄마이다.
ㄴ. 아이들이 빙글빙글 돌면서 <u>원</u>을 만들었다.

'사촌'이라는 단어는 의미가 명세화되지 않아서 '성인 / 미성인, 남자 / 여자' 등에 대한 정보를 제공할 수 없다. 그러나 (19ㄱ)의 '사촌'은 문맥 내에서

'두 아이의 엄마'라는 의미정보가 강조되어 그가 '성인 여자'임을 알 수 있다. (19ㄴ)의 '원'은 기하학적으로 정밀한 원이 아니라 느슨한 형태의 원일 것이라고 충분히 짐작할 수 있다. 이처럼 단어는 문맥에 맞게 의미구조를 조정한다.84)

> (20) ㄱ. 이 <u>식당</u>은 한 달 전에 문을 열었다.
> ㄴ. 이 <u>식당</u>은 맛이 좋다.

(20ㄱ)의 '식당'은 '문을 열다'와 결합하여 [건물]의 의미면이 부각되고, (20ㄴ)의 '식당'은 '맛이 좋다'와 결합하여 [음식]의 의미면이 부각되었다. 곧 다면어인 '식당'이 문맥 내의 작용에 의해서 어떤 의미 측면이 부각되거나 억제되면서 문맥에 맞게 의미구조가 조정되었다.

문맥적 선택은 중의적인 문맥에서 의미상 충돌을 일으키는 해석은 배제하고 남은 하나의 의미만을 선택하는 과정이다.

> (21) 젊은 시절 그 선생님은 <u>호랑이</u>였다.

> (22) 컴퓨터가 파일을 <u>읽지</u> 못한다.

'호랑이'는 일차적 의미인 맹수 '호랑이'와 확장된 의미인 '무서운 사람'의 중의적 해석이 가능하지만 (21)에서는 문맥에 맞지 않은 일차적 해석은 배제하고 비유 표현인 '무서운 사람'을 선택하게 된다. '읽다'는 다의어로서 문맥에 따라 '소리 내어 말로써 나타내다', '뜻을 알아차리다', '특징을 이해하다' 등 여러 가지 해석이 있을 수 있지만, (22)의 문맥에서는 이러한 해석은 모두 배제되고 '전산기의 주기억 장치나 처리 장치로 옮기다'는 의미로 해석된다. 곧 문맥에 맞게 하나의 해석을 선택한 것이다.

의미의 문맥적 조정과 선택 가운데서 우리가 더 관심을 갖는 것은 선택이다.

조정은 단어의 의미구조 속의 한 속성을 강조하거나 억제하는 것이기 때문에 단어의 의미구조에는 변화가 없지만, 선택은 단어의 의미가 확장됨으로써 단어의 의미구조의 부분 또는 전체에 변화가 일어나기 때문이다. (21)의 '호랑이'와 (22)의 '읽다'도 은유 또는 환유와 같은 의미 확장의 기제를 통해서 단어의 의미구조에 변화를 가져왔다.

3. 다의어

3.1. 다의어의 규정

3.1.1. 다의어의 정의

새로운 사물이나 현상, 사고 등이 생겨나면 그것을 지시할 새로운 명칭이 필요하다. 새로운 명칭의 필요성으로 새말을 생성하거나 외래어를 차용하기도 하지만 그 때마다 새말과 외래어를 만들면 우리가 기억해야 할 어휘는 그 수효가 셀 수 없이 늘어나게 될 것이다. 그렇기 때문에 새로운 명칭이 필요할 때 우리는 이미 사용하고 있는 단어를 활용하는 방법을 취하게 된다. 현재 사용하고 있는 단어가 의미의 영역을 넓혀서 새로운 개념을 수용하는 것이다. 이와 같이 기존의 단어가 의미를 확장하는 것은 언어의 특성 가운데 하나로서 이러한 언어적 현상을 다의성多義性 polysemy이라 한다. 그리고 그 결과로 둘 이상의 의미를 가진 단어를 다의어라고 부른다. 곧 다의어는 하나의 단어가 둘 이상의 의미를 가지고 있는 단어이다. 그리고 이러한 방법의 다의어는 인간이 수용할 수 있는 적정한 어휘수로서 가능한 대로 많은 개념을 표현하려고 하는 언어의 경제성 원리에도 부합한다. 다의어의 명칭(N)과 의미(S) 관계를 그림으로 보이면 다음 (23)과 같다.

(23)

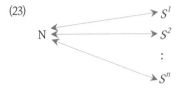

다의어는 (23)과 같이 하나의 단어 N이 S^1, S^2, $\cdots S^n$처럼 둘 이상의 여러 의미를 가지고 있으며, 명칭 N에 대응하는 개별 의미 S^1, S^2, $\cdots S^n$은 서로 다의관계에 있다.

3.1.2. 다의관계의 성립

다의어로서의 한 단어가 가지고 있는 의미들, 곧 다의관계에 있는 S^1, S^2, $\cdots S^n$ 사이에는 '관련성'relatedness이 있어야 한다. 관련성이 인정되지 않으면 그것은 다의어가 될 수 없다. 여기서 말하는 관련성은 다의어의 성립 기준과 직접 관계되는 것으로, 화자의 직관과 그 단어가 가지고 있는 역사적 과정에 대한 지식까지를 포함한다(사이드 2016: 61). 다음 (24)는 동사 '켜다'의 의미를 사전에서 옮긴 것인데, 그 의미들이 서로 관련성이 있기 때문에 '켜다'는 다의 어로 간주된다.

> (24) 켜다[1]: ① (성냥 따위로) 불을 밝히거나 일어나게 하다. ¶ 라이터를 켜다.
> ② (기구나 장치를 이용하여) 환하게 밝히다. ¶ 전등을 켜다. ③
> (전기 제품을) 작동하게 하다. ¶ 텔레비전을 켜다.

'켜다'에는 (24) 이외에도 다음 (25)와 같이 전혀 다른 의미의 '켜다'가 있다.

> (25) 켜다[2]: ① (나무 따위를) 세로로 톱질하여 쪼개다. ¶ 흥부가 박을 켜다.
> ② 현악기의 줄을 활로 문질러 소리를 내다. ¶ 바이올린을 켜다.

③ 누에 고추에서 실을 뽑다. ¶ 누에 고추를 켜다.

켜다³: ① (물이나 술 따위를) 단숨에 들이마시다. ¶ 막걸리 한 사발을
쭉 켜다. ② 갈증이 나서 물을 자꾸 마시다. ¶ 짜게 먹어서 물을
많이 켜다.

켜다⁴: (기지개의 몸짓을 하며) 팔과 다리를 쭉 뻗으며 몸을 펴다. ¶
기지개를 켜다.

(25)의 '켜다², 켜다³, 켜다⁴'도 제시된 어휘항목들이 서로 관련이 있는 의미
들로 묶여 있음을 알 수 있다. 결국 '켜다'는 (24), (25)와 같은 네 개의 다른
어휘항목으로 구별되는데, 이것들은 의미가 서로 관련이 없는 것으로 판정되
기 때문에 사전에서 별개의 어휘목록으로 다루었다.[85]

3.1.3. 중심의미와 주변의미

다의어가 가지고 있는 의미 가운데서 가장 기본적이고 핵심적인 의미를
중심의미라고 한다. 그리고 중심의미가 문맥이나 상황에 따라서 그 범위가
확장되어 다른 의미를 갖게 되는데 이러한 의미를 주변의미라고 한다. 예를
들면, '손'手은 '손을 깨끗이 씻다, 손바닥, 손가락'에서처럼 인체의 한 부분을
가리키는데 이것이 '손'의 중심의미이다. 그러나 이 단어는 '손이 모자라다'(노
동력), '그 사람과 손을 끊다'(관계), '손이 거친 아이'(손버릇), '손이 크다'(씀씀이),
'손을 써 놓았다'(수단) 등 여러 문맥에서 확장된 의미로 쓰이는데 이러한 의미
가 주변의미이다. 다음 (26)은 '죽다'가 가지고 있는 여러 가지 의미이다.

(26) ㄱ. 그 사람은 병으로 앓다가 죽었다. (생명이 끊어지다)
ㄴ. 채찍을 잘못하니 팽이가 죽었다. (멈추다)
ㄷ. 애써 피운 모닥불이 다 죽었다. (꺼지다)
ㄹ. 날씨가 추운지 입술이 새파랗게 죽어 있다. (거무스름하게 되다)

ㅁ. 중앙에 세력을 뻗히려던 대마가 결국 죽었다. (잡히다)

ㅂ. 시계가 죽는 바람에 늦잠을 잤다. (기능이 소멸하다)

ㅅ. 옷의 풀기가 죽었다. (사라지다)

ㅇ. 입사 시험에 실패하고 기가 죽었다. (꺾이다)

ㅈ. 옷의 색깔이 죽었다. (빛이 우중충하다)

ㅊ. 젊은 시절과 달리 성질이 많이 죽었다. (무디어지다)

ㅋ. 그 글은 이젠 죽은 글이 되었다. (쓸모없다)

ㅌ. 그날의 기억은 이미 죽은 지 오래되었다. (잊히다)

(26ㄱ)이 '죽다'의 중심의미이고, (26ㄴ~ㅌ)은 주변의미로 쓰인 것이다. '죽다'의 중심의미는 생명체의 생명이 끊어지는 것인데, 주변의미는 생명체가 아닌 사물 또는 사물의 상태가 본 모습을 잃거나 기능이 사라진 것에 전이되어 쓰였다. 이처럼 다의어는 중심의미와 그것으로부터 확장된 주변의미로 이루어진다. 중심의미는 기본의미, 원형의미라고도 하고, 주변의미는 파생의미, 확장의미라고도 한다.

3.2. 다의어의 생성 원인

다의성은 자연언어의 특성 가운데 하나로서, 다의어가 생겨나는 원인을 다음과 같이 여섯 가지 요인을 통해서 살펴볼 수 있다.

3.2.1. 적용의 전이

단어가 중심의미에서 벗어나 특정 문맥에서만 짐작할 수 있는 의미로 쓰이는 것을 적용의 전이shifts in application라고 한다. 그 의미는 일시적 또는 임시적으로 쓰이다가 곧 사라지지만 어떤 것은 독립된 의미로 인정되어 자리 잡게 된다. 이와 같은 적용의 전이에 의해서 기존 단어의 의미가 확장된다. 형용사

'거칠다'를 통해서 적용의 전이 양상을 살펴보자. '거칠다'는 본래의 의미가 '머리를 <u>거칠게</u> 깎았다.'에서처럼 '곱게 다듬어져 있지 않은 상태'를 의미하는데, 다음 (27)에서 보듯이 여러 문맥에 전이되면서 한 단어의 다른 의미로 쓰이게 되었다.

> (27) 거칠다: ① 피부가 거칠다. ② 밀가루가 거칠다. ③ 말투가 거칠다. ④ 숨소리가 거칠다. ⑤ 운전이 거칠다. ⑥ 성격이 거칠다. ⑦ 날씨가 거칠다. ⑧ 문장이 거칠다.

동사 '꼬드기다'는 본래 연놀이를 할 때 연이 하늘 높이 오르도록 연줄을 부추기는 행위에 쓰였는데, 지금은 남을 꾀어서 어떤 일을 하도록 부추기는 행위를 의미한다. 비위를 맞추어 부추기는 행위가 연에서 사람으로 전이되면서 새로운 의미를 갖게 되었는데, 지금은 본래의 의미는 거의 잊히고 적용의 전이로 생겨난 새로운 의미만 남은 셈이다. 대부분의 단어가 적용의 전이에 의해서 다의어가 되었다고 말할 수 있을 정도로 그 예는 무수하다.

3.2.2. 사회 환경의 특수화

일반 사회에서 널리 쓰이는 단어가 특정한 사회 환경에서 특수한 의미를 가질 수 있다. '작업'은 일반 사회에서 폭넓게 쓰이는 단어인데 경제계에서는 '자금의 투자 또는 회수'를 뜻하고, 축산업에서는 '도축'을 뜻하며, 젊은이들 사이에서는 '이성을 꾀는 일'을 가리키기도 한다. 이와 같이 어떤 단어가 사회 환경에 따라 전문화된 의미를 가질 수 있는데, 이것을 사회 환경의 특수화 specialization in a social milieu라고 한다. 풀이나 나무의 원 줄기에서 갈라져 뻗은 줄기를 말하는 '가지'枝가 언어학에서 '접사'affix를 뜻하는 것도 사회 환경의 특수화의 한 예이다. 사회가 전문화될수록 그 영역에서 사용하는 특수한 의미

를 일반적인 단어로 나타내는 일이 늘게 되는데, 그 결과로 다의어가 생겨나게
된다. 사회 환경 속에서 의미가 특수화된 경우는 아주 많은데, 다음 (28)은
그 가운데서 몇 개를 예로 든 것이다.

> (28) ㄱ. 재생: 되살아 남 → (생물학)상실된 생물체가 다시 자라나는 현상.
> (심리학)저절로 기억이 되살아 남<'기억 실험법'의 중요한
> 방법>. (방송)녹음한 소리를 다시 들려주거나 녹화한 화면을
> 다시 보여줌. (종교)신앙을 가져 새로운 생활을 시작함
> ㄴ. 노년기: 인생의 마지막 시기 → (지리)지형의 침식 윤회의 최종 시기
> ㄷ. 집: 가옥 → (바둑)같은 돌로 둘러싸인 공간
> ㄹ. 개화: 사상과 풍속의 진보 → (역사)갑오경장 이후의 근대화
> ㅁ. 해방: 억압이나 속박에서 벗어남 → (정치)8·15 해방

이밖에도 '감정鑑定(법률), 거리距離(수학), 관념觀念(철학·심리학), 단식斷食(종교),
존재存在(철학), 파동波動(사회, 물리), 혀舌(음악), 죄罪(법률, 종교)' 등의 단어를 통해서
특수 환경에서 만들어진 의미를 찾아볼 수 있다.

3.2.3. 비유적 언어

하나의 단어는 원래의 의미를 지닌 채 하나 이상의 비유적 의미를 가질
수 있는데, 이 두 의미 사이에 혼란이 없으면 두 의미는 한 단어의 다의로서
공존한다. 비유적 언어의 보기로 유사성에 바탕을 둔 은유와 인접성에 바탕을
둔 환유를 들 수 있다. 신체어 '입'은 그 곳을 통하여 사물이 드나드는 기능의
유사성으로 '출입구'라고 하는 비유적 의미를 갖고, 왕비가 거처하는 처소인
'내전'內殿은 공간의 인접성에 의해서 '왕비'라고 하는 비유적 의미를 갖는다.
은유와 환유는 의미 확장의 실질적인 기제이다. 그렇기 때문에 다의어 생성의
대부분이 은유 또는 환유의 결과라고 할 수 있다.

3.2.4. 단어의미의 체계성

단어 의미는 일정한 관련성 속에서 다른 의미를 체계적으로 나타낼 수 있다. 풀이름인 '백합'이 그 풀에 핀 꽃을 의미하기도 하고, 과일 이름인 '사과'가 나무 이름으로도 쓰인다. '고등어'가 생선명이면서 먹을 수 있는 음식을 가리키기도 한다. 이와 같이 단어의미는 일정한 체계 속에서 관련성 있는 다른 의미를 나타내기도 한다.

(29) ㄱ. <u>장미</u>를 심었다 / <u>장미</u>를 선물했다. (나무-꽃)
　　ㄴ. <u>갈치</u>를 잡았다 / <u>갈치</u>가 맛있다. (생선-음식)
　　ㄷ. <u>닭</u>을 키운다 / <u>닭</u>이 좀 질기다. (가축-음식)

이러한 부류의 다의어는 (29ㄱ~ㄷ)과 같이 주로 명사 특히 생명체를 지시하는 어휘이며, 의미의 확장은 인접성을 바탕으로 한 환유를 통해서 이루어진다. 은유가 서로 다른 개념 간의 유사성을 바탕으로 하는데 반해 환유는 서로 인접한 개념들 간의 관계이기 때문에 규칙적이고 어느 정도 예측 가능한 의미이다.[86]

3.2.5. 동음이의어의 재해석

어원적으로 별개의 단어이던 것이 오랜 세월이 지나면서 음성이나 철자의 변화로 동음이의어가 될 수 있는데, 이때 두 단어의 의미 사이에 어떤 관련성이 인정됨으로써 다의어로 재해석될 수 있다. 이와 같은 동음이의어의 재해석 homonyms reinterpreted은 의미 해석의 과정에서 민간어원적 성격을 갖는 경우가 많다. 영어의 예 *weed*잡초와 *weed*(과부의)상복를 살펴보자. 전자는 고대영어 *wēod*에서, 후자는 고대영어 *wœd*에서 유래한 것인데 이것이 음성과 철자의 변화 과정을 거쳐 동음이의어 *weed*가 되었으며, 오늘날에 이르러서는 한 단어

곧 다의어로 취급되고 있다. 위의 설명을 그림으로 보이면 다음 [그림 1]과 같다.[87]

[그림 1] 다의어 'weed'의 재해석 과정

중세국어 '녀름'여름 夏과 '여름'열매 果이 형태 변화로 동음이의어 '여름'이 되었는데, 두 형태 사이의 의미적 관련성을 결부시키는 민간어원적 해석이 더해지면서 '여름'을 다의어로 처리하기도 한다.[88]

3.2.6. 외국어의 영향

기존의 단어가 외국어의 의미를 차용함으로써 확장되는 경우가 있는데 이 것을 외국어의 영향foreign influence이라 한다. '춘추'春秋가 '봄가을' 이외에 '나이'의 높임말로 쓰이는 된 것은 중국 한자어 '春秋'의 영향을 받은 것이며, '인간' 人間이 '사람들이 사는 세상' 곧 '속세'라는 본래의 의미보다 더 많은 뜻으로 사용되는 '사람'의 의미는 일본 한자어의 영향을 받은 결과이다. '정상'頂上에 '국가의 수뇌'라고 하는 의미가 추가된 것은 정상회담summit meeting에서 영어 'summit'의 영향을 받은 결과이다. '세탁'洗濯이 '돈 세탁' 등에서와 같이 의미가 확대되어 쓰이는데, 이것도 영어의 영향을 받은 것이다. 영어 'launder'에는 '세탁하다' 이외에도 '결점을 없애다' 또는 '정당한 것처럼 위장하다' 등의 의미가 있으며, 실제로 '돈세탁하다'의 뜻으로도 쓰인다. 이것이 한국어에서 '돈세탁'뿐만 아니라 '학력세탁, 호적세탁' 등으로 널리 쓰이고 있다.

4. 동음이의어

4.1. 동음이의어의 규정

단어의 형태는 같으나 의미가 다른 언어적 현상을 동음이의성同音異義性 homonymy이라 하고, 이러한 성질을 가진 단어를 동음이의어同音異義語 homonym 또는 동음어同音語라고 부른다. 다의성이 자연언어가 가지고 있는 언어 현상인 것처럼 동음이의성도 자연언어의 속성에서 비롯되는 일반적인 언어 현상이다. 언어는 음성과 의미의 이원적 체계로 되어 있으면서 서로 독립적으로 분리되어 있기 때문에, 음성은 같으면서도 의미가 다른 단어가 출현할 수 있는 개연성이 항상 열려 있다. 예컨대 같은 형태의 '말馬과 '말斗은 음성과 의미의 이원적 체계 속에서 우연히 생성된 동음이의어이다. 말장난에 사용된 동음이의어의 예를 하나 들어보자. '너 기저귀 차고 놀 때 나는 공 차고 놀았다.'에서, 앞의 '차고'와 뒤의 '차고'는 소리가 같지만 의미가 전혀 다른 동음이의어이다. 곧 동음이의어를 사용한 언어유희이다.

우리가 일상적으로 사용하는 단어 속에는 무수하게 많은 동음이의어가 있는데, 다음 (30)은 그 가운데서 몇 개를 예로 든 것이다.

(30) ㄱ. 풀草 - 풀糊, 가마釜 - 가마旋毛 - 가마乘轎, (눈을)감다 - (머리를)감다 - (실을)감다

ㄴ. 비雨 - 비碑, 가로橫 - 가로街路, 시내溪 - 시내市內

ㄷ. 결정決定 - 결정結晶, 부정不正 - 부정不定 - 부정不貞 - 부정否定 - 부정 父情

(30ㄱ)은 '고유어-고유어'로 된 동음이의어의 예인데, '(눈보라가)치다 - (북을)치다 - (줄을)치다 - (초를)치다 - (병풍을)치다 - (소를)치다 - (밭을)치다'와 같이 동음이의어 쌍이 많은 고유어 동음이의어도 적지 않다. (30ㄴ)은 '고유어-한자

어'로 묶인 동음이의어의 예이고, (30ㄷ)은 '한자어-한자어'로 묶인 동음이의
어 예이다. 특히 국어는 한자어 동음이의어가 대단히 많은데, 한자어 동음이의
어 가운데는 중국어 발음으로는 전혀 다른 소리인데도 한국한자음으로 바뀌
면서 동음이의어가 된 경우가 적지 않다. 또한 한자는 조합이 자유로워서 새로
운 개념을 새 단어로 나타내는 데에 큰 강점을 가지고 있기 때문에 한자어
동음이의어는 계속 늘어나고 있다.

4.2. 동음이의어의 유형

4.2.1. 절대 동음이의어와 부분 동음이의어

동음이의성을 어느 정도 엄밀하게 규정하느냐에 따라서 절대 동음이의성
absolute homonymy과 부분 동음이의성partial homonymy으로 구별할 수 있다. 절대
동음이의성은 다음 (31)의 세 가지 조건이 충족되어야 한다(라이온스 1995: 55).

(31) 절대 동음이의성의 조건
    (가) 의미에서 연관성이 없다.
    (나) 두 단어의 어형이 모든 형태에서 동일하다.
    (다) 위에서 말한 동일 형태끼리는 문법적으로 대등하다.

(31)의 세 가지 조건을 모두 만족시키면 절대 동음이의어라고 한다. 그러나
세 가지 조건 가운데서 어느 하나라도 만족시키지 못하면 그것은 부분 동음이
의어이다. 절대 동음이의성을 동음이의어 '신[1]'신발과 '신[2]'神을 통해서 구체적으
로 살펴보자. 먼저, '신[1]'과 '신[2]'은 의미상 아무런 관련이 없다. 또한 이 두
단어는 형태 변화가 없는 불변어이기 때문에 언제나 동일한 형태를 취한다.
그리고 문법적으로도 명사로서 문장 속에서 주어나 목적어의 위치에 나타나

고 관형어의 수식을 받을 수 있는 동등한 지위에 있다. 곧 '신[1]'과 '신[2]'은 위의 세 가지 조건을 모두 만족시키는 절대 동음이의어이다. 다른 예로 동사 '(연탄을)갈다[1]', '(칼을)갈다[2]', '(밭을)갈다[3]'를 살펴보자. '갈다[1]', '갈다[2]', '갈다[3]'는 의미에서 서로 연관성이 없으며, 동일한 음성 환경에서 같은 형태로 어미가 변화하고, 타동사로서 문장 속에서 목적어를 취하는 서술어로 사용된다. 따라서 '갈다[1]', '갈다[2]', '갈다[3]'은 세 가지 조건을 모두 만족시키고 있는 절대 동음이의어이다. 그러나 '새[1]'鳥와 '새[2]'新는 앞과 다르다. 이 두 단어는 소리가 같고 의미가 다르다는 점에서 동음이의어임에 분명하다. 그러나 '새[1]'은 '새들'과 같이 복수형이 가능한 반면에 '새[2]'는 복수 형태를 취할 수 없으며, '새[1]'는 명사로서 문장 속에서 주어나 목적어의 자리에 오고 관형어의 수식을 받는데 반하여 '새[2]'는 관형사로서 명사를 수식하는 관형어의 자리에 놓이게 된다. 따라서 '새[1]'와 '새[2]'는 두 가지 조건에서 위배되는 부분 동음이의어이다. '묻다[1]'질문하다 와 '묻다[2]'매장하다도 소리가 같고 의미가 다른 동음이의어이지만, '길을 물어서'와 '김칫독을 땅에 묻어서'에서 볼 수 있는 바와 같이 형태가 항상 동일한 것이 아니기 때문에 부분 동음이의어에 해당한다.

4.2.2. 동형동음이의어와 이형동음이의어

동음이의어를 의미는 다르면서 소리가 같다고 규정할 때, 소리가 같다는 것은 다시 소리와 표기가 같은 것과, 소리와 표기가 다른 것으로 나누어 볼 수 있다. 예컨대, '은행'銀行과 '은행'銀杏은 표기가 같고 소리도 같은 동음이의어이며, '학문'學問과 '항문'肛門은 표기가 다르고 소리가 같은 동음이의어이다. 이와 같이 표기와 소리가 같은 동음이의어를 동형동음이의어homograph라고 하고, 표기가 다르면서 소리가 같은 동음이의어를 이형동음이의어homophone 라고 한다. 영어의 경우에는, 발음과 표기가 일대일 대응 관계에 있지 않고 하나의 발음에도 여러 가지 철자가 가능하기 때문에 이형동음이의어의 수효

가 많다. 다음 (32)는 영어의 많은 이형동음이의어 가운데서 몇 개를 예로
든 것이다.

 (32) meat – meet, flower – flour, pray – prey, tale – tail, night – knight,
    right – rite – wright – write

 국어는 자음과 모음이 제 음가를 가지고 있으므로 하나의 발음에 여러 표기
가 있을 수 없다. 다만 음운현상에 의해서 다른 표기이면서 같은 소리가 나는
이형동음이의어가 있다.

 (33) ㄱ. 갈음 – 가름, 넘어 – 너머, 반듯이 – 반드시, 걸음 – 거름, 놀음 – 노
     름, 늘이다 – 느리다, 절이다 – 저리다, 졸이다 – 조리다, 줄이다 –
     주리다
   ㄴ. 흑색 – 흙색, 가치 – 같이, 만나다 – 맛나다, 부치다 – 붙이다, 거치다
     – 걷히다, 시키다 – 식히다, 부딪치다 – 부딪히다, 바치다 – 받치다
   ㄷ. 갑匣 – 값價, 입口 – 잎葉, 빚債務 – 빗櫛 – 빛光, 곧卽 – 곳所 – 곶岬, 낟穀
     – 낫鎌 – 낮晝 – 낯面
   ㄹ. 깁(다) – 깊(다), 묵(다) – 묶(다), 잇(다) – 있(다), 젓(다) – 젖(다)

 (33ㄱ)은 연음에 의해서, (33ㄴ)은 소리의 변동으로 동음이의어가 되는 이형
동음이의어의 예이다. (33ㄷ)은 모음이 후행하면 종성 받침이 독자적인 소리
를 내기 때문에 동음이의어가 되지 않으나, 어말이나 자음 앞에서는 그 소리가
중화되어 동음이의어가 되는 예이다. (33ㄹ)도 어간 다음에 모음이 오면 각각
다른 소리가 되지만 자음으로 시작하는 어미가 오면 소리의 동화로 동음이의
어가 되는 예이다.
 국어의 자음과 모음은 각각 제 음가를 가지고 있으므로 음가대로 소리를
내는 것이 원칙이지만 지금은 일부 모음에서 전통적인 음가와 달리 발음되는

경우가 있는데, 이러한 음가의 변동으로 동음이의어가 발생하기도 한다.

(34) ㄱ. 개犬 - 게蟹, 때時 - 떼輩, 재물財物 - 제물祭物
     ㄴ. 계집女 - 게집蟹穴, 사례謝禮 - 사례(사례들다)
     ㄷ. (눈에)띄다 - (허리띠를)띠다, 상의相議 - 상이相異

　(34ㄱ)은 요즈음 대부분의 사람들이 [ㅐ]와 [ㅔ]를 구별하지 않고 두 음의 중간 위치에서 동일하게 발음하고 있기 때문에 결과적으로 동음이의어가 된 예이다. (34ㄴ)은 이중모음을 단모음으로 발음함으로써 동음이의어가 된 예인데, 현행 표준발음법에서도 이중모음 '예, 례' 이외의 'ㅖ'는 [ㅔ]로 발음하는 것을 허용하고 있다. (34ㄷ)은 이중모음 '의'의 발음에 관한 것인데, 자음을 첫소리로 가지고 있는 음절의 '의'는 [ㅣ]로 발음함으로써 '띄(다)'가 '띠(다)'로 되는 경우와, '상의'처럼 단어의 둘째 음절 '의'를 [이]로 발음함에 따라 '상이'가 되는 경우이다.[89]

　동음이의어의 특이한 유형으로 철자가 같으면서 소리가 다른 경우가 있다. 영어와 같이 글자의 음가가 고정되어 있지 않은 언어에서는 흔히 접할 수 있는데, 이러한 동음이의어를 동형이음이의어heteronym라고 한다. 예를 들면, '눈물'을 뜻하는 *tear¹*와 '찢다'를 뜻하는 *tear²*는 철자가 같지만 각각 [tiər]와 [tɛə]로 다르게 발음한다. *bow¹*[bau]와 *bow²*[bou], *lead¹*[li:d]와 *lead²*[led]도 동형이음이의어의 예이다.

　그리고 '눈'眼 - '눈:'雪, '발'足 - '발:'簾, '적다'記 - '적:다'少와 같은 경우에는, 소리의 장단에서 구별이 있기 때문에 엄격하게 말하면 동음이의어가 아니라고 할 수도 있으나, 이와 같은 운율적 요소에 의한 구분은 하지 않는 것이 일반적이다. 따라서 이것들은 동형동음이의어에 속한다고 할 수 있다.

　이상에서 설명한 동음이의어의 유형을 정리하면 다음 [표 1] 같다.

[표 1] 동음이의어의 유형

	철자	소리	의미
동형동음이의어	+	+	-
이형동음이의어	-	+	-
동형이음이의어	+	-	-

(+는 '같음'을, -는 '다름'을 나타낸다.)

4.3. 동음이의어의 생성 원인

동음이의성은 피할 수 없는 자연언어의 한 모습인데, 그것은 제한된 목록의 음운으로 무한에 가까운 삼라만상의 세계를 표현해야 하는 인간 언어의 한계라고 할 수 있다. 이 점은 동음이의어 생성에서도 가장 근본적인 원인이지만 이밖에도 언어를 이루는 두 요소 곧 형태 또는 내용의 변화가 동음이의어를 초래하기도 하고, 외래어의 유입으로 동음이의어가 생성되기도 한다. 이와 같은 동음이의어의 생성 원인에 대하여 구체적으로 살펴보기로 하자.

4.3.1. 언어의 이원성과 음운 목록의 한계

언어는 음성과 의미의 이원적 체계로 이루어져 있는데, 음성 체계와 의미 체계는 독립적으로 분리되어 있다. 언어의 이러한 특성을 이원성二元性 duality이라 한다. 언어가 음성과 의미로 각각 분리되어 별도의 체계 속에 있기 때문에 같은 소리가 전혀 다른 의미를 나타내는 일이 일어날 수 있다. 만일 음성과 의미가 한 체계 안에 있다면 적어도 동일 언어에서만은 같은 음성으로 다른 의미를 나타내는 일은 피할 것이다. 이러한 언어의 이원성이 동음이의어 생성의 가장 큰 원인이다. 또한 음성 체계 내에서도 음운 목록과 음운 조합으로 만들어낼 수 있는 음절의 수효는 극히 제한적인데 반해서 표현해야 할 의미의 세계는 무한하기 때문에 동음이의어는 필연적으로 만들어질 수밖에 없다. 다음절어보다 단음절어에 동음이의어가 많은 이유도 음절수가 짧을수록 동음이의어가 만들어질 개연성이 높기 때문이며, 중국어, 영어, 불어와 같은 언어에 동음이의어가 많은 이유도 이들 언어에 단음절어가 많기 때문이다.

4.3.2. 음운의 변화

형태가 다른 두 단어가 음운변화의 과정을 거치면서 동일한 형태의 동음이의어가 될 수 있다. 다음 (35ㄱ~ㅁ)은 음운변화의 성격에 따라 나열한 동음이의어의 예이다.

> (35) ㄱ. /‧/의 소멸: (ᄃᆞ리>) 다리橋 - 다리脚, (ᄂᆡ >) 내煙 - 내臭, (ᄃᆞᆮ다 >)
>   닫다走 - 닫다閉
>   ㄴ. 합용병서의 소멸: (ᄡᅳ다 >) 쓰다用‧苦‧冠 - 쓰다書, (ᄢᅢ >) 때時 -
>   (ᄠᅵ >) 때垢
>   ㄷ. 구개음화: (뎔 >) 절寺 - 절禮, (티다 >) 치다打 - 치다養
>   ㄹ. 단모음화: (쇼 >) 소牛 - 소沼
>   ㅁ. 축약: (ᄀᆞᄫᆞᆯ > ᄀᆞ올 >) 골邑 - 골谷, (가ᄉᆞᆷ > 가ᅀᆞᆷ > 가음 >) 감材
>   料 - 감柿

위의 예는 본래 동음이의어가 아니었으나 음운변화를 겪으면서 지금은 동음이의어가 되었다.[90]

이상에서 말한 것은 음운변화라고 하는 통시적 측면에서 설명한 것인데, 앞에서 이형동음이의어의 예로 든 (33)은 공시적 측면에서 음운변동에 의하여 동음이의어가 생성된 경우라고 할 수 있다.

4.3.3. 의미의 변화

다의관계에 있는 두 의미가 의미상의 관련성을 잃음에 따라 의미 분기 semantic divergence가 일어나면 결과적으로 동음이의어가 된다. '얼굴'은 중세국 어에서 [안면]과 [형체]의 의미를 가진 다의어인데 근대국어 이후 의미 분기로 동음이의어가 되었다. 다음 [그림 2]는 다의어 '얼굴'이 동음이의어화한 과정 을 보여준다.

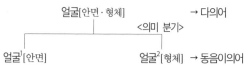

[그림 2] 다의어 '얼굴'의 동음이의어화 과정

의미 분기와 같은 의미변화에 의해서 동음이의어가 된 예를 몇 개 들면 다음 (36), (37)과 같다.

(36) ㄱ. 서다: ① 곧은 자세로 있다. ② 역할을 맡아서 하다.
　　ㄴ. 서다¹: 곧은 자세로 있다. ¶정면을 향하여 서다.
　　서다²: 역할을 맡아서 하다. ¶야간 당직을 서다.

(37) ㄱ. 가리다: ① 용변을 제 때에 보다. ② 분간하여 골라내다.
　　ㄴ. 가리다¹: 용변을 제 때에 보다. ¶아이가 오줌을 가려서 누다.
　　가리다²: 분간하여 골라내다. ¶쌀에 섞인 뉘를 가리다.

이밖에도 '고개¹'목의 뒷등와 '고개²'峴, '샘¹'泉과 '샘²'분비 기관은 본래 다의어였 으나 의미간의 관련성을 상실함으로써 지금은 동음이의어가 되었다.[91]

4.3.4. 외국어의 영향

외국어가 들어와 국어의 음성체계에 적응하면서 외래어로서 생명력을 갖게 되는데, 이때의 외래어가 기존의 단어와 형태가 일치함으로써 동음이의어가 된다. 국어에는 한자어의 유입에 의해서 동음이의어가 생성되는 경우는 부지 기수에 이르며, 한자어 외에도 서구 외래어의 영향으로 동음이의어가 생겨나고 있다.

> (38) ㄱ. 고유어 - 한자어: 가로横 - 가로街路, 시내溪 - 시내市內, 여우狐 - 여우女優
>
> ㄴ. 한자어 - 한자어: 궁弓 - 궁宮, 형兄 - 형刑, 고사固辭 - 고사故事 - 고사枯死 - 고사考査
>
> ㄷ. 고유어 - 서구 외래어: 백百 - 백bag, 볼뺨의 한가운데 - 볼ball, 키身長 - 키key
>
> ㄹ. 한자어 - 서구 외래어: 북北 - 북book, 유로流路 - 유로Euro 기타其他 - 기타guitar
>
> ㅁ. 서구 외래어 - 서구 외래어: 코트coat - 코트court, 코드code - 코드cord

이밖에도 어떤 대상을 직접 언급하는 것을 꺼려서 대신 다른 단어를 빌려 쓰는 완곡어법이나 은어에 의해서 동음이의어가 생겨날 수 있다. 또한 두 지역의 방언에서 다른 대상을 같은 단어로 표현함으로써 동음이의어가 만들어지기도 한다. 경상도의 일부 지역 방언에서 '쌀'米의 쌍시옷 발음을 잘못함에 따라 '살'肉과 동음 관계에 놓이는 경우가 그 예이다.

4.4. 다의어와 동음이의어의 구별

4.4.1. 다의어와 동음이의어의 구조적 동일성

다의어는 한 단어이고 동음이의어는 형태가 같은 둘 이상의 단어라는 점에서 내면적으로 다르지만, 겉으로는 한 형태에 여러 의미가 대응된다는 점에서 다의어와 동음이의어는 구조적으로 동일하다. 다음 (39)는 다의어 '속'의 예이고, (40)은 동음이의어 '눈'의 예이다.

(39) ㄱ. 나의 지갑은 안방 서랍 속에 있었다. [사물의 안쪽]
ㄴ. 술을 너무 많이 마셔서 속이 쓰리다. [내장]
ㄷ. 그 말을 듣고 속으로 무척 섭섭했다. [마음]
ㄹ. 속이 꽉 찬 배추를 골라 김장을 했다. [중심부]

(40) ㄱ. 햇살에 눈이 부셔서 뜨지 못하겠다. [감각기관]
ㄴ. 봄이 오면 나뭇가지에도 눈이 튼다. [풀·나무의 싹]
ㄷ. 저울의 눈을 속여 파는 일은 없다. [눈금]
ㄹ. 틈나는 대로 그물의 눈을 손질한다. [그물 코 사이의 구멍]

이와 같이 다의어와 동음이의어는 하나의 형태에 여러 의미가 결합된다는 점에서 동일한 구조이다. 그러나 다의어는 의미 사이에 상호 관련성이 있는데 반하여 동음이의어는 관련성이 없다는 점에서 구별된다. 곧 다의어와 동음이의어는 형식상 동일한 구조이지만 내면으로는 의미의 관련성에서 구별된다. 다의어와 동음이의어의 구조적 동일성과 의미적 차별성을 구별하여 나타내면 [그림 3]과 같다.

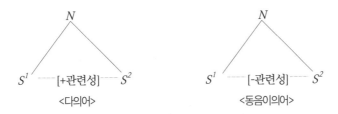

[그림 3] 다의어와 동음이의어의 동일성과 차별성

우리는 여러 의미를 가진 단어를 접할 때 그것이 다의어인지 아니면 동음이의어인지 쉽게 분간하지 못하는 경우가 적지 않다. 다의어와 동음이의어가 정의적 측면에서는 분명하게 구별된다 하더라도 실제 단어에서 그 개념이 정확하게 맞아 떨어지지 않는 경우가 많기 때문이다. 그것은 '관련성'이라고 하는 변별적 기준이 매우 주관적이라는 데에 문제가 있다. 다시 말하면, 의미들 사이의 관련성은 그것을 인식하는 사람들의 주관에 따라서 다를 수 있기 때문이다. 그러나 동음이의어와 다의어가 별개의 어휘체계를 가지고 있는 만큼 변별할 수 있는 분명한 기준은 있어야 할 것이다.

4.4.2. 다의어와 동음이의어의 판정

전통적으로 사전편찬자들은 다의어를 판정하기 위해서 '관련성'relatedness이라는 기준을 사용한다(사이드 2016: 61). 다시 말하면, 다의어는 다의관계에 있는 의미 사이에 상호 관계를 가지고 있는데, 그 관계에는 화자의 직관과 단어의 역사적 변천 과정에 대한 정보까지 포함한다. 그러나 동음이의어는 의미들 사이에서 이러한 관련성을 찾을 수 없다.

그러면 다의어의 판정 기준인 관련성에 대해서 생각해 보자. 대부분의 영어 화자들은 $sole^1$가자미과 $sole^2$발바닥은 의미상 서로 관계가 없는 것으로 판단하기 때문에 별개의 단어 곧 동음이의어로 간주한다. 그러나 이 두 단어는 라틴어

*solea*sandal 가죽신에 어원을 두고 있으며 불어를 거쳐 이른 시기에 영어에 유입되었다. 역사적으로 같은 어원에서 출발했다는 것은 두 의미 사이에 상호 긴밀한 관계가 있음을 의미한다. 따라서 두 단어는 한 단어 곧 다의어로 간주할 수 있는 충분한 근거를 가지고 있으며, 이에 바탕을 둔 사전은 다의어로 처리한다. [활발한]과 [동성애를 하는]이라는 두 의미를 가진 형용사 *gay*는 비교적 최근에 앞의 의미로부터 뒤의 의미가 파생되었다. 그러나 많은 영어 화자들은 두 의미가 관련이 없다고 생각하기 때문에 동음이의어로 간주한다. 실제로 영어 사전들도 화자의 직관에 따라서 동음이의어로 등재한 사전과 두 의미의 역사적 과정에 기대어서 다의어로 처리한 사전으로 나뉘어져 있다.

이와 같이 의미의 관련성에는 구체적으로 의미들 사이의 공통성에 대한 화자의 직관과 그 단어의 역사적 변천 과정에 대한 지식이 서로 맞서고 있는 실정이다. 다의어의 판정 기준도 결국 이 두 가지 준거 가운데 어떤 것을 따르느냐의 문제이다.

> (41) 다의어 판정의 준거
>   (가) 동일 어원
>   (나) 의미의 유사성

다의어의 판정 준거를 동일 어원에 둘 수 있다. 어원이 같으면 한 단어, 곧 다의어로 판단한다. 어원이 같은 단어는 현재 두 의미가 멀어져서 유연성을 상실하였을지라도 다의어로 간주하고, 어원으로 보아 전혀 다른 두 단어가 우연히 형태가 같아졌다면 그것은 동음이의어로 간주한다. 영어의 *mouth*에는 [입] 외에 [식구], [강의 어구] 등의 의미가 있는데, 뒤의 의미들은 [입]에서 파생된 의미들이다. 이 때 *mouth*를 다의어로 처리하는 것은 설령 의미가 멀어졌다 하더라도 역사적으로 동일한 어원에 속하기 때문이다. *tongue*도 [혀]와 [언어]라는 의미를 가지고 있는데 이 의미들도 한 단어에서 갈라져 나온 것으로 다의어에 해당한다. '다리'에는 '사람의 다리', '책상의 다리', '안경의 다리'와 같이 여러 의미를 가지고 있지만, 어원적으로 사람 또는 동물의 '다리'脚에서 파생된 의미이기 때문에 다의어로 취급한다. 앞에서 든 예 (39ㄱ~ㄹ)의 '속'은 사물의 내면을 가리키는 의미의 공통성도 가지고 있지만, 역사적으로 (39ㄱ)의 중심의미에서 파생된 의미로 어원이 동일하기 때문에 다의어로 간주한다.

다음은 판정 준거를 의미의 유사성에 두는 것인데, 두 의미가 상호 공통성을 가지고 있으면 다의어로 판단한다. 이 준거에 따르면 설령 역사적으로 동일 어원에서 나왔다고 하더라도 현재 두 의미가 멀어졌으면 다의어가 아닌 동음이의어로 간주한다. 영어 $port^1$항구와 $port^2$포도주의 일종는 역사적으로 볼 때 라틴어 $portus$에서 차용된 단어이지만 다의어로 보지 않는 것이 일반적이다. 동일 어원에서 유래한 것이지만 유연성을 인식하기에는 두 의미가 너무 멀어졌기 때문이다. $long^1$그리워하다과 $long^2$길다는 동일 어원에서 나온 것이지만 의미의 분기가 심하기 때문에 동음이의어로 간주하고 있다. 앞의 예 (40ㄱ~ㄹ)의 '눈'은 동물의 '눈'眼에 어원을 두고 여기에서 여러 의미가 파생되었으나 지금은 의미들 사이에 유연성이 사라져 대부분의 화자들이 동음이의어로 인식하고 있다. 곧 '눈'은 동일 어원에 기반을 두고 있지만 의미가 동떨어져서 동음이의어로 간주된다. 이밖에도 다의어에서 의미적 분기로 동음이의어로 처리된 예는 앞 절의 (36), (37)을 참고할 수 있다.

이상에서 살펴본 바와 같이, 동일 어원과 의미의 유사성이라는 두 가지 기준을 다 갖추었다면 다의어의 판정에 아무런 문제가 없지만, 동일 어원인데 의미 분화가 극심하면 위의 두 가지 준거 가운데 하나를 취해야 한다. 그렇기 때문에 앞에서 든 예 가운데 상당수는 준거를 달리할 때 그 반대의 결과가 나오게 된다.

전통적으로는 동일 어원을 판별의 준거로 삼는 경향이 강한 편이다. 그것은 의미의 유사성이 화자의 직관에 의지하기 때문에 그만큼 주관적이라는 문제점을 안고 있으며, 반대로 동일 어원은 역사적 지식을 바탕으로 하기 때문에 객관성을 가지고 있다고 보기 때문이다. 이러한 인식 때문에 어원이 다름에도 불구하고 동음이의어로 처리되어야 할 것이 다의어로 취급되는 경우가 발생하기도 한다(리치 1981: 229). 영어 *weed*잡초와 *weed*(과부의)상복는 각각 고대영어 *wēod*와 고대영어 *wǣd*에서 유래하여 음성과 철자의 변화 과정을 거쳐서 동음이의어 *weed*가 되었는데도 불구하고 영어권 화자들이 두 의미를 동일 어원에서 유래한 것으로 생각함으로써 다의어가 되었다. *ear*도 고대영어 *éare*귀와 *éar*이삭라고 하는 전혀 다른 어원을 가진 두 단어가 후대에 동음이의어 *ear*가 되면서 현대영어에서는 같은 어원으로 생각하여 다의어로 간주되고 있다. 화자들의 어원 의식이 부질없이 작용함으로써 동음이의어의 재해석 과정에서 오류를 가져온 것이다. 이와 반대로 다의어와 동음이의어라는 공시적 언어 현상에 어원적 정보와 같은 통시적 판단이 개입하는 것은 적절하지 않으며, 따라서 다의어와 동음이의어의 분석에서 가장 중요한 것은 의미들 사이의 유사성임을 강조하는 견해도 적지 않다.

4.4.3. 다의어적 분석과 동음이의어적 분석

다의어와 동음이의어의 구분에 절대적 기준이 없는 가운데 극단적으로 상반된 두 가지 견해가 제시되기도 한다.

> (42) 다의어와 동음이의어에 대한 두 가지 분석 태도
> (가) 라이온스(1977, 1995)의 다의어적 분석
> (나) 켐프슨(1980)의 동음이의어적 분석

라이온스(1995: 59)에서는 먼저 동음이의어와 다의어에 대한 각각의 가능성에 대해서 논의하고 있다. 하나는 동음이의성을 극대화하여 뜻이 다른 경우마

다 각각 별개의 어휘항목으로 설정하는 것이고, 다른 하나는, 다의성을 극대화
하여 형태와 통사 기능이 같은 경우는 하나의 어휘항목으로 설정하고, 의미의
차이는 의미확대의 결과로 판단하는 것이다. 전자의 태도를 취하면 사전에
우리가 생각하는 어휘보다 훨씬 많은 수의 어휘항목을 수록하게 되고, 주어진
어휘의 의미 차이를 별개의 어휘항목으로 무한정 늘어놓아야 하는 문제점이
있다. 반대로 후자의 태도를 취하면, 사전에 우리가 생각하는 것보다 훨씬
적은 수의 어휘항목을 수록하게 되고, 의미의 관련성 문제는 접어두고 형태와
통사 기능이 동일한가를 따져보는 것이 공시적인 면에서 비교적 용이하다.
따라서 라이온스는 후자의 태도, 곧 다의성을 극대화하는 방안을 선호한다고
말한다. 다의성을 극대화하는 것은 반대로 동음이의성을 극소화하는 것이기
때문에, 라이온스는 절대 동음이의성의 조건을 앞의 (31)과 같이 대단히 엄밀
하게 제시하고 있다. 따라서 라이온스의 이러한 주장은 종래에 동음이의어로
간주되던 어휘 가운데 상당수가 이 조건을 충족시키지 못하여 결국 다의어로
처리되는 결과를 가져오게 한다.

반대로 켐프슨(1980: 10)에서는 다의어의 성립 기준을 지극히 제한적으로 제
시함으로써 다의어를 줄이고 대부분의 경우를 동음이의어로 처리한다. 라이
온스가 동음이의어의 자격을 엄밀히 제한한데 반하여 켐프슨은 다의어의 자
격을 엄밀히 제한한 것이다. 켐프슨은 다음 (43)과 같이 한 단어의 여러 의미가
한 문장 안에서 동시에 해석이 가능한 경우에만 다의어로 인정한다.

(43) ㄱ. My *book* is three hundred pages long and is quite incomprehensible.
ㄴ. The *dog* is different from the cat and is different from the bitch.

(43ㄱ)의 '*book*'은 물리적 속성으로서의 [형태]의 의미와 그 지시물 속에
담겨 있는 [내용]의 의미가 한 문장 안에서 해석이 가능하기 때문에 다의어로
간주한다. (43ㄴ)의 '*dog*'도 '*cat*'에 대조되는 의미와 '*bitch*'에 대조되는 의미

로 한 문장 안에서 동시에 해석되므로 다의어라고 할 수 있다.[92] 그러나 이러한 해석이 가능하지 않으면 모두 동음이의어로 처리하기 때문에 그만큼 다의어의 수효는 제한적일 수밖에 없다.

제7장 **국어 어휘의 비유 의미**

1. 비유와 의미

1.1. 비유의 본질

전통적으로 비유는 특별한 언어 구사 능력을 가진 사람이 자신의 언어적 표현을 화려하게 장식하기 위해서 사용하는 수사적 도구 정도로 여겨졌다. 특히 은유는 시인이나 능변가에 의한 언어의 일탈적 사용에 불과하며, 일상적인 언어생활과는 관련이 없는 수사학의 영역으로 생각되었다. 그러나 이러한 인식은 인지언어학의 등장으로 대전환을 가져왔다. 비유는 문학이나 수사학에만 있는 것이 아니라 일상의 언어 속에 널리 퍼져 있다는 것이다. 실제로 우리는 그것이 은유인지도 모르고 아주 많은 은유를 사용하고 있다. 예를 들면, '말을 꺼내다.', '봄이 오다.', '사랑에 빠지다.', '잠에 취하다.' 등을 보더라도 이것들은 은유라는 인식이 거의 없이 우리가 일상적으로 사용하는 관습적 표현이다. 이와 같이 일상적인 언어 속에 녹아 쓰이는 은유를 관습적 은유 conventional metaphor라고 부르는데, 다른 한편으로는 너무 흔히 쓰여 은유로서의 가치를 상실했다고 여겨질 때 사은유dead metaphor라고도 말한다. 비유적 표현의 예를 좀 더 살펴보자.

(1) ㄱ. 바쁠수록 시간을 아껴 써야 한다.
    ㄴ. 오순도순 모여 앉아 이야기꽃을 피웠다.
    ㄷ. 크리스마스가 가까이 다가왔다.

(2) ㄱ. 회의에 국문과는 전원 참석했다.
    ㄴ. 점심을 굶었더니 시장기가 돈다.
    ㄷ. 저기 코로나 온다.

(1ㄱ)에서는 '시간'을 절약하거나 낭비할 수 있는 사물에 비유하고, (1ㄴ)은
'이야기'를 피고 또 지는 '꽃'에 비유하고, (1ㄷ)은 '크리스마스'를 오고 가는
이동체에 비유하여 표현한다. (2ㄱ)의 '국문과'는 회의에 참석한 '국문과 소속
의 학생 또는 교수'를 가리키고, (2ㄴ)의 '점심'은 점심 때 먹는 밥 곧 '점심밥'
을 가리키고, (2ㄷ)의 '코로나'는 코로나 바이러스 감염증이 널리 퍼진 지역의
사람 곧 '동양인'을 가리킨다.[93] (1)은 은유의 예이고, (2)는 환유의 예인데.
이와 같은 비유적 표현을 우리는 자연스럽게 사용할 뿐만 아니라 듣고 이해하
는 데에도 특별한 설명이나 해석이 필요하지 않다. 인지언어학의 등장으로
우리는 비유의 본질에 대한 새로운 인식을 갖게 되었다. 요컨대 비유는 인간의
경험과 사고를 확장하는 인지 체계의 하나이며, 비유적 표현은 인지 전략에
따른 보편적이고 일상적인 언어생활의 한 단면이라는 것이다.

1.2. 유사성과 인접성

비유는 심리적 기제인 연상 작용에 의해서 이루어지고, 연상은 개념 간의
유사성similarity과 인접성contiguity을 기반으로 실현된다. '저녁노을'을 보고 '인
생의 노년'을 연상하는 것은 유사성이 작용한 결과이고, '연기'를 보고 '불'을

연상하는 것은 인접성이 작용한 결과이다. 이러한 연상 작용은 언어에도 그대로 투영되는데, 직장인의 작은 봉급을 '쥐꼬리'에 비유하는 것은 유사성에 기반을 둔 표현이고, '대통령'을 가리킬 때 '청와대'라고 말하는 것은 인접성에 기반을 둔 표현이다. 관용표현에서도 '소설을 쓰다'는 허구를 말한다는 유사성에 의해서 생성되었고, '국수를 먹다'는 '결혼식'과 '국수'라는 인접성에 의해서 생성되었다.[94]

이와 같이 유사성과 인접성에 의해서 비유가 생성되는데, 구분해서 다시 말하면 유사성에 기초한 비유가 은유이고, 인접성에 기초한 비유가 환유이다.

(3) ㄱ. <u>세월의 강</u>이 흘러간다.
　　ㄴ. <u>주전자</u>가 끓는다.

(3ㄱ)의 '세월의 강'은 '세월'을 '강'과 같은 유동체로 인식함으로써 유사성이 기반이 된 은유이다. (3ㄴ)의 '주전자'는 그 속의 '물'을 지시하는, 곧 인접성이 기반이 된 환유이다. 유사성의 '세월의 강'은 '세월'과 '강'이라는 두 개의 다른 경험 영역의 계열관계이고, 인접성의 '주전자'와 '물'은 '주전자 속의 물'이라는 하나의 경험 영역 내에서의 통합관계이다.[95] 또한 유사성의 '세월'과 '강'은 동치 관계에 있고, 인접성의 '주전자'와 '물'은 연쇄 관계에 있다. 이상을 정리하면 [그림 1]과 같다.

유사성	인접성
세월 = 강	주전자 → 물
두 개의 경험 영역	하나의 경험 영역
계열관계	통합관계
동치	연쇄
은유	환유

[그림 1] 유사성과 인접성의 구조

1.3. 비유의 언어학적 접근

비유 연구는 주로 은유 중심으로 이루어지는데, 언어학에서의 논의는 1979
년을 전후로 구별된다. 고대 그리스 철학자 아리스토텔레스는 은유를 '어떤
사물에다 다른 사물의 명칭을 전용epiphora하는 것'이라고 정의한다. 이는 은유
를 본래의 명칭에서 벗어난 일탈 현상으로 보는 것인데, 이러한 고전적 은유관
이 전통처럼 이어져서 비교적 최근의 언어학에서도 이와 같은 시각으로 은유
에 접근했다. 생성언어학의 창시자인 촘스키(1965)에서도 은유를 선택제약
selectional restriction을 위배한 통사적 일탈이라고 규정한다.[96] 이후의 생성주의
의미론에서도 은유를 선택제약의 위배로 전제하면서, 그 결과로 만들어진 변
칙적인 문장이 정상적인 은유 의미로 해석되는 원리를 탐색했다. 은유에 대한
관습적 사고에 획기적 전환을 가져온 것은 레디M. J. Reddy(1979)의 '도관 은
유'conduit metaphor[97)로부터이며, 레이코프와 존슨Lakoff, G. & Johnson, M.(1980)에
서 의사소통 과정에서 쓰이고 있는 관습적 은유에 대해서 새롭고 다양한 이론
이 전개되었다. 이들은 은유가 언어적 차원이 아닌 개념적 차원이며, 우리의
사고와 행동의 대부분이 은유로 이루어져 있다고 주장한다. 다시 말하면, 은유
는 우리의 일상생활 속에 널리 퍼져 있는데 그것이 언어 속에 있는 것이 아니
라 우리의 사고와 행동 속에 있다는 것이다. 그렇기 때문에 은유는 일상의
언어 속에 편재한다고 말할 수 있다. 그리고 전통적인 은유 및 환유와 구별하
여 인지언어학에서는 '개념적 은유'conceptual metaphor와 '개념적 환유'conceptual
metonymy라는 용어를 사용한다.

인지언어학의 은유 이론은 레이코프와 존슨(1980)에서 주장한 개념적 은유
이론conceptual metaphor theory과 이 이론을 보강하기 위해서 제안된 터너와 포
콘니어M. Turner & G. Fauconnier(1995, 1998)의 혼성 이론blending theory이 주류를
이룬다.

2. 개념적 은유

2.1. 개념적 은유의 정의

인지언어학에서는 은유의 본질을, 한 종류의 사물을 다른 종류의 사물의 관점에서 이해하고 경험하는 것이라고 말한다(레이코프와 존슨 1980: 5). 예를 들면, '시간'이라는 추상적 개념을 '돈'이라는 다른 사물의 개념에 기대어서 경험하고 이해하는 것이다. '시간'을 말할 때 '절약하다, 낭비하다, 빼앗기다, 투자하다' 등 '돈'과 관련된 어휘를 사용하는 것은 우리가 경험을 통해서 [시간은 돈]이라는 은유적 개념 구조를 가지고 있기 때문이다. 이와 같이 은유는 개념 영역인 [시간]을 다른 개념 영역인 [돈]으로 이해한다. 따라서 은유는 단어를 다른 단어로 대치하는 언어 차원이 아니라 개념을 다른 개념으로 이해하는 개념 차원의 문제이다.

은유적 개념 구조인 [시간은 돈]은 두 개의 개념 영역, 즉 '시간'이라는 경험 영역과 '돈'이라는 다른 경험 영역의 결합인데, 이 두 영역을 구별하여 전자를 목표영역target domain이라 하고 후자를 근원영역source domain이라 한다.[98] 그리고 레이코프와 존슨(1980)은 은유를 근원영역에서 목표영역으로의 체계적 사상mapping이라고 규정하고, 이를 단순한 언어 차원으로서의 은유와 차별화하고 은유가 개념화를 통한 인지 전략임을 강조하기 위해서 '개념적 은유'라는 용어를 사용한다.

2.2. 근원영역과 목표영역

근원영역과 목표영역의 속성을 살펴보면, 두 영역은 경험의 측면에서 대조적이다. 근원영역은 우리의 일상적인 경험에서 나오는 것이기 때문에 구체적이고 구조화된 영역이다. 반면에 목표영역은 표현의 대상으로서 추상적이고 구조화되지 않은 영역이다. 다시 말하면, 근원영역은 경험에 의해 익숙한 영역인데 반하여 목표영역은 아직 경험하지 않아 낯선 영역이다. 그렇기 때문에 이미 구조화된 근원영역을 통해서 아직 구조화되지 않은 목표영역을 이해하는 것이 인지 전략으로 적합하다고 할 수 있다. 예를 들어, [인생은 여행]이라는 개념 구조에서 '인생'은 목표영역이고 '여행'은 근원영역인데, 추상적이고 아직 낯선 '인생'의 개념을 우리에게 익숙한 '여행'을 통해서 이해하고자 한다. '시간'을 '돈'으로, '토론'을 '전쟁'으로, '분노'를 '불'로 표현하는 것도 익숙하지 않은 영역을 보다 익숙한 영역으로 이해하려는 인지 전략이다.

2.3. 개념의 사상

개념적 은유는 근원영역의 개념을 목표영역의 개념에 사상함으로써 성립된다. 다시 말하면, 구조화된 근원영역의 개념적 요소들을 목표영역의 개념적 요소들에 체계적으로 투사함으로써 개념적 은유가 생성된다. 근원영역과 목표영역의 개념들은 체계적인 대응 관계에 있으며, 이러한 대응 관계로 개념이 전이되는 인지 과정을 사상[99]이라고 한다. 사상의 방향은 아래의 [그림 2]와 같이 근원영역에서 목표영역으로 진행하는 일방향의 영역 횡단 사상cross-domain mapping이며, 이 과정에서 개념의 구조화가 이루어진다.

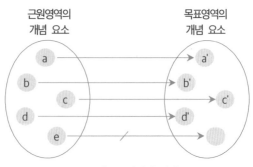

[그림 2] 개념의 사상

[그림 2]와 같이 근원영역의 개념 요소들이 목표영역의 개념 요소로 체계적으로 사상된다. 그러나 근원영역의 모든 개념 요소가 목표영역으로 사상되는 것이 아니라 부분적으로 사상되지 않은 개념도 있을 수 있다. [그림 2]에서 근원영역의 개념 요소 e는 목표영역의 개념으로 사상되지 않았다.

근원영역의 개념 요소와 목표영역의 개념 요소 사이의 사상 관계를 [인생은 여행]을 통해서 살펴보면 다음 [표 1]과 같다.

[표 1] 개념 요소의 사상([인생은 여행])

근원영역: 여행		목표영역: 인생
여행자	→	인간
여행	→	삶
여행 수단	→	인간관계
여행의 출발점	→	삶의 시작(출생)
여행한 거리	→	일생
여행 중의 장애물	→	삶 속의 역경
여행의 종착점	→	삶의 종료(사망)

지금까지 우리는 개념적 은유의 기본 개념으로 근원영역과 목표영역, 그리고 두 영역 간의 개념적 전이인 사상에 대해서 알아보았다. 요컨대 개념적 은유 이론에서 말하는 은유는, 근원영역의 개념 요소를 목표영역의 개념 요소에 체계적으로 사상하여 개념화하는 인지 과정이다.

2.4. 개념적 은유의 언어적 표현

개념적 은유는 영역 간의 개념 전이로 이루어지는 정신적 세계이다. 정신세계의 개념적 은유가 일상의 언어표현으로 실현된 것이 은유적 표현이다. 예를 들면, '욕을 먹었다.', '그 말을 소화할 수 없다.' 등의 은유 표현은 그 기저에 존재하는 [언어는 음식]이라는 개념적 은유가 실생활에서 실현된 언어적 표현이다. 완전히 일치하는 것은 아니지만 개념적 은유와 은유적 표현의 관계는 랑그와 파롤의 관계와 유사하다. 개념적 은유가 일상의 언어적 표현으로 실현되는 예를 [인생은 여행]을 통해서 좀 더 살펴보자.

> (4) [인생은 여행]
> ㄱ. 인생은 나그네길
> ㄴ. 어디서 왔다가 어디로 가는가?
> ㄷ. 태어나면서 고난의 길은 시작됐다.
> ㄹ. 고단한 여행을 마쳤다.
> ㅁ. 인생의 갈림길에 섰다.
> ㅂ. 인생의 종착역에 이르렀다.
> ㅅ. 인생의 걸림돌은 누구나 경험한다.
> ㅇ. 인생은 자신이 개척하는 항로이다.

앞의 [표 1]에서 보았듯이 두 영역의 개념 간의 사상으로 [인생은 여행]이라는 개념화가 이루어지고, 그 가운데서 특정의 개념 요소를 부각함으로써 (4ㄱ~ㅇ)과 같은 다양한 은유적 표현이 나타나게 된다. 그리고 (4ㄱ~ㅇ)을 보면 개념적 은유가 일상의 언어 속에 널리 관습화되어 있음을 알 수 있다.

2.5. 은유의 유형

개념적 은유는 인지 기능에 따라 구조적 은유, 방향적 은유, 존재론적 은유로 분류된다.100)

2.5.1. 구조적 은유

구조적 은유structural metaphor는 어떤 개념을 다른 개념의 관점에서 은유적으로 구조화하는 은유이다. 위의 [표 1]에서 우리는 근원영역([여행])의 개념 요소

가 목표영역([인생])의 개념 요소로 사상되는 관계를 보았는데, 이처럼 구체적
이고 익숙한 근원영역이 풍부한 개념을 제공하고, 이를 기반으로 목표영역이
근원영역의 수준으로 구조화되는 은유를 구조적 은유라고 한다. 앞에서 언급
한 [인생은 여행]과 같은 은유가 구조적 은유의 유형에 속하며, [분노는 열],
[토론은 전쟁], [사랑은 여행] 등도 구조적 은유에 속하는 대표적인 예이다. [분노
는 그릇 속 액체의 열] 은유를 통해서 근원영역 요소와 목표영역 요소의 구조적
대응 관계를 살펴보면 다음 [표 2]와 같다(레이코프 1987: 387).

[표 2] 근원영역과 목표영역의 구조적 대응([분노는 그릇 속 액체의 열])

근원영역: 그릇 속 액체의 열	목표영역: 분노
그릇	몸
액체의 열	분노(화)
용기의 열	몸의 열(체온)
그릇 속의 압력	신체 내부의 압력
액체가 끓어오르고 그릇이 흔들림	심신의 동요
가열 압력을 견디는 그릇의 임계점	분노를 견디는 심신의 한계점
폭발	제어력 상실
액체가 식음	분노가 없어짐

[표 2]는 근원영역의 개념과 목표영역의 개념이 구조적으로 대응되는데,
이와 같이 두 영역이 체계적으로 구조화된 은유가 구조적 은유이다. 개념적으
로 구조화된 은유는 다음 (5), (6)과 같은 일상적인 언어표현으로 사용된다.

(5) 화가 끓어오르다 / 화가 치밀다 / 화가 폭발하다 / 화가 가라앉다

(6) 화를 끓이다 / 화를 돋우다 / 화를 억누르다 / 화를 식히다 / 화를 가라
앉히다

(5)는 그릇 속 액체가 가열되는 장면을 분노(화)가 발생하는 것과 구조적으로 대응시킨 표현이고, (6)은 그릇 속 액체가 가열되거나 가열된 액체의 열을 조절하는 모습을 구조적으로 분노(화)에 대응시킨 표현이다. 이처럼 구조적 은유는 근원영역과 목표영역의 체계적 대응에 의해서 구조화가 일어난다.101) 다음 (7)은 [토론은 전쟁] 은유의 예이다.

> (7) [토론은 전쟁]
> ㄱ. 빈틈없는 논리로 무장했다.
> ㄴ. 우리의 공격 무기는 통계 자료이다.
> ㄷ. 논점을 흐리는 것도 방어의 수단이다.
> ㄹ. 논쟁에서 밀리면 휴전을 요청한다.
> ㅁ. 집요한 공세에 마침내 백기를 들었다.
> ㅂ. 그들은 완패를 인정하고 모두 철수했다.

(7)은 간접 경험을 통해서 익숙한 '전쟁'으로 추상적 영역인 '토론'을 표현한 은유이다. 전쟁을 기반으로 한 개념적 은유는 (8)~(11)과 같이 우리 사회에서 아주 다양하게 사용된다.

> (8) 선거 전략 / 이미 선거전에 돌입했다 / 예비선거에서 복병을 만났다 / 선거철이 되면 정당은 전시체제로 전환한다 / 총알(=선거 자금)이 부족하다
>
> (9) 입시 전략 / 눈치작전 / 입시 전쟁에서 승리하기 / 눈앞의 고지 / 장기전의 승패는 건강에 있다
>
> (10) 용병의 역할 / 우리 팀의 비밀병기 / 전운이 감도는 일전 / 기습번트로 공격한다 / 명장 아래 약졸 없다 / 야구는 투수전이다
>
> (11) 판매 전략 / 공격적 구매 / 최전선에 회장이 나선다 / 해외 시장에 교두

보를 구축한다 / 미끼상품을 신호탄으로 쏘아올린다 / 전장을 넓혀서
타사 제품과 경쟁한다 / 인해전술로 판매 전략을 바꾼다

(8)은 선거에, (9)는 입시에, (10)은 운동 경기에, (11)은 기업 활동에 전쟁의
구조를 부여한 표현들이다. 이밖에도 전쟁 은유는 많은 분야에서 널리 사용되
는데, 그것은 간접 경험을 통해서 전쟁이 우리에게 익숙한 경험이기도 하지만
전쟁의 구조가 다른 분야와의 체계적 구조화에 잘 들어맞기 때문이다.

2.5.2. 방향적 은유

방향적 은유orientational metaphor는 공간적 방향과 관련된 인간의 경험을 바탕
으로 하나의 전체적 개념구조가 조직되는 은유이다. 방향적 은유는 '위-아래',
'안-밖', '앞-뒤', '오른쪽-왼쪽', '중심-주변', '가까움-멂' 등 우리의 일상적 경험
을 토대로 구조화된다. 다음 (12)는 '위-아래' 방향에 기초한 방향적 은유의
예이다.

(12) [기쁨은 위-슬픔은 아래]
　ㄱ. 너무 행복해서 하늘로 날아오를 것 같아.
　ㄴ. 떨치고 일어나야 장래가 보이지.
　ㄷ. 그 소식에 하늘이 무너져 내리는 듯했다.
　ㄹ. 여기서 주저앉을까 봐 두려워.

(12)와 같은 표현은 우리의 일상적 경험에 의해서 얻어지는 은유이다. 우리
는 기쁜 일에는 가슴이 부풀어 오르고 슬픈 일에는 몸이 가라앉는 듯한 경험을
하는데, 이러한 실질적인 경험이 '위-아래' 은유의 바탕이 된다. 수직 방향인
'위-아래'는 일반적으로 '위'가 '기쁨, 많음, 좋음, 강세' 등의 긍정적 개념을
부각하고, '아래'는 '슬픔, 적음, 나쁨, 약세' 등의 부정적 개념을 부각한다.

(13) ㄱ. {봉급, 사기}이 / 가 올라가다 / 내려가다 / 떨어지다

  ㄴ. {성적, 인기, 주가}이 / 가 올라가다 / 내려가다 / 떨어지다

  ㄷ. {등급, 수준, 신분, 수}이 / 가 높다 / 낮다

  ㄹ. 상명하복, 상승세 / 하락세, 윗전 / 아랫전, 상류사회 / 하류사회

(13ㄱ~ㄹ)을 보면, 분량이 많으면 '위', 적으면 '아래', 평가가 좋으면 '위', 나쁘면 '아래', '정도'가 높으면 '위', 낮으면 '아래', 세력이 강하면 '위', 약하면 '아래'이다. '위-아래' 은유는 방향적 은유에서도 가장 많이 사용되는데, '배우의 연기가 물이 오르다', '천국으로 올라가다 / 나락으로 떨어지다', '주가가 천정을 뚫다 / 바닥을 치다', '바닥을 기는 신세' 등도 우리가 흔히 접하는 '위-아래' 은유이다.

다음 (14)는 수평 방향인 '오른쪽-왼쪽', '안-밖', '가까움-멂'을 기반으로 한 은유이다.

(14) ㄱ. 그 사람이 회장의 오른팔이다 / 본청에서 지방으로 좌천됐다.102)

  ㄴ. 실수가 있어도 안으로 감쌌다 / 남의 자식처럼 밖으로 겉돈다.

  ㄷ. 항상 책을 가까이했다 / 건강 때문에 술을 멀리한다.

(14ㄱ~ㄷ)의 은유 표현을 보면, '오른쪽, 안, 가까움'은 긍정적 개념이 부각되고, '왼쪽, 밖, 멂'은 부정적 개념이 부각된다.

2.5.3. 존재론적 은유

존재론적 은유ontological metaphor는 추상적 세계, 사건, 감정, 생각 등을 실체가 있는 사물처럼 존재론적 지위를 부여하여 개념화하는 은유이다. 예를 들어, '시간이 흘러간다.'는 표현은 눈에 보이지 않는 추상적 대상인 '시간'을 실체가 있는 '물'의 관점에서 경험하고 이해하는 존재론적 은유이다. 다음 (15), (16)은

추상적인 '마음'을 구체적인 '그릇'으로 인식함으로써 생성된 은유 표현이다.

(15) ㄱ. 마음이 {넓다 / 좁다, 무겁다 / 가볍다}.
ㄴ. 마음에 {담다, 차다, 금이 가다}.

(16) ㄱ. 마음이 {식다, 넘치다, 뜨겁다}.
ㄴ. 마음에서 헤어나지 못하다.

(15ㄱㄴ)은 [마음은 그릇]이라는 개념적 은유를 기반으로 하고, (16ㄱㄴ)는 [마음은 그릇]이고 [그릇 속의 내용물은 액체]라는 복합 은유를 기반으로 한 표현이다. '그릇'은 경계가 있어서 안과 밖의 영역이 있으며 안에는 내용물을 넣을 수 있다.

'마음'의 하위 범주인 '사랑'의 감정은 갖가지 사물에 비유되면서 다양한 은유 표현을 생성하는데 다음 (17)은 그 일부이다.

(17) ㄱ. 사랑을 주다 / 사랑을 받다 / 사랑을 빼앗다 / 사랑을 나누다 / TV는 사랑을 싣고 / 사랑을 버리다 ([사랑은 물건])
ㄴ. 사랑에 빠지다 / 사랑이 넘치다 / 사랑이 뜨겁다 / 사랑이 식다 / 사랑이 깨지다 / 사랑에 금이 가다 ([사랑은 그릇])
ㄷ. 사랑이 꽃피는 나무 / 사랑의 열매 / 사랑의 꽃씨를 심다 / 사랑이 싹트다 / 사랑을 가꾸다 / 사랑이 시들다 ([사랑은 식물])
ㄹ. 불타는 사랑 / 사랑은 타오르는 불꽃 / 사랑의 불씨 / 사랑의 불이 붙다 / 사랑의 불꽃이 꺼지다 ([사랑은 불])

논리의 영역인 '이론'은 '건물'로 인식하기도 하고 '음식물'로 인식하기도 한다.

(18) ㄱ. 이론을 세우다 / 이론을 완성하다 / 이론의 기초가 튼튼하다 / 이

론이 흔들림이 없다 / 이론이 무너지다 / 이론이 새롭다 / 이론이
낡다
ㄴ. 이론을 맛보다 / 이론을 소화할 수 없다 / 이론이 신선하다 / 이론
이 식상하다 / 새로운 이론에 굶주리다 / 이론이 맛깔스럽다

(18ㄱ)은 [이론은 건물]이라는 개념적 은유를 바탕으로 한 은유이고, (18ㄴ)은
[이론은 음식물]이라는 개념적 은유를 바탕으로 한 은유이다. '언어'를 '음식물'
에 비유한 관습적 표현도 우리는 많이 사용한다.

(19) 말을 먹다 / 식언食言하다 / 말을 삼키다 / 말을 음미하다 / 말을 뱉다 /
말을 흘리다 / 말을 소화하다 / 말을 토하다 / 말이 달콤하다 / 말이 싱
겁다 / 말이 감칠맛 나다 / 말이 뒷맛이 좋지 않다

(19)는 [언어는 음식]이라는 개념적 은유에서 생성된 표현이다.
다음 (20)은 '물가, 가난, 사랑, 분노'와 같은 추상적 현상이나 감정을 '사람'
으로 의인화personification했다.

(20) ㄱ. 물가가 서민들의 주름살을 늘려 놓았다.
ㄴ. 가난이 한 가족을 죽음으로 내몰았다.
ㄹ. 그리움만 남겨놓고 사랑은 떠나갔다.
ㅁ. 걷잡을 수 없는 분노가 나를 사로잡았다.

이처럼 근원영역으로 '인간'을 내세워 목표영역의 세계를 인간의 입장에서
이해하는 방식이 의인화인데, 의인화도 존재론적 은유의 일종이다.
존재론적 은유는 추상적인 대상을 실체를 가진 존재로 개념화하고, 그렇게
개념화된 경험은 구조적 은유에 의해서 더욱 상세하게 구조화될 수 있다. 예컨
대 추상적인 '시간'을 구체적인 '돈'으로 비유하는, 곧 [시간은 돈]이라는 존재
론적 은유가 근원영역인 '돈'의 풍부한 경험과 목표영역인 '시간'의 경험이

체계적으로 개념화됨으로써 구조적 은유의 모습을 갖출 수 있다.[103] 인지의 기능적 측면에서 볼 때 목표영역에 대한 개념적 구조의 충실성 정도가 구조적 은유가 가장 강하고, 다음으로 존재론적 은유, 방향적 은유의 순서라고 할 수 있다.

3. 개념적 환유

3.1. 개념적 환유의 정의

개념적 환유는 동일 영역 안에서 두 개의 개념적 실체가 인접해 있을 때, 매체vehicle가 되는 실체가 목표target가 되는 다른 실체에 정신적으로 접근하는 인지 과정을 가리킨다. '저기 검정테 안경이 세 시간 동안 기다렸다.'라는 문장에서, '검정테 안경'은 '검정테 안경을 쓴 사람'을 가리킨다. 이 때 '검정테 안경'과 '검정테 안경을 쓴 사람'은 동일 영역 안에 있는 인접한 실체이며, '검정테 안경'은 매체로서 목표인 '검정테 안경을 쓴 사람'을 개념적으로 지시하는 심리적 접촉mental contact을 하고 있다. 곧 동일 영역 안에서 매체와 목표 간에 일어나는 심리적 사상 과정을 개념적 환유conceptual metonymy라고 한다. 환유도 은유와 마찬가지로 경험과 사고를 확장하는 인지 체계의 하나이며, 또한 우리의 일상적인 언어 속에 환유 표현이 광범위하게 자리 잡고 있다.

3.2. '매체-목표'의 사상

매체에서 목표로의 심리적 접촉, 곧 '매체-목표'의 사상은 어떻게 이루어지는가? 이에 대한 설명을 위해서 우리는 '참조점 능력'이라는 인지능력에 대한 이해가 필요하다. 어떤 개념구조에 접근하고자 할 때 그것의 인지적 현저성

salience이 높지 않으면 직접 접근하는 것이 어려울 수 있다. 그러한 경우에 현저성이 높은 다른 개념구조에 일차적으로 접근한 다음에 거기서 목표로 삼는 개념구조에 접근하는 방식을 취할 수 있다. 이처럼 '어떤 사물의 개념을 떠올려 그것을 실마리로 다른 사물과의 심리적 접촉을 이루어 개념화하는' 인지능력을 참조점 능력104)이라고 한다. 예를 들면, 사람이 많은 놀이공원에서 어머니가 풍선을 든 아이를 찾는 상황을 생각해 보자. 키가 작은 아이를 직접 찾는 것은 어렵지만 높이 매단 풍선은 멀리서도 쉽게 찾을 수 있다. 우리는 그 풍선을 중심으로 주변을 둘러보면 아이를 찾을 수 있을 것이다. [그림 3]을 통해서 참조점이 활성화되어 목표로 접근하는 과정을 살펴보자.

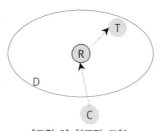

C: 개념화자conceptualizer
R: 참조점reference point
T: 목표target
D: 지배 영역domain
┈┈➤: 심리적 경로mental path

[그림 3] 참조점 모형

[그림 3]은 개념화의 주체 즉 개념화자(C)가 심리적 경로(┈➤)를 따라서 현저한 개체를 참조점(R)105)으로 삼아 참조점의 지배영역(D) 안에 있는 덜 현저한 개체인 목표(T)에 정신적으로 접근하는 과정을 보여준다. 이것을 앞의 상황에 대입하면, 어머니(C)가 풍선(R)을 참조점으로 삼아 군중 속(D)의 아이(T)에 접근하는 것과 같다. 곧 현저성을 띤 '풍선'이 참조점 역할을 함으로써 목표인 '아이'가 활성화된다. 이 점을 환유의 '매체-목표'에 적용하면, 개념화자는 인지적으로 현저한 '매체'를 통해서 덜 현저한 '목표'에 접촉하는 사상 과정을 갖는다고 할 수 있다.

(21) ㄱ. 수자도 <u>맥주 한 병</u>은 거뜬히 마신다.

　　ㄴ. 영호는 넋이 나간 <u>얼굴</u>로 앉아 있었다.

(21ㄱ)은 '맥주 한 병'을 참조점으로 하여 그 속에 들어있는 '술'을 떠올리게 하고, (21ㄴ)은 '얼굴'을 참조점으로 얼굴에 드러나는 '표정'을 떠올리게 한다. 이와 같이 환유는 인지적으로 현저한 매체를 참조점으로 내세워 목표를 활성화하는 방법으로 환유적 사상metonymic mapping이 이루어진다. 이러한 사상 과정을 통해서 생성된 개념적 환유는 일상적인 언어에서 (21ㄱㄴ)과 같은 환유 표현으로 실현된다.

3.3. 환유의 특성

일반적으로 환유의 정의를 기술할 때 두 가지 특성이 그 안에 포함되어 있는데, 하나는 '인접성'이고 다른 하나는 '지시성'이다. 이 점은 개념적 환유 이론은 물론 전통적 환유 이론에서도 마찬가지인데, '한 사물의 명칭으로 인접한 다른 사물을 지시하는 것'이라는 환유의 전통적 정의에서도 인접성과 지시성을 적시하고 있다.

환유의 생성 기제로서의 인접성은 여러 차례 언급한 바 있다. 다시 말하면, 환유는 두 개의 개념적 실체 곧 매체와 목표가 한 영역 안에 인접해 있다는 것이다. 인접성은 공간적·시간적·인과적으로 구분할 수 있다.

(22) ㄱ. 아내가 <u>냉장고</u>를 열어 보았다.

　　ㄴ. 우리는 <u>5·18</u> 기념행사에 참석했다.

　　ㄷ. 그는 <u>술을 마셔</u> 정신이 없었다.

(22ㄱ)의 '냉장고'는 공간적 인접성으로 '냉장고의 문'을 의미하고, (22ㄴ)의 '5·18'은 시간적 인접성으로 '5·18 광주 민주화 운동'을 의미하고, (22ㄷ)의

'술을 마셔'는 인과적 인접성으로 '술에 취해서'를 의미한다. 또한 단어의 인접성으로 생략이 일어나기도 하는데, 예컨대 '해장', '경향'이 각각 '해장술', '경향 신문'을 의미하는 것은 단어의 인접성으로 한쪽 단어가 생략된 결과이다.

환유의 지시성은 매체를 통해서 목표를 지시하는 기능이다. '매체-목표'의 사상은 결국 매체가 목표를 지시하는 인지적 작용이다.

> (23) ㄱ. 백악관은 어떠한 반응도 보이지 않았다.
>   ㄴ. 여기는 눈이 너무 많아서 신경이 쓰인다.

(23ㄱ)의 '백악관'은 '미국의 대통령'을 지시하고, (23ㄴ)의 '눈'은 우리를 보는 '사람'을 지시한다.[106]

3.4. 환유의 유형

환유는 매체와 목표의 포섭관계에 따라 [부분으로 전체를 대신함]과 [전체로 부분을 대신함]의 두 유형으로 분류한다. [부분으로 전체를 대신함]은 '매체-목표'의 사상이 '부분'을 통해서 '전체'를 지시하는 관계이고, [전체로 부분을 대신함]은 '전체'를 통해서 '부분'을 지시하는 관계이다.[107] 전통적인 수사학에서는 부분으로 전체를 지시하는 것을 제유synecdoche라 하여 환유와 구별하기도 하지만 인지언어학에서는 환유에 포함시킨다.

> (24) ㄱ. 우리 연구소는 우수한 두뇌가 매우 많다.
>   ㄴ. 호수 주변에 장미가 아주 화사하게 피었다.

(24ㄱ)의 '두뇌'는 '학자'를 지시하므로 개념적 환유 [부분으로 전체를 대신함]을 바탕으로 하고, (24ㄴ)의 '장미'는 '장미꽃'을 지시하므로 개념적 환유 [전체로 부분을 대신함]을 바탕으로 한 환유 표현이다. (24ㄱ)과 (24ㄴ)은 보다 구체

적으로 [신체의 부분으로 전체를 대신함]과 [사물 전체로 부분을 대신함]의 개념적 환유로 구분할 수 있다. 개념적 환유의 유형을 좀 더 상세하게 분류해서 살펴보자.

3.4.1. [부분으로 전체를 대신함]

개념적 환유 [부분으로 전체를 대신함]은 다음과 같이 세분할 수 있다.

가. [신체의 부분으로 사람을 대신함]

> (25) ㄱ. 한국 문단에 새로운 얼굴이 등장했다.
> ㄴ. 그 선수는 여전히 어깨가 싱싱하다.

(25ㄱ)의 '얼굴'은 '문인'을 가리키고, (25ㄴ)의 '어깨'는 '투수'를 가리킨다. 신체의 부분으로 사람을 지시하는 예는 아주 많은데, '이 곳은 {눈, 귀}이 / 가 많다.'에서의 '눈'과 '귀'는 '보는 눈'과 '듣는 귀'로 곧 '사람'을 가리키고, '손이 부족하다.'에서의 '손'은 '일꾼'을 가리킨다. 별명으로 부르는 '노랑머리', '콧수염', '왕눈이', '들창코' 등도 신체적 특징으로 그 사람을 지시한다.

나. [소유물로 사람을 대신함]

> (26) ㄱ. 오늘도 어김없이 청바지가 나타났다.
> ㄴ. 오늘 첼로가 연습에 참여할 수 없습니다.

(26ㄱ)의 '청바지'는 '청바지를 입은 사람'을 가리키고, (26ㄴ)의 '첼로'는 관현악단의 '첼로 연주자'를 가리킨다. 사람의 별명을 그 사람의 특징적인 소유물로, 예를 들어 베레모를 즐겨 쓰는 사람을 '베레모'라고 부르고, 배기바지를 즐겨 입는 사람을 '배기바지' 혹은 '똥싼바지'라고 부르는 것도 이러한 부류

에 속한다.

다. [한 사물로 사물 부류 전체를 대신함]

(27) ㄱ. 사람은 빵만으로 살 수 없다.
　　 ㄴ. 펜은 칼보다 강하다.

(27ㄱ)의 '빵'은 빵을 포함한 모든 '양식'을 가리키고, (27ㄴ)의 '펜'과 '칼'은 각각 '학문'과 '무예'를 가리킨다. 곧 하위의 종으로 상위의 유개념을 가리킨다. '미원'이 '조미료'를 지시하는 것처럼 상표명으로 동일 부류 상품 전체를 대신하는 것도 같은 유형의 환유라고 할 수 있다.

라. [사건의 부분으로 사건의 전체를 대신함]

(28) ㄱ. 각고의 노력 끝에 월계관을 썼다.
　　 ㄴ. 그는 마침내 교단에 서게 되었다.

(28ㄱ)의 '월계관을 쓰다'는 운동 등의 대회에서 '우승의 영예를 누리다'를 가리키고, (28ㄴ)의 '교단에 서다'는 '교직에 종사하다'를 지시한다. '면사포를 쓰다' 또는 '웨딩드레스를 입다'가 '결혼식을 올리다'를 대신하고, 가톨릭교에서 '제단에 서다'가 '사제가 되다'를 대신하는 것도 같은 부류의 예이다.

마. [시간의 부분으로 시간의 전체를 대신함]

(29) ㄱ. 어제의 아픔을 내일까지 이어갈 수 없다.
　　 ㄴ. 어제를 앎으로써 오늘과 내일을 준비할 수 있다.

(29ㄱㄴ)의 '어제, 오늘, 내일'은 시간의 한 부분으로 더 큰 시간의 영역인 '과거, 현재, 미래'를 가리킨다.

3.4.2. [전체로 부분을 대신함]

개념적 환유 [전체로 부분을 대신함]은 다음과 같이 세분할 수 있다.

가. [사물의 전체로 부분을 대신함]

(30) ㄱ. 감기로 <u>온몸</u>이 쑤신다.
 ㄴ. 팔짱을 껴서 <u>가슴</u>을 가렸다.

(31) ㄱ. <u>시계</u>가 정오를 가리킨다.
 ㄴ. <u>연필</u>이 진해서 글씨가 잘 보인다.

(30ㄱ)은 신체 전체인 '온몸'이 신체의 부분인 '근육'을 가리키고, (30ㄴ)은 신체의 부분인 '가슴'이 더 작은 부분인 '유방'을 가리킨다. '가슴'은 더 작은 부분인 '폐'를 가리키는데 쓰이기도 한다. (31ㄱ)의 '시계'는 '시계의 바늘'을 가리키고, (31ㄴ)의 '연필'은 '연필의 심'을 가리킨다. 이러한 부류의 관습적 환유는 일상 언어생활에서 널리 사용되고 있다. 예를 들면, '<u>냉장고를 열다</u>', '<u>라디오를 듣다</u>' 등인데, '냉장고'는 냉장고의 '문'을, '라디오'는 라디오의 '소리'를 지시한다.

나. [부류 전체로 부분을 대신함]

(32) ㄱ. <u>약</u>을 먹고 깊은 잠에 빠졌다.
 ㄴ. <u>법</u>을 위반해서 징역살이를 했다.

(32ㄱ)의 '약'은 '수면제'를 가리키고, (32ㄴ)의 '법'은 '형법'을 가리킨다. '어버이날에 꽃을 달아드렸다.'에서 '꽃'으로 '카네이션'을 대신하는 것과 같이, 부류 전체를 지시하는 유개념으로 하위의 종을 가리키는 것이다.

다. [생산자로 생산품을 대신함]

> (33) ㄱ. 그는 <u>쇼팽</u>을 들으면서 휴식을 취한다.
>
> ㄴ. 나는 이제까지 <u>현대</u>만 타고 다녔다.

(33ㄱ)의 '쇼팽'은 '쇼팽이 작곡한 곡'을 가리키고, (33ㄴ)의 '현대'는 '현대자동차에서 생산한 차'를 가리킨다. '김수영을 좋아하다'에서의 '김수영'은 '김수영의 시'를 가리키고, '니체에 빠지다'에서의 '니체'는 '니체의 철학 세계'를 가리킨다.

라. [그릇으로 내용물을 대신함]

> (34) ㄱ. 아까부터 <u>냄비</u>가 펄펄 끓고 있다.
>
> ㄴ. 더운 날씨에 <u>장독</u>이 부글부글 넘친다.

(34ㄱ)의 '냄비'는 '냄비 속의 액체'를 가리키고, (34ㄴ)의 '장독'은 '장독 속의 장류'를 가리킨다. '술잔을 비우다'에서의 '<u>술잔</u>'은 '술잔에 든 술'을 가리키고, '<u>곳간</u>을 내놓다'에서의 '곳간'은 '곳간 안의 곡식'을 가리킨다.

마. [생물체로 음식을 대신함]

> (35) ㄱ. 오늘 점심 식사는 <u>오리</u>로 할까요?
>
> ㄴ. <u>꽃게</u>가 밥도둑이라는 말이 맞나봐.

(35ㄱ)의 '오리'는 '오리를 주재료로 만든 음식'을 가리키고, (35ㄴ)의 '꽃게'는 '꽃게로 만든 음식'을 가리킨다. 실제 먹는 것은 밤송이에 쌓인 '밤알'이지만 우리는 '<u>밤</u>을 먹는다.'라고 말하는 것처럼 생물체의 명칭으로 그 음식을 가리킨다.

바. [장소로 사람을 대신함]

(36) ㄱ. 이번 대선 결과는 <u>충청도</u>가 결정할 것이다.
    ㄴ. 이태석 신부가 <u>톤즈</u>의 눈물을 닦아주었다.

(37) ㄱ. 비로소 온 <u>동네</u>가 마음 편히 살 수 있다.
    ㄴ. <u>옆집</u>은 특별히 할 말이 없나 봅니다.

(36ㄱ)의 '충청도'는 '충청도의 유권자'를 가리키고, (36ㄴ)의 '톤즈'는 아프리카 남수단의 '톤즈 주민'을 가리킨다. 직접 거명하는 것을 피하기 위해서 동네 이름으로 그 사람을 대신하는 일이 많은데, 예를 들면 '<u>안국동</u>에서 설 선물을 보냈다.'라고 말한다. (37ㄱ)의 '동네'가 '동네 사람'을 가리키고, (37ㄴ)의 '옆집'이 '옆집 사람'을 가리킨다.

사. [장소로 사건을 대신함]

(38) ㄱ. 역설적으로 <u>남영동 대공 분실</u>이 민주화의 기폭제가 되었다.
    ㄴ. 홍콩의 우산혁명은 결국 <u>톈안먼</u>처럼 묻히고 말았다.

(38ㄱ)의 '남영동 대공 분실'은 1987년 서울의 남영동 대공 분실에서 일어난 '박종철 고문치사 사건'을 가리키고, (38ㄴ)의 '톈안먼'은 1989년 중국 북경의 톈안먼天安門 광장을 중심으로 일어난 '톈안먼 사태'를 가리킨다. '워터게이트'watergate는 '워터게이트 사건'[108]을 가리킨다.

아. [건물로 대표자를 대신함]

(39) ㄱ. 국민들은 <u>청와대</u>가 어떤 대책을 내놓을지 궁금하다.
    ㄴ. 가을이 지나면 <u>녹우당</u>에서 비자를 한 자루씩 보냈다.

(39ㄱ)의 '청와대'는 '대통령'을 가리키고, (39ㄴ)의 '녹우당'은 전라남도 해남에 있는 해남윤씨 종가인데, 이때의 '녹우당'은 '녹우당의 주인'인 종손을 가리킨다. 역사극에서 '동궁'이 '왕세자'를, '운현궁'이 '대원군'을 대신하는 것도 같은 부류의 환유이다.

자. [기관으로 구성원을 대신함]

(40) ㄱ. 마침내 <u>한국은행</u>이 금리 인하를 단행했다.
　　 ㄴ. <u>헌법재판소</u>가 대통령의 탄핵을 결정했다.

(40ㄱ)의 '한국은행'은 한국은행의 '금융통화위원'을 가리키고, (40ㄴ)의 '헌법재판소'는 헌법재판소의 '헌법재판관'을 가리킨다.

차. [시간으로 사건을 대신함]

(41) ㄱ. <u>기미년</u>의 한을 가슴에 품고 지냈다.
　　 ㄴ. 어찌 <u>1987년 6월</u>을 잊을 수 있겠느냐?

(41ㄱ)의 '기미년'은 1919년에 일어난 '3·1 만세운동'을 가리키고, (41ㄴ)의 '1987년 6월'은 '6월 민주항쟁'을 가리킨다. '육이오'는 '6·25 한국전쟁'을 가리키고, '9·11'은 2001년 9월 11일 미국 뉴욕의 세계무역센터에서 벌어진 항공기 자살 테러 사건을 가리킨다.

카. [시간으로 생산물을 대신함]

(42) ㄱ. 어머니는 곰소에서 산 <u>육젓</u>으로 김장하신다.
　　 ㄴ. 할아버지는 <u>해방둥이</u>로 갖은 고생을 하셨다.

(42ㄱ)의 '육젓'은 음력 유월에 잡은 새우로 담근 '새우젓'을 가리키고, (42

ㄴ)의 '해방둥이'는 해방되던 해, 곧 '1945년에 태어난 사람'을 가리킨다.

환유 표현은 은유보다 더 광범위하게 일상 언어 속에 자리 잡고 있으며, 위에서 언급하지 않은 더 많은 부류의 환유 표현들이 널리 사용되고 있다. 그렇기 때문에 환유의 체계적 분류가 용이하지 않을 뿐만 아니라 관점에 따라서 다양한 분류 체계가 있을 수 있다.

제8장 의미변화

1. 의미변화의 규정

언어는 사회적 약속이기 때문에 개인에 의해서 마음대로 바꿀 수 없으며 그렇게 바꾸어지지도 않는다. 그러나 언어는 정신세계 속의 유동체와 같아서 세월의 흐름에 따라 변하기 마련이다. 물론 이러한 변화는 언어공동체의 무언의 동의에 의해서 이루어지기 때문에 언어의 사회적 약속은 계속 유지된다. 곧 언어는 공시적으로 사회성을 유지하면서 통시적으로는 꾸준히 변화하는데, 이와 같은 언어의 통시적 변화를 언어변화라고 한다. 언어변화는 음운, 어휘, 문법, 의미 등 언어를 구성하는 모든 부분에서 일어나는데, 15세기 당시 [어리석다]의 뜻으로 쓰이던 '어리다'가 지금은 [나이가 적다]의 뜻이 쓰이는 것은 의미가 변화한 것이다.

의미변화semantic change는 어떤 말의 중심의미가 새로 생겨난 다른 의미와 함께 사용되다가 마침내 다른 의미로 바뀌는 현상이다. 의미변화의 과정을 그림으로 나타내면 다음 [그림 1]과 같다.

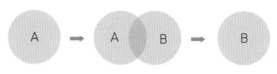

[그림 1] 의미변화의 과정

[그림 1]은 A가 B로 의미변화 하는 과정을 보여주는데, 이 변화 속에는 본래의 의미 A와 새로운 의미 B가 공존함으로써 다의관계를 형성하는 과도기 과정이 들어있다. 이와 같이 중심의미 A가 다의관계에 있는 A와 B의 중간단계를 거쳐서 B로 바뀌는 현상을 의미변화라고 한다. 중세국어 '어엿브다'를 통해서 의미변화 과정을 살펴보면 [그림 2]와 같다.

[그림 2] '어엿브다'의 의미변화 과정

중세국어에서 '어엿브다'가 [불쌍하다]의 의미였으나 근대국어 시기에는 [불쌍하다]와 새로 생긴 [아름답다]의 의미가 함께 쓰였다.109) 그러다가 현대국어 시기에 들어와서 [불쌍하다]의 의미는 사라지고 [아름답다]의 의미만 사용되고 있다.

의미변화에 대한 연구는 역사의미론에서 시작해서 구조의미론에 이르기까지 매우 활발하게 이루어졌다. 구조의미론의 가장 보편적인 견해를 중심으로 의미변화 전반에 대해서 살펴본다.

2. 의미변화의 촉진 요인

언어를 이루는 두 가지 측면, 곧 형태와 의미는 각각 독자적 체계를 유지하는데 언어의 변화도 독자적 체계 속에서 이루어진다. 그런데 의미의 변화는 형태의 변화보다 더 빠르게 진행된다. 그러면 의미변화가 쉽게 일어나는 까닭은 어디에 있을까? 의미변화의 원인을 살펴보기 전에 먼저 의미변화를 촉진하는 요인에 대해서 살펴보자.110)

2.1. 언어 전수의 비지속성

어린 아이들은 성인들이 사용하는 말을 들으면서 말을 배우게 되는데, 이때 아이들에게는 종종 단어의 의미를 오해하는 일이 생긴다. 대부분은 곧 교정이 되지만 어떤 경우에는 오해를 바로 잡지 못한 상태로 새로운 세대에 정착하게 된다. 이것은 한 세대에서 다음 세대로 언어가 전수될 때 비지속적discontinuous 방법으로 전해지기 때문이다. 불어 형용사 *soûl*은 원래 [포식하다]의 의미였는데, 17세기 이후 [술에 취하다], [비틀거리다]의 의미로 바뀌었다. 이러한 변화는 술에 취해서 비틀거리는 사람들을 보고 어른들이 풍자적으로 *soûl*을 사용했는데, 이 말을 들은 아이들이 오해하여 그대로 받아들임으로써 새로운 의미로 굳어진 것이다. 국어의 경우, '희한하다'는 [매우 드물다]의 의미인데 사람들이 신기하거나 이상스러운 일에 사용하는 일이 많아지면서 지금은 [신기하다], [이상하다]의 의미로 굳어져 버렸다. '근사하다'가 [매우 비슷하다]의 의미에 [훌륭하다], [그럴 듯하다]의 의미가 덧붙은 것도 잘못 전해진 데서 빚어진 의미변화라고 할 수 있다.

2.2. 의미의 모호성

우리가 알고 있는 단어의 의미는 본질적으로 모호성을 가지고 있다. 지시 대상 사이의 경계가 분명하지 않아서 두 단어의 의미가 불명료하게 인식되는 것이 그러한 예이다. 전문가가 아닌 일반 사람들은 '나무'와 '풀'의 경계를 정확하게 알지 못한다. 인간의 신체 부분만 하더라도 우리가 경계 구분을 분명하게 하지 못하는 경우가 많다. '가슴'과 '배', '등'과 '허리'의 경계를 잘 알지 못하는 것이 그 예이다. 볼기의 위와 아래 부분을 각각 '엉덩이'와 '궁둥이'라고 하는데 사람들이 그것을 구별하여 사용하지 않음으로써 지금은 두 단어가 같은 뜻으로 쓰이고 있다. 모두 지시 대상 사이의 경계를 잘 모르는 데서 온 결과라고 할 수 있다. 결국 의미의 모호성으로 인해서 우리는 언어를 부정확하게 사용하고, 그 결과로 의미에 변화가 일어나게 된다.

2.3. 유연성의 상실

단어의 명칭과 의미 사이에 유연성을 가지고 있었으나 본래의 의미를 떠올릴 수 없을 정도로 명칭이 변하면, 의미도 따라서 변하게 된다. '양말'洋襪의 한자를 알면 서양식 버선을 뜻한다는 것을 이해할 수 있지만 많은 사람들은 양말이 한자어라는 생각을 하지 못한다. '흐지부지', '흥청망청'과 같은 부사가 '諱之秘之', '興淸亡淸'에서 유래되었음을 아는 사람도 많지 않다. 한자의 사용이 줄어들면서 그만큼 우리는 한자어의 유연성을 잃어버리고 만 셈이다. 이와 같이 명칭과 의미 사이의 유연성이 사라지면서 의미변화가 일어나게 된다.

2.4. 언어의 다의성

자연언어의 속성의 하나인 다의성은 결과적으로 의미 확장을 불러온다. '주

인'主人이 [물건의 소유자]에서 [상점주], [가장], [남편], [고용주], [초청인] 등
으로 의미가 확장된 것은 언어의 다의성에서 비롯된 결과이다. 언어의 다의성
은 의미변화를 일으키는 가장 큰 요인의 하나이다.

2.5. 중의적 문맥

　중의적 해석이 가능한 문맥에서 의미변화가 일어날 수 있다. 영어에서 '기도
하다'는 뜻으로 쓰이는 '*count one's beads*'의 '*beads*'는 원래 [기도]를 뜻하였
으나 이 말의 전체 의미로 보아 [묵주]로 해석해도 아무런 문제가 없다. 묵주의
알을 헤아리면서 기도하기 때문이다. 이와 같이 중의적 문맥이 의미변화를
일으킬 수 있다.

2.6. 어휘구조의 복잡성

　한 언어의 음운 및 문법 체계는 긴밀하게 조직된 한정된 수의 요소들로
구성되지만 어휘는 무한히 많은 수의 단어들로 이루어진 느슨한 집합체이다.
그렇기 때문에 어휘는 훨씬 유동적이고 가변적인 복잡한 구조를 가지고 있다.
따라서 이러한 구조 속에 있는 어휘는 아주 쉽게 새로운 의미를 갖기도 하고
잃어버리기도 한다.

3. 의미변화의 원인

　위에서 우리는 의미변화가 쉽게 일어나는 요인들을 살펴보았는데 이제 의
미변화를 몇 가지 원인으로 분류하여 살펴보기로 하자. 의미변화의 원인에는
(가) 언어적 원인, (나) 역사적 원인, (다) 사회적 원인, (라) 심리적 원인, (마)

외국어의 영향, (바) 새로운 명칭의 필요성 등 여섯 가지가 있다. 그러나 '외국어의 영향'은 '사회적 원인'에 포함될 수 있고, '새로운 명칭의 필요성'은 '언어적 원인' 또는 '심리적 원인'과 관계되거나 그것들에 포함될 수 있다.

3.1. 언어적 원인

언어적 원인linguistic cause이란 음운이나 단어의 형태 또는 문장의 구조와 같은 언어적 요소가 의미변화의 원인이 되는 것이다. 언어적 원인은 전염, 생략, 민간어원 등으로 구별하여 살펴볼 수 있다.

3.1.1. 전염

어떤 단어가 문맥 속에서 특정의 다른 단어와 함께 자주 사용되고 그러한 결합이 관습적으로 지속되면 한 단어에 다른 단어의 의미가 전이되는데 이러한 현상을 전염contagion 또는 감염이라고 한다. 부사 '전혀'가 문장 속에서 '않다', '못하다' 등 부정어와 함께 쓰이고, 이러한 관습적 배열에 의해서 '전혀'에 '부정'의 의미가 전염된 것이 그 예이다. "영호가 판소리에 관심이 있나요?"라는 질문에 "전혀…"라고 대답할 때, '전혀' 속에 부정의 의미가 포함되어 있다. 옛말에서 '별로'는 긍정적인 경우와 부정적인 경우에 다 쓰였다. 그러나 현대 국어에서 "이 커피숍은 커피 맛이 별로 좋구나."하고 긍정적인 표현에 쓰이면 자연스럽지 않다. 그것은 '별로'가 관습적으로 부정어와 함께 쓰이면서 이미 부정의 의미가 전염된 결과이다.

3.1.2. 생략

병렬 구조를 이루는 단어들은 서로 영향을 미치는 일이 많은데 그 가운데 하나는, 병렬 구조 속의 한 단어가 생략ellipsis되어도 남은 단어에 생략된 단어의 의미가 전이되는 것이다. "코가 흐른다."에서 '코'는 '콧물'을 가리키고, '코'에는 생략된 '물'의 의미가 전이되어 있다. '미니스커트'를 '미니'라고 줄여서 말하듯이 '교통경찰'을 우리는 '교통'이라고 말하기도 하는데 이때에도 생략된 단어의 의미가 전이되어 있다. '신한은행'을 '신한'이라고 부르는 것과 같은 단축도 의미 전이가 일어난다. 이른바 인접성에 의한 환유인데, 생략의 예를 더 들면 다음과 같다.

아침밥 > 아침	핵무기 > 핵	머리털 > 머리
보름날 > 보름	해장술 > 해장111)	남방셔츠 > 남방
리모트 콘트롤 > 리모컨	에어컨디셔너 > 에어컨	퍼머넌트 웨이브 > 파마

3.1.3. 민간어원

어떤 단어를 그것과 명칭이 유사한 다른 단어와 결부지어 해석함으로써 의미에 변화를 가져오기도 한다. 치마 위에 덧입는 작은 치마인 '행주치마'는 중세국어 '힝ᄌᆞ쵸마'가 변한 것이다. 그런데 어원을 알지 못하는 사람들이 '힝ᄌᆞ'를 이미 그들이 알고 있는 지명 '행주幸州'에 결부시키고 거기에 임진왜란 때의 역사적 사건까지를 연결시켜서 '행주산성 싸움에서 부녀자들이 사용한 치마'라는 뜻으로 풀이하였다. 이러한 민간어원에 의해서 '행주'는 본래의 의미와 다른 어원을 결부 짓게 되었다. '섣달그믐'을 가리키는 '아츤설'이 '까치설'이 된 것도, '아츤'의 본뜻이 분명하지 않고(여기서는 '작은'의 뜻), 발음도 '아츠, 아츠, 아치' 등 불분명한 데가 있어서 마침내 우리에게 친근한 새이면서 소리가 유사한 '까치'에 견인된 결과이다.

3.2. 역사적 원인

시간의 흐름에 따라 지시물이 변하지만 명칭은 비교적 보수성이 강하기 때문에 바뀌지 않고 그대로 사용될 수 있다. 이러한 경우 명칭 곧 단어는 그대로이고 그것의 지시물이 변하기 때문에 단어의 의미가 변하는 결과를 가져온다. 이와 같이 과학, 제도, 기술, 풍속, 관습 등의 변화가 명칭의 변화는 수반하지 않고 지시물의 변화만 가져옴으로써 의미변화가 일어나는데, 이러한 의미변화의 원인을 역사적 원인historical cause이라고 한다. 역사적 원인은 지시물의 변화 양상에 따라 다음과 같이 세 가지로 나누어 살펴볼 수 있다.

3.2.1. 지시물의 실제 변화

명칭은 그대로이지만 기술이나 제도, 관습 등의 지시물이 실제로 바뀜으로써 의미가 변하는 결과를 가져올 수 있다. '기차'汽車는 애초에 증기의 힘으로 움직이기 때문에 붙여진 명칭이었으나 과학의 발달로 원동력이 바뀌었음에도 불구하고 지금도 명칭은 그대로이다. 곧 지시물이 실제로 변함에 따라 의미가 변한 것이다. 지시물의 실제 변화는 다시 다음과 같이 세 가지로 나누어볼 수 있다.

> (가) 지시물이 변한 것: 예전에 '바가지'는 박으로 만들었지만 지금은 대부분 플라스틱으로 만든다. 지시물의 발달로 명칭과 개념의 연합관계가 변하였다. '수세미, 배船, 차車, 역驛, 지갑紙匣', 그리고 앞의 '기차' 등이 여기에 속하는 예이다.
>
> (나) 지시물이 소멸된 것: '영감'은 본래 신라 때는 무관직을 가리키고 조선시대에는 정이품 이상의 고관직을 가리켰으나 오늘날은 존칭으로만 사용된다. 지시물은 소멸되었지만 의미가 바뀐 채로 단어는 남아 있다. '양반'([사대부 계층의 사람] > [점잖은 사람]) 등도 여기에 속한다.
>
> (다) 지시물과 명칭이 다 소멸된 것: '인경'(←인정人定)은 옛날 통행금지를

알리기 위해서 치는 종을 가리켰는데 그러한 제도가 없어지면서 단어
도 소멸되었다. 이러한 예로는 '집현전, 홍문관, 사헌부, 판서' 등을 들
수 있다.

3.2.2. 지시물에 대한 지식의 변화

과학의 발달로 새로운 사실을 발견하고 그 결과로 지시물에 대한 지식에
변화가 일어날 수 있다. 지시물의 실체는 그대로 있으면서 그에 대한 우리의
지식이 바뀜에 따라 의미변화가 일어나는 것이다. '일출'日出이나 '일몰'日沒은
예전에 해가 뜨고 해가 지는 것으로 알았기 때문에 붙여진 명칭인데, 지구의
자전이라는 과학적 사실이 밝혀진 지금도 여전히 예전에 붙여진 명칭대로
말하고 있다. 평평한 것으로 알았던 '땅'이나 잡귀의 침입으로 여겼던 '병'에
대하여 우리는 명칭은 그대로 사용하고 있지만 그것이 가리키는 내용에서는
변화를 가져왔다.

3.2.3. 지시물에 대한 태도의 변화

지시물에 대한 우리의 정적 태도가 바뀜에 따라서 결과적으로 의미변화를
가져올 수 있다. 우리의 관념은 경험, 습관, 선전, 정보, 친밀성 등에 의해서
변화할 수 있으며, 이러한 관념의 변화는 단어에 대한 정적 태도를 변화시키고
나아가서는 관념적 내용까지도 바꿀 수 있다. 북한을 이탈하여 남한에 정착한
사람을 가리켜 '탈북자'라고 부르다가 '새터민'으로 바꾼 것은 그들에 대한
정적 태도의 변화를 반영한 것이다. '사회주의', '공산주의'와 같은 단어도 이념
적으로 극심하게 대립하던 시기에는 우리 스스로 화제로 삼지 않을 정도로
경계하였으나 지금은 전혀 그런 대상이 아니다. 지시물은 그대로 존재하는데
그에 대한 우리의 감정적 태도가 바뀐 것이다. '효도'나 '충성'도 유교적 전통

사회와 비교해 보면 오늘날 얼마나 많은 변화가 있는가를 짐작해 볼 수 있다. 평등사회가 강조되면서 직업에 대한 감정적 태도에도 많은 변화를 가져왔으며, 그 결과로 '운전사 > 기사', '우체부 > 집배원', '파출부 > 가사 도우미'와 같이 지칭이 달라진 예도 많이 있다.

3.3. 사회적 원인

사회를 구성하는 계층이나 집단에 따라서 사용하는 말의 의미가 달라질 수 있다. 한 집단의 말이 다른 집단에 차용될 때 의미변화가 일어날 수 있기 때문이다. 이와 같이 언어는 사회적 환경 속에서 변화가 일어날 수 있는데, 이러한 의미변화의 원인을 사회적 원인social cause이라 한다. 사회적 원인은 의미의 일반화와 의미의 특수화로 나누어 볼 수 있다.

3.3.1. 의미의 일반화

의미의 일반화generalization는 특수 사회 집단의 언어가 일반적인 용법에 차용되거나, 보다 넓은 일반 사회 집단에서 채택되어 새로운 일반적 의미를 갖는 것을 말한다. 의미의 일반화는 결과적으로 의미의 외연이 확장되기 때문에 의미의 확대라고 할 수 있다. '박사'는 최고의 학위를 가리키는 말로 학술 분야에 제한된 것인데, 일반사회에서 '만물박사, 수학 박사'처럼 아는 것이 많거나 어느 분야에 능통한 사람을 '박사'라고 부르기도 한다. '사령탑'司令塔은 군함에서 함장이 지휘할 수 있도록 높게 세운 탑이나 단상을 말하는데, 지금은 '국가대표 축구팀의 사령탑'과 같이 어떤 조직의 최고 책임자를 가리키는 의미로도 쓰인다. '대중'大衆은 본래 불교에서 사부대중四部大衆 곧 비구, 비구니, 우바새, 우바이 등을 통틀어 이르는 말인데, 일반 사회에서는 수많은 사람의 무리를 가리킨다. '계절의 여왕', '발라드계의 황제'에서처럼 '여왕'이나 '황제'는 어떤 분야에서의 최고의 지위를 뜻한다. 의미의 일반화에 대한 예를 몇 개 더 제시한다.

> ㉠ 궁중: 왕 → '일인자' / '으뜸'이나 '큰' 뜻의 접사(저축왕 / 왕대포), 공주
>   → 딸, 시녀 → 부려 쓰이는 사람
> ㉡ 운동: 안타 → 성공, 대타 → 대행, 홈런 → 대성공, 골인 → 성사
> ㉢ 종교: 십자가 → 희생, 공양 → 돌봄(시부모 공양), 보시 → 베풂, 도사 →
>   특출한 사람
> ㉣ 군대: 대장 → 최상위자, 졸병 → 하급자, 부대 → 같은 무리(박수 부대),
>   저격수 → 지정 공격자
> ㉤ 부랑아: 왕초 → 우두머리, 똘마니 → 부하, 거지 → 천덕꾸러기
> ㉥ 의학: 수술 → 근본적 개선, 맹장 → 쓸모없는 사람, 암 → 고치기 어려운
>   폐단

3.3.2. 의미의 특수화

일반 사회에서 널리 쓰이던 말이 특수 집단에서 쓰이게 되면서 의미가 전문화 또는 특수화되는 것을 의미의 특수화specialization라고 한다. 이것은 일상어가 특수 집단에 차용되면서 한정적인 의미를 갖게 되므로 의미의 축소라고 할 수 있다. [겉과 속]의 뜻으로 널리 쓰이는 '표리'表裏가 옛날 궁중에서 [옷의 겉감과 안감]의 뜻으로 쓰였으며, 일반적으로 [부]父를 뜻하는 '아버지'가 오늘날 기독교와 같은 종교에서 [천주]天主 뜻으로 쓰이고 있는데, 이러한 의미의 변화를 의미의 특수화라고 한다. 의미의 특수화에 대한 예를 몇 개 더 제시한다.

> ㉠ 금융 / 증권: 출혈 → 재정적 손해, 바닥 → 최저 수준의 시세, 큰손 → 대
>   량 매매자
> ㉡ 종교: 말씀 → 성경, 복음 → 그리스도의 가르침, 시험 → 시련, 곡차 → 술

ⓒ 법조: 영감→판·검사, 구속→잡아 가둠, 담보→채무 변제 확보를 위한
물건

ⓔ 바둑: 배꼽→바둑판의 한 가운데, 귀→모서리 부분, 맛→변화의 여지

ⓜ 언어학: 형태, 동화, 굴절, 성분, 접속, 내포, 지시, 의의, 전제, 함축 등

이상에서 살펴본 바와 같이 의미의 일반화와 의미의 특수화는 사회를 이루
고 있는 한 성층成層 집단의 단어가 다른 성층 집단으로 옮겨지면서 일어나는
의미변화이다.112)

3.4. 심리적 원인

화자의 심리적 특성이나 경향에 의해서 일어나는 의미변화의 원인을 심리
적 원인psychological cause이라 한다. 사람들은 어떤 특정한 표현을 사용하는 것
을 심리적으로 꺼리는 경우가 있다. 예컨대, 도덕적 관념에 어긋나는 것이나
정치적으로 혹은 종교적으로 직접 언급하는 것이 바람직하지 않을 때에 그
단어의 형태를 변화시킨다거나 다른 단어로 대신하는 경우가 있는데, 이러한
결과로 의미변화가 일어난다. 심리적 원인은 감정적 요인에 의한 것과 금기에
의한 것으로 나누어 볼 수 있다.

3.4.1. 감정적 요인

우리가 어떤 사건에 많은 관심을 가질 때 자연히 그것에 대해서 많은 말을
하게 되고, 또 그 사건과 무관한데도 그것과 결부지어 말하기도 한다. 다시
말하면, 그 사건이 화제의 중심이 되어 퍼져나가기도 하고, 다른 쪽에서 유사
한 것을 끌어다가 그것에 관련짓기도 한다. 우리는 전자를 확장expansion이라
하고 후자를 견인attraction이라고 말한다. 인도네시아 해안에서 지진해일이 일

어나 세상 사람들이 크게 놀란 적이 있었는데 그 당시 지진해일을 가리키는 일본어 '쓰나미'가 화제의 중심이 되었다. 이 말에 대한 과도한 관심은 '개인 파산 쓰나미 현상', 'A패션 전국 유명 백화점 매장 쓰나미', '영화「기생충」 쓰나미' 등 다른 사태에까지 확장되어 쓰이게 되었다. 코로나-19로 많은 사람이 일자리를 잃게 되면서 '코로나 쓰나미' 또는 '실업 쓰나미' 등이 쓰인다. 전쟁 중에는 군사적인 것이 관심의 대상이 되어서, 철모를 '바가지', 사병의 계급장을 '갈매기', 총알을 '콩'이라고 했다. 이것은 유사한 것을 끌어다 붙여 말하는 것으로 견인의 예에 해당한다.

3.4.2. 금기

해서는 안 될 일이나 피해야 할 것을 금기taboo라고 하는데, 언어에도 직접 언급하는 것을 피해서 달리 말하는 일이 있다. 이때 금기어 대신 쓰이거나 남의 기분이 상하지 않게 에두르는 말을 완곡어라고 하는데, 완곡어가 금기어 대신 쓰이면 완곡어는 그만큼 의미가 확장된다. 이와 같이 금기는 의미변화를 일으키는 심리 현상의 하나이다. 금기에는 배후의 심리적 동기에 따라 공포감에 의한 금기, 우아한 표현을 위한 금기, 예의에 의한 금기로 나눌 수 있다.

가. 공포감에 의한 금기

초자연적 존재에 대한 두려움 때문에 그 대상을 직접 말하지 않고 다른 말을 대신 사용함으로써 의미가 변하게 된다. 옛날에 '호랑이'를 '산신령'이라고 불렀는데 이것은 토템totem의 동물인 호랑이를 공포와 금기의 대상으로 여겼기 때문이다. 예전에 악귀나 질병에 대한 공포감 때문에 '천연두'를 '손님' 또는 '마마'라고 부르거나 아이들을 두고 '예쁘다'고 하지 않고 대신 '밉다'고 말하기도 했다.

나. 우아한 표현을 위한 금기

불쾌한 것을 직접 말하지 않고 완곡한 표현을 사용함으로써 의미변화가
초래된다. 병이나 심신의 장애, 죽음에 관계되는 것, 범죄 행위 등에 관한 금기
가 이에 해당한다. 불치병이라고 생각해서 '암' 대신에 '악성종양'이라고 말하
는 것이나, '아프다', '죽다'를 '편치 않다', '돌아가시다'라고 말하는 것이 이에
해당한다. 한국 사람들이 숫자 4를 기피하는 것도 죽음을 뜻하는 한자 '사'死와
음이 같다는 점 때문이다. 요즈음에는 '자살'이라는 단어 대신에 '극단적 선택'
이라는 표현을 많이 사용하고 있다. '도둑질'을 '손장난', '도난당하다'를 '손을
타다'라고 말한다. '똥, 오줌' 대신에 '대변, 소변'을 사용하고, 이와 관련된 행
위를 '대변보다, 뒤보다, 소변보다, 용변보다' 등으로 말한다.

다. 예의에 의한 금기

미풍양속을 해치지 않기 위해서 우리는 언어예절을 지키게 되는데, 성이나
신체 부분과 기능에 관한 것, 욕설 등은 직접 말하지 않는 것을 예의로 여긴다.
불교의 '보리'菩提는 산스크리트어 'bodhi'에서 온 말로 초기 한자음은 '보뎨'이
지만 뒤 음절 '뎨'의 'ㄷ'이 'ㅈ'으로 바뀌는 구개음화가 예상되기 때문에 '리'를
취했다. 이것은 성에 관련된 신체 부분을 연상할 수 있다는 심리적 특성 때문
에 단어의 형태를 바꾼 것이다.[113] 동물들의 교미를 '짝짓기', 남자의 성기를
'고추', 여자의 유방을 '가슴'이라고 말하는 것도 성이나 신체 부분을 직접 말
하지 않기 위해서 새말을 만들거나 비유적 표현을 쓴 것이다. 어른의 이름을
함부로 부르지 않고 호로 대신하거나, 작명할 때 조상의 생전의 이름 즉 휘諱와
동일한 음을 피하는 것도 어른에 대한 예의에서 비롯된 것이다.

3.5. 외국어의 영향

어떤 단어가 그 때까지 없던 의미를 같은 계열의 외국어 단어에서 차용할

때 의미변화가 일어난다. 영어 '*bear*'곰는 '*The Great Bear*'큰곰자리처럼 '별자리'를 뜻하기도 하는데, 이것은 라틴어 *ursa*의 영향을 받은 결과이다. 라틴어 *ursa*는 '곰'과 '별자리'라는 두 의미를 가지고 있는데, '곰'을 뜻하는 영어 '*bear*'에 '별자리'의 의미가 차용된 것이다. 한국어의 '별'과 같은 의미를 가진 영어 단어 '*star*'는 '별' 이외에 '장군', '인기 연예인'을 가리키기도 하는데, 그 영향을 받아서 한국어에서도 '인기 있는 사람'이나 '장군'을 '별'에 빗대어서 말하고 있다. 예컨대 '뜨는 별, 지는 별'은 대중적인 인기인을 가리키며, '장성'將星 또는 '삼성장군'三星將軍 등에서 볼 수 있는 바와 같이 '별'星에 '장군'의 의미가 들어 있다.

3.6. 새로운 명칭의 필요성

새로운 사물이나 사고, 또는 행위가 나타나면 그것을 지시하는 새로운 명칭이 필요하다. 새로운 개념을 나타내기 위해서는 일반적으로 세 가지 방법을 생각할 수 있는데, 새말의 창조, 외국어의 차용, 기존 단어의 의미 확장이 그것이다. '빨래방, 놀이방, 노래방, 대화방' 등은 새로운 사물의 등장으로 만들어진 새말인데, 이러한 합성어는 전통적인 주거 공간을 가리키는 기존의 단어 '방'의 의미에 변화를 가져왔다. 커피 자판기에서 커피를 내는 것을 '뽑다'라고 말하는 것도 기존의 단어 '뽑다'가 새로운 개념을 수용한 것이다. 이와 같이 새로운 개념이 등장하면 그것을 지시하는 새로운 명칭이 필요하며, 이러한 새로운 명칭의 필요성에 의해서 기존의 단어에 의미변화가 일어난다.

4. 의미변화의 분류

의미변화는 하나의 개념이 다른 개념을 환기시키는 연상 작용에 의해서 일어난다. 연상은 개념 간의 유사성 또는 인접성에 의해서 실현된다. 그렇기 때문에 유사성에 기반을 둔 은유와 인접성에 기반을 둔 환유가 의미변화의 주요 기제라고 할 수 있다. 명칭과 의미의 변화 양상을 유사성과 인접성을 기준으로 분류하면 다음과 같다.

> (가) 명칭의 변화
>   ㉠ 의미 사이의 유사성에 의한 명칭의 변화
>   ㉡ 의미 사이의 인접성에 의한 명칭의 변화
> (나) 의미의 변화
>   ㉢ 명칭 사이의 유사성에 의한 의미의 변화
>   ㉣ 명칭 사이의 인접성에 의한 의미의 변화
> (다) 복합변화

유사성과 인접성을 기준으로 명칭과 의미의 변화 양상을 분류하면 ㉠~㉣의 네 가지 유형이 상정되고, 여기에 유사성 또는 인접성이 복합적으로 나타나는 '복합변화'의 양상이 추가된다.

4.1. 명칭의 변화

4.1.1. 의미 사이의 유사성에 의한 명칭의 변화

두 단어의 의미가 유사하여 본래의 명칭을 두고 다른 명칭을 사용함으로써 일어난 의미변화이다. '산중턱'을 '산허리'라고 말하는 것은 사물의 중간 부분을 뜻하는 '중턱'과 사람의 가운데 부분을 가리키는 '허리'가 의미상으로 유사하기 때문이며, 결과적으로 '산중턱'을 '산허리'라고 말함으로써 명칭이 전용되었다. 직장인의 적은 봉급 즉 '박봉'薄俸을 '쥐꼬리'에 비유하는 것도 유사성 때문이며, '박봉'을 '쥐꼬리'라고 부름으로써 명칭의 변화가 일어났다. '산허리'

는 인간적 은유이고 '쥐꼬리'는 동물적 은유인데, 이처럼 사람이나 동물의 신체어를 이용해서 다른 사물을 가리키는 은유 표현은 아주 흔한 일이다. '푸른 종소리'는 청각을 시각화하는 공감각적 은유이고, '차가운 얼굴'은 사물을 감각적으로 표현하는 넓은 의미의 공감각적 은유이다. 구체적 사물을 지시하는 단어가 추상적 개념을 지시하는 '의미의 추상화'도 개념 사이에 유사성이 작용하기 때문이다. 예를 들어, 중세국어에서 [겉으로 드러난 흔적]을 의미했던 '보람'이 현대국어에서 [좋은 결과]를 의미하는 것은 두 의미 사이의 유사성에 의해서 의미가 추상화하였다.

명칭을 전용하는 요인은 여러 가지가 있는데 대체로 세 가지 경우를 생각할 수 있다. 첫째, 어떤 개념을 표현할 적절한 단어를 모르거나 생각나지 않을 때 의미가 유사한 다른 단어를 사용한다. 콩나물을 틔울 때 처음 나오는 맨 윗부분을 '콩나물대가리'라고 하는 것도 그것을 가리키는 적절한 단어를 알지 못하기 때문에 그렇게 명명한 것이다.[114] 둘째, 특정의 단어를 사용하는 것이 적절하지 않아서 의미가 유사한 다른 단어를 사용한다. '강간'을 '폭행'이라고 완곡하게 말하는 것이 한 예이다. 셋째, 표현 효과를 살리기 위해서 의미가 유사한 다른 단어를 사용한다. 예컨대 나뭇가지가 흔들이는 것을 '춤추다'라고 말한다. 모두가 유사성을 기반으로 한 은유적 표현인데, 많은 은유 가운데서 대표적인 몇 가지를 예로 들면 다음과 같다.

(ㄱ) 의인간적 은유: 산머리, 말머리, 밭머리, 일머리, 산허리, 기둥허리, 안경
        다리, 책상다리, 파도가 춤추다, 나뭇가지가 손짓하다
(ㄴ) 동물적 은유: 개노릇, 까치발, 쥐꼬리, 새발의 피, 파리 목숨, 올챙이
        시절, 햇병아리, 게눈 감추다, 파리 날리다
(ㄷ) 공감각적 은유: 구수한 목소리, 부드러운 색, 일곱 가지 색깔의 거짓말,
        분수처럼 흩어지는 푸른 종소리
(ㄹ) 의미의 추상화: 보람 [흔적] >[좋은 결과], 노릇 [연희] >[역할], 이바지하
        다 [잔치하다] >[공헌하다]

4.1.2. 의미 사이의 인접성에 의한 명칭의 변화

두 단어의 의미가 공간적 또는 시간적으로 인접하여 본래의 명칭 대신 다른 명칭을 사용함으로써 일어난 의미변화이다. 인접성에 의한 명칭의 변화에는 공간과 시간의 인접성 외에 인과적 인접성이 있는데, '원인-결과' 사이의 긴밀한 결합관계를 인과적 인접성이라고 말한다.

   (ㄱ) 공간적 인접성: '가게'는 원래 햇빛을 가리는 [차양]의 뜻이었는데, 차양 밑에 물건을 파는 노점 같은 것을 차렸기 때문에 현대국어에서 '가게'가 길가에서 물건을 파는 집이 되었다. '가게' 밑의 '노점'이라는 공간적 인접성 때문에 일어난 의미변화이다.
      예) 동궁-세자, 가슴-유방 / 폐, 마패-어사
   (ㄴ) 시간적 인접성: '가을하다'가 '추수하다'의 뜻으로 쓰이는 것은 '가을'에 '추수'秋收를 하기 때문이다. 곧 '가을'과 '추수'라는 시간적 인접성 때문에 '가을걷이', '가을하다'에서의 '가을'이 '추수'의 의미를 갖게 되었다.
      예) 육젓-새우젓, 초파일-석탄일, 육이오-한국전쟁
   (ㄷ) 인과적 인접성: '북망산에 가다'가 '죽다'를 뜻하는 것은, 옛날 중국 낙양에 있는 북망산에 무덤이 많았기 때문이다. 곧 결과(무덤)로서 원인(죽음)을 가리킨다.
      예) 몽진-왕의 피난, 부도나다-망하다, (술을) 한잔하다-취하다

4.2. 의미의 변화

4.2.1. 명칭 사이의 유사성에 의한 의미의 변화

명칭이 유사한 두 단어를 부질없이 결부지어 본래의 의미와 다른 의미를 수용함으로써 일어난 의미변화이다. '소쩍새'를 명칭이 유사한 '솥적새'와 연관 지어 그 해의 풍년과 흉년을 점치는 새라는 의미를 부여한 것은 의미를

전용한 것이다.115) 이처럼 주로 민간어원에 기인한 것인데, '행주치마'의 '행주'를 임진왜란의 행주 대첩의 '행주'幸州와 관련짓는 것도 마찬가지이다. '벼'의 방언인 '나락'이 '나록'羅祿 즉 '신라 때 벼슬한 사람이 받는 녹'에서 유래했다는 잘못된 해석도 명칭이 유사해서 생긴 민간어원이다.

4.2.2. 명칭 사이의 인접성에 의한 의미의 변화

인접한 두 단어 사이에서 한쪽 단어에 다른 쪽 단어의 의미가 전이됨으로써 일어나는 의미변화이다. 소매가 짧은 웃옷인 '남방'은 본딧말인 '남방셔츠'에서 '셔츠'가 생략되고, '남방'에 '셔츠'의 의미가 전이됨으로써 의미의 변화가 일어났다.116) '전혀'가 '아니다, 없다, 못하다, 모르다' 등 부정어와 함께 쓰이면서 부정의 의미가 전염된 것도 단어의 인접성에 의한 의미의 변화이다. 이러한 생략과 전염에 대해서는 의미변화의 원인의 하나인 언어적 원인에서 설명한 바 있다. 생략과 전염의 예를 몇 개 들면 다음과 같다.

> (ㄱ) 생략: 청상 < 청상과부靑孀寡婦, 숙맥 < 숙맥불변菽麥不辨, 불혹 < 사십이
> 불혹四十而不惑, 고희 < 인생칠십고래희人生七十古來稀
> (ㄴ) 전염: 별로, 결코, 아무도

4.3. 복합변화

명칭과 의미 사이에 유사성이나 인접성이 복합적으로 나타나면서 명칭 또는 의미가 전용되는 의미변화이다. '가르치다'[교육하다]와 '가리키다'[지시하다]를 구분하지 않고 사용하거나 의미 차이를 알면서도 말실수로 잘못 사용하는 경우가 있는데, 그것은 두 단어의 명칭이 음성적으로 유사하면서 의미에서도 유사성이 있기 때문이다. 곧 명칭의 유사성과 의미의 유사성이 복합적으로

결합되어 명칭과 의미가 전용되는 결과이다. '잊어버리다'[망각하다]와 '잃어버리다'[분실하다]도 음성적으로 유사하면서 개념적으로도 유사하기 때문에 두 단어를 구별하여 사용하지 않거나 잘못 사용하는 경험을 하게 된다. '머리머리털를 깎다.'에서의 두 명칭 '머리', '머리털'과 그것의 의미인 [頭], [頭髮]의 관계를 보면, 명칭 간의 인접성(생략)과 의미 간의 인접성(공간적)이 있음을 알 수 있다.

5. 의미변화의 결과

단어가 의미변화를 겪고 난 후의 결과를 보면 대체로 두 가지 관점에서 주목할 수 있다. 하나는 의미변화의 결과로 나타난 범위의 변화이고, 다른 하나는 가치의 변화이다.

5.1. 범위의 변화

의미변화의 결과로 단어가 지시하는 범위 곧 의미영역에 변화가 일어나는데, 의미가 확대되는 경우와 축소되는 경우, 그리고 제3의 다른 의미로 바뀌는 경우를 볼 수 있다. 이러한 의미변화의 결과를 각각 의미의 확대, 의미의 축소, 의미의 전이라고 한다.

5.1.1. 의미의 확대

어떤 단어의 의미가 변화하여 지시 범위가 원래의 범위보다 확대되는 경우를 의미의 확대widening라고 한다. '다리'脚는 원래 사람이나 동물의 다리만을 가리켰으나 지금은 '책상다리, 안경다리'에서 보듯이 무생물에까지 적용의 범위가 확대되었다. 근대국어에서 '겨레'는 [친족]을 뜻하였는데 오늘날은 [민족]

의 뜻으로 의미가 확대되었다. 의미의 확대를 몇 가지 유형으로 나누어 보면 다음과 같다.

> (ㄱ) 부분 > 전체: 식구 [입] > [가족], 손 [手] > [사람], 온 [百] > [전부]
> (ㄴ) 특수 > 일반: 핵 [열매의 속] > [사물의 중심], 사장 [회사 대표] > [중년 남자의 존칭], 언니 [손위 여자 형제] > [젊은 여자(일반칭)]
> (ㄷ) 고유명 > 보통명: 놀부 [인명] > [욕심쟁이], 무릉도원 [지명] > [이상향], 돈키호테 [인명] > [몽상가], 미원 [상표명] > [조미료], 딱 풀 [상표명] > [고체풀]117)

5.1.2. 의미의 축소

의미가 변화하여 지시 범위가 원래의 범위보다 좁아지는 것을 의미의 축소 narrowing라고 한다. '짐승'은 본래 '즁싱'衆生에서 온 말로 유정물 전체를 가리켰으나 지금은 인간을 제외한 동물을 가리키는 단어로 의미가 축소되었다. 중세국어에서 '얼굴'은 사람의 전신을 가리키는 [형체]를 의미했지만 현대국어에서는 형체의 일부인 [안면]을 가리킨다. '메'는 밥을 뜻하였으나 오늘날에는 제사 때 신위 앞에 올리는 밥으로 국한해서 쓰인다. 본래 '즛'은 모양과 동작을 가리켰지만 지금은 단어의 형태가 '짓'으로 바뀌고 의미도 동작만 가리킨다.

> (ㄱ) 전체 > 부분: 놈 [사람(평칭)] > [남자(비칭)], 사랑하다 [思量] > [愛], 미 인 [아름다운 사람] > [아름다운 여자]
> (ㄴ) 일반 > 특수: 사내 [남자] > [남편], 말씀 [言] > [성경]
> (ㄷ) 보통명 > 고유명: 새마을 [新村] > [국민운동명], 은하수 [銀河水] > [상표 명](담배 이름)

중세국어에서 '늙다'는 [나이가 한창 때를 지나다]와 [해가 져서 어두워지다]의 의미를 가진 다의어였는데, [해가 져서 어두워지다]의 의미는 '저물다'에 내주고 지금은 [나이가 한창 때를 지나다]의 의미만 남아 있다. 이와 같이 다의어가 의미 분화하면 의미가 축소되는 결과를 가져온다. 의미 분화로 인한 의미 축소는 '맑다', '밝다, 낡다' 등이 모음전환ablaut을 통하여 '묽다', '붉다', '넓다'와 같은 새 단어를 만들면서 의미가 분기된 것을 예로 들 수 있다.

5.1.3. 의미의 전이

단어의 의미가 확대되거나 축소되는 일이 없이 단순히 다른 의미로 바뀐 것을 의미의 전이transfer 또는 의미의 이동이라고 한다. 중세국어 '싁싁하다'는 원래 '엄하다'의 뜻이었으나 지금은 전혀 다른 뜻의 '씩씩하다'로 변했으며, 옛날 관리에게 몰래 건네는 선물 곧 '뇌물'을 뜻하던 '인정'人情이 지금은 전혀 다른 의미로 사용되고 있다. 중세국어 '어엿브다'와 '어리다'가 '불쌍하다'와 '어리석다'의 의미로 쓰였으나 현대국어에서는 [아름답다]와 [나이가 적다]는 의미로 바뀐 것은 잘 아는 사실이다. '방송'이 본디 '석방'의 뜻이었으나 지금은 매스컴을 통한 '보도'의 의미로 사용되고 있다.

단어가 연상에 의해서 본래의 의미를 잃고 제이, 제삼의 의미로 넘어가는 현상을 연쇄chain라고 하는데, 일반적으로 의미의 전이는 연쇄에 의해서 발생한다. 연쇄의 예를 들면, 영어 'board'는 본래 '판자'를 뜻했는데, '판자 → 탁자 → 식탁 → 식사'의 의미로, 다른 한편으로는 '판자 → 탁자 → 회의용 책상 → 위원회'의 의미로, 사슬처럼 이어가면서 다른 의미로 바뀌었다. '구실'은 '관官 → 관직官職 → 직무職務 → 조세租稅'와 같이 연쇄에 의해서 새로운 의미를 갖게 되었다. 이와 같이 연쇄는 뒤로 갈수록 본래의 의미와 멀어져 전혀 다른 의미로 전이되는 결과를 가져온다.

의미가 정반대로 바뀐 예도 있는데, '비싸다'는 명사 '빋'과 형용사 '싸다'의 결합으로 이루어진 형용사이다. '빋'은 '값어치'의 뜻이고 '싸다'는 '값이 나가다'의 뜻이었으므로, 현대국어에서 '비싸다'는 원래의 뜻에 가까운데 반하여

'싸다'는 완전히 반대의 뜻으로 변하였다.

5.2. 가치의 변화

사회구조가 바뀌거나 사람들의 취향이 변하면 그에 따라 평가에도 변화가 일어날 수 있다. 어떤 대상에 대한 평가가 변화한다는 것은 결국 그 대상에 대한 가치가 변화한다는 것인데, 원래 가지고 있던 의미보다 낮게 변화하는 것은 의미의 하락degeneration이라 하고, 반대로 높게 변화하는 것을 의미의 상 승amelioration이라고 한다.

5.2.1. 의미의 하락

중세국어 '겨집'은 원뜻이 [여자]인데 특수화하여 [아내]의 뜻으로 쓰이고, 근대국어에서도 '겨집' 또는 '계집'이 같은 의미로 쓰였다. 그러나 현대국어에서 '계집'은 여자를 낮잡아 말하는 데에 쓰이고 있다. 결과적으로 의미의 하락이 일어났다.

완곡어로 쓰이던 단어가 완곡 표현의 기능을 상실하면 원의미와 직접 결합하는 결과를 가져오는데, 이러한 경우에 의미의 하락이 일어난다. 영어에서 '*disease*'질병, '*undertaker*'장의사가 처음에는 완곡어법으로 사용되었으나 차츰 완곡 표현의 기능이 사라지면서 지금과 같은 의미에 직접 결합됨으로써 결과적으로 의미의 하락을 가져왔다. 한국어에서 '변소'를 대신해서 완곡한 표현으로 '화장실'을 사용하는데, 간단한 화장을 할 수 있는 장소라는 본래의 의미가 무의미하게 되면서 '화장실' 본래의 의미는 퇴색되고 '변소'와 동일한 의미로 쓰이기도 한다.

특수사회에서 쓰이던 단어가 일반화하면서 의미가 하락하는 경우가 있는데, '외도'外道는 불교 용어로서 불교 이외의 다른 종교를 받드는 것을 말하지만 일반사회에서는 정도에 어긋나는 일이나 배우자가 아닌 다른 사람과의 이성적 관계를 가리킨다. 의미의 하락은 언어에서 아주 일반적인 경향이라고 할 만큼 흔한 것으로, 예를 몇 개 더 들면 '마누라, 선생님, 사모님, 영감, 늙은이' 등이 있다.

5.2.2. 의미의 상승

의미의 하락에 비하여 의미의 상승은 흔치 않은 편이며 그만큼 주목받지 못했다. 의미의 상승은 사회적 요인에 의해서 일어나는 것이 일반적인데, 낮았던 관직 또는 직업이 점차 높은 평가를 받는 것이 그것이다. 고대영어에서 사내아이나 하인을 가리키던 'cnight'가 중세 이후에 '기사'knight로 그 품격이 격상되었다. 예전에 부농이나 지주에게 고용되어 그 집의 농사일이나 잡일을 해 주고 품삯을 받는 사내를 이르던 '일꾼'이 오늘날에는 '우리나라의 내일을 짊어질 일꾼'에서의 쓰임처럼 유능하거나 꼭 필요한 사람으로 의미가 상승했다. 예전에 '장인'匠人은 손으로 물건을 만드는 일을 업으로 삼는 낮은 계층의 사람을 가리켰다. 그런데 지금은 낮잡는 뜻이 없어졌을 뿐만 아니라 자신이 하는 일에 긍지를 가지고 일생을 바쳐 일하는 사람을 장인이라고 부르고, 장인 정신의 필요성을 강조하기도 한다. 예전에 '광대'나 '사당'은 사회적으로 낮은 대우를 받았는데 지금은 스스로 자신을 '광대'라고 말하는 연예인이 적지 않을 만큼 의미가 상승했다.

제3부

문장의미론

제 9 장 문장과 의미

제10장 문장의 동의성

제11장 문장의 중의성과 모호성

제12장 함의와 전제

제13장 형식의미론

제9장 문장과 의미

1. 문장의 구조와 의미

1.1. 문장성분과 서술어

문장을 구성하는 요소들을 문장성분이라 한다. 문장성분 가운데서 주어, 서술어, 목적어, 보어는 문장 구성에 필수적으로 참여하는 성분이기 때문에 주성분 또는 필수적 성분이라 하고, 관형어, 부사어는 주성분에 딸린 성분이기 때문에 부속성분 또는 수의적 성분이라고 한다. 그리고 다른 말에 부속되지 않고 단독으로 쓰이는 독립어는 독립성분이라 한다.

문장의 구성에 가장 큰 영향을 미치는 문장성분은 서술어이다. 서술어의 의미 특성에 의해서 문장의 뼈대가 결정되기 때문이다. 다음 (1)을 통해서 문장의 구성과 서술어의 관계를 살펴보자.

    (1) ㄱ. 꽃이 피었다.
       ㄴ. 수자가 책을 샀다.
       ㄷ. 김 박사는 영호를 사위로 삼았다.

(1ㄱ)의 서술어 '피다'는 하나의 필수적 성분(주어)을 요구한다. 그러나 (1ㄴ)의 서술어 '사다'는 주어 이외에 또 다른 필수적 성분(목적어)을 필요로 한다. (1ㄷ)의 서술어 '삼다'는 주어와 목적어 이외에도 또 하나의 필수적 성분(필수부사어)을 요구한다. 이와 같이 서술어의 어휘적 특성에 따라서 필수적 성분의 수가 달라지는데, 이러한 특성의 서술어를 각각 한 자리 서술어, 두 자리 서술어, 세 자리 서술어라고 부른다. 이와 같은 서술어의 자릿수는 서술어가 가지고 있는 의미 속성에 의해서 결정된다. 그리고 한국어는 '주어-목적어-서술어'sov로 구성되는, 유형론적으로 '끝자리 동사 언어'verb-final language[118]이기 때문에 필수적 성분이 서술어(동사) 앞에 온다.

1.2. 논항과 의미역

서술어가 요구하는 필수적 성분을 논항argument이라고 부른다. 따라서 서술어의 자릿수가 논항의 개수이기도 하다.[119] 그리고 논항이 문장 속에서 맡고 있는 의미 역할을 의미역semantic role[120]이라고 한다. 예를 들면, '아내가 음악을 듣는다.'에서 '아내'와 '음악'은 서술어 '듣다'의 논항이며, 두 논항의 의미역이 '아내'는 '행위주'이고, '음악'은 '대상'이다. 주어, 목적어 등의 문장성분은 논항에 부여되는 통사론적 개념이고, 행위주, 대상 등의 의미역은 논항에 부여되는 의미론적 개념이다. 의미역의 유형을 개략적인 설명과 함께 예시하면 다음 (2)와 같다(홍재성 외 2003: 286-293).

(2) 의미역의 유형
　　(ㄱ) 행위주agent: 동사가 행위를 표현할 경우, 그 행위를 지배하는 논항.
　　　　예) 지수는 영화를 본다.
　　(ㄴ) 경험주experiencer: 인지, 지각, 감정을 나타내는 용언의 경우, 그 현상의 경험 주체가 되는 논항.
　　　　예) 나는 고양이가 사랑스럽다.

(ㄷ) 동반주companion: 독립적으로 역할을 하지 못하고 다른 의미역,
즉 대개 행위주나 대상을 보조하여 그것과 같은 역할을 하
는 주체를 나타내는 논항.

예) 나는 <u>어머니</u>와 부산에 다녀왔다.

(ㄹ) 대상theme[121]: 행위나 과정의 영향을 받지만 그 과정을 지배하지
는 못하는 논항. 즉 위치, 조건, 상태가 바뀌거나 주어진
상태나 위치에 있는 참여자들을 나타내는 논항.

예) 경찰이 <u>도둑</u>을 잡았다. <u>하늘</u>이 매우 맑다.

(ㅁ) 장소location: 행위주나 대상이 위치하는 물리적 혹은 추상적 시공
간을 나타내는 논항.

예) 지호는 <u>학교</u>에서 공부한다.

(ㅂ) 도착점goal: 동사가 표현하는 사건이 물리적 이동을 포함하고 있을
경우 그 끝점, 추상적인 행위나 태도의 의미를 포함하고
있을 경우, 그 지향점을 표현하는 논항.

예) 우리는 오늘 아침에 <u>인천공항</u>에 도착했다.

(ㅅ) 결과상태resultant state: 동사가 인물의 자격 또는 물질의 성질이나
용도의 변화를 기본의미로 가질 때, 그러한 변화의 결과를
나타내는 논항.

예) 물이 <u>얼음</u>으로 변했다.

(ㅇ) 출발점source: 동사가 이동이나 변화의 의미를 포함하고 있을 경
우, 물리적, 추상적 시작 시점을 표현하는 논항.

예) 지호가 <u>창수</u>로부터 편지를 받았다.

(ㅈ) 도구instrument: 행위, 이동의 의미를 표현하는 동사의 경우, 그 방
편이나 경로, 재료를 나타내는 논항.

예) 나는 햇빛을 <u>손</u>으로 가렸다.

(ㅊ) 영향주effector: 동사가 나타내는 사건(행위, 상태)을 비의도적으로
(주로 '이동'이나 '위치'에 의해) 유발하는 논항.

예) 담장이 <u>바람</u>에 넘어졌다.

(ㅋ) 기준치criterion: 평가의 의미를 가진 동사의 경우, 평가되는 대상에
상대하여 평가의 기준이 되는 논항.

예) 둘째 딸이 <u>엄마</u>와 비슷하다.

문장의 구조를 논의할 때 논항의 통사적 역할과 함께 의미적 역할, 즉 의미역이 유용하게 사용된다. 예를 들면, '영호가 수자를 좋아한다.'에서 '영호'는 타동사문의 주어로서 '행위주'이고, '수자'는 목적어로서 '대상'이다. 마찬가지로 '구름이 비가 된다.'와 같은 보어문에서, 주어인 '구름'에는 '출발점'의 의미역이 부여되고, 보어인 '비'에는 '결과상태'의 의미역이 부여된다. 동사의 특성을 기술할 때에도 의미역의 개념이 유용하게 사용된다. 예컨대 타동사는 대체로 '행위주'인 주어와 '대상'인 목적어를 논항으로 취하고, 화자의 심리 상태를 서술하는 심리형용사는 주어가 '경험주'의 의미역을 취한다. 능동이나 피동과 같은 태voice를 설명할 때에도 의미역이 유용하다. 다음 (3ㄱ)는 능동문이고 (3ㄴ)은 피동문이다.

(3) ㄱ. <u>영수</u>가 <u>미호</u>를 업었다.
　　　행위주　　대상
　　ㄴ. <u>미호</u>가 <u>영수</u>한테 업혔다.
　　　대상　　행위주

(3ㄱㄴ)의 '영수'와 '미호'는 문장구조와 상관없이 각각 '행위주'와 '대상'이다. 문장의 구조가 바뀌더라도 명제 내용이 변하지 않는 한 의미역은 동일하다.[122)]

1.3. 서술어의 선택제약

서술어의 어휘적 특성에 따라 필요로 하는 논항의 수가 달라지는 것은 위에서 보았다. 서술어는 이러한 특성뿐만 아니라 서술어가 필요로 하는 논항으로 특정의 체언을 요구하기도 한다. 예컨대 '개가 짖는다.'에서 자동사 '짖다'는 주어로 '개'만을 요구한다. '나는 눈을 감았다.'에서 타동사 '감다'는 주어로 동물을 요구하고 목적어로 '눈'만을 요구한다. 이와 같이 서술어로 쓰이는 동

사와 형용사는 특정의 체언하고만 어울리는 선택 자질을 가지고 있는데, 선택
자질에 의해서 특정의 단어를 선택하여 결합하는 현상을 선택제약selectional
restriction이라고 한다.

다음 (4)는 뜻이 통하지 않는 문장들인데 모두 서술어의 선택제약이 지켜지
지 않았기 때문이다.

> (4) ㄱ. ˙소나무가 달린다.
> ㄴ. ˙미호는 그림을 듣는다.
> ㄷ. ˙수자가 바위에 먹이를 준다.

(4ㄱ)의 자동사 '달리다'는 이동 수단을 가진 동물이나 기차 따위의 이동체
를 주어로 선택하고, (4ㄴ)의 타동사 '듣다'는 청각을 매개로 하는 단어를 목적
어로 선택한다. (4ㄷ)의 수여동사 '주다'는 주어로 유정명사를 선택하고 부사
어로 생명체를 선택한다. 그러나 (4ㄱ~ㄷ)은 이러한 선택 자질을 충족시키지
못하였다.

타동사 '마시다'는 주어로 유정명사를 취하고 목적어로 유동체를 취하는데,
선택제약이 지켜진 다음 (5)는 의미가 통하는 문장이다. 그러나 선택제약이
지켜지지 않은 (6)은 의미가 통하지 않는 부자연스러운 문장이다.

> (5) 아이가 우유를 마신다.

> (6) ㄱ. 하늘이 주스를 마신다.
> ㄴ. 아이가 바위를 마신다.

이와 같이 서술어는 문장 구성에 필요한 논항의 개수를 결정할 뿐만 아니라
의미상 완전한 문장이 될 수 있도록 특정의 체언을 요구하기도 한다.

1.4. 명제와 양태

문장의 의미구조는 명제proposition와 양태modality의 두 부분으로 구분한다. 명제는 화자가 문장을 통해서 나타내는 내용, 곧 문장의 의미이며, 양태는 명제에 대한 화자의 주관적 태도를 나타내는 의미 범주이다.[123)]

    (7) ㄱ. 금강산 단풍이 아름다워.
        ㄴ. 금강산 단풍이 아름답겠다.
        ㄷ. 금강산 단풍이 아름답군.

(7ㄱ~ㄷ)을 보면, 명제는 '금강산 단풍이 아름답-'으로서 동일하지만 명제에 대한 화자의 생각이나 태도가 서로 다름을 볼 수 있다. (7ㄱ)은 명제 내용에 대해서 화자가 특별히 덧붙이는 의미가 없다. 그러나 (7ㄴ)은 명제 내용에 대한 '추측'의 양태 의미가 포함되고, (7ㄷ)은 명제 내용에 대해서 '새롭게 앎'의 양태 의미가 포함되어 있다.

양태 의미를 나타내는 문법적 요소에는 선어말어미, 종결어미, 통사적 구성 등이 있다.[124)]

    (8) ㄱ. 지금쯤 아이는 자고 있겠다.
        ㄴ. 영호가 음식 솜씨가 대단하더라.

    (9) ㄱ. 창수는 벌써 갔지.
        ㄴ. 단풍이 참 곱게 들었네.

    (10) ㄱ. 우리가 저 산을 넘을 수 있다.
        ㄴ. 너는 내일까지 이 일을 해야 한다.

(8)은 양태를 나타내는 선어말어미 '-겠'과 '-더-'의 예문이다. '-겠'은 추측,

의지, 가능성, 능력 등의 양태 의미를 실현하는데, (8ㄱ)의 '-겠-'은 화자의 '추측'을 나타낸다. (8ㄴ)의 '-더-'는 화자가 과거의 어느 시점에서 직접 경험하여 알게 된 사실을 현재 시점에서 말하는 것으로 '회상'의 의미를 드러낸다. 양태를 나타내는 종결어미 가운데서 대표적인 것은 '-지, -네, -군' 등의 반말인데, (9)는 종결어미 '-지'와 '-네'의 예문이다. (9ㄱ)의 '-지'는 명제 내용이 화자에게 이미 내면화된 지식, 곧 '이미 앎'을 나타내고, (9ㄴ)의 '-네'는 화자가 몰랐던 사실을 알게 되거나 알고 있던 사실을 새롭게 깨닫는 지식, 곧 '새로 앎'을 나타낸다. (10)은 통사적 구성[125]으로 된 양태 표현의 예문이다. (10ㄱ)의 '-ㄹ 수 있-'은 주어가 어떤 사건을 수행할 '능력'이 있음을 나타내고, (10ㄴ)의 '-어야 하-'는 화자가 문장의 주어에 '의무'를 부여함을 나타낸다.

2. 문장 의미의 해석 원리

2.1. 단어의 의미와 통사규칙

문장의 의미는 문장을 구성하는 단어의 의미와 문장 속에 내재하는 통사규칙에 의해서 결정된다.

먼저 문장의 의미와 문장을 구성하는 단어들과의 관계에 대하여 생각해 보자. 문장을 구성하는 단어들의 의미를 모두 합한 것이 문장 전체의 의미일 것이라는 예측이 가능할 것이다. 그러나 다음 (11)을 보면 이러한 예측이 잘못되었음을 쉽게 알 수 있다.

    (11) ㄱ. 개가 고양이를 물었다.
           ㄴ. 고양이가 개를 물었다.

단어의 의미를 모두 합한 것이 문장 전체의 의미라고 한다면 당연히 (11ㄱ)

과 (11ㄴ)의 의미는 같아야 한다. 그러나 이 두 문장의 의미가 같기는커녕 정반
대의 상황을 나타내고 있다. 그렇다고 해서 문장의 의미가 문장을 구성하는
단어의 의미와 전혀 무관하다고 말할 수는 없다. 어떠한 방법이든지 간에 단어
의 의미가 문장의 의미에 간여하는 것만은 분명하기 때문이다.

다음으로 문장 속의 통사규칙에 대해서 생각해 보자. 동일한 단어들로 구성
된 (11ㄱ)과 (11ㄴ)의 의미가 서로 다른 것은 문장 속에서 단어들의 통사적
기능이 상이하기 때문이다. (11ㄱ)에서 주어인 '개'가 (11ㄴ)에서는 목적어이고,
(11ㄱ)에서 목적어인 '고양이'가 (11ㄴ)에서는 주어이다. '개'와 '고양이'가 행위
주가 되기도 하고 행위의 대상이 되기도 하는데, 이것은 문장 속에 내재하는
통사규칙에 의해서 그 역할이 정해지기 때문이다.

2.2. 합성성 원리

문장의 의미는 문장을 구성하는 단어의 의미와 그 단어들 사이의 통사적
관계가 중요하게 작용한다. 이와 같은 문장의미의 특성을 잘 설명하는 것이
프레게G. Frege(1975[1892])의 합성성 원리compositionality principle이다.

(12) 합성성 원리
    언어표현 전체의 의미는 그것을 구성하는 부분들의 의미와 부분들이
    결합하는 통사규칙에 의하여 결정된다.

합성성 원리는 언어표현의 부분을 이루고 있는 요소의 의미와 그 부분들
사이에 내재하는 통사적 장치에 의해서 의미가 해석될 수 있음을 말한다. 합성
성 원리는 다음과 같이 형식화하여 설명할 수 있다. 어떤 언어표현이 갖는
총체적 의미를 X, 전체를 구성하는 부분의 의미를 x, 그리고 문장 속에 내재하
는 통사규칙을 f라고 하면 합성성 원리는 다음 (13)과 같이 형식화할 수 있을

것이다.

(13) $X = f(x_1 + x_2 + x_3 + \cdots + x_n)$

합성성 원리는 문장뿐만 아니라 합성어나 구와 같은 복합 표현의 의미를 해석하는 데에도 아주 유용하다.

그러나 다음 (14)와 같은 예에서는 합성성 원리가 적용되지 않는다.

(14) ㄱ. 분꽃, 붓꽃, 제비꽃
　　 ㄴ. 눈이 높다, 머리를 식히다.
　　 ㄷ. 그는 깊은 잠에 빠져들었다.

(14ㄱ)에서 예로 든 합성어는 모두 꽃 이름인데 구성성분의 합성만으로 꽃의 성질을 이해할 수 없다. '분꽃'은 열매 속에 하얀 분이 있어서, '붓꽃'은 꽃모양이 붓처럼 생겨서, '제비꽃'은 제비가 오는 이른 봄에 꽃이 피어서 붙여진 명칭인데, 각각 다른 인지 작용이 명칭에 스며들었다. (14ㄴ)의 예는 구성성분의 합과 다른 제3의 의미를 나타내는 관용 표현이고, (14ㄷ)은 합성성 원리에 부합하지 않는 의미를 나타내는 은유 표현이다. (14ㄱ~ㄷ)과 같은 예들을 전통적인 의미론에서는 언어의 특수한 사용으로 보기도 하지만 문맥주의나 인지주의에서는 지극히 정상적인 표현으로 보고 있다. 합성성 원리가 복합 표현의 의미 해석에 기준이 되는 기본원리이지만 그것이 지켜지지 않는 경우가 적지 않음을 알 수 있다.

3. 문장의 구조와 정보

3.1. 구정보와 신정보

3.1.1. '구정보-신정보'의 구조

언어의 사용은 기본적으로 화자와 청자 사이에서 일어난다. 화자가 그의 의식 속에 있는 정보information를 청자에게 전달하는 과정을 의사소통이라고 말한다. 정보의 전달은 발화를 통해서 이루어지는데, 이때 화자는 청자에게 정보가 효과적으로 전달될 수 있도록 문장을 구성한다. 문장을 구성하는 요소들이 각각 다른 정보적 특성을 가지고 있기 때문이다. 문장의 구성요소를 정보의 측면에서 살펴보면 구정보old information와 신정보new information로 나눌 수 있다. 신정보와 구정보의 판단은 화자가 제공하는 정보가 발화시 청자의 의식 속에 내재하느냐 그렇지 않느냐에 의해서 이루어진다.

화자는 말을 할 때 청자가 전혀 모르는 사실을 나열하는 것이 아니라 청자가 의식하고 있는 지식을 토대로 거기에다 새로운 지식을 보태는 방법으로 정보를 전달한다. 따라서 화자는 청자가 예비지식을 활용하여 새로운 지식을 받아들일 수 있도록 문장이나 담화를 구성하게 된다. 이때 청자가 이미 알고 있는 지식을 구정보라고 하고, 화자가 청자에게 새로 보태는 지식을 신정보라고 한다. 다시 말하면, 화자가 발화할 때 청자의 의식 속에 들어 있는 지식을 구정보라고 말하고, 청자의 의식 속에 들어 있지 않은 지식을 신정보라고 말한다. 설령 청자가 알고 있는 정보라 하더라도 화자의 발화시에 청자의 의식 속에 들어있지 않은 것이면 그것은 신정보이다. 그리고 화자가 직접적으로 표현하지는 않았지만 앞의 맥락을 통해서 청자가 인식하고 있는 정보이면 그것은 구정보에 해당한다.

예문을 통해서 신정보와 구정보를 구별해 보자. 화자가 뜬금없이 다음 (15)

와 같은 말을 하면 그 모든 부분이 청자에게는 새로운 정보로서 전달된다.

(15) 어제 수자를 만나서 수자의 진로에 대해서 얘기했어.

청자는 문장의 내용을 이루고 있는 구성요소 하나하나에 대해서 아무런 의식을 하지 않은 상태이기 때문에 모두가 신정보이다.

그러나 다음 (16)에서처럼 그것이 A의 물음에 대한 B의 대답이라면 구성요소의 정보가 서로 다르게 전달된다.

(16) A: 어제 수자를 만나서 무슨 얘기를 했어?
      B: 어제 수자를 만나서 수자의 진로에 대해서 얘기했어. (=(15))

A는 B가 '어제 수자를 만나서 얘기를 했다'는 사실을 알고 있으며, 이 사실을 전제로 두 사람이 '무슨' 말을 했는가에 대하여 묻고 있다. B의 대답 가운데서 '어제 수자를 만나서 얘기했다'는 것은 화자와 청자가 이미 알고 있는 것이기 때문에 구정보에 해당한다. 다만 청자가 모르는 것은 '수자의 진로에 대해서' 부분인데, 이것이 신정보에 해당한다. 실제의 대화에서 B가 '수자의 진로에 대해서 얘기했어.' 또는 '수자의 진로에 대해서.'라고 대답해도 충분한데, 그것은 화자와 청자가 공유하고 있는 지식인 구정보는 생략하고 청자가 요구하는 신정보만으로도 의사소통이 가능하기 때문이다.

어떤 정보를 두고서 신정보 또는 구정보라고 말하는 것은 그 정보가 청자의 입장에서 신정보 또는 구정보라는 말이다. 그것은 청자의 의식 속에 그 지식이 있느냐 있지 않느냐에 따라서 정보를 구분하기 때문이다. 따라서 정보는 청자 중심의 정보라고 말할 수 있다. 그렇지만 그 정보가 청자의 의식 속에 있느냐 있지 않느냐에 대한 판단이나 추정은 화자에 의해서 이루어진다. 곧 청자한테 신정보 또는 구정보이지만 그것에 대한 판단은 화자의 몫이다.

3.1.2. 정보 표지로서의 조사 '이 / 가'와 '은 / 는'

신정보에는 주격조사 '이 / 가'가 결합되고 구정보에는 보조사 '은 / 는'이
결합되는 것이 일반적이다.

(17) A: 오늘은 누가 청소 당번이지?
     B: ㄱ. 창수가 당번입니다.
        ㄴ. *창수는 당번입니다.

A의 '누구'가 신정보를 요구하기 때문에 그에 호응하는 대답은 신정보이어
야 한다. 따라서 신정보 표지 '가'가 쓰인 (Bㄱ)은 자연스럽지만 구정보 표지
'는'이 쓰인 (Bㄴ)은 부적격한 문장이다.

다음 (18)과 같이 어떤 담화 속에서 새롭게 등장하는 대상을 말할 때 '이
/ 가'가 쓰이는데 반하여 '은 / 는'이 쓰이지 못하는 것도 그 대상이 신정보이
기 때문이다.

(18) ㄱ. 아주 오래 전 저 산골에서 허리가 굽은 노인이(*노인은) 살았습니다.
      ㄴ. 이 무렵 코로나 19로 사회적 거리 두기가(*사회적 거리 두기는) 강
         조되고 있었습니다.

다음 (19)는 전래동화의 도입 부분인데, 처음 등장하는 '나무꾼'은 신정보이
기 때문에 '이'가 쓰이고, 그 다음에 나오는 '나무꾼'은 구정보이기 때문에 '은'
이 쓰였다.

(19) 옛날옛날 어떤 마을에 한 <u>나무꾼이</u> 살았는데, 어느 날 그 <u>나무꾼은</u>······.
                             (신정보)   (구정보)

국어의 정보 표지로서 조사 '이 / 가와 은 / 는'의 변별적 실현은 의문사와

의 결합에서도 확인할 수 있다. 다음 (20)에서 '의문사-이 / 가'는 자연스러운 표현인데 반하여 '의문사-은 / 는'은 부적격한 표현이다.

> (20) ㄱ. {누가 / *누구는} 집에 갔느냐?
> ㄴ. {언제가 / *언제는} 너의 생일이지?
> ㄷ. 약속 장소로 {어디가 / *어디는} 좋겠습니까?
> ㄹ. {무엇이 / *무엇은} 똑같은가 맞춰보세요.

의문사는 정보가 미지의 상태이기 때문에 구정보 표지인 '은 / 는'과 결합하면 부자연스러운 표현이 된다.126)

다른 한편으로, 신정보에 '은 / 는'이 붙는 경우가 있는데 이때의 '은 / 는'은 대조를 나타낸다.

> (21) A: 영호가 키가 큰 편인가요?
> B: 아니요, 키는 크지 않지만 체격이 (체격은) 아주 당당합니다.
>   (구정보)   (신정보) (신정보)

B에서 '키'는 앞에서 언급한 바 있는 구정보이기 때문에 '는'의 결합이 자연스럽고, '체격'은 처음 언급한 신정보이기 때문에 '이'의 결합이 자연스럽다. 그러나 신정보인 '체격'에 '은'도 결합될 수 있는데 이때의 '은'은 대조의 기능을 갖는다.

3.2. 주제와 설명

3.2.1. '주제-설명'의 구조

문장의 구성요소를 의사소통의 관점에서 보면 두 가지 다른 측면이 있다.

하나가 정보적 측면으로서 '구정보 - 신정보'의 구조이고, 다른 하나는 기능적 측면으로서 '주제 - 설명'의 구조이다. 화자는 말하고자 하는 대상으로서 그 '무엇'을 제시하고 이어서 그것에 대해서 '서술'하는 방식으로 문장을 구성하는데 이러한 담화 구조가 '주제 - 설명'의 구조이다.

효과적인 정보 전달을 위해서 화자는 자신이 무엇에 대해서 말하고 있는가를 청자에게 분명하게 제시할 필요가 있다. 일반적인 언어 전달은 '…에 대하여 …을 말한다'와 같은 구조로 이루어진다. 곧, 말하려고 하는 그 '무엇'을 화제의 방향으로 정해 두고 그것에 대하여 '서술'하는 방식을 취한다. 이때 말하려고 하는 그 무엇을 주제theme 또는 화제topic라 하고, 주제에 대하여 서술하는 부분을 설명rheme 또는 논평comment이라 한다.127) 다음 (22)는 문장의 구조를 '주제-설명'의 두 부분으로 구분한 것이다.

(22) <u>서울은</u> <u>대한민국의 수도이다.</u>
　　　　주제　　　　　설명

이와 같이 정보적 관점에서 문장은, 화자가 말하고자 하는 대상인 주제와 그것에 대해서 기술하는 설명의 구조로 이루어진다.

문장의 구성요소를 정보전달력communicative dynamism으로 보면, 왼쪽에 위치한 구성요소는 정보전달력이 가장 낮고 오른쪽 구성요소로 갈수록 정보전달력이 높다. 그런데 주제는 '발화의 출발점'으로서 문장의 머리, 곧 맨 왼쪽에 오는 것이 일반적이다. 따라서 주제는 가장 낮은 정보전달력을 가지고 있으며 설명 부분으로 갈수록 정보전달력이 높다고 할 수 있다.

주제가 발화의 출발점으로서 문장의 왼쪽에 놓인다는 점에서 주제는 주어와 일치하는 경우가 많다. 그러나 다음 (23)에서 볼 수 있는 바와 같이 주어와 주제가 반드시 일치하는 것은 아니다.

(23) ㄱ. <u>무등산은 광주의 동쪽에 있다.</u>
　　　　주어＝주제　　　　설명

　　　ㄴ. <u>광주의 동쪽에는 무등산이 있다.</u>
　　　　주제　　　　　　설명
　　　　　　　　주어

(23ㄱ)에서는 주어와 주제가 같지만 (23ㄴ)에서는 주어와 주제가 분명하게 구별되는 것을 알 수 있다.

3.2.2. 주제의 특성

'주제-설명'의 구조에 대한 기본적인 이해를 바탕으로 이제 주제의 특성을 살펴보기로 한다.

첫째, 주제는 무엇에 '대하여' 설명하는데, 주제의 이러한 특성을 '대하여성'aboutness이라고 한다. 대하여성이란 한 문장의 정보 구조가 어떤 주제에 '대하여' 설명하는 구조로 되어 있음을 의미한다.

다음 (24)의 두 문장은 명제 내용은 같다고 말할 수 있다. 그러나 화자가 무엇을 주제로 삼고 있는가, 바꾸어 말하면 무엇에 '대하여' 말하고 있는지가 상이하기 때문에 문장의 전달 가치는 전혀 다르다고 할 수 있다.

(24) ㄱ. 창수는 노래를 잘 부른다.
　　　ㄴ. 노래는 창수가 잘 부른다.

(24ㄱ)은 '창수'에 대해서 말하고, (24ㄴ)은 '노래'에 대해서 말하고 있다.

둘째, 일반적으로 주제는 문장의 머리, 곧 문두에 위치하는데 이러한 특성을 문두성文頭性이라 부른다. 주제가 문두에 위치하는 것은 말하고자 하는 그 무엇을 화자가 발화의 출발점으로 삼는 데서 오는 자연스러운 결과이다.

셋째, 화자는 자신과 청자가 이미 알고 있는 지시 대상을 주제로 삼기 때문에 정보의 측면에서 주제는 구정보에 해당한다.

(25) 두 사람은 형제보다 더 가까운 사이이다.

(25)에서 '두 사람'이 누구를 말하는지 화자는 물론이고 청자도 알고 있다. 주제가 구정보라는 말은 주제가 한정적 특성을 가지고 있다는 뜻도 된다. 한정적이라는 것은 이미 알고 있거나 언급된 것으로서 일정하게 제한되거나 정해져 있음을 말한다.

넷째, 주제는 문장의 서술어와 절대적 관계에 있지 않다. 주어는 서술어로부터 선택제약의 지배를 받지만 주제는 선택제약에서 자유스럽다.

(26) ㄱ. 토끼는 앞발이 짧다.
ㄴ. 우리 할머니는 지금도 얼굴이 고우시다.

(26ㄱㄴ)에서도 주어는 서술어와 선택제약을 갖지만 주제는 선택제약을 갖지 않는다. 이와 같이 주제는 문장 서술어와의 관계가 절대적이지 않다. 이것은 주제와 주어가 대조를 보이는 중요한 특성 가운데 하나이다.

한편으로, 문장을 구성할 때 주어가 더 활성화되는가 아니면 주제가 더 활성화되는가에 따라 언어를 '주어 중심 언어'와 '주제 중심 언어'로 유형화하는데, 한국어는 후자로 분류하고 있다.[128]

4. 문장의미의 기본 속성

문장이 가지고 있는 기본적인 의미 속성은 두 가지 부류로 나누어 생각할 수 있다. 하나는 한 문장 안에 내재하는 의미의 속성이고, 다른 하나는 문장과 문장 사이에 내재하는 의미의 속성이다.

> (27) 문장의미의 기본 속성
> ㄱ. 한 문장의 의미 속성: 항진성, 모순성, 변칙성, 중의성, 잉여성
> ㄴ. 두 문장 사이의 의미 속성: 동의성, 모순성, 함의, 전제

문장의미론은 (27)에서 열거한 문장의 기본적인 의미 속성을 고찰하며 더 나아가 이러한 속성과 관련된 여러 가지 의미 현상에 대해서 연구한다. 위에 제시한 의미 속성들은 앞으로 논의할 대상이지만 우선 개념에 대한 이해를 돕기 위해서 간단하게 설명한다. 모순성은 한 문장뿐만 아니라 두 문장 사이의 의미 속성에 각각 관련되는 개념이다.

가. 항진성

어떤 문장이 그 자체의 의미로서 항상 참이 되는 의미 속성을 항진성 tautology이라 한다.

> (28) ㄱ. 이순신은 이순신이다.
> ㄴ. 사람은 동물이다.

(28ㄱ)은 동의반복으로 항상 참이 되는데, 이러한 문장은 정보의 측면에서 볼 때 기여하는 바가 거의 없다. (28ㄴ)은 문장을 구성하고 있는 단어들의 의미성분을 보면 항상 참임을 알 수 있다. 이와 같이 항상 참이 되는 명제를 항진명제라고 한다.

나. 모순성

한 문장의 내용이 항상 참이 될 수 없는 의미 속성을 모순성contradiction이라 한다.

(29) ㄱ. 모든 무생물은 살아 있다.
    ㄴ. 창수는 형보다 나이가 세 살 많다.

(29ㄱㄴ)과 같은 문장은 세상지식이 없어도 듣고 곧바로 그것이 참이 아님을 알 수 있다. 이와 같이 항상 거짓이 되는 명제를 모순명제라고 한다.

앞의 (29)는 한 문장이 안고 있는 모순성이고, 다음 (30)은 두 문장 사이의 모순성이다.

(30) ㄱ. 철호가 영수를 때리는 것을 그쳤다.
    ㄴ. 철호가 영수를 때린 적이 없다.

(31) †철호가 영수를 때리는 것을 그쳤지만, 철호가 영수를 때린 적이 없다.

(30ㄱ)과 (30ㄴ)의 문장의미를 보면 서로 양립할 수 없는 관계에 있다. 따라서 두 문장을 등위 접속한 (31)은 논리적으로 앞뒤가 맞지 않는 모순문이다.

다. 변칙성

문맥과 조화를 이루지 못한 단어의 결합으로 문장의미가 불투명하거나 규범에서 벗어난 의미 속성을 변칙성anomaly이라 한다. 대체로 변칙성은 선택제약이 지켜지지 않을 때 발생한다.

(32) ㄱ. 나의 구름이 바다를 조용하게 잠잔다.
    ㄴ. 찬란한 진실이 유리창을 꿰맸다.

(32ㄱㄴ)은 선택제약에서 벗어난 단어의 배열로 문장의 의미가 어긋나거나 문장의미 자체가 성립되지 않는다.

다음 (33)은 하나의 단어가 동시에 두 가지 의미로 쓰이면서 변칙적 표현이

되었다.

　(33)　ㄱ. ^{??}강바람과 동치미 국물이 시원하다.
　　　　ㄴ. [?]할아버지와 손자가 과일을 잡수신다.

　(33ㄱ)의 '시원하다'는 다의어로서 별개의 의미로 '강바람'과 '동치미 국물'
을 서술해야 하는데 동시에 사용함으로써 변칙적인 문장이 되었다. (33ㄴ)도
서술어 '잡수시다'가 '할아버지'와 '손자'에 함께 결합되어 부자연스럽다.[129]

라. 중의성
　한 문장이 두 가지 이상의 의미를 나타낼 때의 의미 속성을 중의성_{ambiguity}
이라 한다.

　(34) 집이 많이 기울었다.

　(35)　ㄱ. 건물이 한쪽 방향으로 많이 쏠렸다.
　　　　ㄴ. 가세가 몰락했다.

　(34)는 (35ㄱ)과 (35ㄴ)의 두 가지 해석이 가능한데, 이와 같이 둘 이상의
의미를 가진 문장을 중의문이라 한다.

마. 잉여성
　문장 속에서 특정의 의미가 필요 이상으로 나타나는 의미 속성을 잉여성
_{redundancy}이라 한다. 일반적으로 의사소통에 필요한 적정의 정보량을 초과함
으로써 나타난다.

　(36)　ㄱ. 철호만 혼자 고집을 부린다.

ㄴ. 농민들은 쌀값의 폭락을 <u>미리 예상했다</u>.

(36ㄱ)과 (36ㄴ)의 밑줄 친 부분은 비슷한 의미가 중복된 잉여적 표현이다.130)

바. 동의성

동일한 상황을 지시하는 두 문장 사이의 의미 속성을 동의성synonymy이라고 한다.

(37) ㄱ. 영호가 수자를 업었다.
　　　ㄴ. 수자가 영호한테 업혔다.

동의성은 단어와 문장에 모두 적용되는 개념인데, 의미가 같은 두 단어를 동의어라고 하듯이 (37ㄱ)과 (37ㄴ)처럼 동의성을 갖는 두 문장을 동의문이라 한다.

사. 함의

함의는 문장과 문장 사이의 논리적 관계를 나타내는 개념이다. 어떤 문장 p가 참일 때 자동적으로 q도 참이면, p는 q를 함의entailment한다고 말한다.

(38) ㄱ. 자객이 왕비를 암살했다.
　　　ㄴ. 왕비가 죽었다.

(38ㄱ)이 참이면 반드시 (38ㄴ)도 참이 되는데, 이 경우에 (38ㄱ)은 (38ㄴ)을 함의한다.

아. 전제

하나의 문장이 의미적 정당성을 갖기 위해서 이미 참임이 보장된 다른 문장을 전제presupposition라고 한다.

    (39) ㄱ. 순호의 여동생은 아주 예쁘다.
          ㄴ. 순호는 여동생이 있다.

(39ㄱ)의 문장이 성립하기 위해서는 먼저 (38ㄴ)이 참이 되어야 한다. 이때의 (39ㄱ)은 (39ㄴ)을 전제한다.

제10장 **문장의 동의성**

1. 동의성의 규정

서로 다른 형식의 언어 표현이 동일한 의미로 해석되는 언어적 속성을 동의성synonymy이라고 한다. 동의성은 단어나 문장과 같은 언어 표현의 여러 층위에서 살펴볼 수 있는데, 동의성을 갖는 단어의 쌍을 동의어라고 하듯이 동의성을 갖는 문장의 쌍을 동의문synonymous sentence이라고 말한다. 그런데 특수한 경우가 아닌 일상적인 언어에서 완전 동의문을 찾는 것은 매우 어렵다. 문장의 형식은 화자의 의도를 반영하는데, 형식이 다르다는 것은 화자의 해석에서도 차이가 있다고 보아야 하기 때문이다. 즉 동일한 사태에 대한 화자의 해석 차이로 문장의 형식이 다르게 나타난 것이다. 따라서 동의문의 성립은 화자의 의도가 배제된 명제적 의미의 동일성에 기준을 둔다. 다시 말하면 개념적 의미 기술적 의미가 동일하면 동의문으로 간주한다.

동의문의 생성을 초기 생성문법의 개념으로 설명하면 다음 [그림 1]과 같다.

[그림 1] 동의문의 생성

[그림 1]과 같이 동의문은 하나의 심층구조에서 둘 또는 그 이상의 표면구조로 생성된 문장이다.

(1) ㄱ. 사냥꾼이 노루를 잡았다.
ㄴ. 노루가 사냥꾼한테 잡혔다.

(1)은 동의문의 예인데, 초기 생성문법에서 두 문장 (1ㄱ)과 (1ㄴ)은 동일한 심층구조에서 유도되었다고 설명한다.

동의관계에 있는 두 문장은 상호함의 관계에 있다. 동의문인 다음 (2ㄱ)과 (2ㄴ)을 함의의 관점에서 살펴보자.

(2) ㄱ. 철수가 승아에게 꽃을 주었다.
ㄴ. 승아가 철수에게서 꽃을 받았다.

(2ㄱ)이 참이면 (2ㄴ)도 반드시 참이 되고, (2ㄴ)이 참이면 (2ㄱ)도 반드시 참이 된다. 따라서 (2ㄱ)과 (2ㄴ)은 서로를 함의하는 상호함의 관계에 있다. 이와 같이 동의관계에 있는 두 문장은 상호함의의 관계에 있다.131)

환언paraphrase132)에 의한 표현은 대부분 동의관계에 있다. 환언이란 같은 내용을 다른 말로 바꾸어서 표현하는 것인데, 이해하기 쉽게 다른 말로 풀어서 말하는 경우를 가리키는 것이 일반적이지만, 그와 반대로 풀어서 설명하고 있는 것을 간결하게 바꾸기도 한다.

앞의 예문 (1)과 (2)도 화자의 의도에 따라서 서로 바꾸어 말할 수 있으며, 다음 (3)도 환언으로 만들어진 동의문의 예이다.

(3) ㄱ. 김 선생님이 아들도 없이 오직 하나뿐인 딸을 교통사고로 잃었다.
    ㄴ. 김 선생님이 무남독녀를 교통사고로 잃었다.

이와 같이 환언은 기본의미는 그대로 두고 표현만 바꾸기 때문에 동의관계를 유지하고 있다.

2. 동의문의 유형

동의성을 갖는 문장은 형태가 매우 다양하기 때문에 동의문을 유형화하는 것이 간단하지 않다. 우선 동의문의 유형은 동의관계에 있는 두 문장의 양상을 어휘 사용의 측면과 문장 구조의 측면에서 살펴볼 수 있다. 그리고 전자의 경우를 어휘적 동의문이라 하고, 후자의 경우를 통사적 동의문이라고 한다.

2.1. 어휘적 동의문

어휘적 동의문은 전달하고자 하는 의미는 같지만 화자가 선택하는 어휘가 다름으로 해서 동의성을 갖는 경우이다. 사용 어휘의 특성에 따라서 어휘적 동의문을 다시 나누면 다음과 같이 여러 가지 형태가 있다.

2.1.1. 동의어에 의한 동의문

어휘적 동의문에서 가장 단순한 유형은 동일한 문장 구조를 가지고 있으면서 동의관계에 있는 단어가 바꾸어 쓰인 것이다.

   (4) ㄱ. 고향으로 내려가도 부쳐 먹을 논밭이 있어야지.
       ㄴ. 고향으로 내려가도 부쳐 먹을 전답이 있어야지.

   (5) ㄱ. 수자는 아침 여섯 시에 일어난다.
       ㄴ. 수자는 아침 여섯 시에 기상한다.

   (4)와 (5)는 동일한 문장 구조 속에서 동의어 '논밭 : 전답'과 '일어나다 : 기상하다'만 서로 다름을 알 수 있다.
   동의어는 단어의 한 부류로서 실질적 의미를 가진 내용어content word인데, 실질적 의미는 없고 문법적 기능만 갖는 기능어function word가 상호 교체되면서 동의관계를 유지하기도 한다. 다음 (6), (7)은 기능어가 교체되어 동의문이 된 예이다.

   (6) ㄱ. 너의 형이 오{면, 거든} 나를 만나고 가라고 전해라.
       ㄴ. 김 사장은 재산이 많{으나, 아도, 지만, 은데} 상속받을 자식이 없다.

   (7) 사건의 전말을 알게 된 창수는 죽{음, 기}을 / 를 각오하고 덤벼들었다.

   (6)은 연결어미의 교체에 의한 동의문인데, (6ㄱ)은 '조건'의 의미 기능을 가진 연결어미이고 (6ㄴ)은 '대립'의 의미 기능을 가진 연결어미이다. 동일한 의미 기능으로 상호 교체가 가능한 연결어미의 부류는 이밖에도 많이 있다.[133] (7)은 명사형 전성어미 '-음'과 '-기'에 의한 동의문인데, 대체로 '-음'과 '-기'는 쓰임에 변별성이 있기 때문에 (7)과 같이 동시에 사용이 가능한 경우가 많지

않다.

2.1.2. 단어 의미의 재구성에 의한 동의문

단어와 그 단어의 풀어쓰기에 의해서 동의관계를 갖게 된다.

 (8) ㄱ. 창호는 김 선생님의 제자이다.
   ㄴ. 창호는 김 선생님의 가르침을 받은 사람이다.

 (9) ㄱ. 몰인정한 창수의 행동에 깜짝 놀랐다.
   ㄴ. 인정이 전혀 없는 창수의 행동에 깜짝 놀랐다.

 (8)과 (9)는 '제자 : 가르침을 받은 사람', '몰인정한 : 인정이 전혀 없는'과 같이 특정 단어와 그것을 풀어쓴 표현에 의해서 동의성을 갖게 됨을 알 수 있다. 결국 (8)과 (9)는 동일한 내용을 화자의 표현 방식이나 의도에 따라 다르게 말하고 있다.

2.1.3. 반의어에 의한 동의문

 반의관계에 있는 두 단어 가운데서 한쪽 단어를 부정하거나 논항의 위치를 맞바꿈으로써 거꾸로 동의관계가 성립된다. 이러한 특성을 가지고 있는 반의어로는 상보 반의어와 역의관계 반의어가 있다.
 먼저 상보 반의어는 한쪽을 부정하면 다른 쪽과 동의관계를 갖는 특성이 있다. 상보 반의어인 '남자 : 여자'를 예로 들면, '남자'의 반의어인 '여자'를 부정한 다음 (10ㄴ)은 (10ㄱ)과 동의관계가 된다.

 (10) ㄱ. 이번에 우리 학교에 부임한 무용 선생님은 남자이다.

    ㄴ. 이번에 우리 학교에 부임한 무용 선생님은 여자가 아니다.

다음으로 역의관계 반의어는, '*x*가 *y*의 *A*이다 = *y*가 *x*의 *B*이다'와 같이 논항 *x*와 *y*의 위치를 바꿈으로써 두 문장 사이에 동치 관계가 성립하는 특징이 있다. 다음 (11)과 (12)는 역의관계 반의어 '오른쪽 : 왼쪽'과 '사다 : 팔다'가 쓰였는데, 논항의 위치가 상호 교차함으로써 동의문을 형성한다.

    (11) ㄱ. 책방은 꽃집 오른쪽에 있다.
           ㄴ. 꽃집은 책방 왼쪽에 있다.

    (12) ㄱ. 경호가 영수한테 아주 싼 값에 자전거를 샀다.
           ㄴ. 영수가 경호한테 아주 싼 값에 자전거를 팔았다.

이와 같이 논항의 위치가 바뀌면서 역의어가 사용되면 그 문장들은 동의관계에 놓이게 된다.

2.1.4. 어휘소 선택의 다양성에 의한 동의문

동일한 지시 내용을 화자는 자신의 머릿속에 들어 있는 어휘소를 이용하여 다양하게 표현할 수 있다.

    (13) ㄱ. 우리 어머니는 절에 다닌다.
           ㄴ. 우리 어머니는 부처를 믿는다.

(13ㄱㄴ)은 어머니가 불교도라는 지시 내용을 각각 다르게 표현한 것으로, 이와 같이 동일한 지시 내용을 우리는 다른 단어들의 조합으로 표현할 수 있다.

일반적 표현과 비유적 표현 사이의 동의성도 표현 효과를 고려한 화자의
어휘소 선택의 결과이다.

> (14) ㄱ. 나는 세 번이나 시험에 떨어졌다.
>   ㄴ. 나는 세 번이나 미역국을 먹었다.
>
> (15) ㄱ. 하는 일이 있어야 얻는 것이 있지.
>   ㄴ. 하늘을 보아야 별을 따지.
>   ㄷ. 잠을 자야 꿈을 꾸지.

(14ㄱㄴ)은 일반적 표현과 관용적 표현 사이의 동의관계이고, (15ㄱ~ㄷ)은
일반적 표현과 속담 표현 사이의 동의관계이다. 이와 같이 발화 장면이나 문체
적 취향에 따라서 화자는 자신의 머릿속에 들어 있는 단어 또는 관용어나
속담과 같은 비유적 표현으로 다양한 지시 내용을 말할 수 있다.

이상과 같이 어휘적 동의문은 전달 내용을 구성할 때 화자가 선택하는 어휘
에서 차별성을 가지고 있다. 곧 어휘적 동의문은 전달 내용에 부합하는 적절한
어휘소가 화자의 의도와 경향에 따라 다르게 선택됨으로써 동의성을 갖게
된다.

2.2. 구조적 동의문

구조적 동의문이란 의미는 그대로 유지하면서 문장의 통사구조가 다른 동
의문을 말한다. 구조적 동의문은 대체로 통사구조를 변경시키는 통사적 장치
syntactic device에 의해서 생성되는데, 예컨대 태의 변화, 피동·사동·부정 표현
의 장단형 변화, 문장 성분의 계층 변화, 어순 변화, 문장 성분의 생략 등에
의해서 동의문이 생성된다.

2.2.1. 태의 변화에 따른 동의문

능동·피동과 같은 태의 변화에 의해서 동의문이 만들어지는데, 다음 (16), (17)은 동일한 사태에 대한 능동 표현과 피동 표현으로 두 문장은 동의관계에 있다.

(16) ㄱ. 붉고 노란 단풍이 산 전체를 덮었다.
ㄴ. 산 전체가 붉고 노란 단풍으로 덮였다.

(17) ㄱ. 우리 우주선이 화성을 정복하였다.
ㄴ. 화성이 우리 우주선에 의해 정복되었다.

피동문은 원칙적으로 그에 대응하는 능동문을 가지며, 그 능동문을 변형함으로써 피동문이 나오게 된다.134) 그리고 능동문이 피동문으로 바뀌는 데에는 몇 가지 장치가 있는데, (16ㄴ)은 파생접사 '-이-'에 의해서, (17ㄴ)은 '되다'에 의해서 피동문이 만들어졌다.

2.2.2. 문장의 장단형 구조에 의한 동의문

피동문, 사동문, 부정문은 단형 구조와 장형 구조가 있는데, 이러한 장단형의 문장 구조가 동의문을 만들어낸다.
다음 (18)은 단형 피동문과 장형 피동문 사이의 동의관계를 보여준다.

(18) ㄱ. 서가에 책이 쌓였다.
ㄴ. 서가에 책이 쌓아졌다.

(18ㄱ)은 피동접사 '-이-'에 의한 단형 피동문이고, (18ㄴ)은 '-어지다'에 의

한 장형 피동문이다.135)

　다음 (19), (20)은 단형 사동과 장형 사동에 의한 동의문의 예이다.

　(19)　ㄱ. 어머니는 아이에게 약을 먹였다.
　　　　ㄴ. 어머니는 아이에게 약을 먹게 했다.

　(20)　ㄱ. 김 회장이 박 부장에게 사과문을 읽혔다.
　　　　ㄴ. 김 회장이 박 부장에게 사과문을 읽게 했다.

　(19ㄱ)과 (20ㄱ)은 사동 접사 '-이-'와 '-히-'에 의한 단형 사동문이고, (19ㄴ)과 (20ㄴ)은 '-게 하다'에 의한 장형 사동문이다. 그런데 단형 사동과 장형 사동은 맥락에 따라서 의미가 같지 않을 수 있다. (19ㄱ)은 어머니가 아이에게 약을 손수 먹이는 직접 행위와 아이가 스스로 약을 먹도록 하는 간접 행위의 두 가지 해석이 가능한데 반해, (19ㄴ)은 아이가 스스로 약을 먹도록 하는 간접 행위로만 해석된다. (20ㄱ)과 (20ㄴ)은 김 회장의 명으로 박 부장이 사과문을 읽는 간접 행위로만 해석된다. 이와 같이 단형 사동은 직접 행위와 간접 행위를 나타낼 수 있는데 반하여 장형 사동은 간접 행위만 나타낸다.136)

　다음 (21)도 사동 표현의 동의문인데, (21ㄱ)은 동사 '보내다' 자체에 사동의 뜻이 들어 있는 어휘적 사동이고, (21ㄴ)은 '-게 하다'에 의한 장형 사동문이다.

　(21)　ㄱ. 어머니는 나를 심부름을 보냈다.
　　　　ㄴ. 어머니는 나를 심부름을 가게 했다.

　다음은 부정문의 단형 구조와 장형 구조에 의한 동의문을 보기로 하자.

　(22)　ㄱ. 창수는 약속을 못 지켰다.
　　　　ㄴ. 창수는 약속을 지키지 못했다.

(22ㄱ)은 단형 부정이고 (22ㄴ)은 장형 부정인데 두 문장의 의미 차이는 거의 찾아볼 수 없을 정도이다.

이와 같이 동일한 지시 내용을 장단형의 문장 구조로 다르게 표현할 때 두 문장은 동의성을 갖게 된다.

2.2.3. 문장 성분의 계층 이동으로 인한 동의문

내포절의 성분이 상위문으로 계층 이동하는 일이 있는데, 이럴 때에는 문장의 구조에 변화가 일어난다. 다음 (23ㄱ)의 '창수가'는 내포절의 주어인데, (23ㄴ)에서는 상위문 속으로 계층 이동하면서 목적어의 위치에 놓여 있다.

(23) ㄱ. 영이는 <u>창수가</u> 부자라고 생각한다.
　　　ㄴ. 영이는 <u>창수를</u> 부자라고 생각한다.

(23ㄱ)과 (23ㄴ)은 표면상으로는 '창수가'와 '창수를'의 격조사가 바뀐 것으로 보이지만 그 내면을 보면 문장의 구조가 다름을 알 수 있다.

2.2.4. 생략으로 인한 동의문

문장 속의 어떤 요소가 생략되거나 삭제됨으로써 완전문과 생략문이 동의 관계에 놓이게 된다. 다음 (24ㄴ)은 문장 성분이 생략되고, (25ㄴ)은 격조사가 생략되었다.

(24) ㄱ. 너는 내일 오너라.
　　　ㄴ. 내일 오너라.

(25) ㄱ. 담배를 피우세요?

ㄴ. 담배 피우세요?

(24ㄱ)은 주어가 생략된 (24ㄴ)과 동의관계에 있다. (25ㄴ)은 목적격 표지가 생략된 경우와 애당초 실현되지 않은 경우를 각각 상정해 볼 수 있는데, 어떠한 경우든지 흡연 여부를 묻는다는 점에서 (25ㄱ)과 동의관계에 있다고 할 수 있다. 그러나 국어 화자라면 단순히 상대방에게 흡연 여부를 물을 때에는 (25ㄴ)을 쓰는 것이 자연스러우며, (25ㄱ)은 특별한 맥락에서 쓰인다는 것을 알 것이다. 이런 점에서 두 문장이 동일한 표현 가치를 갖는다고 말할 수 없으나 기본의미가 동일하다는 점에서 동의문으로 간주된다.

다음 (26)은 내포절에서의 생략을 보여주는 예이다.

(26) ㄱ. 나는 내가 선생님께 문안 인사를 드리지 못한 것이 아쉬웠다.
ㄴ. 나는 선생님께 문안 인사를 드리지 못한 것이 아쉬웠다.

(26ㄱ)과 내포절 주어가 생략된 (26ㄴ)은 동의관계에 있다. (26ㄱ)을 보면 상위문과 내포절에 동일 명사구 '나'를 포함하고 있는데, 이러할 때에는 (26ㄴ)과 같이 내포절의 '나'를 생략하는 것이 일반적이다.

생략 현상은 다음 (27), (28)과 같이 접속문에서도 쉽게 찾아볼 수 있다.

(27) ㄱ. 창수는 자전거를 끌고, 영호는 자전거를 밀고, 순이는 자전거를 탔다.
ㄴ. 창수는 자전거를 끌고, 영호는 밀고, 순이는 탔다.

(28) ㄱ. 영호는 밥을 먹고, 순이는 빵을 먹고, 철이는 아이스크림을 먹었다.
ㄴ. 영호는 밥을, 순이는 빵을, 철이는 아이스크림을 먹었다.

(27ㄴ)은 반복되는 목적어를 생략하고, (28ㄴ)은 반복되는 서술어를 생략하

였다. 이와 같이 접속문에서 동일한 성분은 생략되는 일이 많은데 이것을 접속문 줄이기conjunctive reduction라고 한다. 그리고 접속문 줄이기에는 생략이 일어나는 방향이 있는데, (27ㄱ)과 같이 명사구가 동일하면 오른쪽에서 생략이 일어나고 (28ㄱ)과 같이 동사구가 동일하면 왼쪽에서 생략이 일어난다.

2.2.5. 어순 변화에 의한 동의문

국어는 문장성분의 자리옮김이 자유로운 만큼 어순 변화에 따른 동의문을 쉽게 접할 수 있다.

(29) ㄱ. 영호가 순이에게 꽃을 주었다.
ㄴ. 순이에게 영호가 꽃을 주었다.
ㄷ. 꽃을 순이에게 영호가 주었다.

(29)는 서술어를 제외한 문장 성분들이 자유롭게 자리를 옮긴 것인데 서로 동의관계를 유지하고 있다. 다음 (30)은 부사절[137]의 자리옮김으로 인한 동의문의 예이다.

(30) ㄱ. 비가 와서, 우리는 소풍을 가지 못했다.
ㄴ. 우리는, 비가 와서, 소풍을 가지 못했다.
ㄷ. 우리는 소풍을, 비가 와서, 가지 못했다.

부사절은 (30ㄱ)과 같이 문장 앞에 오기도 하지만 (30ㄴ)과 (30ㄷ)에서와 같이 문장 속으로 이동하는 것이 자유롭다.

2.2.6. 양태 표현의 다양성으로 인한 동의문

문장을 명제와 양태의 구조로 나눌 때, 어떤 명제에 대한 동일한 양태는 다양한 방법으로 표현할 수 있다. 다음 (31), (32)는 '추측'의 양태 표현을 예로 든 것이다.

(31) ㄱ. 설악산에 눈이 왔겠다.
ㄴ. 설악산에 눈이 왔을 것이다.
ㄷ. 설악산에 눈이 왔을 성싶다 / 듯하다 / 듯싶다.

(32) 설악산에 눈이 왔을 것으로 추측한다 / 짐작한다.

선어말어미 '-겠-'이 (31ㄱ)에서는 미래시제 표지가 아닌 추측의 양태 표현으로 쓰였으며, 이때의 '-겠-'은 (31ㄴ)과 같이 '-을 것이-'와 같은 의미를 갖는다. (31ㄷ)의 여러 표현도 모두 추측의 양태를 나타내는데, 이러한 여러 가지 표현들은 결국 (32)와 같이 '추측하다 / 짐작하다'와 같은 어휘적 실현과 동일한 의미를 갖는다. 이와 같이 양태에 대한 다양한 표현은 궁극적으로 동의문을 만들게 된다. 양태 범주에 속하는 의미 유형으로는 '추측' 이외에도 '단정, 의무, 허가, 기원' 등 여러 가지가 있는데, 이것들도 다양한 표현 방식에 따라 동의문이 만들어질 수 있다.

이상에서 우리는 동의문의 유형을 어휘적인 것과 구조적인 것으로 나누어 고찰하면서 동시에 여러 가지 형태의 동의문을 살펴보았다. 그러나 동의문을 좀 더 자세하게 들여다보면 유형 분류의 경계가 분명하지 않은 것이 있을 뿐만 아니라 위에서 언급한 것 이외에도 더 많은 형태의 동의문이 있음을 알 수 있다.

2.3. 문장의 동의성과 화자의 관점

화자는 단어, 어순, 강세 등에 의해서 전달 내용을 조직하는데, 언어표현의 형식을 다르게 함으로써 사건에 대한 화자의 관점이나 의도가 드러날 수 있다. 다음 (33ㄱㄴ)은 동일한 사건을 서술한 동의문으로, (33ㄱ)은 능동문이고 (33 ㄴ)은 피동문이다.

(33) ㄱ. 창수가 영희를 업었다.
ㄴ. 영희가 창수에게 업혔다.

(33ㄱ)과 (33ㄴ)은 기본의미는 같지만 전달 가치에서는 서로 다르다. 그것은 장면을 해석할 때 화자가 어떤 부분에 초점을 두느냐의 문제인데, (33ㄱ)은 '창수'에 초점이 놓이고, (33ㄴ)은 '영희'에 놓여 있다. 바꾸어 말하면, (33ㄱ)에 서는 '창수'가 현저한 대상으로 전경화foregrounding하고, (33ㄴ)에서는 '영희'가 현저한 대상으로 전경화하였다.

(34) ㄱ. 미술관이 동물원의 오른쪽에 있다.
ㄴ. 동물원이 미술관의 왼쪽에 있다.

(34ㄱ)은 '미술관'을 전경화하고, (34ㄴ)은 '동물원'을 전경화하였다. 전경화 하고 남은 부분은 화자의 해석에서 현저성이 낮은 부분으로 배경화backgrounding 되었다.[138]

이와 같이 화자가 어떤 대상이나 사건을 접할 때 상대적으로 중요한 것과 그렇지 않은 것을 나누어 지각함으로써 표현을 달리하는데, 이러한 화자의 해석에 의해서 동의문의 의미값이 달라질 수 있다.

제11장 문장의 중의성과 모호성

1. 중의성의 규정

하나의 언어 표현이 둘 이상의 해석을 가능하게 하는 언어적 현상을 중의성重義性 ambiguity이라 한다. 중의성은 앞의 제10장에서 살펴본 동의성과 구조상 상반된다. 동의성의 구조가 둘 이상의 언어 표현에 하나의 해석이 결합된데 반하여, 중의성의 구조는 한 언어 표현에 둘 이상의 해석이 결합되었기 때문이다.

중의성이 의사소통에 장애를 가져온다는 점은 분명하다. 그렇기 때문에 우리는 일대일의 대응관계로 이루어지는 언어의 형식과 내용을 생각할 수 있으나 자연언어에서 그것은 이상에 지나지 않는다. 중의성으로 인한 불편은 언어의 경제성에서 볼 때에도 감수해야 할 대가라고 할 수 있다.

중의성도 동의성과 마찬가지로 단어나 구, 문장과 같은 언어 표현의 여러 층위에서 나타난다. 다음 (1)~(3)은 중의성을 가진 언어표현의 예이다.

(1) ㄱ. 놀다: ① 즐겁게 논다. ② 매일 하는 일 없이 논다. ③ 노는 땅이 많다. ④ 뱃속에서 아이가 논다. ⑤ 나사가 닳아서 안에서 논다.

ㄴ. (소리를)듣다^1, (낙숫물이)듣다^2, (약효가)듣다^3

(2) 애닯은 국토의 막내 (유치환의 시 '울릉도'의 일부)

(3) 나는 누나와 어머니를 찾았다.

(1)은 단어가 가지고 있는 중의성의 예인데, (1ㄱ)은 다의어에 의해서 중의성이 나타날 수 있고, (1ㄴ)은 동음이의어에 의해서 중의성이 나타날 수 있음을 보여준다. (2)는 구의 중의성으로, 수식어와 피수식어의 범위에 따라서 의미가 달라질 수 있다. (3)은 문장의 중의성으로, 해석에 따라서 서술어와 호응하는 주어와 목적어가 다름을 알 수 있다.

이와 같이 중의성은 여러 층위의 언어 표현 속에서 나타날 수 있으며, 이러한 표현이 문장으로 사용되면 결과적으로 그 문장은 중의문ambiguous sentence이 된다.

2. 중의성의 유형

문장의 중의성은 문장 속에 쓰인 단어의 중의성이나 문장의 통사구조에 의해서 발생하고, 문장 속의 특정 어휘가 갖는 영향권에 의해서도 발생한다. 중의성을 유발하는 요인에 따라서 중의성은 (가) 어휘적 중의성, (나) 구조적 중의성, (다) 영향권 중의성으로 나눌 수 있다.

2.1. 어휘적 중의성

문장 속에 사용된 어휘의 특성에 의해서 나타나는 중의성을 어휘적 중의성 lexical ambiguity이라고 한다. 다의어와 동음이의어가 중의적 속성을 가지고 있다는 것은 앞의 예 (1)에서 살펴보았는데, 이러한 단어를 포함한 문장은 결과적으로 중의성을 갖게 된다.

다음 (4)는 문장 그대로 두고 보면 (5)와 같이 여러 가지 의미로 해석할 수 있는데, 그것은 '길'이 다의어로서 여러 가지 의미를 가지고 있기 때문이다.

(4) 길이 있다.

(5) ㄱ. (자동차가 지나갈) 길이 있다. [도로]
    ㄴ. (아무리 어려워도 살아갈) 길이 있다. [방책]
    ㄷ. (책 속에) 길이 있다. [지혜]
    ㄹ. (사람으로서 가야 할) 길이 있다. [도리]
    ㅁ. (그 사람을 설득할) 길이 있다. [수단]

다음 (6)은 동음이의어의 사용으로 (7ㄱㄴ)과 같은 중의성을 갖는 문장이다.

(6) 영이가 차를 준비했다.

(7) ㄱ. 영이가 (마실) 차를 준비했다.
    ㄴ. 영이가 (타고 갈) 차를 준비했다.

다음 (8)은 다의어에 의해서 중의성을 갖는 예이고, (9)는 동음이의어에 의해서 중의성을 갖는 예이다.

(8) ㄱ. 나에게 그 정도의 힘은 있다.
    ㄴ. 그 집은 형편없이 되었다.

(9) ㄱ. 창수가 배를 좋아한다는 것은 나도 알고 있다.
    ㄴ. 시내에서 멀지 않은 곳에 우리 집이 있습니다.

(8ㄱ)에서 '힘'은 다의어로서 [근력]과 [역량]의 뜻으로 쓰일 수 있으며, (8ㄴ)에서 '집'은 [건물]과 [가세]의 뜻으로 쓰일 수 있다. (9ㄱ)에서 '배'는 동음이의어로서 과일의 배梨 또는 물위의 교통수단인 배船를 가리킬 수 있으며, (9ㄴ)에서 '시내'는 조그마한 개울을 가리킬 수도 있고 도시의 안쪽市內을 가리킬 수도 있다.

동사 가운데는 동작과 그 동작의 결과로서 남아있는 상태를 뜻하는, 곧 동작과 상태의 두 가지 의미를 갖는 것이 있는데, 다음 (10)은 이러한 동사에 의해서 중의성을 갖는 경우이다.

   (10) ㄱ. 영이는 가슴에 이름표를 <u>달았다</u>.
        ㄴ. 창수가 흰 바지를 <u>입고</u> 있다.

(10ㄱ)은 가슴에 이름표를 다는 동작을 뜻할 수도 있고, 부착하고 있는 상태를 뜻할 수도 있다. (10ㄴ)도 마찬가지로 동작의 진행과 상태 지속이라는 두 가지 해석이 가능하다. 이와 같은 중의적 해석은 동사 '달다, 입다'가 가지고 있는 다의성 때문인데, 대체로 '쓰다, 매다, 감다, 얹다, 짚다, 타다'와 같은 접촉성 동사에서 볼 수 있는 현상이다.

2.2. 구조적 중의성

문장을 이루는 성분들 사이의 통사적 관계에 의해서 나타나는 중의성을 구조적 중의성structural ambiguity이라 한다. 다시 말하면, 구조적 중의성은 둘 이상의 통사적 관계를 가진 문장의 구조에 의해서 중의적으로 해석된다. 이것을 초기 생성문법의 개념으로 설명하면, 다음 [그림 1]과 같이 둘 또는 그 이상의 심층구조가 하나의 표면구조로 나타난 경우라고 할 수 있다.

[그림 1] 구조적 중의문의 생성

따라서 구조적 중의성은 구성성분 분석이나 수형도tree diagram를 통해서 서로 다른 둘 이상의 문장 구조를 확인할 수 있다.139)

구조적 중의성은 수식 관계에 의해서 일어나는 중의성과 서술어와 호응하는 논항 특히 주어나 목적어의 범위에 의한 중의성으로 구별하여 살펴볼 수 있다.

먼저 수식 관계에 따른 중의성을 알아보자.

(11) 내가 좋아하는 순이의 여동생을 롯데마트에서 만났다.

문장 (11)의 중의성은 내가 좋아하는 사람이 '순이'일 수도 있고, '순이의 여동생'일 수도 있다는 데에 있다. 그것은 '내가 좋아하는'의 수식 범위가 두 가지로 해석될 수 있기 때문이다.

(12) ㄱ. 내가 좋아하는 순이의 여동생   ㄴ. 내가 좋아하는 순이의 여동생

(12ㄱ)과 (12ㄴ)은 서로 다른 통사적 구조를 보여주는데, 이처럼 구조적 중의성은 IC분석을 통해서도 확인할 수 있다.

수식 관계에 따른 중의문의 예를 더 들어보면, 다음 (13)도 관형절의 수식을 받는 대상이 무엇인가에 따라서 두 가지로 해석된다.

(13) ㄱ. 빨간 모자를 쓴 어머니와 딸이 다정하게 걸어간다.
    ㄴ. 나를 슬프게 하는 그 남자의 뒷모습이 오늘은 더욱 쓸쓸해 보였다.

(13ㄱ)은 관형절 '빨간 모자를 쓴'이 '어머니'를 수식하느냐 '어머니와 딸'을 수식하느냐에 따라서 의미가 달라진다. (13ㄴ)도 '나를 슬프게 하는'이 '그 남자'를 수식할 수도 있고 '그 남자의 뒷모습'을 수식할 수도 있다.

다음은 서술어와 호응하는 논항의 범위에 따른 중의성을 살펴보자.

(14) ㄱ. 김 박사가 최 간호사와 입원 환자를 둘러보았다.
    ㄴ. 어머니는 아버지보다 딸을 더 사랑한다.

(14ㄱ)은 서술어 행위의 주체를 어떻게 보느냐에 관한 문제인데, 행위의 주체가 다음 (15)와 같이 두 가지로 해석됨으로써 결과적으로 중의성을 갖게 된다.

(15) ㄱ. [김 박사가] 최 간호사와 입원 환자를 둘러보았다.
    ㄴ. [김 박사가 최 간호사와] 입원 환자를 둘러보았다.

서술어의 주체가 (15ㄱ)은 '김 박사'이고 (15ㄴ)은 '김 박사와 최 간호사'이다. 따라서 (15ㄱ)의 목적어는 '최 간호사와 입원 환자'이고 (15ㄴ)은 '입원 환자'이다. 이러한 해석의 차이는 조사 '와'의 문법적 기능이 서로 다른 데서 기인한다. (15ㄱ)의 '와'는 앞뒤 두 명사구를 결합시키는 접속조사이고, (15ㄴ)의 '와'는 선행 명사구가 앞의 주어와 짝을 이루게 하는 공동격조사이다. 그렇기 때문에 (15ㄴ)은 [김 박사가 최 간호사와 (함께)]의 뜻으로 이해할 수 있다. 이와 같이 서술어와 호응하는 주어의 범위가 서로 다름으로 해서 중의적으로 해석될 수 있다.

위의 (14ㄴ)은 비교 구문으로서, '아버지'가 동작의 대상인가 동작의 주체인가의 문제인데, 이에 따라서 다음 (16)과 같이 두 가지로 해석된다.

(16) ㄱ. 어머니는 아버지와 딸을 사랑하는데, 그 중에서 딸을 더 사랑한다.
ㄴ. 어머니와 아버지는 딸을 사랑하는데, 아버지보다 어머니가 더 사랑한다.

(16ㄱ)은 '아버지'가 비교 대상인 '딸'과 통합됨으로써 주체는 '어머니'가 되고, (16ㄴ)은 '아버지'가 비교 주체인 '어머니'와 통합됨으로써 주체는 '어머니와 아버지'가 된 것이다. 결국 주어의 범위가 어디까지인가에 따라서 두 가지 해석이 가능함을 알 수 있다.

다음 (17)은 명사구 사이에 있는 동사가 앞뒤 명사구와 맺고 있는 통사적 관계가 다름으로 해서 중의적으로 해석된다.

(17) ㄱ. 창호는 울면서 떠나는 영이에게 손을 흔들었다.
ㄴ. 영수가 보고 싶은 친구들이 많다.

(17ㄱ)은 '울면서'의 주체가 앞의 '창호'인가 아니면 뒤의 '영이'인가에 따라서 의미가 달라진다. 다시 말하면 우는 사람이 창호인가 영이인가의 문제이다. (17ㄴ)도 '보고 싶은'의 주체가 '영수'인가 아니면 '친구들'인가에 따라서, 영수가 보고 싶어 하는 친구들이 많다는 해석과, 영수를 보고 싶어 하는 친구들이 많다는 해석이 가능하다.

접속조사 '와'는 명사구 접속과 문장 접속이라고 하는 두 가지 통사적 기능이 있다. 그런데 다음 (18)과 같은 대칭동사 구문에서 두 가지 해석이 모두 가능한 경우가 있다.

(18) 창수와 효주는 인정사정 보지 않고 싸웠다.

(18)은 '창수'와 '효주'가 서로 맞상대가 되어서 싸웠다는 의미와, 각각 다른 상대와 싸웠다는 의미로 해석할 수 있다. 곧 접속조사 '와'가 전자는 명사구 접속으로 쓰이고 후자는 문장 접속으로 쓰인 것이다. 명사구 접속의 경우에는 개략적으로 심층구조가 표면구조와 일치한다고 할 수 있으나, 문장 접속의 경우에는 '창수가 인정사정 보지 않고 싸우고, 효주가 인정사정 보지 않고 싸웠다.'와 같은 접속문의 심층구조를 상정할 수 있다. 이와 같이 두 의미는 각각 다른 통사적 구조를 심층적으로 가지고 있기 때문에 (18)과 같은 예문도 구조적 중의성에 속한다.

통사구조와 관련이 있는 의미 파악은 개념적 의미를 중심으로 논의하는 것이 일반적이다. 그것은 개념적 의미가 아닌 다른 의미들은 맥락에 따라 의미가 바뀜으로써 보편타당한 의미 해석을 얻을 수 없기 때문이다. 그래서 통사구조 중심으로 논의되는 구조적 중의성에서도 개념적 의미 중심으로 설명이 이루어진다. 그런데 다음 (19)는 (20ㄴ)과 같은 내포적 의미가 개입함으로써 중의적 해석이 가능하게 된다.

(19) 나는 순박하고 꾸밈이 없는 시골 처녀를 좋아한다.

(20) ㄱ. 시골 처녀 중에는 순박하고 꾸밈이 없는 사람이 있는데, 나는 그런
        부류의 시골 처녀를 좋아한다.
     ㄴ. 시골 처녀들은 대체로 순박하고 꾸밈이 없는데, 그래서 나는 시골
        처녀를 좋아한다.

(20ㄱ)은 '시골 처녀'를 수식하는 관형절 내용 곧 '순박하고 꾸밈이 없-'음을 전제로 한 문장 그대로의 해석이다. 이에 반하여, (20ㄴ)은 '시골 처녀'에 대한 내포적 의미 곧 '시골 처녀'는 대체로 순박하고 꾸밈이 없다는 부차적 의미를 배경으로 한 해석이다.

2.3. 영향권 중의성

어떤 단어가 의미 해석에 영향을 미치는 영향권scope 작용역이 다름으로 해서 생기는 중의성을 영향권 중의성scope ambiguity 또는 작용역 중의성이라고 한다. 일반적으로 영향권 중의성은 문장 속의 수량사나 부정사에 의해서 나타난다.

먼저 수량사에 의해서 중의성을 갖는 경우를 살펴보자.

(21) 모든 소년들이 한 소녀를 사랑한다.

(21)은 수량 표현으로 '모든 소년'과 '한 소녀'가 사용되었는데, 두 표현의 영향권이 어떤 것이 더 넓으냐에 따라서 다음 (22)와 같이 두 가지 해석이 가능하다.

(22) ㄱ. 모든 소년들은 자신이 사랑하는 소녀가 한 명씩 있다.
　　　ㄴ. 모든 소년들로부터 사랑을 받는 소녀가 한 명 있다.

(22ㄱ)은 '모든 소년'이 '한 소녀'보다 넓은 영향권을 가지고 있으며, (22ㄴ)은 반대로 '한 소녀'가 '모든 소년'보다 넓은 영향권을 가지고 있다. 이와 같이 수량사가 쓰인 문장은 수량사의 영향권에 따라 의미 해석이 달라질 수 있다. 다음 (23)도 수량사에 의해서 중의성을 갖는 예이다.

(23) 열 명의 사냥꾼이 두 마리의 새를 총으로 쏘았다.

(23)은 열 명의 사냥꾼이 각자 두 마리씩 쏘았다는 해석과 열 명의 사냥꾼이 정해진 두 마리를 쏘았다는 해석이 가능한데, 해석에 따라서 총에 맞은 새의 수효는 스무 마리가 될 수도 있고 두 마리가 될 수도 있다.

다음 (24)는 부정사에 의해서 중의성을 갖는 예이다.

(24) 아이가 집에 가지 않았다.

(24)는 부정사의 의미가 어디에 미치느냐에 따라서 다음 (25)와 같이 세 가지 해석이 가능하다.

(25) ㄱ. 집에 간 사람은 아이가 아니다(다른 사람이 갔다).
    ㄴ. 아이가 간 곳은 집이 아니다(다른 곳에 갔다).
    ㄷ. 아이가 집에 간 것은 아니다(유치원에 있었다).

이러한 유형의 중의성은 아주 흔한 현상으로 부정문이라면 대부분 이와 같은 중의성을 갖게 된다.

(26) 영호는 어제 오후에 덕수궁 돌담 옆에서 수자를 만나지 않았다.

(26)은 부정사 '않다'의 영향이 앞의 모든 어절에 미칠 수 있기 때문에 이론적으로는 어절의 수효만큼 다양한 해석이 가능하다. 이와 같은 부정사의 문장 성분에 대한 부정은 접어두고 이제 부정사의 작용에 의한 다른 성격의 중의성을 살펴보자.

다음 (27)은 부정문에 부사어가 포함되어 있는데, 부사어가 부정의 범위 안에 있느냐 있지 않느냐에 따라서 (28)과 같은 두 가지 해석이 있을 수 있다.

(27) 그 사람이 건방지게 말하지 않았다.

(28) ㄱ. 그 사람이 말을 할 때 건방지지 않았다.
    ㄴ. 그 사람이 말하지 않은 것이 건방지다.

다음 (29)는 수량사와 부정사가 함께 사용된 예문인데, 마찬가지로 (30)과 같은 두 가지 의미로 사용될 수 있다.

　(29) 학생이 모두 오지 않았다.

　(30) ㄱ. 온 학생이 없다.
　　　 ㄴ. 오지 않은 학생이 몇 명 있다.

(30ㄱ)은 전체 부정의 의미로, (30ㄴ)은 부분 부정의 의미로 해석되었다. 이와 같이 수량사와 부정사는 그것의 영향이 어느 범위까지 미치느냐에 따라서 중의적 해석이 가능하다.

3. 중의성의 해소

　일상적인 언어생활에서 우리는 무수하게 많은 중의적 표현을 접하지만 의사소통에 크게 장애를 받지 않는다. 중의적 표현을 많이 사용하는데도 불구하고 의사소통에 크게 문제가 되지 않는 것은 중의성을 해소할 수 있는 그 이상의 언어 사용 능력을 우리가 가지고 있기 때문이다. 중의성 해소에 작용하는 요소로는 선택제약, 문맥, 세상지식, 운율적 요소 등을 들 수 있다

3.1. 선택제약

　'배'에는 몇 개의 동음어가 있기 때문에 중의성을 유발할 가능성이 있다. 그러나 다음 (31)과 같이 그것과 공기co-occurrence하는 서술어에 의해서 중의성은 자연스럽게 해소된다.

　(31) 배를 욕심껏 먹고, 배를 탔더니, 배가 살살 아프기 시작했다.

'배를 먹다', '배를 타다', '배가 아프다'에서 볼 수 있듯이, '배'는 그것과 공기하는 서술어에 의해서 각각 '배'梨, '배'船, '배'腹라는 것을 알 수 있다. 이와 같이 어휘항목 간의 선택제약에 의해서 중의성이 해소되거나 중의성의 가능성이 감소되는 경우가 적지 않다.

3.2. 문맥

중의성은 문맥에 의해서 해소될 수 있는데, 중의성을 가진 다음 문장 (32)가 (33)에서는 문맥에 의해서 의미가 보다 분명해지는 것을 볼 수 있다(이성범 1999: 80).

(32) 철수는 배를 그렸다.

(33) ㄱ. 영호는 사과를 그리고, 철수는 배를 그렸다.
ㄴ. 영호는 비행기를 그리고, 철수는 배를 그렸다.
ㄷ. 영호는 어깨를 그리고, 철수는 배를 그렸다.

(33ㄱ~ㄷ)에서 중의성이 완전하게 해소되었다고 말할 수는 없다고 하더라도 중의적 해석의 가능성이 현저하게 줄어든 것만은 분명한데, 이것은 문맥에 의해서 '배'의 해석 범위가 한정되기 때문이다.

3.3. 세상지식

우리가 일반적으로 알고 있는 세상지식에 의해서 중의적 해석의 가능성이 차단되거나 줄어들 수 있다.

(34) 나는 배를 타고 바다 한가운데로 나아갔다.

(34)에서 '배'가 물위의 교통수단을 가리킬 가능성이 가장 높다고 생각할 수 있는 것은 세상지식 때문이다. 과일인 배를 타고, 또는 신체의 한 부분인 배를 타고 바다 한가운데로 나아가지는 않을 것이라는 일반적인 지식이 의미 해석에 작용하는 것이다. 다음 (35)도 세상지식에 의해서 중의성이 감소되는 예이다.

(35) 걸음이 느린 거북이와 토끼가 달리기 경주를 했다.

'걸음이 느린 거북이와 걸음이 느린 토끼'라는 해석의 가능성이 전혀 없는 것은 아니지만 그래도 많은 사람들은 '걸음이 느린 토끼'는 생각하지 않는다. 사람들은 걸음이 느린 것은 거북이이고 반대로 토끼는 잘 뛴다고 생각하기 때문이다. 이와 같이 중의적 해석의 가능성이 줄어드는 데에는 세상지식이 적지 않게 작용한다.

3.4. 운율적 요소

입말에서는 연접, 억양, 강세와 같은 운율적 요소에 의해서 중의성이 현저하게 줄어들 수 있다.

다음 (36)은 수식 관계에 따라 중의성을 갖는 예인데, (37)과 같이 어절 사이의 연접에 의해서 중의성이 조금이라도 완화되는 효과가 있을 수 있다.

(36) 나이가 많은 남편과 아내

(37) ㄱ. 나이가 많은 (-)남편과 (+)아내
ㄴ. 나이가 많은 (+)남편과 (-)아내

(37ㄱ)은 나이가 많은 사람이 '남편'으로, (37ㄴ)은 나이가 많은 사람이 '남편'

과 아내'로 해석할 수 있는데, 그 구별은 발화에서 어절 사이의 짧은 쉼(-)과 긴 쉼(+)으로 어느 정도 가능하다.

다음 (38)은 구조적 중의문의 예로 앞에서 살펴본 바 있는데 (39ㄱㄴ)과 같이 발화에서의 쉼이 짧고 김에 의해서 중의성을 줄일 수 있다.

(38) 창호는 울면서 떠나는 영이에게 손을 흔들었다. (=(17ㄱ))

(39) ㄱ. 창호는 (+) 울면서 (-) 떠나는 영이에게 손을 흔들었다.
ㄴ. 창호는 (-) 울면서 (+) 떠나는 영이에게 손을 흔들었다.[140]

다음 (40)은 (41)과 같이 문장 끝의 억양에 의해서 중의성이 해소된다.

(40) 창수가 서울에 갔어.

(41) ㄱ. 창수가 서울에 갔어(→).
ㄴ. 창수가 서울에 갔어(↗).

문장 끝의 억양에 의해서, (41ㄱ)은 평서문으로 (41ㄴ)은 의문문으로 해석할 수 있다.

다음 (42)는 앞에서 영향권 중의성의 예로 든 바 있다. 곧 부정사의 의미가 어디에 미치느냐에 따라서 세 가지 해석이 가능한 경우이다.

(42) 아이가 집에 가지 않았다. (=(24))

그러나 화자가 특정의 단어에 강세를 둠으로써 중의성이 감소될 수 있다. 다시 말하면, '아이'에 강세를 두면 다음 (43ㄱ)의 의미가 부각되고, '집' 또는 '가(다)'에 강세를 두면 각각 (43ㄴ)과 (43ㄷ)의 의미가 더 드러난다.

(43) ㄱ. 집에 간 사람은 아이가 아니다(다른 사람이 갔다).

ㄴ. 아이가 간 곳은 집이 아니다(다른 곳에 갔다).

ㄷ. 아이가 집에 간 것은 아니다(유치원에 있었다).

이와 같이 실제 발화에서는 억양이나 강세가 중의성을 해소하는 데에 크게 기여한다.

그리고 중의성을 줄이기 위해서 보조사 '는'을 사용하기도 하는데, 예를 들면 위의 (42)는 다음 (44ㄱ~ㄷ)과 같이 '는'을 첨가함으로써 중의성을 완화시킬 수 있다.

(44) ㄱ. 아이는 집에 가지 않았다.

ㄴ. 아이가 집에는 가지 않았다.

ㄷ. 아이가 집에 가지는 않았다.

일반적으로 '는'은 선행요소에 초점이 주어지게 하며, 초점이 주어진 단어는 실제 발화에서 강세가 놓이게 된다.

4. 모호성

4.1. 모호성의 규정

의미 정보의 불충분으로 지시 내용이 명료하지 않은 언어적 현상을 모호성 模糊性 vagueness이라 한다. 모호성은 명확하게 구분되지 않은 개념을 언어 표현으로 나타낼 때 발생한다. 예를 들면 '중년 남자'에서 '중년'은 어느 정도의 나이를 가리키는지 분명하게 알 수 없다. '청년' 또는 '장년'과의 의미 경계에 대해서도 명확하게 설명할 수 없다. 이와 같이 모호성은 의미의 경계가 분명하지 않음에 따라 지시 대상을 명확하게 규정하지 못하는 데서 발생한다. 일반적으로 모호성은 단어의 의미가 포괄적일 때 나타나는데, 포괄적이라는 것은 그만큼 의미가 상세화되지 않았다는 뜻이다. 다음 (45)는 단어의 의미가 포괄적인 '좋다'로 인해서 의미가 모호하다.

    (45) 철호는 좋은 학생이다.

'학생'을 수식하는 '좋은'이 구체적인 정보를 제공하지 않음으로 해서 문장의 의미가 분명하지 않다. 곧 '좋은' 것이 학생의 성품인지, 교우 관계인지, 성적인지, 그 밖의 어떤 것인지 알 수가 없다. 형용사 '좋다'가 가지고 있는 의미의 불명료성으로 인해서 (45)가 모호한 문장이 되었다.

맥락 의존적인 단어가 포함된 문장이 맥락이 주어지지 않은 진공상태에 놓인다면 필연적으로 그 문장은 모호성을 갖게 된다.

    (46) 창수가 그때 큰 소리로 외쳤다.

맥락이 주어지지 않으면 우리는 '그때'가 가리키는 시점을 특정할 수 없다. 5년 전 어느 날일 수도 있고, 어제 저녁일 수도 있고, 오늘 아침 뉴스를 볼 때일 수도 있는데 맥락이 제시되지 않은 상태에서는 그때가 언제인지 가늠할 수가 없다.

4.2. 모호성의 유형

언어표현의 모호성은 다음과 같이 다섯 가지 유형으로 나누어 살펴볼 수 있다.

4.2.1. 지시적 모호성

단어가 어떤 대상을 지시할 때 명료성이 부족한 경우가 있다. 예컨대 '송아지'가 얼마만큼 자랐을 때 '소'라고 부르는가에 대해서 우리는 자신 있게 말하지 못한다. 그것은 '송아지'와 성숙한 '소'의 의미 경계가 분명하지 않기 때문이다. 영어에서 일정 규모의 크기를 가진 도시가 있을 때, 그것을 *city*라고 해야 할지 *town*이라고 해야 할지를 분명하게 알지 못하는 것과 같다. 이와 같이 의미의 경계가 분명하지 않음으로 해서 정확한 지시 대상을 규정하지 못하는 경우가 있는데, 이것을 지시적 모호성referential vagueness이라 한다. 지시적 모호성의 예를 몇 개 들면 다음 (47)과 같다.

(47) ㄱ. house-cottage, hill-mountain
ㄴ. 너울-파도-풍랑, 여울-실개천-개울-시내-내-하천-강-대하

4.2.2. 의미의 불확정성

단어 또는 구의 의미 자체가 아주 막연하여 의미를 쉽게 확정할 수 없는 경우가 있다. 영어에서 소유 구문이 대표적인 예인데, *John's train*은 존이 출근하면서 타고 다니는 기차, 존이 탈 예정인 기차, 존이 운전하는 기차, 존이 관리하는 기차, 심지어 존이 소유하고 있는 기차도 이렇게 표현할 수 있다. 따라서 이러한 표현을 접하면 너무 막연해서 무엇을 뜻하는지 섣불리 확정할 수 없는데, 이것을 의미의 불확정성indeterminacy of the meaning이라 한다. 국어에서도 관형격조사 '의'로 결합된 명사구는 의미를 쉽게 결정할 수 없는 모호성을 갖는다. 다음 (48)은 (49)와 같은 여러 의미를 상정할 수 있다.

(48) 현주의 사진

(49) ㄱ. 현주가 찍은 사진
ㄴ. 현주를 찍은 사진
ㄷ. 현주가 소유한 사진
ㄹ. 현주에게 줄 사진

다음 (50)도 (51)과 같이 여러 의미를 생각할 수 있다.

(50) 김 선생님의 점수가 높다.

(51) ㄱ. 김 선생님이 준 점수가 높다.
ㄴ. 김 선생님이 받은 점수가 높다.
ㄷ. 김 선생님이 원하는 점수가 높다.
ㄹ. 김 선생님이 예상하는 점수가 높다.

이와 같이 관형격조사 '의'로 된 소유 구문은 아주 많은 의미를 떠올릴 수 있는데, 이러한 다양한 가능성이 결과적으로 의미를 모호하게 한다.

4.2.3. 의미의 상세성 부족

단어의 의미가 지나치게 포괄적일 때 반대로 그 단어에는 구체적인 정보가 부족하여 모호성을 가질 수 있는데, 이것을 의미의 상세성 부족lack of specification in the meaning이라고 한다. 예를 들어, '나는 이웃사람이 매우 친절하다는 것을 알았다.'에서 '이웃사람'은 남성인지 여성인지, 어디에서 온 사람인지, 나이는 얼마나 되는지, 많은 이웃사람 가운데서 어떤 사람인지에 대하여 구체적으로 명시하고 있지 않기 때문에 모호성을 갖게 된다.

동사 '가다'는 이동이라는 포괄적인 의미만 있고 이동 방법에 대한 구체적인 정보가 전혀 없다.

(52) 창수는 병원에 갔다.

(52)에서 '가다'는 '걸어가다, 뛰어가다, 등에 업혀가다, 택시를 타고 가다, 구급차를 타고가다' 등 여러 가지 이질적 행위에 모두 사용될 수 있다. 이것은 '가다'라는 동사가 이동 방법에 대한 상세성을 갖고 있지 않기 때문인데, 이러한 상세성의 결여가 결과적으로 모호성을 가져온다.

4.2.4. 정보 부족의 모호성

문장의 의미를 분명하게 파악할 수 있을 만큼의 충분한 정보를 갖지 못함으로써 모호성을 갖는 경우가 적지 않다. '그 (사람), 이것, 어제'와 같은 지시 표현indexical expression은 맥락이 주어지지 않는 한 구체적인 지시 대상을 알 수 없다.141)

(53) 그가 내일 집으로 온다고 했어요.

맥락이 배제된 상태에서 (53)을 접하면 우리는 구체적으로 '그'가 누구인지 '내일'이 언제인지 알 수 없는 모호성을 갖는다. 이 문장을 해석하는 데 필요한 정보가 부족하기 때문이다. 내일 출장을 간다고 하는 남편에게 아내가 내일 언제 출장을 가느냐는 물음에 다음 (54)와 같이 대답했다고 하자.

(54) 일찍 가요.

(54)는 필요한 만큼의 정보를 제공받지 않아서 아내로서는 얼마나 이른 시간에 출장을 간다는 것인지 모호하기 이를 데 없다.

이밖에도 더 많은 유형의 모호성이 있을 수 있다. 선언적 표현disjunctive

expression은 결합된 둘 이상의 명제 가운데 하나가 실현될 때 참이 되지만 우리는 그 명제들이 동시에 실현 가능한 것을 예측할 수 있다.

(55) 응시자는 자격증이 있거나 3년 이상의 실무 경험이 있어야 한다.

(55)는 '자격증'과 '3년 이상의 실무 경험' 가운데 하나만 있으면 응시 자격을 갖는다. 그러나 두 가지 조건을 모두 갖출 수 있는 가능성을 예측함으로써 (55)는 모호성을 갖게 된다.[142]

5. 중의성 검사

중의성 검사는 중의성과 모호성을 변별할 수 있는 문법적 장치로 고안되었다. 중의성 검사를 통해서 중의성과 모호성을 구별해 보기로 하자.

켐프슨(1977: 127-132)은 *do so, do so too, so do*와 같은 대용어 구문을 이용한 중의성 검사 방법을 제안한다. 이러한 대용 표현은 동사구의 반복을 피하기 위해서 사용되는 형태들인데, 중의성 검사 방법을 살펴보면 다음 (56)과 같다.

(56) ㄱ. Duffy discovered a mole.
　　　ㄴ. Duffy discovered a mole, and *so did* Clark.

(56ㄱ)은 '두더지'와 '간첩'이라는 두 가지 뜻을 가진 다의어 '*mole*'에 의해서 중의적으로 해석된다. (56ㄴ)은 중의성 검사를 위해서 (56ㄱ)에 *so do*절을 첨가한 것인데, 이때 *so do*절은 앞의 동사구의 의미와 동일해야 한다. *do so*와 같은 대용 표현은 선행 동사구와 의미가 동일해야 한다는 동일성 제약이 있기 때문이다. 따라서 *Duffy*가 두더지를 발견했으면 *Clark*도 두더지를 발견한 것

이고, *Duffy*가 간첩을 발견했으면 *Clark*도 간첩을 발견한 것이 된다. 이와 같이 *so do*절을 첨가했을 때 의미적 동일성을 유지하면 그 문장은 중의문이라고 할 수 있다. 의미가 동일하다는 것은 바꾸어 말하면 교차 해석crossed interpretation이 불가능하다는 뜻이 된다. 곧 *Duffy*가 두더지를 발견하고 *Clark*이 간첩을 발견한다거나 그 반대의 경우는 성립하지 않는다.

이러한 중의성 검사 방법을 국어 예문에 적용해 보자. *so do*와 같은 대용 표현으로 '그러하다'류를 첨가하는 것이다. 다음 (57ㄱ)은 앞에서 어휘적 중의성의 예로 든 것이며, (57ㄴ)은 (57ㄱ)에 동사구의 대용으로 '그러하다'를 덧붙인 것이다.

> (57) ㄱ. 영이가 차를 준비했다. (=(6))
> ㄴ. 영이가 차를 준비하고, 수자도 그랬다.

(57ㄴ)은, 영이가 차茶를 준비했으면 수자도 차茶를 준비한 것이고, 영이가 차車를 준비했으면 수자도 차車를 준비한 것으로 해석된다. 즉 '그러하다' 대용 표현에서도 의미적 동일성이 유지된다. 그리고 다음 (58)과 같은 교차 해석이 중의문에서는 불가능하다.

> (58) ㄱ. [†]영이가 차茶를 준비하고, 수자도 차車를 준비했다.
> ㄴ. [†]영이가 차車를 준비하고, 수자도 차茶를 준비했다.

다음 (59ㄱ)은 구조적 중의성의 예로, (59ㄴ)은 영향권 중의성의 예로 위에서 든 것에 '그러하다' 대용 표현을 첨가한 것이다.

> (59) ㄱ. 김 박사가 최 간호사와 입원 환자를 둘러보았고, 정 박사도 그랬다.
> ㄴ. 학생이 모두 오지 않았고, 선생님도 그러했다.

(59ㄱ)은 김 박사가 둘러본 사람이 최 간호사와 입원 환자이면, 정 박사가 둘러본 사람도 최 간호사와 입원 환자이고, 김 박사가 최 간호사와 함께 입원 환자를 둘러보았으면 정 박사도 최 간호사와 함께 입원 환자를 둘러본 것으로 해석되며, 두 해석이 서로 달리 되는 교차 해석은 불가능하다. (59ㄴ)도 선행절과 후행절의 의미가 동일하게 해석되며, 교차 해석은 허용되지 않는다.

그러나 모호성의 경우에는 이와 다르다. 다음 (60)은 앞에서 살펴본 모호성의 예문에 '그러하다' 대용 표현을 첨가한 것이다.

(60) ㄱ. 철호는 좋은 학생이고, 영수도 그러하다.
    ㄴ. 창수는 병원에 가고, 영이도 그랬다.

우리는 앞에서 '학생'을 수식하는 '좋은'이 구체적인 정보를 갖지 못함으로써 모호성을 가지며, 마찬가지로 '가다'도 동사의 행위에 대해서 구체성이 없기 때문에 모호성을 갖는다고 했다. 그러면, '그러하다'를 첨가한 위의 (60ㄱ)과 (60ㄴ)은 어떠한가? (60ㄱ)의 경우에 철호가 가지고 있는 '좋은' 점과 영수가 가지고 있는 '좋은' 점이 동일하다고 보장할 수 없다. 철호가 성품이 좋고 영수도 성품이 좋을 수 있지만, 철호가 성품이 좋고 영수는 교우 관계가 좋을 수도 있기 때문이다. (60ㄴ)의 경우에도 여러 가지 '가는' 방법 가운데서 창수가 택시를 타고 간 것처럼 영이도 택시를 타고 갈 수 있지만, 창수가 택시를 타고 갔는데 영이는 자신의 차로 갔을 수도 있다. 이와 같이 모호성은 의미적 동일성이 절대적인 규정이 될 수 없으며 따라서 다음 (61)과 같이 교차 해석이 가능하다.

(61) ㄱ. 철호는 성적이 좋은 학생이고, 영수도 건강이 좋은 학생이다.
    ㄴ. 창수는 버스로 병원에 가고, 영이도 택시로 병원에 갔다.

이와 같이 교차 해석이 가능한 것은 형용사 '좋다'와 동사 '가다'의 의미에 구체성이 결여되었기 때문이며, 이러한 단어의 속성으로 인해서 모호성을 갖게 된다.

이상에서 살펴본 바와 같이, 중의성을 가진 문장은 선행절 동사구의 의미와 후행절 대용 표현의 의미가 동일하기 때문에 교차 해석이 불가능하지만 모호성을 가진 문장은 선행절과 후행절의 의미가 반드시 동일해야 하는 것이 아니기 때문에 교차 해석이 가능하다.

그런데 대용 표현을 이용한 중의성 검사가 중의성과 모호성을 구별하는 절대적 방법이 되지 못한다. 위에서 본 바와 같이 동사구의 대체가 가능한 문장에서만 검증이 가능한데, 중의성 또는 모호성을 가진 문장 가운데는 그렇지 않은 예가 적지 않기 때문이다. 그 밖의 다른 검증 방법도 부분적으로 적용되는 한계가 있다.[143]

제12장 **함의와 전제**

1. 함의

1.1. 함의의 개념

함의와 전제는 문장들 사이의 논리적 관계를 나타내는데, 두 개념은 상호 연관이 많아서 그 경계를 엄격하게 한정하는 일이 쉽지 않다. 함의와 전제에 대해서 차례로 설명하고 필요에 따라 상호 비교하여 살펴보기로 하자. 먼저 함의에 대하여 설명한다.

우리가 어떤 문장을 사실이라고 받아들일 때 동시에 사실로 인정되는 다른 문장이 있을 수 있다. 다음 (1ㄱ)과 (1ㄴ)의 관계가 그러하다.

(1) ㄱ. 영이가 유리창을 깨뜨렸다.
　　ㄴ. 유리창이 깨졌다.

어떤 사람이 (1ㄱ)을 말하고 그것을 우리가 사실로 믿는다면 우리는 더 이상 말을 하지 않아도 (1ㄴ)이 사실임을 알 수 있다. 그것은 (1ㄱ) 속에 (1ㄴ)의 의미가 포함되어 있기 때문이다. 이와 같이 어떤 문장의 의미 속에 포함된 다른 의미를 함의含意 entailment라고 한다.

함의를 진리조건으로 정의하면 다음 (2)와 같다.

(2) 함의의 정의
문장 p가 참이면 반드시 문장 q가 참이고, 문장 q가 거짓이면 반드시
문장 p가 거짓일 때, 문장 p는 문장 q를 함의한다.

그리고 함의관계에 있는 두 문장 p와 q를 말할 때, p는 q를 '함의한 문장'이
라 하고 q는 p에 '함의된 문장'이라고 한다. 위의 정의에 따라서 앞의 예문
(1ㄱ)을 p로, (1ㄴ)을 q로 대치해 단계적으로 적용해 보자.

(3) ① 문장 p가 참이면 문장 q도 참이다.
② 문장 q가 거짓이면 문장 p도 거짓이다.
③ 그렇다면 문장 p는 문장 q를 함의한다.
④ 만약 문장 p가 거짓이면 문장 q가 참이거나 거짓일 수 있다. 또한
q가 참이면 p는 참이거나 거짓일 수 있다.

(3)의 ①~③은 정의 (2)를 그대로 적용한 것이고, ④는 두 문장의 논리관계
속에서 부수적으로 알 수 있는 정보이다. 이상의 논의를 바탕으로 문장 p와
q의 함의관계를 진리표로 나타내면 다음 [표 1]과 같다[144].

[표 1] 함의의 진리표

p		q	
T	$\rightarrow$	T	㉠
F	$\rightarrow$	T∨F	㉡
F	$\leftarrow$	F	㉢
T∨F	$\leftarrow$	T	㉣

문장 p와 q 사이에 [표 1]과 같은 진리조건 관계가 성립하면 p와 q는 함의

관계에 있다. 다시 진리표를 살펴보면, p가 참이면 q가 참이고[=㉠], p가 거짓이면 q가 참 또는 거짓이다[=㉡]. q가 거짓이면 p도 거짓이고[=㉢], q가 참이면 p가 참 또는 거짓이다[=㉣]. 그리고 ㉡과 ㉣은 참인지 거짓인지 진리치를 알 수 없는 결과(T∨F)를 포함하고 있는데 여기서 그러한 상황에 대해서 간단히 생각해 보자. ㉡의 경우에 만일 영이가 유리창을 깨뜨리지 않았다면 유리창이 깨졌는지 깨지지 않았는지에 대해서 우리는 알 수 없으며, ㉣의 경우에도 유리창이 깨졌다면 그것을 영이가 깨뜨렸는지 그렇지 않았는지에 대해서 우리는 알 수 없다.

1.2. 일방함의와 상호함의

두 문장 사이의 함의관계는 함의가 성립되는 방향에 따라 일방함의unilateral entailment와 상호함의mutual entailment로 구분할 수 있다.

일방함의와 상호함의를 정의하면 각각 다음 (4), (5)와 같다.

(4) 일방함의의 정의
　ㄱ. 문장 p가 q를 함의하고 그 역은 성립하지 않는다.
　ㄴ. 문장 ﹁q가 문장 ﹁p를 함의하고 그 역은 성립하지 않는다.145)

(5) 상호함의의 정의
　ㄱ. 문장 p가 q를 함의하고 그 역도 성립한다.
　ㄴ. 문장 ﹁q가 문장 ﹁p를 함의하고 그 역도 성립한다.

결국 두 문장 사이의 함의관계가 일방향성인가 양방향성인가에 따라서 일방함의와 상호함의로 갈라진다. 그리고 상호함의는 달리 양방함의라고도 하는데 그것은 방향성에 맞추어 붙여진 명칭이다. 다음 (6)은 일방함의의 예이고, (7)은 상호함의의 예이다.

(6) ㄱ. 수자는 처녀이다. (*p*)

　　ㄴ. 수자는 여자이다. (*q*)

(7) ㄱ. 경찰이 강도를 잡았다. (*p*)

　　ㄴ. 강도가 경찰한테 잡혔다. (*q*)

(6)에서, *p*가 *q*를 함의하지만 *q*는 *p*를 함의하지 않으며, ﹁*q*가 ﹁*p*를 함의하지만 ﹁*p*는 ﹁*q*를 함의하지 않는다. (7)에서, *p*가 *q*를 함의하고 *q*도 *p*를 함의하며, ﹁*q*가 ﹁*p*를 함의하고 ﹁*p*도 ﹁*q*를 함의한다. 이와 같이 (6)은 일방향으로 함의하고, (7)은 양방향으로 함의한다.

앞에서 우리는 다른 언어 현상을 설명하면서 함의의 개념을 차용한 경우가 여러 차례 있었다. 몇 가지를 나열하면, 동의문의 상호함의, 반의어에서의 함의 관계, 하의관계의 정의, 하의관계 및 부분관계에서 나타나는 함의의 특성 등이 그것이다. 이러한 것들은 다음에서 논의하는 함의의 생성에서 부분적으로 다시 언급될 것이다.

1.3. 함의의 생성

함의는 아주 일반적인 언어적 속성이기 때문에 함의를 갖는 문장은 일일이 나열할 수 없이 많다. 뿐만 아니라 함의 생성의 유형도 다양하여 모두 열거하는 것 자체가 큰 의미를 갖지 못한다. 여기서는 함의의 여러 유형 가운데서 우리가 접하는 가장 보편적인 것을 대상으로 함의가 어떻게 생성되는가에 대해서 살펴본다(윤평현 2008: 276-281).

함의는 어휘 자체의 의미 구조나 단어의 의미관계에서 생성될 수 있으며, 문장의 통사 구조에 의해서도 생성된다. 이와 같이 함의는 언어내적 요인에 의해서 생성되는 것이 일반적이지만 언어내적 요인이 아닌 세상지식에 의해서도 함의가 생성된다. 따라서 함의의 생성은 크게 세 가지 유형 곧 (가) 어휘 의미에 의한 생성, (나) 문장 구조에 의한 생성, (다) 세상지식에 의한 생성으로 나눌 수 있다.

1.3.1. 어휘의미에 의한 생성

가. 의미성분에 의한 함의

단어와 그 단어의 의미성분을 포함한 문장 사이에는 함의 관계가 성립한다. 다음 (8)은 (9ㄱ~ㄹ)을 함의한다.

(8) 창수는 총각이다.

(9) ㄱ. 창수는 인간이다.
   ㄴ. 창수는 남성이다.
   ㄷ. 창수는 성인이다.
   ㄹ. 창수는 결혼하지 않았다.

(8)에서 (9ㄱ~ㄹ)과 같은 함의가 생성되는 것은 '총각'의 의미 때문이다. (8)의 '총각'은 [인간], [남성], [성인], [미혼]의 의미성분으로 구성되어 있으며, 따라서 문장 (8)은 이들 의미성분이 문장으로 실현된 (9ㄱ~ㄹ)과 함의 관계에 있다.

나. 하의관계에 의한 함의

하의관계에 있는 두 단어를 포함한 문장 사이에 함의 관계가 성립한다. 다음 (10)은 (11ㄱ~ㄷ)을 함의한다.

(10) 수자는 부인이다.

    (11) ㄱ. 수자는 여자이다.
          ㄴ. 수자는 인간이다.
          ㄷ. 수자는 동물이다.

  (10)에서 (11ㄱ~ㄷ)과 같은 함의가 생성되는 것도 '부인'의 의미에서 비롯되는데, 그것은 '부인'이 '여자 - 인간 - 동물'과 하의관계를 이루고 있기 때문이다. 그런데 하의관계에 있는 단어들은 이행적 관계에 있으므로 하의어 문장은 상의어 문장들을 단계적으로 함의한다. 즉 (10)이 (11ㄱ~ㄷ)의 문장들을 각각 함의하는 것처럼 (11ㄱ)은 (11ㄴ ㄷ)을 함의하고, (11ㄴ)은 (11ㄷ)을 함의한다. 의미성분의 관점에서 보더라도 상의어에서 하의어로 내려갈수록 더 많은 의미성분을 가지고 있기 때문에 하의어문이 상의어문을 함의하는 것은 당연한 결과이다. 하의관계에 의한 함의의 예를 하나 더 들어보자.

    (12) ㄱ. 수자는 손에 장미를 들고 있었다.
          ㄴ. 수자는 손에 꽃을 들고 있었다.

  (12ㄱ)의 '장미'와 (12ㄴ)의 '꽃'은 하의관계에 있으며, 이때 하의어인 '장미'는 상의어인 '꽃'의 의미를 포함하고 있다. 따라서 하의어문이 상의어문을 함의하는데 그 역은 성립하지 않는다. 곧 하의관계에 의한 함의는 일방함의이다.

다. 동의어에 의한 함의

  동의어 A와 B가 있을 때, A가 쓰인 문장은 동일한 문장 구조 속에서 A 대신에 B가 쓰인 문장을 함의한다.

    (13) ㄱ. 저기 노란 모자를 쓴 사람이 제 동생입니다.
          ㄴ. 저기 노란 모자를 쓴 사람이 제 아우입니다.

(13ㄱ)은 (13ㄴ)을 함의하는데, 두 문장은 동일한 구조 속에서 동의어 '동생'과 '아우'가 교체되어 쓰였다. 이와 같이 동일한 통사구조 속의 동의어 교체는 두 문장이 상호함의의 관계를 갖게 된다.

라. 반의어에 의한 함의

반의어 A와 B에서, A를 단언한 문장과 B를 부정한 문장 사이에 함의관계가 성립한다. 단언문과 부정문 사이의 함의는 상보 반의어와 등급 반의어에서 나타난다.

    (14) ㄱ. 창수는 대학입시에 실패했다.
          ㄴ. 창수는 대학입시에 성공하지 못했다.

    (15) ㄱ. 수미는 키가 작다.
          ㄴ. 수미는 키가 크지 않다.

(14ㄱ)의 '실패하다'와 (14ㄴ)의 '성공하다'는 상보 반의어이다. 상보 반의어는 A를 단언한 문장과 B를 부정한 문장 사이에 상호함의 관계가 성립한다. (15ㄱ)의 '작다'와 (15ㄴ)의 '크다'는 등급 반의어인데, 등급 반의어는 A를 단언한 문장과 B를 부정한 문장 사이에 일방함의의 관계가 성립한다.

마. 보조사에 의한 함의

이상에서 살펴본 예는 실질적 의미를 가진 내용어 중심이었다. 그런데 보조사는 내용어가 아닌 기능어이면서 함의를 유발한다. 그것은 보조사가 문장의 명제 내용에 특수한 의미를 부여하는 특성을 가지고 있기 때문이다.

    (16) 정수가 집에서는 말을 잘한다.

(17) ㄱ. 정수가 다른 곳에서 말을 잘 안한다.

ㄴ. 정수가 다른 곳에서 말을 잘하는지 어떤지 잘 모른다.

(16)은 (17ㄱ) 또는 (17ㄴ)을 함의하는데, 이와 같은 함의는 보조사 '는'에 의해서 생성된다. 보조사 '는'이 쓰임으로써 '대조'의 의미가 더해져서 '집에 서'가 아닌 '다른 곳에서'의 상황을 함의하게 된다.

젊은이들 사이에서, 여자가 선호하는 남자의 주요 요소로 '잘 생긴 외모'와 '큰 키'를 꼽는다고 가정할 때, 다음 예문 (18)은 선호의 척도가 분명하게 드러 난다.

(18) ㄱ. 키도 크다.

ㄴ. 키는 크다.

ㄷ. 키만 크다.

ㄹ. 키도 작다.

(18ㄱ~ㄹ)은 '키'를 언급하고 있지만 보조사를 통해서 자매항인 '외모'와 관 련된 내용도 함의하고 있다.

1.3.2. 문장 구조에 의한 생성

가. 역의 반의어에 의한 함의

반의어 A와 B가 역의관계에 있을 때, 두 문장 'x가 y의 A이다'와 'y가 x의 B이다'는 동치 관계에 있다.

(19) ㄱ. 성호가 수미의 남편이다.

ㄴ. 수미가 성호의 아내이다.

'남편'과 '아내'는 역의 반의어인데, (19ㄱㄴ)과 같이 논항 x와 y의 위치를 맞바꾼 두 문장은 상호함의의 관계에 있다.

나. 태의 변화에 의한 함의

능동 표현과 피동 표현 사이에는 상호함의 관계가 성립한다.

(20) ㄱ. 폭풍이 온 마을을 휩쓸었다.
ㄴ. 온 마을이 폭풍에 휩쓸렸다.

능동 표현인 (20ㄱ)과 피동 표현인 (20ㄴ)은 상호함의 관계에 있으며 이때에도 논항의 위치가 서로 이동한다.

다. 연접 구성에 의한 함의

$p \wedge q$와 같은 연접 구성으로 된 문장은 문장 p와 문장 q를 각각 함의한다.

(21) 성수와 현호가 가수이다. ($p \wedge q$)

(22) ㄱ. 성수가 가수이다. (p)
ㄴ. 현호가 가수이다. (q)

(21)은 '성수가 가수이고, 현호가 가수이다.'라는 내면 구조를 상정할 수 있는데, 이와 같은 $p \wedge q$의 연접 구성은 p와 q 둘 다 참일 때 성립된다. 따라서 (21)이 참이면 연접 구성 요소인 (22ㄱ)과 (22ㄴ)은 반드시 참이 된다. 연접 구성으로 된 다음 (23)도 (24ㄱ)과 (24ㄴ)을 각각 함의한다.

(23) 창수가 노래를 부르고, 영이가 춤을 춘다. ($p \wedge q$)

(24) ㄱ. 창수가 노래를 부른다. (*p*)

ㄴ. 영이가 춤을 춘다. (*q*)

그러나 위의 (23)을 다음 (25)와 같이 이접 구성으로 바꾸면 사정이 다름을 알 수 있다.

(25) 창수가 노래를 부르거나, 영이가 춤을 춘다. (*p* ∨ *q*)

(25)는 '창수가 노래를 부른다.' (*p*) 또는 '영이가 춤을 춘다.' (*q*)를 함의한다고 말할 수 없다. 그것은 *p* ∨ *q*와 같은 이접 구성은 *p*나 *q* 중에서 하나가 참이면 참이 되지만 둘 중 어느 것이 참이라고 단정할 수 없기 때문이다. 따라서 둘 중 어느 것을 함의한다고 지정해서 말할 수 없다.

1.3.3. 세상지식에 의한 생성

이제까지 우리는 함의가 어휘의미와 문장 구조 속에서 생성될 수 있음을 보았다. 이처럼 언어내적 요인에 의해서 생성되는 함의를 논리적 함의logical entailment라고 한다. 우리가 일반적으로 말하는 함의는 논리적 함의이다. 그런데 언어 내부의 논리적 관계가 아닌 세상지식에 의해서 생성되는 함의가 있는데, 이러한 함의를 논리적 함의와 구별하여 사실적 함의factual entailment라고 한다.

우리가 음주 운전에 관한 처벌 규정을 알고 있다면 다음 (26)과 같은 함의 관계를 상정할 수 있다.

(26) ㄱ. 창수가 음주 단속에서 혈중 알코올 농도가 0.08%를 넘었다.

ㄴ. 창수의 운전면허가 취소될 수 있다.

(26ㄱ)이 (26ㄴ)을 함의하는 것은 언어내적 요인이 아니라 음주 운전과 처벌에 대한 지식, 곧 우리가 알고 있는 세상지식에 의해서이다. 다른 예를 하나 더 들면, 축구의 전·후반전 경기 시간을 각각 45분으로 정하고 있는 세계에서, '후반전 30분이 지났다.'는 말을 듣고 '앞으로 남은 시간은 15분이다.'라고 우리가 이해할 수 있는 것도 세상지식에 의한 사실적 함의이다.

논리적 함의는 모든 세계에서 필연적으로 성립하는데 반하여 사실적 함의는 세상지식이 통하는 세계에서만 선택적으로 성립한다. 그렇기 때문에 사실적 함의는 약한 함의week entailment라고 할 수 있다.

2. 전제

2.1. 전제의 개념

일상 언어에서 말하는 전제는 가정의 의미로 쓰이는 일이 많다. 곧 무엇을 전제한다는 것은 그것을 가정한다는 의미이다. 그리고 삼단논법과 같은 논증에서의 전제premise는 결론을 이끌어내기 위한 선행조건을 뜻한다. 그러나 의미론에서 말하는 전제前提 presupposition는 이와는 달리 보다 특수한 개념으로 쓰인다.

하나의 문장이 의미적 정당성을 갖기 위해서 이미 참임이 보장된 다른 명제를 전제라고 한다. 다음 (27)을 통하여 전제의 개념을 이해하기로 하자.

> (27) ㄱ. 영서가 창수와 결혼한 것을 후회한다.
>   ㄴ. 영서가 창수와 결혼했다.

(27ㄱ)은 참인지 거짓인지 판정의 대상이 되는 단언assertion이다. 즉 영서가 창수와 결혼한 것을 후회하는지 후회하지 않는지에 따라서 (27ㄱ)은 참일 수

도 있고 거짓일 수도 있다. 그런데 이러한 논의는 '영서가 창수와 결혼했다.'는 명제를 이미 참으로 인정하고 있기 때문에 가능하다. 다시 말하면, (27ㄱ)의 참과 거짓을 결정하기 위해서는 먼저 (27ㄴ)이 참임이 보장되어야 한다.[146] 이와 같이 하나의 문장이 의미적 정당성을 갖기 위해서 이미 참임이 보장된 다른 문장을 전제라고 한다. 따라서 (27ㄱ)은 (27ㄴ)을 전제한다고 말할 수 있다.

위의 (27ㄱ)을 p라 하고 (27ㄴ)을 q라 할 때, 문장 p는 문장 q를 전제하며, 이때 p를 '전제하는 문장'이라 하고 q를 '전제된 문장'이라고 말한다.

다음 (28ㄱ)은 앞의 (27ㄱ)을 부정문으로 바꾼 것이다.

(28) ㄱ. 영서가 창수와 결혼한 것을 후회하지 않는다.
     ㄴ. 영서가 창수와 결혼했다.

(28ㄱ)은 (28ㄴ = (27ㄴ))을 전제하고 있다. 곧 (27ㄱ)의 전제인 (27ㄴ)이 부정 문인 (28ㄱ)에서도 취소되지 않았다. 이와 같이 전제는 이미 참임이 보장되어 있기 때문에 문장의 긍정 또는 부정에 상관없이 그대로 살아있는 특성이 있다.

이상의 설명을 바탕으로 전제를 진리조건으로 정의하면 다음 (29)와 같다.

(29) 전제의 정의
     문장 p가 참이면 문장 q도 참이고, 문장 p가 거짓이어도 문장 q가
     참이면, 문장 p는 문장 q를 전제한다.

예문을 통해서 정의 (29)를 단계적으로 적용해 보는 것은 앞의 설명 속에서 충분히 이해할 수 있다. 그렇지만 다음 (30)을 통해서 다시 한 번 확인해 보기로 하자.

(30) ㄱ. 창수의 여동생이 오늘 결혼한다. (p)

ㄴ. 창수가 여동생이 있다. (q)

만약 '창수의 여동생이 오늘 결혼한다.'는 문장이 참이면, '창수가 여동생이 있다.'는 문장도 참이다(문장 p가 참이면, 문장 q도 참이다). '창수의 여동생이 오늘 결혼한다.'는 문장이 거짓이어도, '창수가 여동생이 있다.'는 문장이 참이다(문장 p가 거짓이어도 문장 q가 참이다). 그렇다면 '창수의 여동생이 오늘 결혼한다.'는 문장은 '창수가 여동생이 있다.'는 문장을 전제한다(문장 p는 q를 전제한다). 이상은 정의 (29)에 맞추어서 전제의 개념을 확인해 본 것이다.

우리는 여기서 좀 더 나아가 다른 상황을 생각해 보자. 만약 '창수가 여동생이 있다.'는 문장이 참이면(문장 q가 참이면) 문장 p는 어떻게 될까? 우리는 p에 대해서 아무것도 알지 못할 것이다. 다시 말하면, 창수의 여동생이 오늘 결혼하든지 결혼하지 않든지 둘 중 하나이겠지만 문장 p는 그것에 대해서 분명하게 말해주지 않는다(문장 p는 참이거나 거짓이다). 그런데 여기서 다른 상황을 하나 더 상정할 필요가 있다. 만약 '창수의 여동생이 있다.'는 문장이 거짓이면(문장 q가 거짓이면) 문장 p는 어떻게 될까? 거짓인가, 참과 거짓의 중간grey area인가, 아니면 참도 거짓도 아닌가? 이것은 철학에서 오랫동안 논쟁의 주제였는데, 결국 문장 q가 거짓이면 문장 p의 진리치는 참도 거짓도 아닌 모호한 상태가 된다. 그리고 이런 상태를 진리치 공백truth value gap이라고 한다.[147)]

이상에서 설명한 것을 다시 정리하면 다음 (31)과 같다.

(31) ① 문장 p가 참이면 문장 q도 참이다.
② 문장 p가 거짓이어도 문장 q가 참이다.
③ 그렇다면 문장 p는 문장 q를 전제한다.
④ 만약 문장 q가 참이면 문장 p가 참인지 거짓인지 알 수 없다. 또한 q가 거짓이면 p는 참도 거짓도 아닌 모호한 상태이다.

(31)을 바탕으로 문장 p와 q의 전제 관계를 진리표로 나타내면 다음 [표

2]와 같다.

[표 2] 전제의 진리표

p		q
T	$\rightarrow$	T
F	$\rightarrow$	T
T∨F	$\leftarrow$	T
?(T∨F)	$\leftarrow$	F

여기서 우리는 전제와 함의의 중요한 차이점 하나를 주목할 필요가 있다. 앞에서도 언급했지만 전제는 부정문에서도 전제가 취소되지 않는다. 그러나 함의를 가진 문장을 부정하면 함의가 달라진다. 다시 말하면, 전제가 부정에 의해서 영향을 받지 않는데 반하여 함의는 부정하면 두 문장 사이의 함의관계가 사라진다. 이러한 현상을 '부정에서의 불변성'constancy under negation이라고 하는데, 전제는 부정에서의 불변성을 유지하지만 함의는 그렇지 못하다.

다음 (32ㄱ)은 전제의 예문으로 긍정문과 부정문을 함께 제시하였는데, 긍정문에서 전제된 (32ㄴ)이 부정문에서도 그대로 유지된다.

(32) ㄱ. 경찰이 돈을 훔친 도둑을 붙잡았다 / 붙잡지 못했다.
　　 ㄴ. 돈을 훔친 도둑이 있다.

다음 (33ㄱ)은 함의의 예문인데, 마찬가지로 긍정문과 부정문을 함께 제시하였다.

(33) ㄱ. 저격수가 국왕을 죽였다 / 죽이지 않았다.
　　 ㄴ. 국왕이 죽었다.

먼저 (33ㄱ)의 긍정문을 보면 (33ㄴ)이 함의되었음을 알 수 있다. 그런데 부정문에서 보면 (33ㄴ)은 참일 수도 있고 거짓일 수도 있다. 저격수와 관계없이 국왕이 죽었을 수도 있고 죽지 않았을 수도 있기 때문이다. 다만 우리는 그 내용을 모를 뿐이다. 이와 같이 함의와 전제는 부정의 방법을 이용하여 검증할 수 있다.[148)]

2.2. 전제의 생성

전제는 특정 단어나 문장 구조에 의해서 생성되는 경우가 많다. 전제를 생성하는 단어나 문장 구조를 전제 유발 표현presupposition trigger이라고 한다(레빈슨S. C. Levinson 1983: 179). 전제의 생성을 전형적인 전제 유발 표현 중심으로 살펴본다.

2.2.1. 고유명사

문장이나 발화에서 언급된 고유명사는 그것이 지시하는 특정한 사물이나 사람이 존재함을 전제한다.

(34) ㄱ. 숙희는 잊을 수 없는 나의 첫사랑이다.
ㄴ. '숙희'가 존재한다.

(35) ㄱ. 금강산은 산봉우리가 일만 이천여 개에 이른다.
ㄴ. '금강산'이 존재한다.

(34ㄱ)의 '숙희'와 (35ㄱ)의 '금강산'은 고유명사인데, 이러한 고유명사는 그것이 이 세상에 존재함이 전제된다.

2.2.2. 한정 표현

관형어의 수식을 받는 한정 표현definite expression에 의해서 전제가 나타난다. 예컨대 '그 사람'은 '사람이 있다.'를 전제하고, '나의 차'는 '차가 있다.'를 전제한다. 마찬가지로 관형절 구성인 '내가 읽은 책'은 '내가 책을 읽었다.'를 전제한다. 다음 (36), (37)도 관형절 구성을 포함한 문장의 예이다.

(36) ㄱ. 내가 먹은 점심은 김치찌개였다.
ㄴ. 내가 점심을 먹었다.

(37) ㄱ. 나는 길을 잃은 아이를 파출소에 데려다 주었다.
ㄴ. 길을 잃은 아이가 있었다.

(36ㄱ)과 (37ㄱ)은 각각 (36ㄴ)과 (37ㄴ)을 전제하는데, 이처럼 관형어와 체언으로 구성된 한정 명사구에서 전제가 나타난다.

2.2.3. 사실 동사

전제를 유발하는 어휘를 어휘 유발 표현lexical trigger이라고 한다. 어휘 유발 표현에는 특히 동사류가 많은데 가장 대표적인 예가 사실 동사factive verb이다. 상위문의 사실 동사는 내포절 내용이 참임을 전제한다. 사실 동사에는 '후회하다, 놀라다, 이상하다, 알다, 인정하다, 발견하다, 자랑하다, 파악하다, 무시하다, 고맙다, 가엾다' 등이 있는데, 이러한 동사가 상위문의 서술어일 때 내포절의 내용은 항상 참이 된다. 다음 (38ㄱ)은 (38ㄴ)을 전제하는데, 그것은 사실 동사 '이상하다'의 의미 특성에 의해서 생성된 전제이다.

(38) ㄱ. 창수는 영호가 거짓말을 하는 것이 이상했다.
ㄴ. 영호가 거짓말을 한다.

사실 동사와 달리 내포절의 전제를 보장하지 않는 동사가 있는데 그러한 동사를 비사실 동사non-factive verb라고 한다. 비사실 동사에는 '믿다, 단정하다, 주장하다, 기대하다, 생각하다, 추정하다, 착각하다, 원하다' 등이 있다.149) 다음 (39ㄱ)은 비사실 동사 '생각하다'가 쓰인 예인데, 내포절 내용인 (39ㄴ)이 참임을 전제하지 않는다.

(39) ㄱ. 창수는 영호가 거짓말을 한다고 생각했다.
　　 ㄴ. 영호가 거짓말을 한다.

다음 (40), (41)은 상위문의 사실 동사에 의해서 전제가 생성되는 예이다.

(40) ㄱ. 학생부장 선생님은 담배를 피우는 학생들을 파악했다.
　　 ㄴ. 담배를 피우는 학생들이 있다.

(41) ㄱ. 순이는 영수가 집으로 찾아온 것이 고마웠다.
　　 ㄴ. 영수가 집으로 찾아왔다.

(40ㄱ)은 (40ㄴ)을 전제하고, (41ㄱ)은 (41ㄴ)을 전제한다.
다음 (42ㄱ)의 '-ㄴ 척하다'는 내포절의 내용이 거짓임을 전제한다.

(42) ㄱ. 창수는 자신이 부자인 척한다.
　　 ㄴ. 창수는 부자가 아니다.

(42ㄱ)은 (42ㄴ)처럼 내포절의 반대 사실을 전제하는데, 이러한 특성을 가진 동사를 반사실 동사counter-factual verb라고 한다.150)

2.2.4. 판단 동사

판단 동사verb of judging에 의해서 전제가 생성될 수 있다. 판단 동사에는 '비판하다, 고백하다, 꾸짖다, 비난하다, 사과하다, 용서하다, 칭찬하다' 등이 있다. 다음 (43), (44)는 상위문의 서술어가 판단 동사인 '고백하다'와 '꾸짖다'인데, 모두 내포절 내용을 전제한다.

(43) ㄱ. 동수는 자신이 한 말이 거짓이었다고 고백했다.
ㄴ. 자신이 한 말이 거짓이었다.

(44) ㄱ. 어머니는 영수가 아무 말도 없이 외박한 것을 꾸짖었다.
ㄴ. 영수가 아무 말도 없이 외박했다.

2.2.5. 상태변화 동사

상태변화 동사change of state verb는 이전의 상태와 이후의 상태에 변화가 있음을 전제한다. 상태변화 동사에는 '시작하다, 출발하다, 멈추다, 끊다, 그만두다' 등이 있다.

(45) ㄱ. 창수가 그림을 그리기 시작했다.
ㄴ. 창수가 이전에 그림을 그리지 않았다.

(46) ㄱ. 영호는 지혜의 뒤를 쫓아다니는 것을 멈추었다.
ㄴ. 영호가 이제까지 지혜의 뒤를 쫓아다녔다.

(45ㄱ)은 (45ㄴ)을 전제하고, (46ㄱ)은 (46ㄴ)을 전제한다.

2.2.6. 반복 표현

부사 '또, 다시, 더' 등은 행위의 반복 또는 첨가의 의미를 가지고 있는데, 이러한 반복 표현은 이전에 동일한 행위가 있었음을 전제한다.

(47) ㄱ. 아이가 또 넘어졌다.
     ㄴ. 아이가 넘어진 적이 있다.

(48) ㄱ. 나는 삼국유사를 다시 읽었다.
     ㄴ. 나는 삼국유사를 읽은 적이 있다.

(47)과 (48)에서의 전제는 행위의 반복을 나타내는 부사 '또'와 '다시'에 의해서 나타난다.[151]

2.2.7. 수량사

수량사와 결합된 지시 대상은 그 지시물이 존재하는 것을 전제한다.

(49) ㄱ. 모든 생물은 죽는다.
     ㄴ. 생물이 존재한다.

(50) ㄱ. 내가 컵 세 개를 깨뜨렸다.
     ㄴ. 적어도 세 개 이상의 컵이 있었다.

2.2.8. 분열문

분열문cleft sentence은 강조하기 위해서 분리한 문장을 말하는데, 영어에서 'It is~that'이 전형적인 예이다. 국어에서도 '~ㄴ 것은 ~이다'가 이와 같은 성격을 가지고 있는데, 이러한 분열 구문이 전제를 생성한다.

    (51) ㄱ. 방금 흩날린 것은 눈송이였다.
         ㄴ. 방금 무엇인가가 흩날렸다.

    (52) ㄱ. 내가 마신 것은 술이 아니다.
         ㄴ. 내가 무엇을 마셨다.

2.2.9. 시간 부사절

부사절[152] 가운데 전제를 유발하는 것이 있는데, 대체로 시간적 선후 관계를 갖는 부사절에서 그러한 경우를 볼 수 있다.

    (53) ㄱ. 나는 고향에 내려가서 부모님을 뵈었다.
         ㄴ. 나는 고향에 내려갔다.

    (54) ㄱ. 영호가 방으로 들어오자 수자가 갑자기 소리를 질렀다.
         ㄴ. 영호가 방으로 들어왔다.

(53ㄱ)은 내가 부모님을 뵙기 전에 고향에 내려갔음을 전제하고, (54ㄱ)은 수자가 소리를 지르기 전에 영호가 방으로 들어왔음을 전제한다. 이처럼 시간적 선후 관계를 갖는 부사절은 뒤의 사건이 이루어지기 전에 앞의 사건이 먼저 이루어졌음을 전제한다.

2.2.10. 비교 표현

비교 표현에서 비교 기준이 되는 사물은 비교되는 내용의 속성을 가지고 있음을 전제한다.

> (55) ㄱ. 은수도 영서만큼 욕심이 많다.
> 　　ㄴ. 영서가 욕심이 많다.

> (56) ㄱ. 연예기획사들은 BTS처럼 세계적으로 유명한 아이돌 그룹을 갖고
> 　　　 싶어한다.
> 　　ㄴ. BTS가 세계적으로 유명한 아이돌 그룹이다.

2.2.11. 의문문

의문사가 있는 의문문 구조는 그 다음에 이어지는 내용이 참임을 전제한다.

> (57) ㄱ. 너는 어디서 이 모자를 샀느냐?
> 　　ㄴ. 너는 이 모자를 샀다.

> (58) ㄱ. 수자가 언제 올까?
> 　　ㄴ. 수자가 온다.

지금까지 우리는 전제의 생성을 전제 유발 장치 중심으로 살펴보았다. 그렇지만 위에서 다룬 것 이외에도 더 많은 전제 표현이 있다.[153)]

3. 화용론적 전제

이상에서 우리는 전제를 문장들 사이의 논리적 관계로서 진리치를 갖는 것으로 설명하였다. 이와 같이 진리조건으로 분석할 수 있는 전제를 의미론적 전제semantic presupposition 또는 논리적 전제logical presupposition라고 한다. 그러나

전제를 발화가 이루어지는 맥락에서 파악하기도 하는데, 이러한 관점의 전제를 의미론적 전제와 구별하여 화용론적 전제pragmatic presupposition라고 한다. 곧 전제를 바라보는 시각에 따라서 전제는 의미론적 전제와 화용론적 전제로 구별할 수 있다.154)

대화 참여자들은 그들이 이미 공유하고 있는 지식(구정보)을 기초하여 새로운 지식(신정보)을 주고받는다. 이때 대화 참여자들의 공통된 지식이 화용론에서 말하는 전제이다. 곧 화용론적 전제는 맥락상 적절한 발화가 되기 위해서 화자와 청자가 공통으로 가지고 있는 정보이다. 화자가 청자에게 다음 (59)를 발화한다고 가정해 보자.

    (59) 문을 닫아주세요.

(59)가 적절한 발화가 되기 위해서는 다음 (60ㄱ~ㄷ)과 같은 화용론적 가정을 상정해 볼 수 있다.

    (60) ㄱ. 문이 있다.
        ㄴ. 그 문이 열려 있다.
        ㄷ. 화자는 청자가 자신의 요청을 들어줄 수 있는 사람이라고 생각한다.

(60ㄱ~ㄷ)과 같은 지식을 화자는 물론 청자도 알고 있다는 가정이 전제될 때 (59)는 적절한 발화가 될 수 있다. 만일 문이 없거나, 문은 있지만 닫혀 있거나, 그 문을 닫아달라는 화자의 요청을 청자가 들어주지 않을 것이라고 생각하면 이 발화는 적절하지 않다. 곧 (59)가 적절하게 사용되기 위해서는 (60ㄱ~ㄷ)의 화용론적 가정이 충족되어야 한다. 이와 같이 화용론적 전제는 주어진 맥락 속에서 발화가 적절하게 사용될 수 있는 가정의 집합이며, 그러한 가정들은 화자와 청자가 공유하고 있는 공통 바탕common ground155)에 들어 있

다. 따라서 발화는 이러한 공통 바탕 위에서 이루어져야 하며, 만일 그렇지 않은 발화라면 그것은 화용론적 상식에서 벗어나게 된다.156)

다음 (61)은 영화 '기생충'이 아카데미상을 받았다는 공통 지식을 화자와 청자가 공유할 때 가능한 발화이다.

(61) '기생충'이 아카데미상을 받음으로써 한국 영화의 위상을 크게 높였지요.

청자가 영화나 시사에 관심이 없어 '기생충'이 아카데미상을 받은 사실을 모른다면 전제에 어긋나기 때문에 (61)은 적절한 발화가 되지 못한다. 이때 청자는 화자의 전제를 화자에게 되묻거나 확인할 수도 있고, 아니면 화자의 전제 내용을 조정accommodation을 통하여 자신의 지식으로 추가할 수도 있다. 이렇게 화자와 청자는 대화 속에서 공통 지식을 조정해 가면서 대화를 계속한다. 그러나 다음 (62)는 청자가 화자의 전제를 공통 지식으로 받아들일 수 없다.

(62) 미국의 수도인 뉴욕은 허드슨 강 어귀에 있는 항구 도시이다.

(62)는 '뉴욕이 미국의 수도이다.'라는 화자의 전제 자체가 성립될 수 없으므로 전제 실패가 일어난 발화이다.

제13장 형식의미론[157]

1. 형식의미론의 도입

자연언어 대신에 기호를 사용하여 체계를 이룬 기호논리체계의 언어를 기호언어 또는 형식언어라고 한다. 전통적으로 논리학자들은 자연언어와 기호언어 사이에는 근본적인 차이가 없다고 주장하며, 기호언어에 대한 분석 방법이 자연언어의 진리조건과 함의 관계를 밝히는 데 적용될 수 있다고 말한다. 다시 말하면, 자연언어에는 중의성이 있기 때문에 진리론의 대상으로 삼기 어려운데, 처음부터 이러한 중의성이 배제된 언어를 기호언어로 만들고 이 기호언어를 대상으로 의미론의 여러 개념을 밝힘으로써 자연언어의 진리조건과 함의관계를 밝힐 수 있다고 주장한다. 그리고 기호언어가 추구하는 의미분석의 방법이 논리적 형식주의를 취하고 있기 때문에 이러한 입장에 선 의미론을 형식의미론formal semantics 또는 논리적 의미론logical semantics이라고 부른다.[158]

형식의미론의 역사적 배경을 논의하려면 타르스키(1952[1944]), 프레게(1975[1892]), 카르납(1943) 등 많은 철학자들의 이론을 검토하여야 한다. 그러나 자연언어와 관련하여 형식의미론의 연구에서 가장 중요한 역할을 한 사람은 논리

학자이며 철학자인 몬태규R. Montague이다. 그는 1960년대와 1970년대에 논리
학에 근거한 형식의미론 논문(1974ㄱ, 1974ㄴ, 1974ㄷ)을 통하여 형식의미론이 자
연언어의 의미를 분석하는 데 이용될 수 있는 기틀을 마련하였다. 그리고 이러
한 이론이 파티B. Partee(1973, 1975), 다우티D. Dowty(1979), 다우티와 월과 피터스D.
Dowty & R. Wall & B. Peters(1981) 등에 의해서 언어학에 접목되었다. 최근에는 형식
의미론이 곧바로 몬태규 의미론을 말하는 것처럼 되었는데, 이것도 몬태규
문법이 형식의미론 연구에 지대한 영향을 끼친 결과라고 할 수 있다(이익환
2000: 234-35).

형식의미론은 진리조건적 의미론, 모형이론적 의미론, 가능세계 의미론이
라는 세 가지 특징으로 이루어졌다. 진리조건을 바탕으로 문장의 진리치를
논하는 의미론을 진리조건적 의미론이라고 부른다. 한 문장의 진리치를 무한
세계 속에서 결정하는 것은 불가능하기 때문에 모형model을 설정하고, 그 모형
속에서 문장의 진리치를 밝히려고 하는 의미론을 모형이론적 의미론이라고
한다. 그리고 가능성과 같은 양상 구조를 논하기 위하여 가능세계의 개념을
이용하는 의미론을 가능세계 의미론이라고 한다. 이러한 의미론을 구체적으
로 보여주는 논리 언어체계가 명제논리, 술어논리, 양화논리, 양상논리 등이다.
이 장에서는 형식의미론의 기초적인 지식에 해당하는 진리조건에 대해서 먼
저 설명하고, 이어서 명제논리, 술어논리, 양화논리에 대하여 개관한다.

2. 진리조건

우리가 어떤 문장의 의미를 안다는 것은 그 문장의 내용을 파악하고 있다는
말이다. 어떤 상황에 대한 서술적 표현으로 '지붕 위로 잠자리 한 마리가 날아
간다.'라는 문장이 있다고 하자. 이 문장은 참일 수도 있고 거짓일 수도 있는데,
실제로 지붕 위로 잠자리 한 마리가 날아가고 있다면 참이고 그렇지 않으면

거짓이다. 이와 같이 문장 하나하나가 어떤 상황에서 참이 되고 거짓이 되는지를 밝혀주는 조건을 진리조건truth-condition이라고 한다. 그리고 이러한 입장에서 문장의 의미를 연구하는 의미론을 진리조건적 의미론truth-conditional semantics이라고 한다.

그러면 문장이 참이라는 것은 무엇을 의미하는가? 전통적으로 참은 실제 reality와의 일치를 의미한다. 사실은 사실대로, 사실이 아닌 것은 사실이 아닌 것으로 말하는 것이 참말이며, 없는 것을 있다고 하고 있는 것을 없다고 하는 것은 거짓말이다. 결국 참은 그것과 부합하는 상황이 실제로 있는 것이고 거짓은 그러한 상황이 없는 것을 말한다. '2018년 7월 30일에 하영이가 태어났다.'라는 문장은 이 문장 내용에 부합하는 상황이 실제로 있으면 참이 되는 것이다. 이와 같이 참을 실제적 상황과 일치하는 것으로 보는 진리관을 프레게(1975[1892])는 대응설correspondence theory이라고 한다. 대응설의 관점에서 보면 진리조건적 의미론은 지시적 의미론과 통한다고 할 수 있다.

그런데 대응설이 처음에는 어느 정도 설득력을 가지는 듯하였으나 시간이 지나면서 대응설로 모든 문장의 진위를 설명하는 것이 불가능함을 알게 되었다. 예컨대 '나는 도깨비를 보았다.'와 같은 문장의 내용은 현실세계에 존재하지 않지만 우리는 이러한 문장을 사용할 수 있다. 이러한 문제의 해결을 위하여 등장한 것이 타르스키(1944)의 진리치(T) 동치 공식이다.

타르스키(1944)는 문장의 진리조건을 밝히기 위하여 다음과 같이 'T-동치 공식'을 제안하였다.

(1) T-동치 공식: *S* is true if and only if *p*.

(1)에서, *S*는 진위 판단의 대상이 되는 문장을 가리키고, *p*는 문장 *S*가 참이 되기 위한 조건을 가리킨다. 그리고 if and only if: iff는 필요충분조건을 나타낸다. 따라서 (1)의 공식은 '문장 *S*가 참이 되기 위한 필요충분조건은 *p*이다.'

또는 '문장 S는 조건 p가 충족될 때 참이다.'라고 풀이할 수 있다. '지금 비가 온다.'라는 한국어 문장을 진위 판단의 대상으로 삼아 (1)의 공식에 대입하면 다음 (2)와 같다.

> (2) '지금 비가 온다.'가 참이 되기 위한 필요충분조건은 지금 비가 오는 것이다.

(2)에서 진위 판단의 대상이 되는 문장과 그것이 참이 되기 위한 조건이 동치 관계에 있다. 따라서 '지금 비가 온다.'는 문장이 참임이 증명된다.

그런데 (2)는 동일한 내용이 반복됨으로써 말장난처럼 보일 수 있다. 그것은 대상언어도 한국어이고 상위언어도 한국어이기 때문에 그렇게 생각할 수 있다. 대상언어object language는 진위 판단의 대상이 되는 언어를 말하고, 상위언어meta-language는 대상언어를 분석할 때 사용되는 언어를 말한다. 만일 진위 판단의 대상이 영어 문장이고 이에 대한 분석을 한국어로 한다면 다음 (3)과 같다. 곧 대상언어는 영어이고 상위언어는 한국어인데, 이 경우에는 (2)에서 보았던 말장난 같은 느낌이 사라질 것이다.

> (3) 'It rains now.'가 참이 되기 위한 필요충분조건은 지금 비가 오는 것이다.

(2)와 (3)은 대상언어만 다를 뿐이며 상위언어는 한국어로 동일한데, 만일 한국어 화자가 한국어는 물론이고 영어 문장도 이해하고 있다면 (1)과 같은 동치공식에 의한 진위 판단이 가능하다.

T-동치 공식은 다음 두 문장이 동시에 참이 될 수 없음을 보여준다.

> (4) ㄱ. 지금 비가 온다.
> ㄴ. 지금 비가 오지 않는다.

(4ㄱ)이 참이면 주어진 조건인 (2)에 의해서 '지금 비가 오'는 것이므로 (4ㄴ)
은 거짓이 된다. 만일 (4ㄴ)이 참이라면 주어진 조건은 '지금 비가 오지 않'는
것이 되어야 하므로 (4ㄱ)이 거짓이 된다. 따라서 (4ㄱ)과 (4ㄴ)은 동시에 참이
될 수 없는 모순관계에 있다.

3. 명제논리

통사론에서 유한수의 규칙을 순환적recursive으로 적용함으로써 무한수의 문
장을 생성해 내듯이, 의미론에서도 유한수의 진리 정의를 순환적으로 적용함
으로써 모든 문장의 진리조건을 밝힐 수 있어야 할 것이다. 이에 대한 가설이
프레게(1892)의 합성성 원리compositionality principle이다.[159]

> (5) 합성성 원리
> 복합문의 진리치는 그것을 구성하고 있는 문장들의 진리치에 의해서
> 결정된다.

합성성 원리가 성립함을 보여 주는 가장 간결한 논리 언어체계가 명제논리
propositional logic이다. 명제논리는 무한수의 문장을 생성해 낼 수 있는 무한언어
이며, 프레게 원리의 타당성을 명료하게 보여주는 기호언어이다. 이제 명제논
리에 대하여 살펴보자.

명제논리의 문법은 통사부와 의미부로 구성되어 있다. 통사부는 명제논리
에 속하는 모든 적형식well-formed formula: wff을 정의한다. 적형식이란 문법성을
온전하게 갖춘 형식을 말하며 정형식正形式이라고도 한다. 적형식의 문장을 적
형문well-formed sentence 또는 정형문이라고 부른다. 의미부는 적형식의 진리조
건들을 정의한다. 먼저 통사부를 제시하고 이에 대한 간단한 설명을 붙인다.

[가] 통사부

(가) 기본 어휘

    ㉮ 문장 기호: $p, q, r, \cdots$

    ㉯ 논리 기호: ~, $\vee$, $\wedge$, $\rightarrow$, $\leftrightarrow$, ( )

    ㉰ 이 밖의 다른 기호는 사용하지 않는다.

(나) 형성 규칙

    ㉮ 모든 문장 기호는 각각 적형식이다.

    ㉯ ϕ와 ψ가 적형식이면 다음의 복합문도 적형식이다.

        ㉠ ~ϕ

        ㉡ $(\phi \vee \psi)$

        ㉢ $(\phi \wedge \psi)$

        ㉣ $(\phi \rightarrow \psi)$

        ㉤ $(\phi \leftrightarrow \psi)$

    ㉰ 위의 규칙에 의해서 형성된 문장만 적형식이다.

(가)의 기본 어휘는 명제논리에서 사용하는 문장 기호와 논리 기호를 제시한다. 문장 기호는 무제한으로 많아질 수 있는 문장 변항들을 말하며, 논리 기호는 논리체계 내에서 정해진 의미를 가진 논리적 연결어들이다.160) 엄격하게 말하면 논리 기호라고 할 수 없는 것으로 괄호, 즉 ( )가 있는데, 이 부호는 복합문 구성에서 문장의 구조를 설명하는 데 사용된다.

(나)의 형성 규칙은 명제논리에 속하는 문장들을 정의한다. 형성 규칙의 각 항목들에 대해서 간단하게 설명한다. ㉮는 명제논리의 최소단위로서 문장들을 정의한다. 그리고 이러한 단순문을 원자문atomic sentence이라고 부른다. ㉯는 논리 기호를 사용하여 형성된 적형식의 복합문을 정의한다.161) ㉠은 부정 기호 '~'을 사용하여 형성된 부정문인데, 자연언어에서 부정문이 단순문이라고 하더라도 논리언어에서는 복합형태로 이루어지기 때문에 복합문으로 간주한다. 형성 규칙 ㉮, ㉯는 명제논리에 속하는 문장들을 정의하는데, 이 문장들을 기본으로 해서 ㉯를 거듭 적용하면 '~$(p \vee q)$', '~$(p \wedge q) \rightarrow r$' 등과 같은 다

른 문장들을 생성해 낼 수 있다. 이와 같이 명제논리는 유한수의 형성 규칙으로 무한수의 문장을 생성해 낸다. 여기서 부호 ( )의 사용에 대해서 알아보자. ( )는 위에서 언급한 대로 문장의 구조를 설명한다. 예를 들면 '~$(p \lor q)$'와 '$(~p \lor q)$'는 서로 다른 구조로 된 문장인데 그 구별을 ( )가 분명하게 해 준다. 다음의 수형도 (6)을 보면 두 문장의 다른 구조를 알 수 있다.

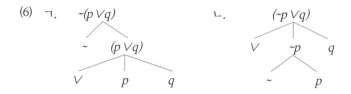

끝으로 형성 규칙 ㉒는 비적형식ill-formed formula: iff들을 배제하는 규칙이다. 곧 '$p \land q$'는 적형식이지만 형성 규칙 ㉮, ㉯에 속하지 않는 'pq'는 비적형식으로서 명제논리의 문장이 될 수 없다. 마찬가지로 '$(p \land q) \lor r$'나 '$p \land (q \lor r)$'은 명제논리의 문장이지만 '$p \land q \lor r$'은 문장이 아니다.

이제까지 명제논리의 통사부에 대해서 살펴보았는데, 이제는 문장의 진리조건을 정의하는 명제논리의 의미부에 대해서 살펴보기로 한다.

[나] 의미부: 진리조건

㉮ 모든 문장은 1참이든지 0거짓이든지 둘 중의 하나이며, 동시에 1과 0이 될 수 없다.

㉯ ~ϕ는 ϕ가 0이면 1이며, 다른 경우는 0이다.

㉰ ($\phi \lor \psi$)는 ϕ와 ψ 둘 중 적어도 하나가 1이면 1이며, 다른 경우는 0이다.

㉱ ($\phi \land \psi$)는 ϕ와 ψ 둘 다 1이면 1이며, 다른 경우는 모두 0이다.

㉲ ($\phi \rightarrow \psi$)는 ϕ가 1이고 ψ가 0이면 0이며, 다른 경우는 모두 1이다.

㉳ ($\phi \leftrightarrow \psi$)는 ϕ, ψ의 진리치가 같으면 1이고, 다른 경우는 모두 0이다.

의미부는 명제논리의 문장들이 참 또는 거짓이 되는 진리조건을 정의한다. 위에 제시한 진리조건을 이해하기 위해서 간단하게 설명을 덧붙인다.

진리조건 ㉮는 이치율二値律과 모순율矛盾律에 따른 정의이다. 이치율은 문장의 진리치는 참과 거짓뿐이므로 모든 문장은 참이거나 거짓이라는 법칙이고, 모순율은 모든 문장이 동시에 참과 거짓이 될 수 없다는 법칙이다.

(7) 비가 온다.

문장 (7)을 p라고 할 때 p는 참이거나 거짓 둘 중에 하나이며 동시에 참과 거짓이 될 수 없다. 이와 같이 명제논리는 참과 거짓만 논하는 이치논리이다.

진리조건 ㉯는 부정문negation의 의미를 밝혀준다. 앞의 문장 (7)을 p라고 하면 (7)의 부정문인 '비가 오지 않는다.'는 $\sim p$로 표시된다. 이때 p와 $\sim p$는 함수관계가 성립되며, p가 1이면 $\sim p$는 0이고 반대로 p가 0이면 $\sim p$는 1이다. 곧 두 문장의 진리치는 상반되는데 이것을 진리표로 나타내면 다음 [표 1]과 같다.

[표 1] 부정의 진리표

p	$\sim p$
1	0
0	1

진리조건 ㉰는 선언disjunction의 의미를 밝혀준다. 선언의 논리 기호는 $\vee$이며, 자연언어에서 '-거나, -든지'와 같은 선택적 표현으로 나타난다. 논리언어에서 선언은 두 문장 p와 q 가운데서 하나라도 1이면 전체 문장이 1이 된다. 바꾸어 말하면, p와 q가 모두 0일 때에만 전체 문장이 0이 되는데, 그렇기 때문에 p와 q가 둘 다 1일 때에도 전체 문장은 1이 된다. 이것을 진리표로 나타내면 다음 [표 2]와 같다.

[표 2] 선언의 진리표

p	q	$p \vee q$
1	1	1
1	0	1
0	1	1
0	0	0

다음 (8)은 선언의 복합문인데, 연결된 앞뒤의 원자문에 각각의 진리치를 부여해 보면 위의 설명과 일치하게 된다.

(8) 형이 오거나 동생이 온다.162)

그런데 다음 (9)와 같은 자연언어의 문장을 보면 앞의 논의와 다른 데가 있다. 그것은 원자문이 모두 1일 때 전체 문장은 0이 된다는 것이다.

(9) ㄱ. 오늘은 토요일이거나 일요일이다.
ㄴ. 영수는 죽었거나 살았다.

(8)에서는 원자문이 모두 1이어도 복합문 전체는 1이 되었지만, (9)에서는 모두 1인 두 문장이 결합하면 0이 된다.

이와 같이 선언에는 두 유형이 있는데, (8)과 같은 선언을 양립적 선언 inclusive disjunction이라 하고, (9)와 같은 선언을 배타적 선언exclusive disjunction이라고 한다. 양립적 선언은 p가 1이거나 q가 1이거나 또는 둘 다 1이면 문장 전체가 1이 된다. 배타적 선언은 p가 1이면 q가 0이고 p가 0이면 q가 1일 때에만 전체 문장은 1이 된다. 곧 배타적 선언에서는 p와 q가 동시에 1인 경우를 배제한다. 이와 같이 명제논리에서의 선언은 양립적 선언이지만 자연 언어에서의 선언은 양립적 선언과 함께 배타적 선언이 가능한 경우도 있다.

진리조건 ㉑는 연언conjunction의 의미를 밝혀준다. 연언의 논리 기호는 ∧이며, 자연언어에서 '-고, -며, -면서, 그리고' 등이 이에 대응한다. 연언은 원자문 p와 q가 모두 1인 경우에만 전체 문장이 1이 된다. 다시 말하면, p와 q 가운데서 하나라도 0이면 전체 문장은 0이다. 연언의 진리표는 다음 [표 3]과 같다.

[표 3] 연언의 진리표

p	q	$p \wedge q$
1	1	1
1	0	0
0	1	0
0	0	0

다음 (10)은 연언의 복합문이다.

(10) 창수가 방으로 들어오고 영호가 방에서 나갔다.

문장 (10)은 연결된 두 원자문이 1일 때에만 전체 문장이 1이 되며, 그렇지 않은 경우에는 모두 0이다. 따라서 연언의 복합문은 결합된 두 문장의 순서를 바꾸어도 진리치에는 변함이 없다. 곧 명제논리에서 $p \wedge q$와 $q \wedge p$는 항상 동일한 진리치를 갖는다. 그런데 이 점은 논리언어와 자연언어 사이의 괴리를 드러낸다. 명제논리에서는 두 문장이 시간적 선후관계가 없는 하나의 세계로 간주되지만 자연언어에서는 시간관계가 엄연하게 존재하기 때문이다. 우선 위의 (10)에서도, 철수가 방으로 들어온 것과 영호가 방에서 나간 것이 동시에 일어날 수도 있고 순차적으로 일어날 수도 있다.[163] 이러한 의미 차이를 논리언어에서는 구별해 내지 못한다. 더욱이 자연언어에서는 두 문장의 순서를 바꾸면 의미에 큰 변화가 일어날 수 있는데도 논리언어에서는 그 차이를 정확하게 해석해 낼 수 없다. 다음 (11ㄱㄴ)은 앞뒤의 두 문장을 맞바꾼 것이다.

(11) ㄱ. 수자가 결혼하고 아이를 낳았다. ($p \wedge q$)

   ㄴ. 수자가 아이를 낳고 결혼했다. ($q \wedge p$)

자연언어로서 (11ㄱ)과 (11ㄴ)은 전혀 다른 의미를 가지고 있지만 논리언어로 번역한 $p \wedge q$와 $q \wedge p$는 동일한 진리치를 갖는다.

접속조사 '와 / 과'가 단어를 접속하는 경우와 문장을 접속하는 경우가 있는데, $\wedge$는 문장 연결어이기 때문에 문장을 접속하는 경우에만 사용된다.

(12) ㄱ. 어머니와 딸이 서로 닮았다.

   ㄴ. 어머니와 딸이 얼굴이 예쁘다.

(13) 어머니가 얼굴이 예쁘고, 딸이 얼굴이 예쁘다.

(12ㄱ)의 '와'는 단어 접속으로 된 하나의 문장이다. 그러나 (12ㄴ)의 '와'는 문장 접속으로서 (13)과 같은 두 문장의 결합으로 해석할 수 있다. 따라서 (12ㄴ)은 $p \wedge q$와 같은 번역이 가능하다.

진리조건 ㉓는 함언implication의 의미를 밝혀준다. 명제논리의 함언과 자연언어에서의 함의는 전혀 다른 개념이다. 함언의 논리 기호는 →이며 자연언어에서는 '…면 …이다'라고 표현되는 것이 일반적이다. 함언을 논리형식으로 나타내면 $p \rightarrow q$인데, 이때의 p를 전건antecedent이라 하고 q를 후건consequent이라 한다.

함언은 전건이 1인데 후건이 0이면 전체 문장은 0이 된다. 그러나 전건이 0이거나 후건이 1인 경우에는 다른 쪽의 진리치와 관계없이 1이 된다. 함언의 진리표는 다음 [표 4]와 같다.

[표 4] 함언의 진리표

p	q	$p \rightarrow q$
1	1	1
1	0	0
0	1	1
0	0	1

그런데 함언의 진리조건이 자연언어의 조건문을 그대로 수용한다고 보기에는 어려운 점이 있다. '런던이 영국의 수도이면, 상하이가 중국의 수도이다.'는 전건이 1이고 후건이 0이어서 전체 문장은 0이다. 그리고 '파리가 영국의 수도이면, 베이징이 중국의 수도이다.'나 '파리가 영국의 수도이면, 상하이가 중국의 수도이다.'와 같은 문장의 경우에, 함언의 진리조건에 의하면 전건이 0이므로 후건이 1이거나 0이거나 상관없이 두 문장 모두 전체가 1이 된다. 그러나 자연언어에서 이 두 문장을 모두 1이라고 받아들이는 데에는 동의할 수 없다.

또한 명제논리의 함언은 다음 (14)와 같이 전건과 후건에 논리적 필연성이나 내용상 관련이 없는 문장이 결합되어도 전건이 1이고 후건이 1이므로 전체가 1이 된다.

(14) 에베레스트 산이 세계에서 가장 높으면, 물은 섭씨 100°에서 끓는다.

그러나 자연언어로서 (14)는 부자연스러운 문장이며, 문장의 진리치를 논의하는 것 자체가 무의미한 것으로 여겨진다.[164] 이와 같이 자연언어의 조건문에는 명제논리의 함언으로는 포착할 수 없는 또 다른 의미의 세계가 있다.

진리조건 ⑭는 동치equivalence의 의미를 밝혀준다. 동치의 논리 기호로는 ↔ 또는 ≡이 사용되며, '오직 …라야만' 또는 '…이면 그리고 그래야만' 등 필요충분조건을 나타내는 표현이 이에 대응하는 자연언어이다. 물론 영어에서 'if and only if'로 번역된다. 동치는 $p \rightarrow q$와 $q \rightarrow p$의 두 개의 질료적 함언material implication으로 이루어진다. 그리고 동치는 두 함언의 연언이기 때문에 이것을 논리형식으로 나타내면 $(p \rightarrow q) \wedge (q \rightarrow p)$가 되며, 이것은 결국 $p \leftrightarrow q$와 동일한 개념이다. 그리고 $(p \rightarrow q) \wedge (q \rightarrow p)$의 논리형식에서 볼 수 있듯이 $p \rightarrow q$와 $q \rightarrow p$가 동시에 1일 때에만 전체가 1이 된다. 그리고 $p \rightarrow q$ 및 $q \rightarrow p$가 1이 되기 위해서는 원자문 p와 q의 진리치가 같아야 한다. 동치의 진리표는 다음 [표 5]와 같다.

[표 5] 동치의 진리표

p	q	$p \rightarrow q$	$q \rightarrow p$	$p \leftrightarrow q$
1	1	1	1	1
1	0	0	1	0
0	1	1	0	0
0	0	1	1	1

이상에서 우리는 명제논리의 문법 체계를 통사부와 의미부로 나누어 살펴보았다. 통사부에서는 명제논리에 속하는 문장들을 정의하고, 의미부에서는 그 문장들이 참 또는 거짓이 되는 진리조건에 대해서 설명하였다.

이제 복합문의 진리치를 합성적으로 계산하는 방법에 대하여 알아본다.

명제논리의 적형식 $\sim(p \wedge q) \rightarrow (p \vee r)$를 예로 들어보자. p의 진리치는 1, q의 진리치는 0, r의 진리치는 1이라고 가정하면 전체의 진리치는 다음 (15)와 같이 계산된다.

(15) $\sim(p \wedge q) \rightarrow (p \vee r)$

(15)와 같은 단계별 계산 과정을 거쳐서 $\sim(p \wedge q) \rightarrow (p \vee r)$의 진리치는 1참로 판정된다. 문장의 구성이 복잡하더라도 그것이 적형식이라면 복합문의 진리치는 이와 같은 합성적 계산으로 그 결과를 산출할 수 있다.

다음으로 항진명제와 모순명제에 대하여 살펴본다. 명제논리에는 결합된 두 문장의 진리치에 상관없이 전체 문장이 항상 참인 명제가 있는가 하면, 반대로 진리치가 항상 거짓인 명제가 있다. 전자와 같은 명제를 항진명제라 하고, 후자와 같은 명제를 모순명제라고 한다.

항진명제는 원자문에 어떠한 진리치를 부여하여도 항상 참인 명제인데, 다음 (16)은 항진명제에 해당하는 유명한 법칙들이다.

(16) ㄱ. 배중률 $(p \vee \sim p)$
ㄴ. 모순율 $\sim(p \wedge \sim p)$
ㄷ. 동일률 $(p \rightarrow p)$

배중률은 문장의 진리치가 참이면 참이고 거짓이면 거짓이지 참도 아니고 거짓도 아닌 중간은 없음을 말한다. 배중률이라는 명칭도 참도 거짓도 아닌 중간은 배제한다는 의미에서 붙여진 것이다.

(17) 비가 오거나 오지 않는다.

(17)에서, '비가 오다.'가 p이면 부정문인 '비가 오지 않는다.'는 $\sim p$이며, 따라서 논리형식은 $p \vee \sim p$가 된다. 이것을 진리표로 나타내면 다음 [표 6]과 같다.

[표 6] 배중률의 진리표

p	$\sim p$	$p \vee \sim p$
1	0	1
0	1	1

[표 6]에서 보듯이, 배중률은 원자문에 어떠한 진리치를 부여하여도 항상 참이 되는 항진명제이다.

모순율은 문장의 진리치가 참이면 참이고 거짓이면 거짓이지 동시에 참 또는 거짓이 될 수 없음을 말한다. 모순율의 논리형식은 $\sim(p \wedge \sim p)$인데, 이에 상응하는 자연언어의 문장을 만들어 보면 다음 (18)과 같다. 그런데 (18)은 일상언어의 문장으로서 다소 자연스럽지 못하다.

(18) 비가 오면서 비가 오지 않는 것이 아니다.

그러나 (18)과 같은 문장은 항상 참인 문장임을 우리는 직관을 통해서도 알 수 있다.

동일률은 동일한 문장의 함언은 어떠한 진리치에도 참임을 말한다. 동일률의 논리형식은 $p \rightarrow p$이며 자연언어 문장의 예를 들면 다음 (19)와 같다.

(19) 호랑이가 무서우면 호랑이가 무섭다.

이상에서 항진명제에 대하여 알아보고 그에 대응하는 자연언어의 문장을 보았다. 그런데 자연언어의 문장들을 보면 일상적인 언어로서 썩 자연스럽다고 말할 수 없다. 그것은 논리언어는 기계적으로 실현될 수 있지만 자연언어는 현실적으로 그러하지 않은 데서 오는 차이이다.

다음은 모순명제에 대하여 알아본다. 모순명제는 원자문에 어떠한 진리치를 부여하여도 전체 문장이 항상 거짓인 명제를 말하며, 그렇기 때문에 모순명제를 달리 항위명제라고 부르기도 한다.

(20) 비가 오면서 오지 않는다.

(20)은 연언문으로서 $p \wedge \sim p$로 옮길 수 있는데, 다음 [표 7]에서 보듯이 p에 어떠한 진리치를 넣어도 전체 문장은 거짓이다.

[표 7] 모순명제의 진리표

p	$\sim p$	$p \wedge \sim p$
1	0	0
0	1	0

그런데 모순명제 $p \wedge \sim p$를 부정하면 $\sim(p \wedge \sim p)$가 되는데, 이것은 항진명제의 모순율과 동일한 문장형식이 된다. 곧 모순명제와 모순율은 동전의 앞뒤를 뒤집는 것과 같은 상반적 관계에 있다. 그리고 다시 모순율의 괄호를 풀면 $\sim p \vee p$이 되는데 이것은 항진명제의 배중률과 일치한다.

항진명제는 그 문장형식만 보고도 참임을 알 수 있는데, 이러한 명제를 논리적 진명제라고 한다. 그러나 자연언어에는 다음 (21)과 같이 문장형식만으로는 항진성을 가릴 수 없지만 문장 내용으로 보아 항상 참이 되는 명제가 있다.

(21) 독신녀는 남편이 없다.

(21)은 논리형식에 의해서가 아니라 문장을 구성하고 있는 단어의 의미를 분석함으로써 항상 참일 수밖에 없음을 안다. 이와 같이 단어의 뜻을 분석하여 참임을 알 수 있는 명제를 분석적 진명제라고 한다.

4. 술어논리

명제논리에서는 진리표를 사용하여 어떤 문장이 항진명제인지 아닌지를 판정할 수 있었다. 그러나 우리는 언어적 직관으로 참이라고 여겨지지만 명제논리로 밝힐 수 없는 문장들을 접하게 된다. 다음 (22)도 그러한 문장 가운데 하나이다.

(22) 영수가 사람이고 모든 사람이 언젠가 죽는다면 영수도 언젠가 죽을 것이다.

(22)의 단언은 누구나 참인 명제라고 생각할 것이다. 그렇지만 (22)를 명제논리에 따라서 $(p \wedge q) \rightarrow r$로 분석하고, 이것을 진리표로 분석해 보면 결코 항진명제라고 단정할 수 없다[165]. 이는 명제논리가 문장의 참 또는 거짓만을 따질 뿐이지 문장 내의 의미구조는 고려하지 않기 때문이다. 명제논리는 원자문을 최소의 단위로 보고 원자문의 진리치에 의해서 복합문의 의미를 밝힌다. 이에 반하여, 술어논리predicate logic는 문장의 진리치를 결정하기 위해서 먼저 문장 내의 의미구조를 분석한다. 이러한 점에서 술어논리는 명제논리보다 진일보한 논리언어라고 할 수 있다.

술어논리는 술어를 중심으로 문장의 의미를 밝히고자 하는 논리언어체계이다. 술어논리의 이해를 위해서 먼저 기본적인 사항 몇 가지를 알아보자. 술어논리의 문장은 하나의 술어predicate와 하나 이상의 논항argument으로 구성된다. 논항은 주로 문장 안에서 주어나 목적어의 역할을 하는 개체명사이다. 예컨대, '명수는 사람이다.'는 술어 '사람이다'와 논항 '명수'로 구성되어 있다. 그리고 이것을 술어논리의 언어로 나타내면 $S(m)$이 되는데, 이때의 S는 '사람이다'를 가리키는 술어이고, m은 '명수'를 가리키는 논항이다. 그리고 이것들을 각각 대문자와 소문자로 씀으로써 술어와 논항을 구별한다.

다음 (23)은 어떤 개체명사 또는 개체명사들에 대해서 무언가를 진술하고 있다.

(23) ㄱ. 보미는 가수이다.
　　ㄴ. 영호가 경자를 좋아한다.

(23ㄱㄴ)을 술어논리의 형식으로 나타내면 다음 (24ㄱㄴ)과 같다.

(24) ㄱ. $G(b)$
　　ㄴ. $J(y, g)$

(24ㄱ)에서, G는 '가수이다'라는 술어를 가리키고 b는 '보미'라는 논항을 가리킨다. (24ㄴ)에서 J는 술어로서 '좋아하다'를 나타내고 y와 g는 논항으로서 각각 '영호'와 '경자'를 나타내는데, 논항이 둘 이상일 때에는 반드시 순서가 지켜져야 한다. 그리고 (24ㄱ)의 술어 G는 하나의 논항으로 완전한 문장을 만들 수 있기 때문에 1항 술어one-place predicate라고 하고, (24ㄴ)의 J는 두 개의 논항을 가져야 하기 때문에 2항 술어two-place predicate라고 말한다. 그런데 앞에서 언급한 개체의 기호들을 보면 모두 그것이 가리키는 실질적인 대상들이 결정되어 있다. 예컨대 (24ㄴ)에서의 y와 g는 그것이 가리키는 개체가 각각 '영호'와 '경자'로서 이미 정해진 상태인데 이렇게 결정된 개체명사 하나하나를 개체 정항individual constant이라 한다. 그러나 '좋아하다' 곧 J의 관계에 있는 개체들은 현실세계에서 이밖에도 아주 많이 있다. 이러한 경우에 그 개체들을 일일이 나열하는 것은 번잡스러운 일이기 때문에 이것을 다음 (25)와 같이 하나의 표현으로 형식화할 수 있다.

(25) $J(x, y)$

(25)의 x와 y는 개체정항과 구별하여 개체 변항individual variable이라 하는데, 이때의 x와 y는 특정한 개체가 아니라 치환이 가능한 모든 개체를 대신하는 개체를 가리킨다. 마찬가지로 특정의 술어를 가리키는 S, G, J 등을 술어 정항

predicate constant이라고 한다.

술어논리의 기본 사항에 대한 이해를 바탕으로 해서 이제 술어논리의 문법 체계에 대해서 알아보자. 술어논리의 문법도 명제논리와 마찬가지로 통사부와 의미부로 구성된다. 먼저 술어논리의 통사부를 보자.

[가] 통사부

(가) 기본 어휘

ᄀ 개체정항: m, b, y, g, …

ᄂ 개체변항: x, y, …

ᄃ 술어정항: S, G, J, …

ᄅ 논리 기호: ~, ∨, ∧, →, ↔, ( )

(나) 형성 규칙

ᄀ δ가 1항술어이고 a가 개체명사이면, $\delta(a)$는 적형식이다.

ᄂ δ가 2항술어이고 a, β가 개체명사이면, $\delta(a, \beta)$는 적형식이다.

ᄃ ϕ와 ψ가 각각 적형식이면 다음의 복합문도 각각 적형식이다.

　㉠ $\sim\phi$

　㉡ $(\phi \wedge \psi)$

　㉢ $(\phi \vee \psi)$

　㉣ $(\phi \rightarrow \psi)$

　㉤ $(\phi \leftrightarrow \psi)$

ᄅ 위의 규칙에 의해서 형성된 문장만 적형식이다.

(가)의 기본 어휘는 술어논리에서 사용하는 논항 및 술어의 기호와 명제논리에서 이미 살펴본 바 있는 논리 기호들을 제시하고 있다.

(나)의 형성 규칙은 술어논리에 속하는 문장들을 정의한다. 형성 규칙 ㉮와 ㉯는 하나의 원자문인 적형식을 만드는 규칙인데, ㉮는 1항술어 δ와 하나의 논항 a가 결합하여 적형식을 이루고, ㉯는 2항술어 δ와 두 개의 논항 a, β가 결합하여 적형식을 이루는 규칙이다. 이렇게 만들어진 원자문은 형성 규칙

㉰에 의해서 복합문을 만든다. 그런데 형성 규칙 ㉰는 이미 살펴본 명제논리의 형성 규칙 그대로임을 알 수 있다.

(가)의 기본 어휘와 (나)의 형성 규칙을 이용하여 술어논리의 적형식을 무한 수로 만들어 낼 수 있는데 간단한 예를 들어본다.

(26) ㄱ. $G(c)$: 창수가 간다.
ㄴ. $U(y)$: 영이가 운다.

(27) ㄱ. $M(y, c)$: 영이가 창수를 미워한다.
ㄴ. $A(c, b)$: 창수는 보아를 안다.

(28) ㄱ. $G(c) \wedge U(y)$: 창수가 가고 영이가 운다.
ㄴ. $\sim(G(c) \wedge U(y)) \to M(y, c)$: 창수가 가고 영이가 울지 않으면 영이가 창수를 미워한다.

(26)은 형성 규칙 ㉮에 의해서 생성된 적형식의 원자문이고, (27)은 형성 규칙 ㉯에 의해서 생성된 적형식의 원자문이다. 그리고 (27)은 이 원자문들에 형성 규칙 ㉰가 적용되어 만들어진 적형식의 복합문이다. 이제 이러한 적형식의 진리치를 결정하는 의미부에 대해서 알아보자.

그런데 술어논리의 의미와 관련해서 우리가 우선 이해해야 할 것이 있다. 먼저 술어의 외연extension에 대해서 알아본다. 술어논리의 의미체계는 모형이론을 기초로 하기 때문에 모형이론적 의미론model-theoretic semantics이라 한다. 모형이론은 언어가 가리키는 세계가 여러 개체와 집합들로 구성되어 있다고 보고 이러한 개체와 집합들을 기초로 하여 술어논리의 기호들이 무엇을 가리키는지를 명시해 준다. 통사부에서 이미 언급한 바 있지만, 개체항은 각각의 개체를 가리키고 술어는 개체들의 집합을 가리킨다. 다시 말하면, 1항 술어 'G'는 G의 속성을 가진 개체들의 집합을 가리키고, 2항 술어 'J'는 J의 관계를 가진 개체들의 집합을 가리킨다. 이때 술어논리의 표현들이 가리키는 개체의 집합을 술어의 외연이라고 한다. 어떤 모형에 의해서 개체항이나 술어의 외연이 설정되어야 비로소 술어논리 문장들의 진리치를 논할 수 있다. 술어논리에서 원자문의 진리치는 논항들이 가리키는 대상(개체)이 술어가 가리키는 집합 속에 속하느냐 속하지 않느냐에 따라서 결정되기 때문이다. 예를 들면, $G(b)$는 b가 가리키는 개체가 G의 속성을 가진 집합 속에 들어 있을 때 참이 된다. 마찬가지로 $J(y, g)$는 y와 g가 가리키는 개체쌍이 J의 관계를 가진 개체들로서 J가 가리키는 집합 속에 있으면 참이 된다. 구체적으로 2항 술어 J의 외연을 J : {<순호, 강희>, <남수, 다희>, <영호, 경자>, <인성, 혜정>, <명구, 보경>, <중수, 청자>}라고 가정해 보자. 이때 J의 관계를 가진 개체쌍의 집합 속에 (y, g)가 가리키는 <영호, 경자>가 포함되어 있기 때문에 $J(y, g)$는 참이 된다.

　그런데 여기서 제기될 수 있는 한 가지 문제는 외연이 어떻게 정해지는가 하는 것이다. 형식의미론에서는 외연을 정해 주는 초인적인 함수 F가 있다고 가정한다. 함수 F는 외연을 정한다기보다는 이미 사실로 있는 실제 세계를 우리가 볼 수 있도록 표현해준다고 하는 것이 더 타당하다. 다시 말하면, 우리의 실제 세계에서 S의 관계, 곧 사랑하는 관계에 있는 개체쌍들은 이미 정해져 있지만 한 개인이 실제 세계의 실상들을 빠짐없이 알 수 있는 것은 아니다. 그런데 함수 F가 이 사실을 우리가 알 수 있도록 보여주는 것이다. 이러한 F의 속성을 'F가 외연을 할당해 준다.'라고 말한다. 이처럼 F는 우리가 알지 못하는 것을 우리에게 보여주는 초인적인 힘을 가지고 있다고 생각할 수 있다.

　다음으로 담화 영역domain of discourse에 대해서 알아보자. 위에서 F가 외연을 할당해 준다고 했는데, 그러면 외연이 될 개체는 어디에서 취하는가? 위에서 우리는 술어의 외연이 될 수 있는 개체를 우리가 살고 있는 실제 세계에서 선택한다고 했다. 이것은 우리가 담화 영역을 제한하고 있다는 의미이다. 즉, 담화 영역을 현재 실제 세계에 살고 있는 사람들의 집합으로 정한 것이다. 이처럼 담화 영역을 개체들의 집합으로 정하고 그것을 집합 D라고 부른다.

그러면 F는 집합 D 안에 있는 개체들 중에서 외연을 할당한다고 설명할 수 있다.

이상에서 우리는 술어의 외연을 할당하는 함수 F와 담화영역으로서의 개체 집합 D에 대하여 설명하였다. 이것을 술어논리의 모형model: M으로 정의하면 $M = <D, F>$가 된다. 곧 모형 M은 담화영역인 개체집합 D와 이 개체들의 외연을 정하는 함수 F로 구성된다.

이제 이러한 모형을 바탕으로 해서 술어논리의 해석 원리에 대하여 살펴보자. 해석 모형의 구체적인 예를 들어서 이해를 돕도록 한다.

[나] 해석 모형 M_1
(가) $M = <D, F>$
(나) $D = \{$나미, 봉규, 종수, 1$\}$
(다) $F(n) = $나미, $F(b) = $봉규, $F(j) = $종수, $F(i) = 1$
(라) $F(S) = \{$나미, 봉규, 종수$\}$
　　　$F(J) = \{<$나미, 봉규$>, <$종수, 나미$>\}$
　　　$F(C) = \{<$나미, 종수$>, <$봉규, 나미$>, <$종수, 1$>\}$

해석 모형 M_1은 다음과 같이 이해할 수 있다. 모형 M_1은 담화영역(D) 속에 '나미, 봉규, 종수' 세 사람과 숫자 '1'이 들어 있다. 모형 M_1에 명시된 기본 어휘들의 외연(F)을 보면, 논항 'n'은 '나미'를, 'b'는 '봉규'를, 'j'는 '종수'를, 'i'는 '1'을 가리킨다. 그리고 술어 S의 속성을 '나미, 봉규, 종수'는 가지고 있지만 '1'은 가지고 있지 않다. J의 관계가 '나미'와 '봉규', '종수'와 '나미' 사이에는 있으나 '봉규'와 '종수' 사이에는 없다. 집합론에서 $<a, b>$와 $<b, a>$가 서로 다른 만큼, <나미, 봉규>와 <봉규, 나미>도 서로 다르다. <나미, 봉규>는 '나미'가 '봉규'에 대해서 J의 관계를 갖는 것이고, <봉규, 나미>는 '봉규'가 '나미'에 대해서 J의 관계를 갖는 것이다. 끝으로 C의 관계가 '나미'와 '종수', '봉규'와 '나미', '종수'와 '1' 사이에는 있으나 '종수'와 '봉규', '봉규'와 '1' 사이에는 C의

관계가 없다. C가 '추천하다'를 가리키는 술어라고 한다면 그 관계를 짐작할 수 있을 것이다. 그리고 S는 1항 술어이고 J와 C는 2항 술어임을 개체의 배열을 보고 알 수 있다.

이상에서 우리는 해석 모형에 대하여 이해할 수 있었다. 이제 이를 바탕으로 해서 원자문의 진리치를 밝히는 진리조건에 대하여 살펴보자.

> [다] 의미부: 진리조건
> ㉮ δ가 1항술어이고 a가 개체명사이면, $F(\delta(a))$는 $F(a) \in F(\delta)$이면 그리고 이때만 1이다.
> ㉯ δ가 2항술어이고 a, β가 개체명사이면, $F(\delta(a, \beta))$는 $<F(a), F(\beta)> \in F(\delta)$이면 그리고 이때만 1이다.

이제 위에서 제시한 진리조건에 대하여 좀 더 구체적으로 알아보자. 진리조건 ㉮에 의하면, 1항 술어와 개체명사가 결합하여 생성된 원자문 $\delta(a)$는 개체명사 a의 외연인 개체가 1항술어 δ의 외연인 개체의 집합의 한 원소이면 그 문장의 진리치가 참(1)이다. 적형식 $S(n)$을 앞의 해석 모형 M_i의 체계 속에서 살펴보자. n의 외연은 우리의 실제 세계에 있는 '나미'인데, '나미'는 S의 속성을 가진 사람들의 집합의 한 원소이다. 즉, $F(n) \in F(S)$가 성립된다. 따라서 원자문 $S(n)$의 진리치는 1이다. 그런데 만일 n이 S의 속성을 가진 집합의 원소가 아니라면, 즉, $F(n) \notin F(S)$이면 $S(n)$의 진리치는 0이다. 다음으로 2항 술어가 포함된 적형식 $J(n,b)$를 통하여 진리조건 ㉯에 대해서 알아보자. n의 외연은 '나미'이고 b의 외연은 '봉규'인데, 이 개체쌍은 J의 관계를 가진 사람들의 집합의 한 원소이다. 즉, $<F(n), F(b)> \in F(J)$가 성립된다. 따라서 원자문 $J(n,b)$의 진리치는 1이다. 만일 개체쌍 $<n,b>$가 J의 관계에 있는 집합의 원소가 아니라면, 즉 $<F(n), F(b)> \notin F(J)$이면 $J(n,b)$의 진리치는 0이다. 결국 술어 논리의 진리치는, 논항이 가리키는 개체가 술어가 가리키는 집합 속에 포함되면 참이고, 포함되지 않으면 거짓이다.

끝으로 복합문의 진리치를 얻어내는 계산 과정에 대하여 살펴보자. 술어논리는 명제논리의 의미 규칙을 따르기 때문에 계산 과정도 명제논리에서 보았던 것과 동일하다. 다음 (29)는 복합 적형식 $\sim S(n) \land J(n,b)$의 진리치를 도출하는 과정을 보인 것인데, 원자문 $S(n)$의 진리치는 1로, $J(n,b)$의 진리치는 0으로 가정하였다.

(29) $\sim S(n) \land J(n,b)$

$$
\begin{array}{cc}
\vert\ 1 & 0 \\
\ \ 0 & \\
\ \ \ \ 0 &
\end{array}
$$

위와 같은 과정을 단계적으로 거침으로써 복합문 $\sim S(n) \land J(n,b)$의 진리치가 0임을 알 수 있다. (29)의 과정에서 볼 수 있듯이, 원자문의 진리치가 결정되고 나면 그 다음 단계에서 명제논리의 의미 규칙에 따라 복합문의 진리치를 도출한다.

5. 양화논리

자연언어에는 명제논리나 술어논리로 옮길 수 없는 표현들이 있다. 예를 들어서 '동수는 합리적이다.'라는 문장은 술어논리 언어로 $R(d)$와 같이 형식화할 수 있지만, '모든 사람은 합리적이다.'와 같은 문장은 술어논리로 번역할 수 없다. 그것은 '동수'는 개체명사인데 반하여 '모든 사람'은 개체명사가 아닌 집합 표현이기 때문이다. 이와 같은 집합 표현을 다루기 위해서 도입한 것이 양화 기호quantifier이다. 양화 기호의 도입은 명제논리나 술어논리의 언어체계로는 해결할 수 없는 문제점들을 풀 수 있는 계기를 마련했다. 양화논리 quantificational logic는 양화 기호를 사용하여 문장의 의미를 분석하는 논리 언어 체계이다.

수량의 개념을 가진 낱말이나 어구를 양화사quantifier라고 한다. 국어의 양화 사에는 '모두, 전부, 다, 모든, 많은, 각각, 몇몇, 다소, 약간, 소수, 조금, 어떤, 적은' 등의 명사, 관형사, 부사, 형용사와, '하나, 둘, 셋, 열, 백, 한, 두, 세, 한두, 서너, 예닐곱 …' 등의 수사 또는 수관형사가 있다166). 이러한 양화사는 논리학에서 두 가지의 양화 표현으로 실현된다. 하나는, 'all 모든'의 의미를 가진 양화사를 포함하는 문장은 전칭양화사universal quantifier ∀에 결속되는 개체변항 x를 포함하는 논리형식으로 나타낸다. 다른 하나는, 'some' 어떤의 의미로 해석 될 수 있는 양화사를 가진 문장은 존재양화사existential quantifier ∃에 결속되는 개체변항 x를 포함하는 논리형식으로 나타낸다. 다음 (30)은 전칭 양화표현의 예이고, (31)은 존재 양화표현의 예이다.

(30) ㄱ. All men are rational.
ㄴ. $(\forall x)$ [$(x$ is a man$)$ ∧ $(x$ is rational$)$]

(31) ㄱ. Some men are brave.
ㄴ. $(\exists x)$ [$(x$ is a man$)$ ∧ $(x$ is brave$)$]

전칭양화사 $\forall x$는 '모든 x에 대하여', 또는 '어떤 x라도'라고 풀이되고, 존재 양화사 $\exists x$는 '어떤 x에 대하여', 또는 '…한 x가 적어도 하나는 있다'라고 풀이된다. 그리고 이때의 x는 개체변항으로서 담화 영역 안에 있는 모든 개체 와 대상을 가리킨다. (30ㄴ)을 풀이하면, '모든 x에 대하여, x가 사람이고, x는 합리적이다.' 또는 '어떤 x라도, x가 사람이고, x는 합리적이다.'라고 할 수 있다. 마찬가지로 (31ㄴ)도 '어떤 x에 대하여, x가 사람이고, x는 용감하다.'

또는 'x가 사람이고 x가 용감한 그런 x가 적어도 하나는 있다.'라고 풀이된다.
그리고 (30ㄴ)과 (31ㄴ)을 논리형식으로 번역하면 다음의 (32), (33)과 같다.

(32) $\forall x(M(x) \land R(x))$

(33) $\exists x(M(x) \land B(x))$

다음 (34), (35)는, 양화사가 포함된 자연언어의 표현을 양화논리의 언어로
기호화하고, 그것을 다시 해석한 것이다.

(34) ㄱ. 모든 개는 충직하다
    ㄴ. $\forall x(G(x) \land C(x))$
    ㄷ. 모든 x에 대하여, x는 개이고 x는 충직하다.

(35) ㄱ. 몇 대의 비행기가 날아간다.
    ㄴ. $\exists x(B(x) \land N(x))$
    ㄷ. x가 비행기이고 x가 날아가는 그런 x가 적어도 하나는 있다.

한 문장에 양화사가 둘 이상 나타날 수 있는데, 이때의 작용역scope은 왼쪽에
서 오른쪽으로 순차적으로 적용된다. 적형식 $\forall x \exists y L(x,y)$가 있다고 가정하고,
양화사의 작용역을 [ ]으로 표시하면 $\forall x[\exists y[L(x,y)]]$가 된다. 곧 $\forall x$의 작용역
에 $\exists y L(x,y)$가 들어 있고, $\exists y$의 작용역에 $L(x,y)$가 들어 있다. 이것을 수형도로
나타내면 다음 (36)과 같다

(36)

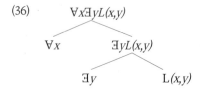

그런데 다음 (37)은 (38)과 같이 두 가지 해석이 가능하다.

(37) 모든 사람이 누군가를 사랑한다.

(38) ㄱ. $\forall x \exists y S(x,y)$
  ㄴ. $\exists y \forall x S(x,y)$

(38ㄱ)은 모든 사람이 사랑하는 사람이 적어도 하나는 있다는 뜻으로, 사랑 받는 사람이 같을 수도 있고 각각 다를 수도 있다. (38ㄴ)은 어떤 특정한 사람 이 모든 사람으로부터 사랑을 받는다는 뜻이다. 이것을 그림으로 나타내면 다음과 같다.

(39) ㄱ. $\forall x \exists y S(x,y)$ ㄴ. $\exists y \forall x S(x,y)$

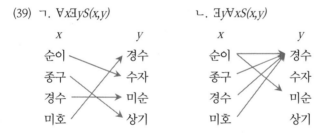

(38ㄱ)은 (39ㄱ)의 상황뿐만 아니라 (39ㄴ)의 상황에서도 참이 된다. 그것은 담화 영역 안에 있는 모든 사람이 적어도 한 명 이상의 사랑하는 사람이 있음 을 뜻하기 때문이다. 그러나 (38ㄴ)은 (39ㄴ)의 상황에서만 참이 된다. 그것은 몇몇 사람에 대해서만 모든 사람이 사랑한다는 뜻이기 때문이다. 따라서 (38 ㄱ)과 (38ㄴ)은 진리조건이 다르기 때문에 동의문이 아니다. 다음 (40)도 (41) 과 같은 두 가지 해석이 가능하다.

(40) 모두 오지 않았다.

(41)　ㄱ. $\forall x {\sim} O(x)$

　　　ㄴ. ${\sim}\forall x O(x)$

(41ㄱ)은 아무도 오지 않았다는 의미의 전체 부정이고, (41ㄴ)은 모두가 온 것은 아니다는 의미의 부분 부정이다.

(37), (40)과 같은 중의성을 영향권 중의성 또는 작용역 중의성이라고 부른다. 그것은 중의성이 양화사나 부정과 같은 논리 기호가 적용되는 영역의 차이에서 오기 때문이다. 이 점에 대해서는 (36)과 그 위의 설명을 다시 보면 알 수 있을 것이다.

양화논리가 명제논리나 술어논리의 부족한 부분을 채워주고 있지만 양화논리가 자연언어의 분석에 보다 많은 기여를 하려면 더욱 풍부한 논리체계를 개발하여야 할 것이다. 현재로서는 양극단인 전칭 *all*과 존재 *one*만을 다루고 있지만 그 사이에 있는 양화표현, 예를 들어서 '대부분, 약간, 조금'과 같은 양화사도 다룰 수 있는 논리체계가 필요하다.

제4부

화
용
론

———

제14장 화용론의 성격

제15장 직시

제16장 발화행위

제17장 함축

제14장 화용론의 성격

1. 화용론의 특성과 역사적 배경

1.1. 화용론의 특성

언어는 어떠한 상황에서 어떻게 쓰이냐에 따라서 여러 가지 의미로 해석될 수 있다. 예를 들어, '방이 덥다.'라는 문장이 문자적 용법대로 쓰일 수도 있고, 장면에 따라서 '창문을 열어 달라.' 또는 '다른 방으로 옮기자.'와 같이 비문자적 용법으로 쓰일 수도 있다. 곧 우리가 사용하는 언어표현은 그것이 쓰인 발화 장면이나 상황과 같은 언어외적 특성에 의해서 그 의미가 다양하게 나타날 수 있다. 이와 같이 언어표현과 발화 맥락과의 관계 속에서 발화 사용의 원리와 의미를 연구하는 언어학의 한 분야를 화용론話用論 pragmatics[167])이라 한다.

의미론에서는 '방이 덥다.'라는 언어표현을 하나의 명제로서 진위 판단이 가능한 문장으로 간주한다. 만일 이 명제가 현실 세계에 부합하면 참이라고 판단할 것이며, 따라서 이 말을 들은 사람은 '그래, 방이 덥구나.' 하고 대답할 것이다. 그러나 이 말을 듣고 '창문을 열까?' 하고 대응하는 사람이 있다면 그는 화용론적 해석을 하고 있다. 이와 같이 우리가 사용하는 언어표현은 의미론적 해석 못지않게 화용론적 해석이 요구되는 경우가 많이 있다. 일반적으로 의미론은 언어표현의 진리조건적 측면을 다루는데 반하여 화용론은 비진리조건적 측면을 다룬다고 할 수 있다.

1.2. 화용론의 역사적 배경

언어학에 화용론이 등장하게 된 역사적 배경에 대해서 간략하게 살펴보자. 화용론은 언어철학에 그 기반을 두고 있으며, 화용론이란 용어 또한 철학자 모리스C. Morris(1938)의 기호학적 분류에서 처음 사용되었다. 모리스(1938: 6)는 기호학semiotics의 연구 영역을 다음과 같이 세 분야로 구별한다.

(1) (ㄱ) 통사론: 기호와 기호 사이의 형식적 관계에 대한 연구
    (ㄴ) 의미론: 기호와 기호가 지시하는 대상과의 관계에 대한 연구
    (ㄷ) 화용론: 기호와 해석자 사이의 관계에 대한 연구

위의 (ㄷ)에서, 모리스가 말하는 '해석자'는 오늘날 흔히 사용하는 용어인 '언어 사용자'로 바꿀 수 있다. 모리스는 그 동안 전혀 염두에 두지 않았던 언어 사용자를 언어 연구의 중요한 요소로 등장시키면서, 화용론을 언어기호와 언어 사용자 사이의 관계를 연구하는 학문이라고 정의한 것이다.

화용론이란 학문 분야가 모리스(1938)에 의해서 첫 선을 보인 이후, 화용론은 관심 영역의 범위에 따라서 두 가지 다른 의미로 사용되었다. 그 중 하나는, 모리스가 사용하는 것으로 넓은 의미의 화용론이다. 이 경우에는 화용론을 심리언어학, 사회언어학, 정신병리학 등을 포함하는 데서 시작하여, 오늘날에는 문학 화용론, 범문화적 화용론으로 더욱 그 영역을 넓혀가고 있다. 다른 하나는 화용론을 좁은 의미로 사용하는 것인데, 초기의 대표적인 사람이 철학

자이며 논리학자인 카르납이다. 카르납(1942)에서는 화용론을 언어 사용자의
언어 해석에 대한 연구라고 규정하면서, 화용론의 연구 범위를 언어 사용자를
언급할 필요가 있는 언어표현으로 제한하였다. 이러한 경향은 분석철학의 화
용론 연구에서 더욱 두드러졌다. 바-힐렐Y. Bar-Hillel(1954)에서는 화용론을 맥락
에 따라서 진리치가 변하는 '나, 지금'과 같은 직시 표현의 논리적 연구로 제한
하고, 몬태규(1968)에서는 직시 표현을 모형이론의 구조 속에서 형식화하는
문제로서 주목하였다.

화용론에 대한 보다 본격적인 연구는, 일상 언어를 사용의 측면에서 연구하
기 시작한 언어철학자들에 의해서 비롯되었다. 1955년 이후 미국 하버드 대학
교의 윌리엄 제임스 강좌The William James Lecture에서 오스틴J. L. Austin을 필두로
시작한 일련의 강연과 연구가 오스틴(1962), 설J. R. Searle(1969), 그라이스H. P.
Grice(1975) 등으로 이어지면서 화용론의 연구 영역이 점차 확장되었다.

다른 한편으로, 언어 사용자 중심의 화용론적 견해가 1960년대 후반 미국의
생성의미론자들에 의해서 수용되었다. 생성의미론의 입장에서 볼 때, 의미 해
석 이론에서 대립적 관계에 있는 촘스키(1965)의 표준이론을 공격하는 데에
사용자 중심의 의미 이론은 더할 수 없이 좋은 방법의 하나였다. 이와 동시에
언어학자들은 언어 사용자의 입장에서 문제를 해결하려고 하는 언어철학자들
의 시도에 커다란 관심을 보임으로써 한 동안 이 문제에 관해서만은 언어학과
철학이 공통적인 의견을 가지게 되었다. 이즈음에 언어학에서 이루어진 연구
결과는 카츠(1966, 1972), 로스J. Ross(1970), 필모어(1971), 카투넌L. Karttunen(1971), 스
톨네이커(1974), 세이덕J. M. Sadock(1974), 개즈더(1979), 리치(1983) 등이 있다. 그리
고 이러한 연구의 결과가 레빈슨(1983)에 의해서 체계화되고 널리 전파됨으로
써 화용론의 시대가 활짝 열렸다.

1980년대 이후 30년 동안 혼L. Horn와 레빈슨의 신-그라이스neo-Gricean의 함
축 이론, 스퍼버와 윌슨D. Sperber & D.Wilson(1984)의 적합성 이론 등이 등장하면
서 화용론 연구의 외연과 깊이가 더욱 확장되었다.

2. 화용론의 정의와 의미론과의 관계

2.1. 화용론의 정의

화용론이 지향하는 학문의 목적에 따라서 화용론에 대한 정의는 매우 다양하게 기술되고 있다. 그러나 여기서는 화용론에 대한 설득력 있는 설명을 담고 있으면서 비교적 최근에 출판된 저술을 중심으로 살펴보고자 한다. 이에 따라 화용론의 정의를 소개하면 다음 (2)와 같다.

> (2) 화용론의 정의
> (ㄱ) 화용론은 언어 이해에 대한 설명의 바탕이 되는 맥락과 언어 사이의 관계에 대한 연구이다(레빈슨S. C. Levinson 1983: 21).
> (ㄴ) 화용론은 언어 형식과 그것의 사용자와의 관계를 연구하는 학문이다(율G. Yule 1996: 4).
> (ㄷ) 화용론은 사회적 조건에 의해 결정되는 인간의 의사소통에서 언어 사용에 대해 연구한다(메이J. L. Mey 2001: 6).
> (ㄹ) 화용론은 언어의 사용에 의한 의미의 체계적 연구이다(황Y. Huang 2011: 2).

위의 정의들을 보면 진술에서 다소의 차이가 있지만 내면적으로는 언어 사용의 측면을 강조한다는 점에서 동일하다. 다만 '언어 사용'이란 용어에 대한 해석들이 화용론자들마다 다를 뿐만 아니라, 사용자의 역할에 포함되는 요소들이 학자마다 상이하기 때문에 구체적인 사항에서 조금씩 다르게 설명되고 있다. 그러나 화용론에 대한 가장 보편적인 정의로, 언어표현과 맥락과의 관계 속에서 언어 사용의 원리와 의미를 연구하는 언어학의 한 분야라고 하는 데에는 대부분 동의한다. 그리고 연구의 주요 주제로는 직시, 전제, 발화행위, 함축 등을 제시한다.

2.2. 의미론과 화용론

화용론을 의미론과의 관계 속에서 설명하는 경우가 적지 않다. 그것은 의미론과 화용론이 언어를 통한 의미의 해석과 전달에 관여한다는 점에서 공통성을 가지고 있으면서 상호보완적 관계에 있기 때문이다.

카르납(1942)에서는 화용론과 의미론을 다음 (3)과 같이 구별하여 설명한다 (사이드 2016: 15).

(3) 청자와 화자의 관계 속에서 기술되는 의미 = 화용론
    언어 사용자를 배제하고 추출된 의미   = 의미론

카르납은 화용론이 화자와 청자 곧 언어 사용자와의 관계 속에서 의미를 연구하는 데 반하여, 의미론은 언어 사용자가 전혀 개입하지 않은 상태에서 의미를 연구하는 것이라고 말한다.

개즈더(1979: 2)에서도, 의미론은 진리조건의 진술이라는 전제 아래 화용론을 다음 (4)와 같이 설명한다.

(4) 화용론 = 의미 - 진리조건

다시 말하면, 화용론은 의미에서 진리조건을 제외시킨 것PRAGMATICS = MEANING - TRUTH CONDITIONS이라고 설명한다. 결국 화용론은 의미론에서 파악되지 않는 의미의 모든 측면을 연구한다고 보고 있다.

화용론을 의미론과의 관련 속에서 설명하는 가운데서 두 영역의 경계를 분명히 하는 일은 쉽지 않다. 의미론과 화용론은 모두 의미 있게 사용할 수 있는 화자의 능력을 설명하고자 한다. 그러나 의미론은 의미 있는 발화를 하고 다른 사람이 발화한 문장의 의미를 이해할 수 있는 지식을 이론화하는 것이 목적인 반면에, 화용론은 특정 담화 상황에서 의미를 도출해 낼 수 있는 능력

에 초점을 맞추어 이론을 구축하려고 한다. 이것은 화자가 지시하는 바가 무엇인지 알아내고, 신정보를 구정보에 연결하고, 발화된 것의 의미를 화자와 담화의 배경 지식으로부터 찾아내고, 화자가 당연한 것으로 받아들여 말하지 않는 부분을 청자가 유추해 내는 지식 등을 포함한다. 이러한 것은 거의 전적으로 맥락에 의존하여 이해되는 국면들이다. 그러나 이러한 차별성을 가지고도 의미론과 화용론의 경계를 긋는 것은 어려운 일이며, 많은 학자들이 이 두 학문 영역의 경계에 대하여 의견의 일치를 가지지 못하고 있다(이익환 2000: 23-4).

화용론과 의미론이 각자 독자적 학문 영역을 가지고 있는 데도 불구하고 경계를 분명하게 하는 일이 쉽지 않은 만큼, 두 학문 분야의 언어학상의 위치를 설정하는 것도 간단하지 않은 문제이다. 의미론과 화용론의 관계를 정립하는 데는 다음 [그림 1]과 같은 세 가지 관점이 있다(리치 1983: 6).

[그림 1] 의미론과 화용론의 상호 관계

의미주의semanticism는 의미론 안에 화용론이 있다고 보는 것으로 로스와 라이온스가 대표적인 학자이다. 이에 반하여, 화용주의pragmaticism는 화용론 안에 의미론이 있다고 보는 것으로 설이 대표적인 학자라고 할 수 있다.[168] 상보주의complementarism는 의미론과 화용론이 상호보완적인 성격을 가지고 있으며, 만일 그렇지 않다면 상호 독립적인 연구 분야로 간주한다는 견해인데, 리치는 이러한 관점을 취하고 있다.[169] 그리고 레빈슨(1983: 27)도 상보성을 강조하는 입장에서 화용론의 영역을 명확히 하고자 한다. 레빈슨은 화용론의 상위 경계에 의미론을, 하위 경계에 사회언어학과 심리언어학을 설정하고 있다.

다른 한편으로, 화용론을 문법과 관련 지어 살펴보면, 화용론은 촘스키(1965)에서 말한 언어수행linguistic performance, 즉 언어 사용자 개개인이 자신의 언어를 사용하는 방식이라고 생각할 수 있다. 이와 같은 구체적인 언어 사용은 언어 사용자의 추상적인 언어능력linguistic competence, 곧 자신의 언어와 규칙들에 대한 지식과 정면으로 대립된다. 이러한 견해에 대해서 카츠(1977: 19)에서는 '문법이란 문장 유형의 구조에 관한 이론이고, 화용론은 화자와 청자의 사유 과정을 설명하는 이론이다.'라고 정리하고 있다. 스톨네이커(1972: 383)에서는 통사론, 의미론, 화용론의 연구 대상을 '통사론은 문장을, 의미론은 명제를, 화용론은 언어 행위와 그 행위가 수행되는 맥락을 연구한다.'라고 정의한다.

3. 화용론의 연구 영역

3.1. 화용론의 연구 범위

이제까지 우리는 화용론의 학문적 성격에 대해서 논의하였다. 그리고 화용론을 언어형식과 발화 장면과의 관계 속에서 발화 사용의 원리와 의미를 연구하는 학문으로 규정하였다. 그러면 구체적으로 화용론에서 연구하는 영역은 어떠한 것인가? 화용론의 연구 영역은 다음과 같이 크게 네 가지를 들 수 있다(율 1996: 3).

첫째, 화용론은 화자 의미speaker meaning에 대해서 연구한다. 단어와 문장은 특정 장면과 관계없이 그 자체로서의 의미를 가지며 이 의미가 어떤 시점에서 화자가 전하고자 하는 특별한 의미, 곧 화자 의미로 사용된다. 이런 점에서 의미론은 문장 의미와 관련이 있고 화용론은 화자 의미와 관련이 있다.

둘째, 화용론은 맥락 의미contextual meaning에 대해서 연구한다. 언어표현이 특정 맥락에서 의미하는 것과 그 맥락이 발화에 영향을 미치는 방법에 대해서 화용론은 관심을 갖는다. 바꾸어 말하면, 화자는 자신이 말하고자 하는 대상, 시간과 장소, 상황에 맞추어서 발화를 조직하고 사용하는데, 화용론은 이와 같은 맥락과 관련되는 의미를 연구한다.

셋째, 화용론은 말해진 것보다 더 많은 것을 의사소통하는 방법에 대해서 연구한다. 언어에 의해서 전달되는 것은 말해진 것과 직접 말하지는 않았지만 말해진 것에 얹혀서 암시되는 것이 있다. 화용론은 말하지 않은 것이 의사소통의 한 부분으로서 어떻게 인식되는지에 대해서 관심을 갖는다. 이것은 보이지는 않으나 분명히 존재하는 의미에 대한 연구라고 할 수 있다.

넷째, 화용론은 상대적 거리의 표현에 대해서 연구한다. 화자는 자신이 표현하는 세계 속의 대상에 대하여 물리적으로 혹은 심리적으로 원근을 헤아려서 말을 한다. 그렇기 때문에 화자의 발화 속에는 근거리 또는 원거리 표현이 들어 있는데, 화용론은 이러한 표현을 생성하는 기제에 대해서 연구한다.

이상에서 우리는 화용론에서 관심을 두는 연구 영역을 원론적인 입장에서 설명하였다. 그러면 화용론에서 연구 주제로 삼고 있는, 보다 구체적인 연구 대상을 무엇인가? 화용론은 연구 대상을 아직 명확하게 한정하여 체계화하지 못하고 있다. 그것은 화용론 연구의 역사가 짧기 때문이기도 하지만 화용론이라는 학문이 언어외적 요소와 관련이 있다는 본질적인 특성에서 기인한다. 이러한 까닭에 화용론의 연구 방향이 학자에 따라서 조금씩 다를 수 있다. '나, 너, 그'라든지, '이것, 그것, 저것' 또는 '여기, 저기' 등과 같은 직시 표현들이 장면에 따라 의미를 달리 하는 것에 주목하여 직시 표현이 포함된 문장을 화용론 연구의 중심으로 삼는가 하면, 일상 언어에서 행하는 발화행위 중심으로 이론을 전개하여 그것을 화용론의 주된 연구 대상으로 삼기도 한다. 그런가 하면 철학에서 관심을 두고 있는 전제와 같은 개념이 언어학에 영향을 주면서 그것의 화용론적 측면에 대한 연구도 이제 화용론의 중요한 연구 주제가 되었다. 또한 직접 표현되지는 않았지만 청자의 추론으로 의미를 파악할 수 있는 함축에 대한 연구는 대화 협력 및 공손성의 원리와 함께 연구의 깊이를 더하고 있다. 이밖에도 담화분석과 대화의 책략 등이 연구 대상으로 자리 잡으면서 현재 화용론 연구의 외연이 더욱 확장되고 있다.

3.2. 쓰레기통 속의 화용론

화용론은 '언어학의 쓰레기통'이라는 말을 종종 들어왔다. 쓰레기통이란 더 이상 필요하지 않는 것을 버리는 곳이라는 부정적인 의미를 가지고 있다. 언어학에서 무가치하거나 무의미하다고 생각되어 쓰레기통에 버려진 것들을 화용론이 다시 끄집어내고 있다는 것이다.

언어학에서 쓰레기통이라는 말은, 이스라엘의 논리학자이자 언어학자인 바-힐렐(1971)이 '의미론은 통사론의 쓰레기통'이라고 했던 데서 처음 등장했다. 이 말은 1960년대 전후 촘스키의 문법체계에 대한 변호에서 비롯되었다. 촘스키(1957)의 유명한 예문 'Colorless green ideas sleep furiously.'무색의 녹색 생각들이 맹렬하게 잠잔다를 다시 검토해 보자. 촘스키의 주장으로, 이 문장이 통사적 관점에서는 완전한 문장이지만 내용에서는 난센스non-sense이다. 그것은 문장 구성 성분의 의미들이 서로를 취소하고 있기 때문에 실제로는 아무것도 말하고 있지 않는 무의미한 것이기 때문이다. 통사론자들은 이와 같이 정도에서 벗어난, 쓸데없는 문장들에 대해서 의미론자들이 고민해 줄 것을 기대했다. 그래서 의미론을 통사론의 쓰레기통이라고 부르게 되었다.

1950년대의 철학에서도 버려진 쓰레기에 대해서 특별히 고민할 필요가 없었는데, 한참 후에 자신들이 버린 쓰레기와 그것의 처리 문제가 골칫거리로 떠오르게 되었다. 이러한 문제는 다른 인문학에도 영향을 주었으며, 언어학자들도 무엇이 쓰레기통에 버려졌는지, 그리고 버려졌을 때 그 이유가 무엇이었는지에 대해서 관심을 갖기 시작했다. 몇 년 뒤에는 심지어 촘스키조차도 쓰레기 처리 문제를 들고 나섰다. 예컨대, 문장들 가운데는 문법적으로 완전한데도 의미가 통하지 않는 것이 있다는 사실을 명시적으로 보여주려고 노력한 것이 그것이다. 그 결과로 얻은 것이 선택자질selectional feature이라는 개념인데, 단어에는 선택자질이라는 어떤 특질을 부여받을 수 있어서 이것이 다른 단어와 공기할 수 있는가를 결정해 준다는 것이다.

언어학 특히 통사론이나 의미론에서 쓰레기통 속으로 버려졌던 것들이 다시 화용론이라는 이름으로 부활하고 있다. 실제로 언어학자가 해석하지 못했거나 방치했던 것들이 지금은 화용론에서 주요 주제로 다루어지고 있다. '함축'이라는 이름으로 잘 알려진 문제를 생각해 보면, 말해진 것이 아니면서 의사소통에 참여하는 의미에 대해서 언어학자가 인식을 하였을지라도 그것을 언어학의 중심 무대로 끌어들이지는 못했다. 그러나 함축은 화용론이라는 이름과 함께 현재 언어학에 진입하여 당당한 모습으로 자리매김하고 있다.

1. 직시의 규정

1.1. 직시의 개념

우리가 사용하는 언어표현 가운데는 그것이 사용되는 장면에 따라서 지시하는 바가 달라지는 것이 있다.

    (1) ㄱ. 내가 너를 얼마나 기다렸는지 알아?
          ㄴ. 사장님은 내일 귀국하십니다.

(1ㄱ)에서 '나'와 '너'는 이 말을 하는 사람(화자)과 듣는 사람(청자)을 가리킨다. 그렇기 때문에 이 말을 누가 하고 누가 듣느냐에 따라서 가리키는 사람이 달라진다. 영호가 수자에게 한 말이라면 '나'는 영호를 가리키고 '너'는 수자를 가리킬 것이며, 영수가 주희한테 한 말이라면 '나'는 영수를, '너'는 주희를 가리킨다. (1ㄴ)에서도 화자가 이 문장을 언제 발화하느냐에 따라서 '내일'이 가리키는 날짜가 달라진다. 이와 같이 장면에 따라서 지시 대상이 달라지는데 그것은 화자가 말을 하면서 지시 대상을 직접 가리키기 때문이다. 이처럼 우리

가 사용하는 언어표현 가운데는 화자가 말을 하면서 어떤 대상을 직접 지시하는 일이 있는데 이것을 직시直示 deixis[170]라고 한다. 곧 직시는 발화의 맥락을 이루는 요소를 화자가 말로서 직접 가리키는 문법적 기능이다.

1.2. 직시 표현

영호가 수자를 어제(12월 25일) 12시에 명동 성당 앞에서 기다리는 상황을 가정하고, 이 상황을 표현하는 다음 (2ㄱ)과 (2ㄴ)의 두 발화를 비교해 보자.

(2) ㄱ. 영호가 수자를 12월 25일 12시에 명동 성당 앞에서 기다렸다.
　　ㄴ. 나는 너를 어제 12시에 이 성당 앞에서 기다렸다.

(2ㄱ)은 누가 한 말이고 (2ㄴ)은 누가 한 말인가? (2ㄱ)은 영호도 수자도 아닌 제3자가 한 말이고, (2ㄴ)는 영호가 수자한테 한 말이다. 만일 수자가 같은 상황을 영호한테 말한다면 '너는 나를 어제 12시에 이 성당 앞에서 기다렸다.'고 할 것이다. (2ㄱ)은 발화와 관련된 요소들이 문장에 명시적으로 나타나 있다. 그런데 (2ㄴ)은 발화의 맥락을 이루는 요소들을 지시하기 위하여 '나, 너, 어제, 이 (성당)' 등이 쓰였다. 이와 같이 직시의 목적을 달성하기 위해서 사용하는 언어형식을 직시 표현deictic expression[171]이라 한다. 이에 반하여, (2ㄱ)의 '영호, 수자, 12월 25일, 명동 성당'과 같이 발화 맥락과 관계없이 어떤 사물을 지시하는 표현을 비직시 표현non-deictic expression이라고 한다.

2. 직시의 중심

2.1. 직시의 기준점

화자가 어떤 대상을 가리킬 때 중심이 되는 기준점이 필요한데, 이것을 직시의 중심deictic center이라고 한다. 가장 일반적인 직시 표현의 예를 통해서 직시의 중심에 대하여 알아보기로 하자.

> (3) ㄱ. 내가 찾는 사람은 이분이 아닙니다.
> ㄴ. 조용히 얘기를 나누기에는 저곳이 좋겠어요.
> ㄷ. 어제 고향에 다녀왔습니다.

(3ㄱ)의 '나, 이분'은 맥락 속에서 특정의 사람을 가리키는데, 곧 '나'는 화자 자신을 지시하고 '이분'은 화자 가까이 있는 제3자를 지시한다. (3ㄴ)의 '저곳'은 맥락 속의 특정한 공간인데 화자로부터 떨어진 장소이다. (3ㄷ)의 '어제'는 화자가 발화한 시점으로부터 하루 전날의 시간을 지시한다. (3ㄱ~ㄷ)은 일상적인 언어생활 속에서 쉽게 접할 수 있는 직시 표현으로 각각 사람, 장소, 시간을 지시하고 있다. 그런데 위의 직시 표현을 보면 모두 그 중심에 화자가 자리 잡고 있음을 알 수 있다. 다시 말하면, 화자가 중심이 되어서 지시 대상을 직접 가리킨다.

직시 표현이 화자 중심으로 이루어진다는 것을 처음 지적한 사람은 독일의 언어철학자이며 심리학자인 뷜러K. Bühler(1934)인데, 그는 '직시의 장'의 한 가운데에는 직시의 '근원'origin으로서 'I - here - now'의 세 단어가 있으며, 이 세 단어가 직시의 중심을 이룬다고 말한다. 이것은 직시의 기본적 표현인 인칭, 장소, 시간에서 '나 - 여기 - 지금'이 중심임을 지적하고 있는 것이다. 곧, '나'는 화자 자신을 가리키고, '여기'는 화자가 있는 장소를 가리키며, '지금'은 화자가 발화하는 현재의 시간을 가리킨다. 라이온스(1977: 638)에서도 직시는 자기중심적egocentric 방법으로 조직화되었다고 말하고 있으며, 레빈슨(1983: 63-4)에서는 직시의 중심을 구성하고 연결하는 지점을 다음 (4)와 같이 다섯 가지로 전형화하고 있다.

(4) ㄱ. 중심 인물: 화자
　　ㄴ. 중심 시간: 화자의 발화 시간
　　ㄷ. 중심 장소: 발화 시간(또는 기호화 시간)의 화자 위치
　　ㄹ. 담화 중심: 화자 자신이 발화할 때 존재하는 지점
　　ㅁ. 사회 중심: 청자 또는 제3자와 관련된 화자의 상대적 신분이나 지위

위의 다섯 가지 유형을 보면, 앞에서 언급한 '사람, 시간, 장소'에 '담화, 사회'를 더한 것으로 이것은 뒤에서 설명할 직시의 유형과 직접적인 관련이 있다. 곧 직시를 유형별로 제시하면 이와 같이 다섯 가지를 나열할 수 있는데, 이 다섯 가지 유형의 직시가 모두 화자 중심으로 이루어져 있음을 말해준다. 결국 직시의 중심은 발화 당사자인 화자 자신과 화자의 시간, 공간, 존재 지점, 사회적 지위 등으로 구성되어 있다.

2.2. 직시의 투사

직시의 중심이 화자에 있지만 화자가 직시의 중심을 다른 곳으로 이동하여 말하기도 한다. 화자와 청자는 같은 장소에서 같은 시간에 대화하는 것이 일반적인데, 경우에 따라서는 국제 장거리 전화와 같이 화자와 청자가 떨어져서 대화를 나누기도 한다. 이와 같이 화자와 청자의 공간과 시간이 일치하지 않을 때에는 화자가 자기 중심으로 말할 수도 있고 반대로 청자 중심으로 말할 수도 있다. 예를 들어서, 화자가 처한 시간이 아침이면 화자의 관점에서 '*Good morning!*'이라고 말할 수도 있지만 청자가 처한 시간이 밤이면 화자가 청자의 관점에서 '*Good night!*'이라고 말할 수 있다. 이와 같이 화자가 직시의 중심을

다른 곳으로 이동하여 그곳에 화자 자신이 위치한 것처럼 말하는 것을 직시의 투사deictic projection라고 한다.172) 직시의 투사에 대한 예를 더 들어보자.

(5) ㄱ. (전화 음성 녹음에서) 지금은 외출 중입니다.
　　ㄴ. (집 밖에서 아버지가 아들에게) 엄마 집에 오셨니?

(5ㄱ)은 화자가 녹음하는 시각을 청자가 녹음을 듣는 시각으로 이동하여 말하고 있다. 곧 청자의 시간에 화자 자신을 투사했다. (5ㄴ)에서 자신의 아내를 '엄마'라고 한 것은 아들의 입장에서 말한 것이고, '오다'라는 말과 주체존대의 '-시-'를 사용한 높임표현도 아들의 입장에서 말하고 있다. 모두 청자인 아들에 화자 자신을 투사하였다.

3. 직시 표현의 용법

직시 표현의 용법은 그것이 사용될 때 어떤 동작 곧 몸짓gesture을 수반하는 것과 몸짓 없이도 맥락 속에서 지시 내용을 파악할 수 있는 것으로 구분하는데, 전자를 몸짓 용법gestural usage이라 하고 후자를 상징 용법symbolic usage이라 한다(필모어 1997: 62-3, 레빈슨 1983: 64-8).

3.1. 몸짓 용법

직시 표현만으로는 지시 대상이 분명하게 드러나지 않을 때에 사람들은 직시 표현과 함께 손짓이나 몸동작 또는 얼굴 표정 등으로 지시 대상을 가리킨다. 이와 같이 어떤 동작을 수반하면서 사용되는 직시 표현을 몸짓 용법이라고 한다.

선생님이 여러 학생 가운데서 청소 일을 도와줄 학생 몇 명을 지명하려고 할 때 다음 (6)과 같이 말한다.

(6) 너, 너, 너는 선생님과 함께 교실 청소를 하자.

(6)의 발화만으로는 여러 학생 가운데서 구체적으로 누구를 말하는지 알 수 없다. 그렇기 때문에 화자는 특정의 지시 대상을 가리키기 위하여 손동작과 같은 보조수단을 사용하게 된다.

(7) ㄱ. 이것$_i$은 짝퉁이고, 이것$_j$이 진짜 명품 시계입니다.
ㄴ. 저 사람은 주인이 아니라 관리인입니다.
ㄷ. 그것$_i$ 말고 그것$_i$ 옆에 있는 그것$_j$, 그렇지, 그것$_j$을 가지고 오너라.

(7ㄱ)에서 직시 표현 '이것$_i$, 이것$_j$'은 각각 가리키는 대상이 다르며, 그것들은 하나하나 손동작과 같은 보조수단의 도움을 받음으로써 지시 대상이 분명해진다. (7ㄴ)의 직시 표현 '저 (사람)'은 손동작의 도움을 받을 수도 있고, 그런 동작이 그 사람에 대한 예의가 아니라고 생각되면 조심스럽게 얼굴 표정이나 눈신호 정도를 사용할 수도 있다. (7ㄷ)에서는 두 가지 사물을 각각 '그것$_i$'과 '그것$_j$'이 지시하는데, 마찬가지로 보조 수단을 사용하여 구별하게 된다. 특히 (7ㄷ)에서의 '그것'은 청자의 동작을 이용하여 화자가 대상을 지시하기도 한다.

어떤 언어 표현 가운데는 몸짓이 동반되어야만 사용이 가능한 것이 있는데, 예컨대 불어의 'voici 여기는 반드시 무엇을 제시하는 동작과 함께 쓰인다. 영어의 'cheers!'나 한국어의 '건배!', '위하여!' 등도 건배의 동작과 함께 사용한다. 이처럼 몸짓을 사용함으로써 지시 대상을 분명하게 하는 직시 표현의 용법을 몸짓 용법이라고 한다.

3.2. 상징 용법

몸짓 없이 맥락 속의 지시 대상을 파악할 수 있는 직시 표현의 용법을 상징 용법이라고 한다. 몸짓 없이 직시 표현에 대한 해석이 가능한 것은, 발화 장소와 시간, 대화 참여자의 위치와 사회적 신분 등 맥락의 매개변수에 대한 지식을 화자와 청자가 공유하고 있기 때문이다.

   (8) 너는 뭐라고 대답했어?

(8)에서 직시 표현 '너'는 화자의 말상대를 가리키기 때문에 몸짓 없이 사용할 수 있다. 다음 (9)도 상징 용법의 예인데, 직시 표현의 해석은 맥락에 대한 화자와 청자의 공유 지식에 의해서 가능하다.

   (9) ㄱ. 이 미술관에서 다음 주에 만납시다.
        ㄴ. 거기가 우리가 갈 곳입니까?

(9ㄱ)에서, '이 (미술관), 다음 주'와 같은 직시 표현을 해석하기 위해서는 화자가 말하는 발화 장소와 시간에 대한 지식을 청자가 알고 있어야 한다. (9ㄴ)도 청자가 '거기'가 지시하는 공간과 '우리'의 범위 안에 있는 사람에 대한 지식을 가지고 있을 때 해석이 가능하다. 이처럼 직시 표현의 해석을 위해서 그것이 사용되는 맥락에 대한 지식을 청자가 가지고 있어야 하는데, 이러한 배경 지식에 의지한 용법을 상징 용법이라고 한다.[173)]

4. '이·그·저'에 의한 직시 표현

4.1. '이·그·저'의 직시 체계

직시 표현으로 사용되는 '이·그·저' 계열의 어휘들은 체계적이면서 생산적으로 사용되는데, 어휘목록을 보면 다음 (10), (11)과 같다.

(10) ㄱ. 이, 그, 저 / 요, 고, 조,
ㄴ. 이런, 그런, 저런 / 요런, 고런, 조런

(11) ㄱ. 이이, 그이, 저이, 이분, 그분, 저분 …
ㄴ. 이것, 그것, 저것
ㄷ. 이때, 그때, 저때, 이제, ('그제), 저제, 이번, ('그번), ('저번)
ㄹ. 이곳, 그곳, 저곳, 이쪽, 그쪽, 저쪽
ㅁ. 여기, 거기, 저기, 이리, 그리, 저리

(10ㄱㄴ)은 지시관형사인데 '이 옷, 이런 책'처럼 발화 현장에서 그 대상을 직접 가리킨다. '요, 고, 조'는 '이 녀석'을 '요 녀석'이라고 하는 것처럼 낮잡거나 귀엽게 말할 때 쓰인다. (11ㄱ~ㅁ)은 지시관형사 '이·그·저'와 명사의 합성으로 이루어진 합성어들이다. 여기에 열거하지 않았지만 '요것, 고것, 조것'처럼 '요·고·조' 계열의 어휘도 많다. '이·그·저' 계열의 어휘가 체계적 구성을 이루고 있지만 (11ㄷ)의 '그제, '그번, '저번'처럼 빈자리도 있다. 그리고 '저제'는 독자적으로 쓰이지 못하고 '이제저제하다, 이제나저제나'처럼 복합형식으로 쓰이기 때문에 직시적 용법으로는 사용되지 않는다.

직시 기능을 보면 '이' 계열은 화자 가까이 있는 것을 가리키고, '그' 계열은 청자 가까이 있는 것을 가리킨다. 그리고 '저' 계열은 화자와 청자로부터 떨어져 있는 것을 가리킨다.

(12) ㄱ. 이 아이가 제 둘째 녀석입니다.
　　 ㄴ. 자네 앞에 있는 그 사진은 누구인가?
　　 ㄷ. 저 방으로 가서 얘기합시다.

(12ㄱ)의 '이 (아이)'는 화자 가까운 곳에 있는 사람을 지시하고, (12ㄴ)의 '그 (사진)'은 청자 가까운 곳에 있는 사물을 지시한다. (12ㄷ)의 '저 (방)'은 화자와 청자 곧 양자로부터 떨어진 장소를 지시하는데, '저' 계열은 지시 대상이 화자의 시야 안에 있어야 한다. '저 차가 팀장님 차인가요?'에서 '저'가 지시하는 '차'는 화자의 눈에 보이는 곳에 있다.

4.2. 2원 체계와 3원 체계

직시 표현으로서 '이, 그, 저'는 화자와 청자, 제삼자의 구성인 3원 체계로 되어 있다. 그러나 영어를 위시한 많은 언어들은 화자를 중심으로 근거리와 원거리를 나타내는 2원 체계로 되어 있다. 영어에서 *this / that, here / there, now / then*은 각각 사물, 장소, 시간을 지시하는데, 앞의 것은 화자와 가까운 것을 가리키고, 뒤의 것은 화자로부터 떨어진 것을 가리키는 2원 체계이다.

3원 체계로 된 언어는 한국어 이외에도 일본어, 터키어, 스페인어, 라틴어 등이 있다. 2원 체계와 3원 체계 모두 근거리 단어가 화자 가까운 것을 표시한다는 점에서 다를 바가 없다. 두 체계의 다른 점은 3원 체계가 원거리 단어를 더 세분하여 중간 단계의 단어를 가지고 있다는 것이다. 중간 단계의 단어를 보면 언어에 따라서 사람 지향적 언어person-oriented language와 거리 지향적 언어distance-oriented language로 구별할 수 있다. 사람 지향적 언어는 한국어처럼 청자의 위치 정보가 개입된 것으로 중간 단계의 단어가 청자 가까운 것을 가리킨다. 다음 (13)은 일본어의 예이다.

(13) この[kono]: 화자 가까운 것을 가리킴

その[sono]: 청자 가까운 것을 가리킴

あの[ano]: 화자와 청자로부터 떨어진 것을 가리킴

반면에 거리 지향적 언어는 화자와의 거리를 나타내는 것으로 다음 (14)와 같이 스페인어의 예를 보면 알 수 있다.[174]

(14) 화자 화자 가까이   화자로부터 멀리   화자로부터 가장 멀리

      este   *ese*   *aquel*

그리고 라틴어는 거리 중심의 3원 체계인데 특이한 것은 단어에 긍정적 의미 또는 부정적 의미가 포함되어 있다는 점이다. 구체적으로 라틴어 지시 대명사 *hic*은 화자 가까운 것을, *ille*는 청자 가까운 것을, *iste*는 화자와 청자로부터 모두 떨어진 것을 가리키면서, 동시에 *ille*는 '유명한, 우수한, 중요한' 등 긍정적인 뜻으로, *iste*는 '보잘것없는, 미미한' 등 부정적인 뜻으로 쓰인다 (메이 2001: 57-8).

언어에 따라서는 2원 체계나 3원 체계가 아닌 더 복잡한 직시 체계를 가진 언어가 있다. 서아프리카의 나이지리아, 가나 등에서 주로 사용하는 하우사어 Hausa는 위치를 가리키는 지시 부사로 *nân*화자 가까이 있는, *nan*청자 가까이 있는, *cân* 양자로부터 떨어져 있는, *can*양자로부터 더 떨어져 있는의 4가지 종류를 가지고 있다(사이드 2016: 192).[175] 베트남의 스레어Sre도 4가지 공간 직시 표현이 있는 것으로 알려져 있다. 마다카스카르의 말라가시어Malagasy는 다음 (15)와 같이 더 복잡한 공간 구조를 가지고 있다.

(15) 화자에 가까운   화자로부터 점점 멀어지는

  ity   *io*   *itsy*   *iny*   *iroa*   *iry*

드문 예이기는 하지만 이보다 더 복잡한 구조를 가진 언어도 있는 것으로 조사되었다(앤더슨과 키난S. R. Anderson & E. Keenan 1985: 294, 사이드 2016: 191).

4.3. 나 먼저 원리

다음은 직시 표현이 겹쳐서 복합어를 이룰 때 그 배열 순서에 대해서 살펴보자. 직시 표현이 화자를 중심으로 하는 자기중심적 방법으로 조직화되어 있다는 것은 앞의 2절에서 살펴본 바 있다. 그런데 연속으로 쓰이는 병렬구조의 직시 표현에서도 화자 중심으로 이루어진다. 이러한 현상을 '나 먼저 원리'Me-First Principle(쿠퍼와 로스W. E. Cooper & J. R. Ross 1975: 65) 또는 '자아중심 원리'ego-centric Principle(라이온스 1977: 638)라고 한다. '나 먼저 원리'는 인간의 심리 상태를 반영하는 것으로 화자는 자신으로부터 가까운 것을 먼저 말하고 먼 것은 나중에 말한다는 것이다. 일본어, 러시아어 등 몇몇 언어를 제외한 대부분의 언어가 이러한 배열 순서를 지키고 있다는 점에서 '나 먼저 원리'는 어느 정도 보편성을 지닌 언어 현상이라고 할 수 있다. 영어에서 사물을 가리킬 때 *this and that*이라고 하여 화자 가까운 것을 먼저 말하는데, 이것을 *that and this*라고 말하지는 않는다. 불어도 *ceci celà(*celà ceci)*라 하고 독일어도 *dies und dass(*dass und dies)*라고 하는데, 모두 화자 가까운 것을 먼저 말하고 있다. 영어의 예를 몇 개 더 들면 다음 (16)과 같은 것들이 있다.

> (16) here and there(*there and here), now and then(*then and now), sooner and later(*later and sooner), home and abroad(*abroad and home), to and fro(*fro and to)

'나 먼저 원리'는 국어에서도 대체로 잘 지켜지고 있는데, 예컨대 '이것저것, 여기저기'라고는 말하지만 *'저것이것, *저기여기'라고 말하지는 않는다. 이와 같이 화자 가까운 것을 먼저 말하는 것은 두말할 것 없지만, 3원 체계인 한국어에서는 '그럭저럭'처럼 화자 근칭이 빠진 표현에서는 청자 가까운 것을 먼저 말한다. '이'는 화자 근칭, '그'는 청자 근칭, '저'는 원칭으로, '근칭-원칭'의 심리 상태가 반영된 결과이다.

(17) ㄱ. 이것저것, 여기저기, 이리저리, 이런저런, 이럭저럭, 이만저만, 이모저모, 이러쿵저러쿵, 이제나저제나, 이쪽저쪽, 요리조리, 차일피일 此日彼日 / 그나저나, 그럭저럭, 그만저만, 그리저리
ㄴ. 엊그제, 오늘내일, 내일모레, 금명간今明間, 조만간早晚間
ㄷ. 나남, 자타自他, 안팎, 국내외, 남북남북적십자회담, 한미한미정상회담

이러한 병렬 구조는 속담과 같은 관용표현에서도 찾아볼 수 있다.

(18) ㄱ. 이 설움 저 설움 해도 배고픈 설움이 제일.
ㄴ. 이 방 저 방 해도 서방이 제일.
ㄷ. 이 장 떡이 큰가 저 장 떡이 큰가?

이와 같이 화자는 자기 중심적으로 언어 표현을 조직한다.[176]

5. 직시의 유형

직시의 중심에 화자가 있고, 직시의 구성도 화자 중심으로 이루어진다는 점은 앞에서 충분히 설명하였다. 특히 앞의 (4)에서는 직시의 구성을 화자 중심의 다섯 가지 요소로 유형화할 수 있음을 언급한 바 있는데, 결국 이 다섯 가지 요소가 직시의 유형으로 설정된다. 다시 말하면, 직시의 유형은 (가) 인칭 직시, (나) 시간 직시, (다) 장소 직시, (라) 담화 직시, (마) 사회 직시의 다섯 가지 유형으로 분류한다.

5.1. 인칭 직시

5.1.1. 인칭 직시 표현

인칭 직시person deixis는 대화 참여자들의 역할을 기호화하여 화자가 그 대상을 직접 지시한다. 1인칭은 화자 자신에 대한 지시를 기호화하고, 2인칭은 청자에 대한 화자의 지시를 기호화하고, 3인칭은 화자나 청자가 아닌 제3자를 지시 대상으로 기호화한다. 인칭 직시는 일반적으로 인칭대명사에 의해서 실현되는데, 비교적 자주 쓰이는 인칭대명사를 나열하면 다음 (19)~(21)과 같다.

> (19) ㄱ. 나, 저
> ㄴ. 우리, 저희

> (20) ㄱ. 너, 자네, 그대, 자기, 당신
> ㄴ. 너희, 여러분

> (21) ㄱ. 이이, 이분, 이놈, 이자-者, 이년, 얘(이 아이)
> ㄴ. 그, 그녀, 그이, 그분, 그놈, 그자-者, 그년, 걔(그 아이)
> ㄷ. 저이, 저분, 저놈, 저자-者, 저년, 쟤(저 아이)

(19ㄱㄴ)은 1인칭 대명사의 단수형과 복수형이고, (20ㄱㄴ)도 2인칭 대명사의 단수형과 복수형이다. 3인칭 대명사인 (21ㄱ~ㄷ)을 보면, '그'만 단일어이고 모두 '이·그·저' 계열의 파생어 또는 합성어이다.[177]

다음 (22)는 '나, 자네, 우리' 등의 1인칭·2인칭 대명사가 직시적 용법으로 사용된 예이다.

> (22) ㄱ. 나는 오늘 가려고 하는데 자네 생각은 어떤가?
> ㄴ. 우리는 이 일에 대해서 잘 모릅니다.

다음 (23)은 3인칭 대명사 '이분, 쟤'가 직시적 용법으로 사용된 예이다.

(23) ㄱ. 이분이 우리 회사 사장님이십니다.
ㄴ. 쟤가 왜 왔지?

(23ㄱ)의 '이분'은 화자가 자신과 가까이 있는 사람을 가리키고, (23ㄴ)의 '쟤'는 화자와 청자로부터 떨어진 곳에 있는 제3자를 가리킨다.
그런데 3인칭 대명사는 직시적 용법보다 조응적 용법으로 쓰이는 경우가 더 많다.

(24) ㄱ. 어제 김 선생님을 뵈었는데, 그분은 여전히 정정하시더군요.
ㄴ. 저기 영호가 왔네. 그런데 쟤가 왜 왔지?

(24ㄱㄴ)의 '그분'과 '쟤'는 앞에서 언급한 '김 선생님'과 '영호'의 대용으로 쓰였다. 이처럼 3인칭 대명사는 앞의 문장이나 맥락에 있는 사람을 대신하는 데 사용되는 경우가 많다.
다음 (25ㄱㄴ)의 '저'와 '자기'도 3인칭 대명사인데, 이들은 항상 앞의 체언을 다시 가리킨다.

(25) ㄱ. 점쟁이 저 죽는 날 모른다.
ㄴ. 창수는 자기가 잘난 줄 안다.

(25ㄱㄴ)의 '저'와 '자기'는 '점쟁이'와 '창수'를 가리키는 재귀대명사인데, 이처럼 재귀대명사는 직시적 용법으로 사용되는 일이 없다.
인칭 직시 표현에는 화자가 대화 참여자들을 낮추거나 높여서 말하는 기능이 있다. 예컨대 1인칭 '저 / 저희'는 화자가 자신 또는 자신의 무리를 낮추어 공손하게 말할 때 쓰인다. 2인칭 '자네'는 하게체로 대우해야 할 상대에게 쓰이고, '그대'는 '너'보다 조금 더 높일 상대에게 쓰이나 주로 시 작품이나 편지에서 사용된다. '자기'는 연인이나 부부 사이에서 상대방을 정답게 이를 때 쓰인다. '당신'은 쓰임이 다양해서 상대를 높이거나 친밀하게 말할 때에도 쓰이고, 상대를 낮잡아 말할 때에도 쓰인다.178) 3인칭에서도 예사말인 '이이 : 그이 : 저이'의 공대말로 '이분 : 그분 : 저분'이 쓰이고, 낮잡아 가리킬 때는 '이놈 : 그놈 : 저놈' 등이 쓰인다. 이러한 쓰임을 보면, 인칭 직시 표현은 본래의 인칭 직시 기능과 함께 대화참여자들의 사회적 관계를 드러내는 사회 직시 기능도 가지고 있음을 알 수 있다.

5.1.2. 포함한 '우리'와 배제한 '우리'

1인칭 복수 표현인 '우리'는 맥락에 따라서 청자를 포함하는 경우도 있고 청자를 포함하지 않는 경우도 있다.

   (26) ㄱ. 오랜만이구나. <u>우리</u>가 언제 보고 이제 만나지?
        ㄴ. <u>우리</u>는 너와 생각이 달라.

(26ㄱ)의 '우리'는 청자를 포함하고, (26ㄴ)의 '우리'는 청자를 포함하지 않았다. 청자를 포함한 '우리'를 '포함한 우리'inclusive-we라고 하고, 청자를 포함하지 않는 '우리'를 '배제한 우리'exclusive-we라고 한다.179)

그런데 '우리'의 낮춤말인 '저희'는 청자를 포함하지 않을 때에만 사용할 수 있다.

   (27) ㄱ. 당신이 원치 않으시면 이 일은 {우리 / 저희}끼리 하겠습니다.
        ㄴ. {우리 / *저희} 모두 경건한 마음으로 호국영령에게 묵념을 올립시다.

(27ㄱ)에서는 청자가 포함되지 않기 때문에 '저희'가 쓰일 수 있는데 반하여, (27ㄴ)에서는 청자를 포함하기 때문에 '저희'가 쓰이지 못한다. '저희'는 화자가 청자에게 자신을 낮출 때 쓰는 말인데, 이러한 낮춤말에 청자를 포함하는 것은 어법에 어긋나기 때문이다.

1인칭 복수를 나타내는 '우리'가 단수의 뜻으로 쓰이는 경우가 있다. '우리 집, 우리 식구, 우리 아버지, 우리 학교, 우리나라' 등이 그러한 예인데, 이것은 '우리'의 수식을 받는 말이 가족이나 구성원들의 공유 대상이기 때문에 '나' 대신에 '우리'가 선택되었다고 할 수 있다. 그러다 보니 '우리 아내'라는 표현도 쓰게 되는데, '아내'를 공유한다는 것은 민망한 말인데도 관습적으로 그렇게 쓰고 있는 실정이다. 이러한 현상은 2인칭 복수 표현인 '너희'에서도 마찬가지이다. '너희 집, 너희 식구, 너희 아버지, 너희 학교, 너희 나라' 등을 보면 앞의 '우리'처럼 단수의 뜻으로 사용되고 있다.

한국어의 수 표현은 '단수-복수'의 이분 체계인데, 복수에서 수효에 대한 구체적 정보가 없다. 다시 말하면, '우리, 저희, 여러분, 당신네, 그들'과 같은 복수 표현은 지시 대상이 두 명인지 세 명인지 또는 그 이상인지를 알 수 없다. 그런데 세계의 여러 언어들을 보면 다양한 복수 표현이 존재한다. 아랍어는 단수 대명사와 두 사람을 나타내는 양수 대명사, 그 이상을 나타내는 복수 대명사가 따로 있으며, 여기에 남성을 나타내는 단어와 여성을 나타내는 단어가 별도로 있다. 영어에서 복수 표현 '*we, you, they*'가 구체적 수효나 성별에 대한 정보가 없는 것과 비교하면 그 차이점을 이해할 수 있을 것이다. 피지어는 수의 체계로 '단수-양수-3수-복수(4수 이상)'의 네 종류가 있으며, 여기에다가 3수와 복수에는 화자를 포함하는 대명사와 화자를 배제하는 대명사를 따로 두고 있다(앤더슨과 키난 1985, 이성범 2002: 156 참조).[180]

5.1.3. 중심 청자와 주변 청자

화자의 대화 상대인 청자는 맥락 속에서 두 가지 유형의 청자로 구분할 수 있다. 하나는, 화자가 자신의 메시지를 전달하기 위해 의도한 사람이고, 다른 하나는, 그 사람과 함께 있는, 의도하지 않은 다른 사람이다. 교수가 영호에게 '자네, 오후에 내 연구실로 오게.'라고 말할 때 영호는 화자가 의도한 청자이다. 그러나 그 자리에 영호 외에 다른 학생도 있었다면 다른 학생은 화자가 의도한 청자가 아니다. 이때 영호처럼 화자가 의도한 청자를 '중심 청자'addressee라 하고, 영호가 아닌 다른 청자, 곧 화자가 의도하지 않은 청자를 '주변 청자'overhearer라고 한다. 일반적으로 중심 청자의 역할이 더 중요하기 때문에 우리가 보통 '청자'라고 말할 때 그것은 '중심 청자'를 가리킨다.

그런데 중심 청자 못지않게 주변 청자의 역할이 부각되는 경우가 적지 않다. 예를 들면, 남편에게서 생일 선물로 신제품 핸드폰을 받고 싶은 아내가 남편 가까이 있는 딸에게 다음 (28)과 같이 말할 수 있다.

(28) 엄마는 생일 선물로 핸드폰을 받고 싶어.

(28)은 딸에게 하는 발화이지만 속뜻은 남편이 듣기를 바라면서 하는 말이다. 곧 화자의 발화 의도가 중심 청자인 딸보다는 주변 청자인 남편에게 있다. 다른 예를 하나 더 들어보자. 다음 (29)는 아직 말을 하지 못하는 어린아이와 엄마, 그리고 이웃집 아저씨가 나누는 대화이다.

(29) 아저씨: (아이에게) 몇 살이냐?
　　　엄마니: (아이에게) '세 살이에요.' 하고 대답해야지.

이 장면을 보면, 아저씨가 아이한테, 또 엄마가 아이한테 말을 하고 있지만 사실은 아이를 사이에 두고, 아저씨가 엄마에게, 엄마가 아저씨에게 말을 하는 것이다. 두 사람은 아이를 중심 청자로 내세우고 있지만 실제로는 주변 청자에게 말을 하고 있다.

5.2. 시간 직시

5.2.1. 시간 직시 표현

시간 직시time deixis는 화자가 사건이 일어난 시간을 기호화하여 그 시간을 직접 지시하는 것을 말한다. 시간 직시 표현은 어휘목록을 일일이 열거할 수 없을 정도로 매우 다양하다.

> (30) ㄱ. 지금, 시방, 방금(금방), 아까, 이따가, 요즈음, 요사이, 어제, 오늘,
> 내일, 모레, 올해, 금년, 작년, 내년 …
> ㄴ. 하루 전, 나흘 후, 이번 주, 지난 주, 다음 주, 이번 달, 다음 달,
> 내주 금요일, 지난 달 셋째 주, 금년 마지막 달, 내년 둘째 달 …
> ㄷ. 이때, 그때, 이제, 이번, 이 다음 / 그 다음 …
> ㄹ. -는, -었-, -었었-, -겠-, -더-

가장 기본적인 시간 직시 표현은 (30ㄱ)과 같은 시간을 직접 가리키는 부사 / 명사이다. (30ㄴ)은 일·요일·주·월·년 등 달력의 시간 개념어에 시간적 위치를 한정해 주는 '전, 후', '지난, 이번, 다음' 등이 결합된 표현인데 이러한 단어의 조합에 의해서 쓰이는 직시 표현은 셀 수 없이 많다. (30ㄷ)은 '이·그·저+명사'에 의한 시간 직시 표현이다. 시간 직시에는 차례를 가리키는 표현도 포함되는데 (30ㄷ)에 제시된 것과 같이 '번'番, '다음'과 같은 명사의 결합으로 실현된다. 또한 시제 표현에는 시간 직시의 기능이 있는데, (30ㄹ)은 시제 표현을 나타내는 시제 선어말어미이다.

5.2.2. 발화시와 수신시

시간 직시를 이해하기 위해서 두 가지 시점을 구별할 필요가 있는데, 하나는
화자의 발화시coding time이고 다른 하나는 청자의 수신시receiving time이다. 발화
시는 화자가 발화 또는 발신하는 시간을 말하고, 수신시는 청자가 청취 또는
수신하는 시간을 말한다. 다시 말하면, 발화시는 음성 발화뿐만 아니라 메시지
를 입력하는 시간을 포함하고, 수신시는 청자의 음성 청취는 물론 메시지를
접하는 시간을 포함한다. 발화시와 수신시가 같은 것을 '직시의 동시성'181)이
라 한다.

일반적인 발화는 화자의 발화시와 청자의 수신시가 동일한데 이처럼 직시
의 동시성을 갖는 발화를 표준 발화라고 말한다. 그러나 실제 발화를 보면
그렇지 않은 경우가 적지 않다.

> (31) ㄱ. 한 시간 후에 돌아오겠습니다.
>   ㄴ. 내일 오전까지 제출하세요.

(31ㄱㄴ)에서, 화자와 청자가 직접 대화할 때에는 '한 시간 후'와 '내일'이
지시하는 바를 알 수 있다. 그러나 이것이 메모 형식으로 안내판에 붙여진
것이라면 화자의 발화시를 알 수 없기 때문에 '한 시간 후'와 '내일'이 지시하
는 시간을 알지 못한다. 즉 직접 대화는 발화시와 수신시가 일치하지만, 문자
는 발화시와 수신시가 일치하지 않을 수 있다. 후자의 경우에는 다음 (32)처럼
비직시 표현을 사용함으로써 혼란을 해소할 수 있다.

> (32) ㄱ. 3시에 돌아오겠습니다.
>   ㄴ. 5월 3일(화) 오전까지 제출하세요.

이와 같이 발화시와 수신시가 일치하지 않는 경우를 우리는 일상 언어생활

에서 흔히 경험할 수 있다.

   (33) 우리 음식점은 내일 점심 식사를 무료로 드립니다.

   (33)은 어떤 음식점 출입문에 걸린 안내문인데, 이 안내문을 보고 다음 날 그 음식점을 찾아갔다고 가정해 보자. 손님은 어제 본 안내문을 내세우면서 공짜 식사를 달라고 하고, 음식점 주인은 오늘의 안내문을 말하면서 내일 식사가 무료라고 말하지 않을까? 음식점에 이 안내문을 계속 붙여놓으면 인심이 후한 음식점 주인이 매일 공짜 점심을 제공하는 것이지만 사실은 그런 일이 단 하루도 없을 것이다. 사람들은 언제나 공짜 음식을 먹을 수 있는 하루 전날에 있기 때문이다. 우리에게 내일은 결코 오지 않는다(율 1996: 14).
   동일한 사건이라도 직시의 중심이 어디에 있느냐에 따라서 다음 (34)와 같이 시제표현이 달라진다.

   (34) ㄱ. 나는 뉴욕으로 가는 비행기 안에서 이 편지를 쓴다.
       ㄴ. 나는 뉴욕으로 가는 비행기 안에서 이 편지를 썼다.

   (34ㄱ)은 직시의 중심이 화자의 발화시에 있기 때문에 현재시제를 사용하였고, (34ㄴ)은 직시의 중심이 청자의 수신시에 있기 때문에 과거시제를 사용하였다. 곧 (34ㄴ)은 직시의 중심을 화자의 발화시에서 청자의 수신시로 이동하여 투사한 것이다.

5.2.3. 시간 직시 표현의 모호성

   시간 부사 / 명사는 시간상의 한 지점 곧 '시각'時刻을 지시하기도 하고, 어떤 시각에서 다른 시각까지의 사이 곧 '시간'時間을 지시하기도 한다. 화자의 발화

시점時點을 지시하는 '지금'을 살펴보자.

> (35) ㄱ. 나는 지금 학교에 있다.
> ㄴ. 나는 지금 학교에 간다.

(35ㄱ)의 '지금'은 발화 시점(시각)을 지시하고, (35ㄴ)의 '지금'은 발화 시점을 지시할 수도 있고 발화 시점을 포함한 앞뒤의 일정 시간을 지시할 수도 있다. '창호가 지금 밀린 과제를 하고 있다.'에서의 '지금'도 두 가지 해석이 가능한데, 하나는 발화 시점을, 다른 하나는 발화 시점을 포함한 시간을 지시한다.[182)]

'오늘'의 기본의미는 '발화 시점을 포함하는 하루'이다. 그러나 의미가 포괄적이어서 맥락에 따라 의미를 달리하는 경우가 많다.

> (36) ㄱ. 최종 합격자는 오늘 발표한다.
> ㄴ. 약속대로 오늘 영화를 보았다.
> ㄷ. 오늘은 공휴일이다.

(36ㄱ)의 '오늘'은 하루 중에서 최종 합격자를 발표하는 어떤 시각을 지시하고, (36ㄴ)의 '오늘'은 하루 중에서 영화 상영과 관련된 일정 시간을 지시하고, (36ㄷ)의 '오늘'은 하루의 전체 시간을 지시한다. 이와 같이 시간 부사 / 명사는 의미가 모호하고 맥락 의존적 성격이 강하다.

다음으로 '오늘, 어제, 내일' 등 하루 구간의 전후 날짜를 가리키는 직시 표현에 대해서 살펴보자. 하루 구간의 직시 표현은 '오늘'을 중심으로 양방향으로 어휘화되는데 언어마다 체계가 다르다. 예를 들면, 영어는 '오늘'을 중심으로 양방향으로 오직 하루만 어휘화된 'yesterday – today – tomorrow'의 세 어휘 체계이다. 중국어는 양방향으로 이틀이 어휘화되었고, 일본어는 양방향으로 사흘이 어휘화되었다. 한국어는 다음 (37)에서 보듯이 양방향으로 사흘과 나흘이 어휘화되었다.

(37) 그끄제-그제-어제-오늘-내일-모레-글피-그글피

한국어는 날짜 시간어가 모두 여덟 개로 수효가 많은 언어에 속한다. 그리고 양방향 분포 양상을 보면 영어, 중국어, 일본어 등은 대칭적인데 한국어는 비대칭적이다.[183)

5.2.4. 시제표현의 직시 기능

시제표현은 화자의 발화 시점을 기준으로 사건이 일어나는 앞뒤의 시간을 가리키는 직시 기능을 가지고 있다

(38) 창수가 집으로 왔다 / 온다 / 오겠다.

(38)은 서술어의 시제표현을 통해서 창수가 집에 오는 시간이 각각 과거, 현재, 미래임을 알 수 있다. 이와 같이 시제표현은 발화시를 기준으로 사건이 일어나는 시간 즉 사건시를 직접 지시하며, '-는-, -었-, -겠-' 등의 시제 선어말어미가 그 기능을 담당한다.

그런데 시제 선어말어미와 그것이 지시하는 사건시가 일치하지 않는 경우가 있다.

(39) ㄱ. 나는 내일 서울 간다.
      ㄴ. 이 일을 엄마가 알면 나는 죽었다.
      ㄷ. 지금 한창 술판이 벌어졌겠다.

(39ㄱ)은 현재 선어말어미 '-ㄴ-'이 쓰였지만 현재가 아닌 미래 사건이며,

(39ㄴ)은 과거를 나타내는 '-었-'에 미래의 사건이, (39ㄷ)은 미래를 나타내는 '-겠-'에 현재 사건이 결합되었다.

또한 시제표현 가운데는 다음 (40)과 같이 직시 기능이 나타나지 않는 경우도 있다.

> (40) ㄱ. 둘 더하기 셋은 다섯이다.
> ㄴ. 모든 사람은 언젠가 죽는다.
> ㄷ. 수은에 열을 가하면 팽창한다.

(40)은 개인에 의해서 그 내용이 바뀔 수 없는 일반 원리 또는 자연 법칙을 기술한 것으로, 시제는 현재이지만 현재 사건을 지시하는 직시 기능이 없다. (40ㄱ~ㄷ)을 과거 또는 미래 시제로 교체하면 부자연스러운 발화가 되는데, 그것은 이 발화들이 비직시적 성질을 가지고 있기 때문이다. (40ㄷ)을 다음 (41)과 같이 과거시제 표현으로 바꾸면 두 발화의 성격이 전혀 다름을 알 수 있다.

> (41) 수은에 열을 가하면 팽창했다.

(41)은 자연 법칙적 발화가 아닌 개인의 경험을 진술하고 있다. 그렇기 때문에 (41)의 과거시제에는 발화시 이전의 사건임을 가리키는 직시 기능이 있다.

5.3. 장소 직시

5.3.1. 장소 직시 표현

장소 직시place deixis는 발화와 관련된 사람이나 사물의 공간적 위치를 기호화하여 직접 지시한다. '내가 찾던 책이 여기 있다.'에서의 '여기'는 맥락 속의 지시 대상인 '책'이 화자 가까이 있음을 나타내는데, 이와 같이 화자가 지시 대상의 공간적 위치를 직접 지시하는 것을 장소 직시라고 한다. 장소 직시는 공간 직시space deixis라고 말하기도 한다. 장소 직시 표현의 예를 보면 다음 (42)와 같다.

> (42) ㄱ. 여기, 거기, 저기, 이곳, 그곳, 저곳
>   ㄴ. 이리, 그리, 저리, 이쪽, 그쪽, 저쪽
>   ㄷ. 오다, 가져오다, 데려오다 … / 가다, 가져가다, 데려가다 …
>   ㄹ. 오른쪽, 왼쪽, 앞, 뒤, 전, 후, 위, 아래 …

장소 직시 표현의 전형적 보기는 (42ㄱㄴ)과 같은 '이·그·저' 계열의 단어들이다. 또한 직시 기능을 가진 동사가 있는데 (42ㄷ)의 '오다 / 가다'류 동사가 이에 해당한다. 이 단어들은 사물의 이동과 함께 이동 방향을 지시하는 특성을 가지고 있다. (42ㄹ)의 명사들은 '창수 오른쪽, 신호등 앞, 책상 아래'와 같이 구체명사를 참조점으로 하여 지시 대상의 위치를 가리킨다.

다음 (43)의 '여기, 거기, 저기'는 '이·그·저'의 3원 체계에 의해서 공간의 위치를 직접 지시한다.

> (43) 영호: 여기는 땅이 고르지 않구나. 거기가 더 좋겠다.
>   창수: 여기도 마찬가진데. 저기는 어떨까?

다음 (44ㄱㄴ)의 '이곳'이 지시하는 공간에 대해서 살펴보자. 발화 장면에 따라 공간에 대한 해석이 다양할 수 있다.

> (44) ㄱ. 우주 정거장을 출발한 우주선은 3시간 후에 이곳으로 돌아옵니다.
>   ㄴ. 이곳을 자릅니다.

주지하는 바와 같이 '이곳'은 화자 가까운 공간을 지시하는데, (44ㄱ)의 '이 곳'은 발화 장면에 따라 우주계 행성의 하나인 지구, 지구상의 특정 지역, 지상의 우주 센터 등 다양한 해석이 가능하다. (44ㄴ)의 '이곳'은 수술실의 미세현미경을 통해서 보는 신체 부위를 지시할 수도 있다. 이처럼 공간은 범우주적 세계와 같이 넓을 수도 있고 미립자의 한 점처럼 좁을 수도 있는데, 모든 해석은 맥락에 의해서 결정된다.

5.3.2. 장소 직시 표현의 인칭 직시적 용법

장소 직시 표현으로 사람을 지시하는 일이 있는데, 이러한 쓰임은 '여기, 거기, 저기'와 '이쪽, 그쪽, 저쪽' 등에서 볼 수 있다.

> (45) ㄱ. 여기는 박영수라고 나하고 같은 회사에 근무하고, 저기는 김철수인
> 데 내 고향 친구야.
> ㄴ. 이쪽이 말할 차례인데 자꾸 그쪽이 끼어드네요.

(45ㄱ)의 '여기, 저기'는 장소 직시 표현이지만 '이 사람, 저 사람' 정도의 뜻으로 그곳에 위치하는 사람을 가리킨다. 이러한 표현은 보통 화자가 청자를 평대하거나 하대하는 관계에서 사용한다. 반대로 존대할 자리에는 '이분, 저분'과 같은 인칭 직시 표현을 써야 하는데, 이것을 보면 (45ㄱ)의 '여기, 저기'가 인칭 직시의 '이분, 저분'과 계열관계를 이룬다. (45ㄴ)의 '이쪽, 그쪽'도 '나, 너 / 당신' 정도의 의미로 쓰이는데, 정중한 표현은 아니다. 문밖에서 인기척이 날 때 '거기 누구요?'라고 말하기도 하고, 상대방을 잘 모르거나 호칭에 익숙하지 않을 때, '그쪽에서 먼저 하세요.'라고 말하기도 한다. 이것은 장소로서 사람을 지시하는 환유의 한 유형이라고 할 수 있다.

5.3.3. 직시 방향어

장소 직시 표현 가운데는 사물의 이동 방향을 지시하는 단어가 있다. 이런 특성을 가진 단어를 직시 방향어deitic directionals라고 부른다. 직시 방향어에는 두 가지 부류가 있는데, 하나는 이동체의 이동 방향을 지시하는 '이리, 그리, 저리' 등의 지시부사이고, 다른 하나는 동작 속에 방향 정보가 내포된 '오다 / 가다'류의 이동동사이다.

  (46) ㄱ. 창수가 {이리 / 그리 / 저리} 움직인다.
    ㄴ. 파리 한 마리가 이리 날고, 그리 날고, 저리 날고, 정신없이 난다.

  (46ㄱㄴ)의 '이리, 그리, 저리'는 이동동사 '움직이다', '날다'의 이동 방향을 직접 지시한다. '이리'는 이동체가 화자 가까운 공간으로 이동하는 것을 지시하고, '그리'는 청자 가까운 공간으로, '저리'는 양자로부터 떨어진 공간으로 이동하는 것을 지시한다.184)
  다음으로 '오다, 가다'를 보면, '오다, 가다'는 이동체의 이동 방향을 화자가 발화를 통해서 직접 지시한다. '오다, 가다'의 방향 직시 기능은 (46ㄱㄴ)의 '움직이다, 날다' 등의 이동동사가 '이리, 저리' 등 지시부사의 수식으로 방향을 지시하는 것과 구별된다.

  (47) ㄱ. 영호가 온다.
    ㄴ. 영호가 간다.

  '오다'는 이동체가 화자 가까운 곳으로 이동하는 것을 지시하고, '가다'는 화자로부터 떨어진 곳으로 이동하는 것을 지시한다. 이러한 '오다'와 '가다'의 이원 대립은 다음 (47ㄱ' ㄴ')에서 보듯이 '이리'와 '그리' 또는 '저리'와의 대응에서도 대립 관계를 보여준다.

(47) ㄱ'. 영호가 이리 온다.

ㄴ'. 영호가 {그리, 저리} 간다.

(47ㄱ' ㄴ')과 같이, '오다'는 화자 근칭인 '이리'와 호응할 때 자연스럽고, '가다'는 청자 근칭인 '그리' 또는 양자로부터 원칭인 '저리'와 호응할 때 자연스럽다.

5.3.4. '오다'의 표준 위치

'오다'와 '가다'는 화자 위치를 기준으로 이동의 방향을 지시하는 것이 일반적이다. 그런데 '오다'가 화자 위치가 아닌 청자 또는 수신자 위치로 이동할 때에 쓰이는 경우가 적지 않다.

(48) 창수가 당신을 {찾아가면, 찾아오면} 잘 타일러 주세요.

(48)의 맥락에서 '찾아가다'는 화자 중심의 표현이고 '찾아오다'는 청자 중심의 표현으로 모두 가능하다. '찾아오다'는 직시의 중심을 청자로 이동한 것인데, '오다'가 청자 중심으로 쓰이는 것은 상대방을 배려하는 언어적 관습 때문이라고 할 수 있다.

그런데 '오다'가 화자 또는 청자의 위치와 무관하게 쓰이기도 한다. 다음 (49)는 창수가 회사에 출근하지 않은 것을 어머니가 알고 나서 아버지에게 하는 발화라고 가정해 보자.

(49) 여보, 창수가 회사에 오지 않았나 봐요.

(49)의 맥락에서 화자 중심의 표현으로 '창수가 회사에 가지 않았나 봐요.'

라고 말하는 것이 물론 가능하지만, 여기서는 '오다'의 쓰임에 대해서만 살펴
보기로 하자. 창수의 이동 목적지인 회사는 화자나 청자의 위치와는 아무런
관련이 없다. 그런데도 (49)와 같은 표현이 가능한 것은 '오다'가 반드시 대화
참여자의 실제 위치에 기초해서 발화하지 않을 수 있음을 보여준다. 여기서
'오다'는 대화 참여자의 실제 위치가 아닌 대화 참여자가 생각하고 있는 규범
적 위치 곧 표준 위치home-base[185]를 기초로 한다. 회사원인 창수에게 회사가
표준 위치라고 생각하는 것은 대화 참여자 누구에게나 충분히 가능한 일이다.
따라서 (49)에서 '오다'는 이동체가 표준 위치인 회사를 향해서 이동하는 것을
나타낸다.

'오다'의 다른 예를 살펴보자. 어머니가 딸의 등교 여부를 알고 싶어서 담임
교사에게 전화로 다음 (50)과 같이 말했다고 하자.

(50) 영이가 학교에 왔습니까?

(50)에서 '오다'의 쓰임은 두 가지 다른 관점에서 해석할 수 있다. 하나는,
'학교'를 청자인 담임교사가 있는 위치로 간주하고 직시의 중심을 청자 중심으
로 이동한 것이다. 다른 하나는, '학교'를 영이가 이동 목표로 삼는 표준 위치로
생각하고 직시의 중심을 표준 위치로 이동한 것이다. 그런데 (50)과 같은 발화
는 담임교사가 학교가 아닌 다른 곳 예컨대 퇴근해서 집에 있을 때에도 사용할
수 있다. 따라서 (50)의 '오다'는 앞의 해석보다는 뒤의 해석, 즉 표준 위치를
중심으로 한 발화라고 보는 것이 설명력이 있을 것이다.

5.3.5. '오른쪽 / 왼쪽'의 직시 표현

'오른쪽, 왼쪽, 앞, 뒤' 등은 본래 특정 지점(참조점)을 기준으로 위치가 결정
되는 공간어인데, 발화 장면에 따라서는 화자의 위치에서 방향이 결정되는

직시 표현으로도 사용된다.

> (51) ㄱ. 저 빌딩 오른쪽에 조그마한 꽃집이 하나 있습니다.
> ㄴ. 느티나무 앞에 서 있는 사람은 누구냐?

(51ㄱ)은 두 가지 해석이 가능하다. 하나는, 빌딩을 기준으로 지시하는 비직시적 용법이고, 다른 하나는 화자의 발화 위치에서 지시하는 직시적 용법이다. 빌딩을 기준으로 삼는다는 것은 보통 빌딩의 앞면을 등진 상태에서 가리키는 방향이다. 따라서 이때의 '오른쪽' 또는 '왼쪽'은 화자의 발화 위치와는 무관하게 항상 고정되어 있으므로 비직시적 용법에 해당한다.186) (51ㄴ)의 '앞'도 마찬가지인데, 사람은 앞면과 뒷면의 구별이 있기 때문에 '앞'이 사람의 앞면을 말한다면 비직시적 용법으로 사용된 것이다. 그러나 사물의 앞면 또는 뒷면과 상관없이 화자의 발화 위치에서 가리키는 방향이라면 직시적 용법에 해당한다.

5.4. 담화 직시

5.4.1. 담화 직시 표현

담화 직시discourse deixis는 발화 속에 포함된 담화상의 어떤 부분에 대한 지시를 기호화한 것이다. '김 회장은 개인 재산의 일부를 사회에 환원하겠다고 말했다. 그러나 <u>그것</u>은 위기에 처할 때마다 하는 말잔치에 불과했다.'에서의 '그것'은 '개인 재산의 일부분을 사회에 환원하겠다.'는 선행 발화의 한 부분을 지시한다. 곧 '그것'은 발화 속에 포함된 것으로서 담화 연속체의 한 부분을 이루고 있는 언어적 표현을 가리키는데, 이와 같이 담화의 한 부분을 이루고 있는 언어적 표현에 대한 직시를 담화 직시라고 말한다.

담화 직시는 대체로 시간 직시나 장소 직시에 사용되는 직시 표현으로 실현되는데, 그것은 담화가 일련의 시간과 공간 속에서 전개되기 때문이다.

> (52) ㄱ. 앞에서 말한 대로 해주기만 한다면 우리는 더 바랄 것이 없습니다.
> ㄴ. 위에서 우리는 환경 파괴의 주요 원인에 대해서 살펴보았다.
> ㄷ. 다음 장은 발화행위에 대해서 설명하게 된다.
> ㄹ. 미처 언급하지 못한 내용은 아래 단락에서 다시 보충하여 설명할 것입니다.

(52ㄱ~ㄹ)의 '앞, 위, 다음, 아래'는 시간 직시와 장소 직시에 사용되는 직시 표현들인데, 여기서는 담화의 한 부분을 가리키는 담화 직시의 용법으로 사용되었다.

그리고 다른 유형의 직시와 마찬가지로 담화 직시에서도 '이·그·저'가 아주 다양하게 사용된다.

> (53) ㄱ. 이것은 내가 자신 있게 할 수 있는 말입니다.
> ㄴ. 주위가 소란스러워서 그 말을 듣지 못했다.
> ㄷ. 저렇게 큰소리로 말하고 나서 다른 말은 하지 않겠지?

(53ㄱ~ㄷ)을 보면, 화자 자신의 발화에는 근칭인 '이'를 사용하고, 다른 사람의 발화에는 원칭인 '그'와 '저'를 사용하였는데, 이것은 화자의 심리적 거리와 관련이 있다.

5.4.2. 선행 담화 직시와 후행 담화 직시

담화 직시는 그것이 가리키는 담화 부분이 직시 표현에 선행하는 발화일 수도 있고 후행하는 발화일 수도 있다.

(54) ㄱ. 인간은 생각하는 갈대다. 그것은 파스칼이 한 말이다.

ㄴ. 이것은 내가 자신 있게 하는 말입니다. 창수가 이번에는 합격합니다.

ㄷ. ('사람 살려주세요!'라는 외침을 듣고) 저렇게 소리쳐도 돌아보는 사람이 없구나.

(54ㄱ)의 '그것'은 선행 발화를 지시하고, (54ㄴ)의 '이것'은 후행 발화를 지시한다. (54ㄷ)의 '저렇게'는 방금 들은 '사람 살려주세요!'라는 선행 발화를 지시한다.

5.4.3. 담화 직시와 조응

담화 직시가 담화 연속체 속의 담화 부분을 지시하는데 반하여, 조응은 언어적 표현이 가리키는 것과 동일한 실체를 지시한다. 예컨대 '창수는 매일 새벽 우유를 배달한다. 그는 대단히 성실한 청년이다.'에서 대명사 '그'는 앞에 나오는 선행사 '창수'를 지시한다. 그런데 이때의 '그'는 '창수'라고 하는 담화 표현을 지시하는 것이 아니라 그것이 가리키는 지시 대상으로서의 '창수'를 지시한다. 따라서 '창수'와 '그'는 공지시적 관계에 있다. 조응에 대한 좀 더 자세한 설명은 뒤의 6절로 미루고, 여기서는 조응과 구별되는 담화 직시의 다른 모습을 살펴보자.

(55) A: 차림표에 설렁탕이라고 써 놓았더군.

B: 그래? 그것은 잘못 쓴 것이지?

(55B)의 '그것'은 지시물인 음식 자체를 지시하는 것이 아니라 (55A)의 '설렁탕'이라는 단어 곧 담화 표현을 지시한다. 따라서 '그것'은 조응적 표현이 아니라 직시적 표현이다.

그런데, 다음 (56B)의 '그것'은 담화 직시적이지도 않고 조응적이지도 않다.

(56) A: 나는 결코 그를 본 적이 없어.

   B: 그것은 거짓말이야.

(56B)의 '그것'이 담화 부분 곧 A의 발화 자체를 지시한다면 담화 직시 표현으로 쓰였다. 그러나 '그것'은 앞의 발화를 지시하는 것이 아니라 그 문장을 발화함으로써 생성되는 진술statement을 지시한다고 보아야 할 것이다. 그렇다면 담화에 대한 지시가 아니기 때문에 '그것'은 담화 직시적이라고 할 수 없다. (56B)의 '그것'이 A의 발화가 지시하는 동일체 곧 명제나 진리치를 지시하지 않는다면 마찬가지로 조응적이 아니다.187)

5.5. 사회 직시

5.5.1. 사회 직시와 높임법

사회 직시social deixis는 대화 참여자들의 사회적 신분이나 관계 또는 대화 참여자와 다른 지시 대상과의 사회적 관계를 언어 구조 속에 기호화한다. '제가 곧 찾아뵙겠습니다.'라는 발화 속에는 대화 참여자 곧 화자와 청자 사이의 사회적 관계가 문법화 되어 있다. 다시 설명하면, 화자가 자신을 가리키는 말로 '저'를 취하고 종결어미로 '하십시오체'를 사용함으로써 화자 자신보다 청자가 상위자임을 나타낸다. '김 선생님께서 다녀가셨다.'라는 문장에서는 화자가 대화 상대인 청자를 하대할 수 있는 관계에 있고, 문장 속의 다른 참여자인 '김 선생님'은 화자와 청자로부터 높임을 받는 대상임을 알 수 있다. 이와 같이 화자는 대화 참여자의 사회적 신분 또는 관계를 기호화하여 말할 수 있는데 이러한 직시를 사회 직시라고 한다. 위의 설명에서 이해할 수 있듯이 사회 직시는 인칭 직시와 대단히 밀접한 관계에 있다.188)

특히 한국어의 사회 직시는 높임법과 직접적인 관계에 있다. 화자가 문장의 주체를 높이는 주체높임법은 선어말어미 '-시-'에 의해서 실현되고, 이밖에도 주체를 높일 때에는 주격조사 '께서'와 접미사 '-님'을 사용하기도 한다. 화자가 청자를 높이거나 낮추는 상대높임법은 '하십시오체, 하오체, 하게체, 해라체' 또는 '해체, 해요체'의 종결어미 가운데 하나를 선택한다. 또한 화자는 '모시다, 드리다'와 같은 특수 어휘를 사용하여 주체나 객체를 높이기도 한다. 다음 (57)~(59)은 주체높임법, 상대높임법, 특수 어휘에 의한 높임법의 예로 든 것이다.

> (57) ㄱ. 아버지께서 저기 오신다.
> ㄴ. 창수가 저기 옵니다.

> (58) ㄱ. 영이가 집으로 돌아왔습니다 / 돌아왔소 / 돌아왔네 / 돌아왔다.
> ㄴ. 영이가 집으로 돌아왔어요 / 돌아왔어.

> (59) ㄱ. 할머니, 잘 주무셨어요?
> ㄴ. 영호는 어머니를 모시고 고향에 다녀왔다.

(57)~(59)에서 볼 수 있듯이 화자는 여러 가지 방법의 높임표현을 통해서 대화 참여자 사이의 사회적 관계를 지시한다.

또한 한국어에서는 화자가 겸양이나 존대를 나타내는 특수 어휘를 사용함으로써 다른 사람과의 사회적 관계를 나타낸다.

> (60) ㄱ. <u>졸고</u>를 읽어 주셔서 감사합니다.
> ㄴ. 요즘도 <u>약주</u>를 즐기십니까?

(60ㄱ)의 '졸고'는 자신의 '원고'를 낮추고, (60ㄴ)의 '약주'는 윗사람이 마시는 '술'을 높이는 표현이다. 이와 같이 자신을 낮추거나 남을 높임으로써 상대

편을 존대하게 된다. 이 점은 '저, 소생, 당신, 그분 … '과 같은 인칭 직시
표현에서도 마찬가지이다.

이상의 논의에서 짐작할 수 있듯이 사회 직시 표현의 범주에는 인칭대명
사, 높임법에 관련되는 문법형태소, 존대 또는 겸양을 나타내는 어휘 등이
포함된다.

5.5.2. 관계적 정보와 절대적 정보

사회 직시를 정보적 측면에서 살펴보면 관계적인 것과 절대적인 것으로
구별할 수 있다(레빈슨 1983: 90). 사회 직시의 관계적 정보는 화자와 청자와의
관계, 화자와 지시 대상과의 관계, 화자와 주변 배경과의 관계 등을 나타내는
정보이다.

(61) 형님, 아버님이 할머니께 용돈을 드리셨습니다.

(61)에는 다양한 사회적 정보가 들어있는데, 그 정보의 대부분이 관계적인
것이다. 화자와 청자(형)와의 관계, 화자와 주체(아버지)와의 관계, 화자와 객체
(할머니)와의 관계, 그리고 화자·청자·주체·객체 사이의 상호 관계 등이 그것
이다. 앞에서 언급한 여러 유형의 높임법은 대화 참여자와 주변인들 사이의
사회적 관계를 드러내고 있기 때문에 사회 직시의 정보가 관계적이다.

사회 직시의 절대적 정보는 어떤 지시 대상에 대해서 공적으로 주어진 정보
를 말한다. 예를 들어서 특정의 공인된 화자authorized speaker를 가리키는 대명사
가 있는데 '짐, 과인' 등이 그것이다. '짐'은 고대 중국에서 천자天子를 스스로
칭하는 말이고, '과인'은 조선시대에 왕이 겸손하게 자신을 가리키는 말이다.
마찬가지로 공인된 수신인authorized recipient이 있는데, '폐하, 전하, 각하, 성하'
등이 그것이다. 이러한 단어들은 권위가 부여된 호칭인데 현대 사회에서는

거의 사용하지 않으며, 다만 천주교에서 교황과 추기경에 대한 존칭으로 '성하'聖下와 '전하'殿下를 사용한다.

5.5.3. *T*/*V* 구별법

어떤 언어들의 인칭 직시 표현에는 사회적 대조가 기호화된 대명사가 있다. 친밀한 사람에게 쓰는 형태와 친밀하지 않은 사람에게 쓰는 형태의 대명사가 그것인데, 대표적인 예가 불어 *tu*와 *vous*이다. *tu*는 친근한 상대에게 사용하고, *vous*는 예의를 갖추어서 말해야 하는 상대에게 사용하는 2인칭 대명사이다. 이러한 문법 현상을 가리켜 *T*/*V* 구별법T/V distinction이라고 부르는데, 이 용어는 앞의 불어에서 유래한 것이다. 이러한 구분은 독일어의 *du*/*sie*, 이탈리아어의 *tu*/*lei*, 스페인어의 *tu'*/*usted* 등 유럽의 여러 언어에서 찾아볼 수 있다(황 2011: 166-7, 사이드 2016: 196).

언어유형론적 관점에서 2인칭 대명사의 *T*/*V* 구별은 다음과 같이 네 가지 유형이 있다(황 2011: 167 참조). (가) *T*/*V* 구별이 없는 언어(영어, 몽고어 등), (나) *T*/*V* 구별이 양분된 언어(불어, 독일어, 중국어 등), (다) *T*/*V* 구별의 어휘가 둘 이상 있는 언어(힌두어, 타갈로그어 등), (라) 존칭의 2인칭 대명사 대신에 직함이나 친족어의 호칭을 사용하는 언어(한국어, 일본어, 타이어, 베트남어 등)

한국어는 2인칭 대명사를 통한 *T*/*V* 구분이 없는 언어이다. 존칭의 2인칭 대명사로 '그대, 당신'이 있지만 사용 양상을 보면 일상적이고 보편적인 발화라고 할 수 없다.

> (62) ㄱ. {그대, 당신}의 관상을 보니 대성할 상입니다.
> ㄴ. 주여, {그대, 당신}를 / 을 온갖 피조물의 창조주라 부르옵니다.

(62ㄱ)은 격식을 갖추었다고 할 수도 없고 일상적이지도 않은 표현이고,

(62ㄴ)은 종교적 대상물을 높여 이르는 특수한 표현이다. 이처럼 존대의 2인칭 대명사가 있지만 실제 발화에서 사용하는 일이 거의 없고 대신에 청자의 직함을 사용하거나 친인척 관계이면 호칭을 사용해서 격식을 갖춘다.

> (63) ㄱ. 부장님께서 부서 회의 때 말씀하셨습니다.
> ㄴ. 교수님, 과제를 조금만 내주시면 좋겠습니다.

> (64) ㄱ. (며느리가 시아버지에게) 아버님께서는 어떤 그림을 좋아하세요?
> ㄴ. 사부인, 그 동안 잘 계셨습니까? 뵌 지가 오래되었습니다.

(63ㄱㄴ)은 2인칭 대명사 대신에 '부장님, 교수님'과 같은 직함을 사용하고, (64ㄱㄴ)은 '아버님, 사부인'과 같은 친인척 호칭을 사용하였다. 이와 같이 한국어는 직함이나 호칭으로 상대를 예우하고, 다른 한편으로는 '저, 저희'와 같은 겸양의 1인칭 대명사를 사용하여 청자에 대한 공손함을 나타낸다.

6. 직시 표현의 비직시적 용법: 조응

6.1. 조응의 개념

앞에서 우리는 대명사의 직시적 용법에 대해서 많은 논의를 했는데 이제 대명사의 비직시적 용법에 대해서 살펴보기로 하자. 대화 맥락 속에서 어떤 지시 대상을 직접 가리키는 것이 대명사의 직시적 용법인데, 비직시적 용법은 문장이나 문맥 속에서 이미 어떤 대상이 언급되었고 그것을 다시 대명사가 지시하는 것을 말한다. 다음 (65)를 통해서 대명사의 직시적 용법과 비직시적 용법을 구별해 보자.

(65) ㄱ. 그것이 영이가 제일 아끼는 것이야.

　　 ㄴ. 철호한테서 하트 모양의 귀고리를 선물로 받았는데, 그것이 영이가
　　　 제일 아끼는 것이야.

(65ㄱ)의 '그것'은 청자 가까이 있는 귀고리를 화자가 가리키는 말이다. 따라서 이때의 '그것'은 직시적이다. 그러나 (65ㄴ)의 '그것'은 화자가 말을 하면서 어떤 대상을 직접 가리키는 것이 아니라 앞에서 언급한 '하트 모양의 귀고리'를 대신 가리키고 있다. 그렇기 때문에 이때의 '그것'은 비직시적이다.

(65ㄱ)의 '그것'처럼 직시 표현으로 쓰이는 것을 1차적 지시primary reference라고 하면, (65ㄴ)의 '그것'은 1차적으로 언급된 귀고리, 즉 선행사를 다시 지시하기 때문에 2차적 지시secondary reference라고 말할 수 있다. 이와 같이 맥락 속에서 이미 언급된 대상을 다시 지시하는 문법적 기능을 조응照應 anaphora이라고 한다. 앞에 나온 표현을 대신한다고 하여 대용代用이라는 용어도 많이 사용한다.189)

6.2. 조응 표현과 선행사

조응에 사용되는 대명사를 조응 표현anaphor 또는 조응사라고 한다. 조응 표현은 앞에 나온 선행사와 지시 대상이 같으므로 공지시적co-referential 관계에 있다.

(66) 영이는 크고 예쁜 꽃병$_i$을 깨뜨렸다. 그것$_i$은 생일 선물로 받은 것이었다.

(66)의 '그것'은 앞에 나온 선행사 '꽃병'을 대신하는 조응 표현이다. 담화 속의 언어적 표현을 지시한다는 점 때문에 조응과 담화 직시가 유사한 점이 있다. 그러나 담화 직시는 담화 속의 언어적 표현 그 자체를 지시하지만 조응

은 언어적 표현이 가리키는 지시체를 지시한다. (66)에서 '그것'은 '크고 예쁜 꽃병'이라는 선행 발화의 담화 부분을 지시하는 것이 아니라 그 언어적 표현이 가리키는 사물을 지시하기 때문에 조응적이다. 따라서 앞에 나오는 '꽃병'과 '그것'은 동일한 지시 대상을 가리키는 공지시적 관계에 있다.

그런데 앞의 (66)처럼 선행사가 앞에 오고 그것을 지시하는 조응 표현이 뒤에 오기도 하지만, 반대로 우리는 뒤에서 언급할 대상을 앞에서 미리 지시하기도 한다. 전자와 같은 조응을 전방 조응anaphora이라 하고, 후자와 같은 조응을 후방 조응cataphora이라 한다. 다음 (67)은 후방 조응의 예이다.

(67) 골목길을 걸어가다가 하마터면 그것$_i$을 밟을 뻔 했어. 길 한 가운데에 개똥$_i$이 소복이 쌓여 있잖아.

(67)에서 '그것'은 뒤에 나오는 '개똥'을 가리키며 이 둘은 공지시적 관계에 있다.

다음으로, 대명사의 특이한 용법의 하나인 (68)의 '그것'을 살펴보자.

(68) 자신의 부족함을 감추는 사람은 그것을 감추지 않는 사람보다 자존감이 낮다.

'자신의 부족함'과 '그것'이 언뜻 보면 공지시적 관계인 듯한데 사실은 그렇지 않다. (68)을 풀어쓰면 다음 (68)'과 같은데, (68)'의 앞뒤의 '자신의 부족함'을 대조해 보면 알 수 있다.

(68)' 자신의 부족함을 감추는 사람은 자신의 부족함을 감추지 않는 사람보다 자존감이 낮다.

앞의 '자신의 부족함'은 그것을 감추는 사람(A)의 부족함이고, 뒤의 '자신의 부족함'은 그것을 감추지 않는 사람(B)의 부족함이다. 따라서 앞의 '자신의 부족함'에서의 '자신'은 A이고, 뒤의 '자신의 부족함'에서의 '자신'은 B이다. 그렇기 때문에 '자신(A)의 부족함'과 '자신(B)의 부족함'은 공지시적 관계가 될 수 없다. 결론적으로 (68)의 '그것'은 조응 표현도 아니고 담화 직시 표현도 아니다.190)

1. 발화행위 이론의 출발

화자가 말을 하는 것은 말로써 어떤 행위를 실행하는 것이다. 음식점에서 종업원에게 말을 함으로써 음식을 주문하는 행위를 하고, 지하철에서 다른 사람의 발을 밟았을 때 말을 통해서 사과의 행위를 한다. 이처럼 우리의 일상적인 발화를 화자에 의해서 이루어지는 행위로 보고, 이를 체계화한 이론을 발화행위 이론speech act theory이라고 한다. 발화행위를 줄여서 화행이라 하고, 발화행위 이론은 화행이론이라고 부른다. 화행이론은 영국의 철학자 오스틴이 1955년 미국 하버드 대학교에서 행한 강연을 사후에 그의 제자들이 오스틴 (1962)로 출간하면서 본격적으로 조명되고, 그의 제자 설(1969, 1975, 1979)에 의해서 보완되고 더욱 체계화되었다.

오스틴(1962)의 화행이론은 1930년대에 크게 대두된 논리 실증주의에 대한 반동에서 시작되었다. 논리 실증주의는 '어떤 문장이 진위가 검증될 수 없다면 그 문장은 엄격한 의미에서 의미도 없다'는 기본 원칙을 가지고 있다. 문장의 기본 형태는 평서문이며, 이렇게 발화된 문장은 참 또는 거짓으로 기술되어야 한다는 것이다. 이에 대해서 오스틴(1962: 12)은 두 가지 관점에서 비판하고 있다.

첫째, 모든 문장이 진위로 판단되는 진술만은 아니며 문장의 의미는 다양하다. 다시 말하면, 문장은 진술뿐만 아니라 다음 (1)과 같이 질문, 명령, 요청, 감탄 등 여러 의미를 갖는다.

(1) ㄱ. 너는 이 문제를 풀 수 있느냐? (질문)
ㄴ. 내일 오전에 집으로 오너라. (명령)
ㄷ. 이 가방 좀 들어줄 수 있겠니? (요청)
ㄹ. 새소리가 참 곱기도 하구나. (감탄)

둘째, 문장의 형태가 평서문이라 할지라도 항상 진술로 쓰이는 것은 아니며, 다음 (2)와 같이 약속, 명령, 경고, 요청 등으로도 사용된다.

(2) ㄱ. 주말에 너와 음악회에 가는 것을 약속한다. (약속)
ㄴ. 중대원은 전원 08시까지 연병장으로 집합한다. (명령)
ㄷ. 한 번 더 폭력을 행사하면 경찰에 신고한다. (경고)
ㄹ. 갑자기 십만 원이 필요합니다. (요청)

오스틴은 이러한 반론과 함께 (2)의 문장들은 단순한 발화에 그치는 것이 아니라 각각 하나의 행위를 실행하는 것이라고 주장한다. 예컨대 (2ㄱ)을 발화함으로써 화자는 청자에게 실제로 약속하는 행위를 하는 것이다. 그리고 오스틴은 이러한 발화를 수행발화performative utterance라고 한다.

2. 발화행위와 수행발화

2.1. 발화행위의 세 측면

오스틴(1962)는 우리가 행하는 발화를 행위의 측면에서 다음 (3)과 같이 세 가지 행위로 나누었다. 곧 하나의 발화를 통해서 우리는 다음과 같은 세 가지 유형의 행위를 관찰할 수 있다.

> (3) 발화행위의 세 측면
> (가) 언표행위locutionary act: 무언가를 말하는 행위
> (나) 언표수반행위illocutionary act: 언표행위와 함께 수행하는 행위
> (다) 언표효과행위perlocutionary act: 언표행위의 영향으로 나타나는 행위

언표행위는 무엇인가를 말하는 행위인데, 예를 들어 방금 집 밖으로 나간 남편이 다시 들어오면서 '여보, 비가 오네요.'라고 말하는 것은 언표행위이다. 그러나 남편의 이 말은 단순한 언표행위에 그치지 않고, '우산 좀 주세요.'와 같은 뜻의 요청 행위를 하고 있다. 이와 같이 언표행위를 하면서 동시에 실행하는 다른 행위가 언표수반행위이다. 그리고 남편의 말에 아내가 우산을 꺼내 주거나 다른 반향을 보일 수 있는데, 이처럼 언표행위의 영향으로 일어나는 행위가 언표효과행위이다.191)

2.2. 언표수반행위

오스틴(1962)는 세 유형의 발화행위 가운데서 언표수반행위에 관심을 둔다. 그것은 언표수반행위가 말을 하면서 실질적으로 어떤 행위를 실천한다는 화행이론의 핵심에 가장 부합하기 때문이다. 이제 언어 행위를 언표수반행위 중심으로 살펴보기로 하자.

> (4) ㄱ. 나는 너와 미술관에 갈 것을 약속한다.
> ㄴ. 본인은 두 사람이 이 순간부터 부부가 된 것을 선언합니다.
> ㄷ. 본관은 여러분들이 지정된 위치에서 엄호할 것을 명령한다.
> ㄹ. 나는 당신이 건강을 위해서 담배를 끊을 것을 권고합니다.

ㅁ. 나는 당신이 사무실 정리를 도와주실 것을 요청합니다.

ㅂ. 자네의 합격을 축하하네.

ㅅ. 어제 일에 대해서 진심으로 사과합니다.

위의 예문들을 발화하는 것은 우선 화자가 무엇인가를 말하는 행위, 곧 언표행위라고 할 수 있다. 그러나 이것들은 단순히 언표행위에 그치는 것이 아니라 말을 하는 가운데 어떤 행위를 실천하고 있다. (4ㄱ)을 보면, 화자는 말을 하면서 청자에게 '약속'의 행위를 하고 있는 것이 그것이다. 마찬가지로 (4ㄴ)은 '선언'의 행위를, (4ㄷ)은 '명령'의 행위를 하고 있으며, (4ㄹ~ㅅ)에서도 '권고, 요청, 축하, 사과'의 행위를 하고 있다. 위에서 제시한 것 이외에도 우리는 언표행위와 함께 '주장, 제안, 칭찬, 격려, 꾸중, 경고, 위협, 판결' 등 온갖 종류의 언표수반행위를 수행한다.

3. 명시적 수행발화와 비명시적 수행발화

3.1. 언표수반효력과 수행발화

앞에서 설명한 것처럼 언표수반행위 속에는 실천적 효력이 포함되어 있다. 곧 (4ㄱ)과 같은 언표수반행위에는 화자가 청자에게 실질적으로 '약속' 행위를 하는 실천적인 힘이 있는데, 이것을 언표수반효력illocutionary force이라고 한다. 다시 드는 예이지만, 다음 (5ㄱ)에는 '명령'의 언표수반효력이 있고, (5ㄴ)에는 '축하'의 언표수반효력이 있다.

(5) ㄱ. 나는 너희들이 당장 이 방에서 나갈 것을 명령한다.

ㄴ. 승진하신 것을 축하합니다.

그런데 언표수반효력은 상위문에 쓰인 동사에 의해서 나온다. 앞의 (4), (5)

의 상위문 동사는 모두 언표수반효력을 갖는 동사이며, 이와 같은 언표수반효력을 가지고 있는 동사를 수행동사performative verb라고 한다.192) 결국 수행동사가 쓰임으로써 언표수반행위의 특성을 갖게 되며, 이러한 특성을 갖는 발화 또는 문장이 수행발화 또는 수행문performative sentence이다.

3.2. 명시적 수행발화와 비명시적 수행발화

언표수반행위가 수행되는 것은 수행동사에 의해서만은 아니다. 앞의 (5ㄱ)은 '명령하다'라는 수행동사가 쓰임으로 해서 언표수반행위가 이루어지지만, 우리는 다음 (6)과 같이 말해도 언표수반효력을 가질 수 있다.

(6) 당장 이 방에서 나가.

우리는 실제 언어생활에서 어떤 의식 절차나 화자의 의도적 발화가 아니라면 이와 같이 수행동사를 사용하지 않는 경우가 많다. 수행동사가 문장의 표면에 노출되어 있는 발화를 명시적 수행발화explicit preformative utterance라고 하고, 수행동사 없이 언표수반효력을 갖는 발화를 비명시적 수행발화implicit performative utterance라고 한다. 곧 앞의 (4), (5)는 모두 명시적 수행발화이고, (6)은 비명시적 수행발화이다.

(7) 나는 너에게 편지를 쓸 것을 약속한다.

(8) ㄱ. 나는 너에게 편지를 쓸 것이다.
ㄴ. 나는 너에게 편지를 쓰겠다.
ㄷ. 나는 너에게 편지를 쓴다.

(7)은 '약속하다'라는 수행동사를 사용한 명시적 수행발화이다. (8ㄱ~ㄷ)은

'약속한다'고 명시적으로 말하지는 않았지만 이것도 약속의 수행발화로 간주할 수 있다. 만일 이 말을 들은 청자가 '너, 약속했다.' 하고 확인하면 화자는 '그렇다.'라고 대답할 것이다. 물론 (8ㄱ~ㄷ)이 (7)보다 약속 발화로 쓰이는 강도가 더 약하다는 점은 분명하다.

여기서 수행발화로서 '진술'에 대해서 언급할 필요가 있겠다. 초기의 오스틴은 발화를 진술발화constative utterance와 수행발화로 구별했다. 진술발화는 현실 세계를 알리거나 보고하는 데에 사용하는 발화를 말한다. 그러나 오스틴은 그의 분석이 발전되면서 두 발화의 차이점을 없애고 진술을 발화행위의 한 유형으로 보았으며, 그리고 그것을 '진술'의 발화행위라고 불렀다. 다음 (9ㄱ)은 (9ㄴ)과 같은 '진술'의 수행동사를 상정할 수 있다.

(9) ㄱ. 물가가 내렸다.
　　ㄴ. 나는 너에게 물가가 내렸다고 말한다.

이것은 비명시적 수행발화를 수행동사 '말하다'를 사용하여 명시적으로 표현한 것이다.

3.3. 수행가설

앞의 (9ㄱㄴ)과 같이 비명시적 수행발화에 수행동사를 사용함으로써 명시적 수행발화를 상정해 보는 것을 수행가설performative hypothesis이라고 한다.[193] 수행가설은 모든 문장은 그 기저구조에 상위 수행절을 가지고 있다는 것을 전제로 하는 문장 분석 방법이다. 상위 수행절의 구조를 보면, 주어가 항상 화자를 가리키는 1인칭(나)이고, 간접목적어(필수부사어)는 청자를 가리키는 2인칭(너)이며, 서술어는 언표수반효력을 갖는 수행동사로 이루어져 있다. 위의 (9ㄱㄴ)을 초기 생성문법에 따라 수형도로 그리면 다음 (10ㄱㄴ)과 같다.

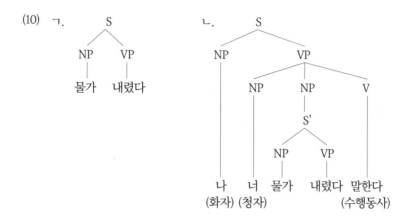

(10) ㄱ.

```
        S
      /   \
    NP     VP
    |      |
    물가   내렸다
```

ㄴ.

```
           S
         /    \
       NP      VP
       |     /  |  \
       나   NP  NP   V
            |   |    |
            너  S'   말한다
               /  \
             NP    VP
             |     |
            물가   내렸다
```

나 (화자) 너 (청자) 물가 내렸다 말한다 (수행동사)

(10ㄱ)의 기저구조는 (10ㄴ)과 같은데, (10ㄴ)을 보면 수행가설에서 말하는 상위 수행절의 구조를 이해할 수 있을 것이다. 곧 (10ㄱ)은 (10ㄴ)의 상위 수행절이 수행발화 삭제규칙performative deletion rule에 의해서 삭제된 결과이다.

다음 (11)은 약속의 수행발화를 예로 든 것이다.

(11) ㄱ. 토요일에 전화할게.
ㄴ. 나는 너에게 토요일에 전화할 것을 약속한다.

(11ㄱ)이 약속 행위로 발화되면 이는 보다 추상적 단계의 문장 구조에서 명시적 수행발화인 (11ㄴ)과 동일하다고 보는 것이 수행가설의 기본 개념이다.

수행가설은 문장의 발화와 해석 사이에서 있을 수 있는 불명확성을 해소할 수 있다는 장점이 있다.

(12) ㄱ. The work was done by Bill and myself.
(빌과 내가 그 일을 했다.)
ㄴ. I tell you that the work was done by Bill and myself.
(빌과 내가 그 일을 했다고 너에게 알린다.)

재귀대명사 *myself*는 선행사를 반드시 필요로 하는데, (12ㄱ)에는 선행사가 없지만 명시적 수행문인 (12ㄴ)은 선행사 '*I*'를 제시하고 있다.

다음 (13)의 문두에 있는 부사어는 수식 대상을 단정하기가 쉽지 않다.

  (13) ㄱ. 솔직히 나는 당신이 좋다.
      ㄴ. 한마디로 철수가 웃긴다.

문두의 부사어는 서술어로 바꾸어 표현될 수 있는 것이 일반적인데 (13)은 그러하지 않다.

  (13)' ㄱ. *나는 당신이 좋다는 것이 솔직하다.
       ㄴ. *철수가 웃긴다는 것이 한마디로이다.

그러나 수행가설은 이러한 문제점을 설명할 수 있다. (13)은 다음 (14)와 같이 상위 수행절을 상정할 수 있다.

  (14) ㄱ. 나는 당신에게 당신이 좋다는 것을 솔직히 고백한다.
      ㄴ. 나는 너에게 철수가 웃긴다고 한마디로 말한다.

이와 같이 수행가설로 분석하면 문제의 부사어는 상위절의 수행동사를 수식한다는 설명이 가능하다(박종갑 2001: 266).

이러한 장점에도 불구하고 수행가설은 적지 않은 문제점을 안고 있다. 다음 (15ㄱ)은 비명시적 수행발화인 (15ㄴ)과는 다르게 청자에게 심각한 영향을 주는 발화이다. 사실 이 두 문장의 언표수반효력이 같다고 말하는 데에도 문제가 있다.

  (15) ㄱ. 나는 너에게 잘 가라고 명령한다.
      ㄴ. 잘 가.

이와 같이 수행가설은 명시적 수행발화와 비명시적 수행발화 사이에 동일시할 수 없는 발화가 적지 않다는 문제를 안고 있다.

또한 각 문장마다 사용할 수행동사를 결정하는 일이 쉽지 않다는 것도 문제이다. (15ㄱ)과 (15ㄴ) 사이에 괴리가 있는 것은 '명령하다'라는 수행동사를 사용했기 때문이라고 생각할 수 있지만, 그렇다고 해서 '명령하다' 대신에 '충고하다, 권유하다, 주의를 주다' 등을 사용해도 부자연스러운 것은 마찬가지이다.

수행가설과 관련된 보다 실질적인 문제점은 수행동사가 몇 개나 되는지 확실히 알 수 없다는 점이다. 일일이 수행동사 목록을 만들어서 우리의 발화를 구별한다는 것은 사실상 거의 불가능한 일로 간주된다.[194]

4. 적정조건

발화가 언표수반행위를 구성하기 위해서는 반드시 지켜야 할 조건이 있다. 그것은 그 발화가 상황에 맞게 적정하게 쓰였는지 그렇지 아니한지를 따져보는 것이다. 이것은 어떤 문장이 참인가 거짓인가를 따지는 진리조건과 구별되는 것으로, 이를 적정조건felicity condition이라고 한다. 설(1969)에서 적정조건으로 다음 네 가지를 제시하였다.

(16) 발화행위의 적정조건
   (가) 명제내용조건propositional content condition
   (나) 예비조건preparatory condition
   (다) 성실조건sincerity condition
   (라) 본질조건essential condition

명제내용조건은 발화에는 명제 내용이 명시되어야 한다는 조건이다. 예비조건은 발화행위가 수행되기 전에 요구되는 조건으로, 화자와 청자가 그 행위와 관련하여 갖게 되는 배경, 생각, 지식 등이 포함된다. 성실조건은 발화행위가 성실하게 수행되기 위해서 갖추어야 할 조건으로 화자의 심리적 상태를 말한다. 다시 말하면, 화자는 그 발화와 관련하여 진실해야 한다는 것이다. 본질조건은 그 행위가 객관적으로 어떠한 효과를 바라는 것으로 간주되는가를 따지는 조건이다. 곧 화자에게는 객관적으로 본래 취지의 행위가 이루어지도록 노력할 것이 요구된다.

위의 조건들을 '약속'의 언표수반행위에 적용하여 살펴보기로 하자. 다음 설명에 나오는 약호는, P: 명제내용propositional content, S: 화자speaker, H: 청자 hearer, A: 행위action를 나타낸다.

(17) 약속 발화의 적정조건
　　ㄱ. 명제내용조건: 발화된 문장의 명제내용P은 화자S의 미래 행위A를
　　　　　　서술해야 한다.
　　ㄴ. 예비조건: ㉠ 청자H는 화자S의 행위A를 긍정적으로 생각한다.
　　　　　　　　　㉡ 화자S는 자신이 그 행위A를 할 수 있다고 생각한다.
　　ㄷ. 성실조건: 화자S는 행위A를 행하기를 진심으로 원한다.
　　ㄹ. 본질조건: 명제내용P을 발화함으로써 화자S는 그 행위A를 해야 하
　　　　　　는 의무를 갖게 된다.

약속의 수행발화인 다음 (18)이 효과적이고 성공적인 언표수반행위가 되기 위해서는 (17)의 적정조건이 지켜져야 한다.

(18) 나는 당신과 결혼할 것을 약속한다.

여기에서 일일이 대응하여 기술하는 것은 불필요한 일로 생각되어 생략하

지만 (18)을 적정조건 (17)에 맞추어 따져보면 쉽게 이해할 수 있을 것이다.

또한 '요청'과 '충고'의 적정조건을 설(1969: 66-7)에서 각각 다음과 같이 제시하고 있다.

(19) 요청 발화의 적정조건

ㄱ. 명제내용조건: H가 장래 수행할 행위 A

ㄴ. 예비조건: ㉠ H가 A를 할 수 있고, S도 그렇게 믿고 있다.

㉡ 보통의 경우 자진해서 H가 A를 할 것인가는 S와 H 모두에게 확실하지 않다.

ㄷ. 성실조건: S는 H가 A를 수행해 주기를 원한다.

ㄹ. 본질조건: H로 하여금 A를 하게 하려는 시도로 간주된다.

(20) 충고 발화의 적정조건

ㄱ. 명제내용조건: H가 장래 수행할 행위 A

ㄴ. 예비조건: ㉠ S는 A가 H에게 이익을 주리라고 믿을 어떤 이유가 있다.

㉡ 정상적인 경우에 H가 A를 할 것이라는 것이 S나 H 모두 분명하지 않다.

ㄷ. 성실조건: S는 A가 H에게 이익을 줄 것이라고 믿는다.

ㄹ. 본질조건: A는 H의 최대의 이익이 된다는 보증으로 간주한다.

5. 언표수반행위의 분류

언표수반행위를 몇 가지 유형으로 분류하는 일이 가능한가에 대해서는 그동안 꾸준하게 논의되어 왔다. 여러 언표수반행위들을 의미적 관점에 따라 하나하나 나누는 것은 가능하다 하더라도, 그 많은 행위들을 몇 개의 대부류로 분류하는 일이 간단하지 않기 때문이다.[195] 오스틴(1962) 이후에 여러 철학자와 언어학자가 시도한 바 있으며, 지금으로서는 설(1977, 1979)에서 제시한 분류가 설득력을 가지고 있다고 할 수 있다. 설(1977: 34)에서는 다음 (21)과 같이 다섯 개의 대부류로 분류한다.

> (21) 언표수반행위의 분류
>   ㄱ. 진술 행위196)
>   ㄴ. 지시 행위
>   ㄷ. 약속 행위
>   ㄹ. 표현 행위
>   ㅁ. 선언 행위

그리고 설(1977)에서 언표수반행위의 분류 기준으로 열두 가지를 제시하는데,197) 그 가운데서도 특히 다음 세 가지 기준을 중요한 잣대로 삼고 있다.

> (22) 언표수반행위의 분류 기준
>   (가) 언표수반행위의 목표
>   (나) 심리적 태도
>   (다) 맞추기 방향

언표수반행위의 목표illocutionary point란 화자가 그의 발화로써 지향하는 소통적이고 실제적인 의도를 말한다. 예를 들면, '명령'을 내리는 언표수반행위의 목표는, '누군가로 하여금 무엇을 하게 하거나 어떤 일을 하지 못하게 하는 것'이다. 곧 이것이 '명령하다'라는 언표수반행위의 목표이다. 심리적 태도 mental attitude는 화자가 자신의 발화와 함께 표현하는 내적 상태를 말한다. 예를 들면, 소망, 의도, 믿음, 유감, 성냄 등 화자가 내적으로 경험하는 심리적 상태를 가리킨다. 맞추기 방향direction of fit은 발화가 우리가 살고 있는 세계와 어울릴 뿐만 아니라 그 세계를 변화시킬 수 있다는 사실을 나타낸다. 예컨대 화자가 지시 행위나 약속 행위를 발화했다면 실제 세계가 발화 행위에서 표현된 것처럼 변해야 한다. 발화를 토대로 해서 세계를 화행의 명제 내용에 맞도록 변하게 하는 것이다. 진술 행위에서는 그와 반대인데, 발화가 '올바른' 것이 중요하다. 곧 발화를 세계와 맞추는 것이다. 이와 같이 일치는 두 가지 방향으로 작용하는데, 하나는 발화를 세계에 맞추는 것이고, 다른 하나는 세계를 발화에 맞추는 것이다. 그러나 맞추기에는 두 가지 더 가능한 경우가 있다. 표현 행위는 맞추기의 방향이 없는 경우이고, 선언 행위는 맞추기가 양방향으로 작용하는 것이다.

이제 다섯 가지 유형의 언표수반행위에 대하여 살펴본다(윤평현 2003: 213-29).

5.1. 진술 행위

진술 행위는 화자가 어떤 것을 사실로 믿는지 그렇지 않는지에 대해서 말하는 행위이다. 따라서 진술의 행위는 참 또는 거짓의 진리치를 가지며, 이와 같은 행위를 우리는 전통적으로 '단언'이라고 불러왔다.

(23) 창수는 참으로 부지런한 사람이야.

(23)은 '창수'가 가지고 있는 속성을 단언하고 있으며, 그 내용이 참인지 거짓인지의 문제는 세계의 상황에 따라 결정된다. 진술의 언표수반효력은 화자가 무엇인가에 대해서 그러하다고 단언하는 것인데, 언급한 명제 내용에 화자가 책임을 지는 것에 언표수반행위의 목표가 있다. 그리고 진술 행위를 통해서 표현되는 심리적 태도는 언급하는 명제 내용이 진실이라는 화자의 믿음이다. 화자는 자신의 믿음을 근거로 해서 (23)과 같이 단언하기 때문이다. 그리고 이와 같은 단언을 통해서 화자는 자신이 그 내용을 믿는다는 것을 청자로 하여금 인식하게 한다. 발화와 세계의 맞추기 방향은 발화를 세계에

맞추는 것이다. 진술 행위는 이와 같은 단언이나 결론, 어떤 사건에 대한 기술이나 보고 등 화자가 믿고 있는 세계를 묘사한다.

5.2. 지시 행위

지시 행위는 화자가 청자로 하여금 무엇을 하도록 지시하는 행위이다. 이 범주에 속하는 것으로 가장 전통적인 것은 '명령'이다.

(24) 실내에서는 모자를 벗게.

화자는 (24)를 발화함으로써 청자가 변화된 어떤 상황을 이루도록 명령한다. (24)에서 볼 수 있는 '명령'이 발화의 언표수반행위의 목표이다. 곧 지시 행위는 화자가 청자로 하여금 어떤 행위를 실행하도록 움직이는 데에 언표수반행위의 목표가 있다. 그리고 지시 행위에 의해서 표현되는 심리적 태도는 청자가 화자의 지시 내용을 수행할 것을 원하는 화자의 바람이다. 곧 (24)의 화자는 청자가 '모자를 벗는' 일을 수행할 것을 원하고 있는데, 이것은 화자의 심리적 상태에 속한다. 그리고 화자의 발화에 의해서 청자가 모자를 벗는다면, 발화에 의해서 세계가 바뀌는 것이며, 따라서 맞추기 방향은 발화에 세상을 맞추는 것이다. 지시 행위는 이와 같은 명령이나 요청, 제안, 질문, 충고 등 청자가 특정 행위를 하도록 화자가 원하는 것이다.

5.3. 약속 행위

약속 행위는 화자가 미래의 행위에 대해서 언명하는 것으로, 화자가 자기 자신을 미래의 행위에 구속시키기 위해서 수행하는 행위이다. 다시 말하면, 화자 스스로 자신의 의무를 만들어 내는 것인데, 이 범주의 전형적인 예가

'약속'이다.

(25) 내일 꼭 돌아올게.

화자는 위의 문장을 발화함으로써 앞으로 자기가 행할 의무를 만들고 있다. 약속 행위는 이처럼 화자 스스로 미래에 행할 의무를 지는 언표수반행위의 특성을 갖는다. 의무는 지시 행위와 약속 행위에 모두 걸치는 특성이지만, 지시 행위에서 발생하는 의무는 화자가 청자에게 지우는데 반하여, 약속 행위에서의 의무는 화자가 화자 자신에게 지운다. 약속 행위의 심리적 태도는 화자가 자신이 행할 미래의 상황을 의도하는 것이다. 또한 약속 행위는 지시 행위가 그렇듯이 의무를 만듦으로써 세계에 변화를 가져온다. 따라서 맞추기 방향도 지시 행위와 같이, 발화에 세상을 맞추는 것이다. 그러나 의무의 방향은 위에서 언급했듯이 지시 행위와 약속 행위가 서로 다르게 작용하는데, 지시는 지시받은 사람 즉 청자에게 의무가 있고, 약속은 약속한 사람 즉 화자에게 의무가 있다. 이와 같이 약속 행위는 약속이나 위협, 경고, 거절, 맹세 등 화자가 어떤 특정 상황을 의도하는 것이다.

5.4. 표현 행위

표현 행위는 화자가 감정적으로 느낀 것을 진술하는 것으로, 심리적 상태들, 즉 기쁨, 슬픔, 고통, 즐거움, 좋음, 싫음 등에 대한 표현이다. 따라서 표현은 외부 세계에 대한 진술이 아니라 화자의 주관적인 내적 상태를 진술하는 것이다.

(26) 약속을 지키지 못해서 죄송합니다.

(26)의 화자는 자신의 심리적 상태를 말함으로써 사과의 행위를 하고 있다.

(26)과 같은 화자의 감정은 화자의 주관적 심리 상태를 나타내는 것으로, 이처럼 표현 행위는 화자의 다양한 감정 상태를 진술한다. 표현 행위가 갖는 언표수반행위의 목표는 명제 내용에 담겨져 있는 사건에 대해 화자가 특정한 심리적 태도를 표현하는 것이다. 따라서 표현 행위에서는 언표수반행위의 목표와 심리적 태도가 일치한다고 할 수 있다. 그것은 언표수반행위의 목표가 발화 내용에 대한 화자의 심리적 태도의 표현 속에 존재하기 때문이다. 표현 행위는 화자의 내적 상태를 표현하는 것으로 주관적이기 때문에 세계에 관해서는 아무런 언급을 하지 않는다. (26)에서 화자가 '죄송합니다.'라고 사과의 행위를 하고 있지만 이 말이 '약속을 지키지 못한' 세계에 대해서는 아무런 변화를 주지 못한다. 그렇기 때문에 표현 행위에서의 맞추기 방향은 존재하지 않는다. 표현 행위는 이와 같은 화자의 특정한 심리적 태도를 표현하기 때문에 감사, 사과, 환영, 인사 등 화자의 감정적인 느낌을 나타낸다.

5.5. 선언 행위

선언 행위는 발화에 의해서 세상에 변화를 가져오는 행위이다. 일반적으로 화자가 선언 행위를 적절히 수행하기 위해서는 특정 환경에서 특별한 제도적 역할을 가지게 된다.

(27) 본 재판관은 피고에게 무죄를 선고한다.

화자가 (27)을 발화함으로써 피고인의 상태에 있는 사람이 죄가 없는 상태로 바뀌게 된다. 이처럼 선언은 발화가 세계를 변화시키는 행위이다. 그리고 (27)과 같은 발화는 법정이라는 특정한 환경 속에서 이 사건을 심리하는 판사라는 제도적 역할을 맡고 있는 화자에 의해서 이루어진다. 선언은 오직 그것이 성공적으로 수행되었다는 사실만으로 언급된 대상의 지위나 조건에 변화를 가져온다. 따라서 언표수반행위의 목표는 선언 행위의 성공적인 수행이 이 발화의 명제 내용을 사실과 일치시키는 데에 있다. 이와 같이 선언 행위는 선고나 포고, 임명, 지명, 면직, 해고, 명명, 판결 등을 통해서 화자가 세계의 변화를 가져오게 하는데, 일반적으로 이와 같은 언어 행위를 할 수 있는 화자는 특정한 환경 속에서 특정한 제도적 역할을 가지고 있어야 한다.[198]

6. 간접발화행위

6.1. 간접발화행위의 개념

발화행위를 문장 형태에 바탕을 두고 구분하면 직접발화행위direct speech act 직접화행와 간접발화행위indirect speech act 간접화행로 나눌 수 있다. 문장의 기본적인 유형을 평서문, 의문문, 명령문 등이라고 할 때 이 문장 유형들의 일반적인 언표수반행위는 각각 진술, 질문, 명령 또는 요청이라고 할 수 있다. 이와 같이 문장의 형태와 그것이 가지고 있는 언표수반행위가 일치하면 그것은 직접발화행위이다. 그러나 문장의 형태와 언표수반행위가 일치하지 않는 경우가 있는데, 예컨대 '방이 덥군.'이라는 평서문이 단순한 진술이 아니라 '문 좀 열어줘.'라는 뜻의 요청으로 쓰이는 것이 그렇다. 이처럼 문장 형태에 따른 규범적인 언표수반행위 대신에 다른 발화행위로 이루어지는 것을 간접발화행위라고 한다. 다음 (28)을 통해서, 문장의 형태에 따른 직접화행과 그것이 다른 언표수반효력을 갖는 간접화행의 차이를 살펴보자.

(문장 형태) [직접화행] [간접화행]

	(문장 형태)	[직접화행]	[간접화행]
(28) ㄱ. 이 집에는 사나운 개가 있습니다.	(평서문)	진술	주의 / 위협
ㄴ. 창문을 열어줄 수 있겠니?	(의문문)	질문	요청
ㄷ. 내 말 안 들으면 혼날 줄 알아라.	(명령문)	명령	경고

(28)에서처럼 하나의 문장이 문자적인 직접화행으로 쓰일 수도 있고 비문자적인 간접화행으로 쓰일 수도 있다.

(29) A: 화장실이 어디 있는 줄 아십니까?

　　　　㉠ 화장실 위치를 아는지 모르는지에 대한 질문 (직접화행)

　　　　㉡ 화장실의 위치를 알려달라는 요청 (간접화행)

　　　B: ㉠ 예, 압니다.

　　　　㉡ 저 건물 뒤편에 있습니다.

(29A)의 발화는 직접화행으로도 쓰일 수 있고 간접화행으로도 쓰일 수 있다. (29B)의 대답에서, ㉠은 직접화행에 대한 대답이고, ㉡은 간접화행에 대한 대답이다. 만일 (29A)가 간접화행으로 화장실의 위치를 가르쳐달라는 요청을 했는데 (29B)의 대답이 ㉠이라면 두 사람의 대화는 원만하게 이루어진 것이 아니다.

6.2. 문장 형태와 언표수반행위

문장 형태와 언표수반행위가 고정된 것이 아니기 때문에 특정한 맥락이 주어지면 여러 문장 형태가 동일한 언표수반행위를 나타낼 수 있다. 동생이 TV 앞에 붙어 앉아 있어서 뒤에 앉은 형이 TV를 보는 것이 불편할 때, 다음 (30)과 같은 여러 형태의 문장으로 요청의 언표수반행위를 할 수 있다.

(30) ㄱ. 나도 보고 싶어. (평서문)

　　　ㄴ. 너 혼자 볼 거니? (의문문)

　　　ㄷ. 뒤로 좀 물러앉아. (명령문)

　　　ㄹ. 같이 좀 보자. (청유문)

　　　ㅁ. 혼자서 보는 재미가 좋겠구나! (감탄문)

가장 흔히 쓰이는 간접발화행위의 유형은 다음 (31)과 같이 의문문으로서
요청의 행위를 하는 것이다.

> (31) ㄱ. 길을 좀 비켜주시겠습니까?
>
> ㄴ. 이 가방 좀 들 수 있겠니?
>
> ㄷ. (담배 가게 주인에서) 에세 있습니까?

이밖에도 간접발화행위는 우리의 일상 언어생활에서 아주 다양하게 쓰이고
있다.

> (32) ㄱ. 내일 아침 8시까지 용산역으로 나온다. (진술 → 명령)
>
> ㄴ. 자네 이름이 생각나지 않는군. (진술 → 요청)
>
> ㄷ. 절벽 가까이 가지 마라. (명령 → 주의)
>
> ㄹ. 책 좀 봅시다. (청유 → 요청)

이와 같이 우리는 직접발화행위 못지않게 많은 간접발화행위로 의사소통을
하고 있다.

6.3. 간접발화행위의 인식

하나의 표현이 발화될 때 청자의 입장에서 간접화행을 어떻게 인식하게
되는가에 대해서 생각해 보자. 이 문제에 대해서 살펴보기 전에 우리는, 청자
가 오직 간접화행만 인식하는가, 아니면 직접화행과 간접화행을 모두 인식하
는데 그 가운데서 문맥상 적합한 것으로 간접화행을 선택하는가에 대해서
의문을 가질 수 있다. 이 점에 대해서 설(1975)에서는 두 가지 화행을 다 인식한
다고 말한다. 다음 (33ㄱ), (34ㄱ)은 요청의 간접화행으로 쓰인다.

(33) ㄱ. 펜을 좀 쓸 수 있을까요?
ㄴ. 펜 좀 빌려주세요.

(34) ㄱ. 나는 당신이 제발 그 말만은 하지 않기를 원합니다.
ㄴ. 제발 그 말만은 하지 마세요.

설(1975)는 위의 경우에 직접화행과 간접화행 모두가 청자에게 가능하다고 주장한다. 문자적 용법인 직접화행은 배경이 되고 부수적인 반면에 비문자적 용법인 간접화행이 중심 화행이라고 말한다. 그러면 정작 이러한 간접화행은 어떻게 해서 만들어지는가? 설(1975: 75)에서 간접화행의 생성을 적정조건과 관련지어 설명한다. 문장이 적정조건 가운데서 어느 한두 조건과 관련됨으로써 간접화행이 만들어질 수 있다는 것이다. 요청의 간접화행인 앞의 (33ㄱ), (34ㄱ)을 다시 살펴보기 위해서 요청의 적정조건을 옮겨온다.

(35) 요청 발화의 적정조건 (=(19))
ㄱ. 명제내용조건: H가 장래 수행할 행위 A
ㄴ. 예비조건: ㉠ H가 A를 할 수 있고, S도 그렇게 믿고 있다.
㉡ 보통의 경우 자진하여 H가 A를 할 것인가는 S와 H
모두에게 확실하지 않다.
ㄷ. 성실조건: S는 H가 A를 수행해 주기를 원한다.
ㄹ. 본질조건: H로 하여금 A를 하게 하려는 시도로 간주된다.

(33ㄱ)은 (35)의 적정조건 가운데서 예비조건과 관련하여 질문하고 있다. 요청 발화의 예비조건은, 청자H가 그 행위A를 할 수 있고 화자S도 그렇게 믿고 있어야 한다는 조건인데, 이때 화자가 그런 믿음을 가지고 청자에게 그 행위를 할 수 있는지 여부를 물음으로써 (33ㄱ)은 간접화행이 될 수 있다. (34ㄱ)은 (35)의 적정조건 중에서 성실조건과 결부지음으로써 간접화행이 이루어진다.[199]

제17장 **함축**

함축에 대한 심도 있는 논의는 영국의 언어철학자 그라이스H. P. Grice로부터 출발한다. 주요 개념들을 1967년 하바드 대학교의 윌리엄 제임스 강좌에서 발표하고, 그라이스(1975)에서 대화의 원리로서 '협력 원리'를 제안하면서 함축의 이론화에 불을 지폈다. 협력 원리에 기반을 둔 대화함축이 연구의 중심축을 이룬 가운데 협력 원리의 구성요소인 격률에 대한 재해석과 재구성 등이 여러 학자들에 의해서 이루어졌다. 특히 그라이스(1975)에서 제안한 격률들이 내용상 중복된다는 판단 아래 격률을 축소시키려고 하는 다양한 연구가 있었다. 축소된 격률 모형 가운데서 가장 영향력 있는 연구는, 두 개의 원리를 제안하는 혼L. R. Horn(1984, 1989)과 세 개의 원리를 제안하는 레빈슨(1987, 2000)이다. 이후에 그라이스의 이론을 그라이스 고전 이론classical Gricean theory이라고 부르고, 그라이스의 격률을 재구성한 혼과 레빈슨의 이론을 신-그라이스 이론 neo-Gricean theory이라고 부른다. 그리고 스퍼버와 윌슨D. Sperber & D. Willson(1986 / 1995²)은 그라이스의 격률을 관련성의 격률 하나로 통합한 적합성 이론 relevance theory을 제시하였다. 적합성 이론은 함축에 대한 인지적 접근과 간결한 체계로 주목을 받았다.

이 장에서는 그라이스의 이론을 중심으로 함축을 설명하고, 신-그라이스 이론과 적합성 이론은 기본 개념을 중심으로 간략하게 설명하고자 한다.

1. 그라이스 고전 이론

1.1. 함축의 개념

실제 대화 상황에서 화자가 청자에게 전하고자 하는 바를 직접적으로 표현하기도 하지만 직접 표현이 아닌 다른 표현으로 우회적으로 전하기도 한다. 바로 앞 장에서 살펴본 간접발화행위도 그러한 표현 가운데 하나이다.

화자는 발화 문장의 명시적인 의미 이상의 다른 의미를 그 발화 속에 포함하여 말하기도 하는데, 이때 직접적으로 전달된 것 이상으로 추가된 의미를 함축含蓄 implicature[200]이라 한다.

함축에 대한 기본적인 개념을 이해하기 위해서 다음 (1)의 대화를 살펴보자.

(1) 창 수: 어머니, 흰 운동화 못 보셨어요?
어머니: 방금 동생이 농구하러 간다고 나갔다.

(2) 동생이 흰 운동화를 신고 나갔다.

(1)에서 창수의 물음에 대한 어머니의 대답에는 문자적 의미 이상의 다른 의미를 담고 있는데 그것은 (2)와 같은 의미이다. 이렇게 화자는 문자로 직접 전달되는 것 이상의 의미를 발화 속에 담아서 말할 수 있다. 그런데 (1)에서 창수의 물음에 대한 어머니의 대답이 부적절한 발화로 보일 수 있다. 그런데도 불구하고 원만하게 의사소통이 이루어지는 것은 어머니가 대화에 협력할 것이라고 창수가 가정하고 있기 때문이다. 창수는 이러한 가정을 바탕으로 어머

니의 발화 속에 들어 있는 '농구'와 자신이 말한 '운동화' 사이의 관련성을 추론함으로써 어머니의 발화 속에 (2)의 의미가 함축되었다고 판단한다.

이와 같이 함축 의미는 대화 속의 화자와 청자가 서로 협력한다는 가정과 추론 속에서 얻어진다. 다른 예를 하나 더 들어서 화자의 협력과 청자의 추론에 대하여 살펴본다. 점심 식사로 햄버거를 먹고 있는 사람에게 햄버거 맛이 어떠냐고 물었을 때 다음 (3)과 같은 대답을 들었다고 가정해 보자.

(3) 햄버거가 햄버거지.

논리적 측면에서 보면 (3)은 동일어구 중복으로 무의미한 표현을 하고 있기 때문에 의사소통적 가치가 없다. 그렇지만 (3)이 화자에 의해서 사용되면 이 발화에는 문장으로 전달된 것 이상의 무엇을 말하고 있다고 청자가 생각하게 된다. 그것은 화자가 대화에 협조적이고 중요한 다른 어떤 것을 전달하려고 하는 의도를 가지고 있다고 가정하기 때문이다. 화자는 햄버거의 맛을 평가할 수 있지만 그것에 대한 언급을 하지 않겠다는 의미를 함축한다. 맥락에 따라서는 '햄버거 맛이 다 그렇지.' 또는 '맛이 그냥 그래.'와 같은 또 다른 함축이 가능하다. 그리고 이러한 함축 의미는 화자와 청자가 서로 협력한다는 가정과 청자의 추론 과정을 통해서 얻어진다.

그라이스(1975)는 발화를 통해서 '전달하는 것'what is conveyed을, 문장 의미 그대로의 의미인 '말해진 것'what is said과 화자가 간접적으로 전하는 '함축된 것'what is implicated으로 구별하였다. '말해진 것'은 발화 문장의 논리적 내용으로 진리조건적 국면에 해당하는데 반하여, '함축된 것'은 '전달하는 것' 가운데서 '말해진 것'을 제외한 부분으로 비진리조건적 국면에 해당한다. 함축이 화용론에서 주목을 받는 것도 이러한 비진리조건적 특성 때문이다.

이상에서 설명한 바와 같이, 화자는 발화를 통해서 직접 전달하는 것 이상의 또 다른 의미를 말할 수 있는데, 이와 같이 발화 속에 담겨 있는 또 다른 의미

를 함축이라 한다. 곧 함축이란 말하고자 하는 바를 화자가 문장으로 실제
발화한 것은 아니지만 그 발화 속에 암시된 명제이다.

1.2. 협력 원리와 대화 격률의 준수

1.2.1. 협력 원리

그라이스(1975)는 의사소통을 할 때 대화가 원만하게 진행되기 위해서 우리
가 지켜야 할 일반적인 원칙이 있다고 전제한다. 대화는 참여자들이 임의적으
로 만든 발화의 연속체가 아니라 언어가 효과적으로 사용될 수 있도록 대화
참여자들이 서로 협조하면서 주어진 규칙을 준수한다는 암묵적인 약속 속에
서 이루어진다는 것이다. 이것을 그라이스(1975)는 협력 원리cooperative principle
라고 한다.

협력 원리는 다음 (4)와 같은 일반 원리와 (5)에서 제시한 네 가지의 대화
격률maxim[201]로 이루어져 있다.

    (4) 협력 원리
        대화가 진행되는 각 단계에서 대화의 목적이나 방향에 의해 요구되는
        만큼 대화에 이바지하게 하라.

    (5) 대화 격률
        (가) 양의 격률
            ㉠ 대화의 목적에서 현재 필요한 만큼의 정보를 제공하라.
            ㉡ 필요 이상의 정보를 제공하지 마라.
        (나) 질의 격률: 당신이 제공하는 정보가 참된 것이 되도록 하라. 즉,
            ㉠ 거짓이라고 믿는 것은 말하지 마라.
            ㉡ 적절한 증거가 없는 것은 말하지 마라.

    (다) 관련성[202]의 격률: 관련성 있게 하라.

    (라) 태도의 격률: 명료하게 말하라.

        ㉠ 애매한 표현을 피하라.

        ㉡ 중의성을 피하라.

        ㉢ 간결하게 하라.

        ㉣ 순서에 맞게 하라.

이와 같이 협력 원리는 원만한 대화를 위한 일반 원리와 그것을 보다 구체화한 네 가지 대화 격률로 구성되어 있는데, 결국 대화 참여자들은 대화에 필요한 적절한 양의 정보를 제공하면서, 진실하게, 전후 관련성 있게, 그리고 분명하게 말하라는 것이다.

1.2.2. 함축의 생성

협력 원리와 관련된 함축의 발생은 대화 격률에 대한 화자의 태도에 따라서 두 가지 방법으로 나누어진다. 하나는 화자가 대화 격률을 준수함으로써 발생되는 것이고, 다른 하나는 화자가 대화 격률을 준수하지 않음으로 해서 발생하는 것이다.

먼저 격률을 준수함으로써 발생하는 함축의 예를 살펴본다. 다음 (6)에서, 운전자와 행인 사이의 대화가 격률을 지키고 있다고 가정해 보자.

    (6) 운전자: 자동차 기름이 다 떨어졌습니다.

       행　인: 저 모퉁이를 돌아가면 주유소가 있습니다.

행인의 발화는 운전자가 그곳에서 휘발유를 구할 수 있을 것임을 함축하고 있다. 그런데 행인이 그 주유소가 문을 닫았거나 휘발유를 살 수 없다는 사실을 알고 있다면 그는 분명하게 협력 원리를 지키지 않은 것이 된다. 그러나 행인이 협력 원리를 준수하고 있는 것으로 가정하기 때문에 청자는 앞에서 언급한 것과 같은 함축을 얻게 된다. 대화 격률을 지키는 것이 일반적인 것으로 간주되기 때문에 대화 격률을 준수함으로써 생기는 함축을 '표준함축'standard implicature이라 한다.

다음은 격률을 준수하지 않음으로 해서 발생하는 함축에 대해서 살펴보자. 격률을 준수하지 않는다는 것은 화자가 격률을 위배하는 것을 말한다. 다음 (7)은 아내와 남편 사이의 대화이다.

> (7) 아내: 아이들에게 무얼 좀 사줍시다.
> 남편: 그렇게 해요. 그런데 아이-씨-이 씨-알-이-에이-엠은 안 돼요.

남편은 '아이스크림'ice cream이라는 단어를 철자로 길게 말함으로써 '간결하게 하라.'는 태도의 격률을 위배하고 있다. 그럼으로써 남편은 아이스크림을 직접적으로 언급하면 아이들이 듣고서 요구할지도 모르니 그렇게 하지 않은 것이 좋겠다는 뜻을 아내에게 전달하는 것이다.

이와 같이 대화 격률의 준수에는 두 가지 상반된 태도가 있는데, 그에 따라서 발생하는 함축에 대해서 좀 더 상세하게 살펴보기로 한다.

가. 대화 격률의 준수

먼저 화자가 대화 격률을 지킨다는 가정을 바탕으로 만들어지는 함축에 대하여 알아본다.

첫째, 양의 격률이 지켜짐으로써 갖게 되는 함축의 경우이다.

> (8) ㄱ. 기아 야구팀이 이번 시즌은 그런대로 잘하고 있다.
> ㄴ. 기아 야구팀이 선두에 있지 않다.

(8ㄱ)은 화자가 가지고 있는 정보의 양의 전부이므로 이 발화는 (8ㄴ)과

같은 함축을 일으킨다. 만일 기아 팀이 선두에 있다면 화자는 당연히 그에 합당한 정보를 제공하였을 것이다. 그러나 화자가 그만큼의 정보를 주지 않음으로 해서 청자로 하여금 (8ㄴ)을 추론하게 한다.

둘째, 질의 격률이 지켜지는 예를 보자.

  (9) ㄱ. 적당한 양의 커피는 건강에 도움이 됩니다.
      ㄴ. 화자는 커피가 건강에 도움이 된다고 믿는다(또는 증거를 가지고 있다).

(9ㄱ)은 화자가 어떤 근거를 가지고 하는 말로 간주되기 때문에 (9ㄴ)을 함축한다.

셋째, 관련성의 격률이 지켜지는 경우이다. 관련성의 격률은 적합한 말을 하라는 것인데, 명령문은 시간상 현재와 관련이 있다.

  (10) ㄱ. 소금 좀 주세요.
       ㄴ. 지금 소금이 필요합니다.

요청 발화에서, 화자가 요구하는 행위를 청자가 이행하는 시간은 현재라고 해석하는 것이 적합하다. 따라서 (10ㄱ)의 발화에는 (10ㄴ)의 의미가 함축되어 있다고 할 수 있다.

넷째, 태도의 격률이 지켜지는 경우이다. 태도의 격률은 분명하게 말하라는 것인데 여기에는 네 가지의 하위 격률이 있다. 다음 (11)은 그 가운데 하나인 '순서에 맞게 하라.'는 격률이 준수되는 예이다.

  (11) ㄱ. 창수는 TV를 보다가 잠이 들었다.
       ㄴ. 창수는 먼저 TV를 보고 나중에 잠이 들었다.

(11ㄱ)의 발화에 (11ㄴ)의 의미가 함축되었다고 간주하는 것은 화자는 당연히 순서에 맞게 말을 한다고 가정하기 때문이다.

나. 대화 격률의 위배

다음은 화자가 대화 격률을 준수하지 않음으로써 발생하는 함축에 대해서 살펴보자. 그라이스(1975)는 이러한 것을 격률 위배라고 말한다.[203] 곧 일반적으로 대화 참여자는 당연히 대화 격률을 지킬 것이라고 가정되는 상황에서 화자가 의도적으로 격률에 어긋난 발화를 함으로써 청자로 하여금 특별한 의미를 추론하게 한다.

첫째, 양의 격률을 위배하는 예부터 살펴본다.

> (12) A: 영수는 어디서 살고 있을까?
>   B: 지구 어디선가 살고 있겠지.

B가 말한 정도의 정보는 누구나 아는 것으로 화자는 의도적으로 A가 요구하는 정보를 제대로 제공하지 않고 있다. 그럼으로써 B는 영수가 사는 곳을 알지 못하거나 그런 것에 관심이 없음을 간접적으로 말하고 있다. 경우에 따라서는 영수가 사는 것을 알고 있더라도 말할 수 없는 사정이 있는가 보다고 청자는 추론할 수 있다. '전쟁은 전쟁이다.'와 같이 동일어구 중복으로 무의미해 보이는 발화도 의도적으로 양의 격률을 위배함으로써 화자는 더 많은 의미를 전달하고자 한다.

> (13) A: 저녁 모임에 무얼 입고 나갈까?
>   B: 검정색 원피스는 정중해 보여서 좋고, 분홍색 투피스는 밝아서 좋아.
>   한복도 잘 차려 입으면 우아하고 청바지 차림은 젊고 발랄해 보이는데, 너는 어떤 옷을 입어도 잘 어울릴 거야.

B는 필요 이상으로 많은 정보를 제공함으로써 양의 격률을 위배하고 있다. 그러나 화자의 발화 속에는 A의 옷을 고르는 행위나 옷차림에 대해서 다른 뜻을 전달하고 있다.

둘째, 질의 격률을 위배하는 예를 살펴보자.

(14) A: 테헤란은 터키에 있지요?
     B: 응. 그리고 런던은 미국에 있어.

B는 분명한 거짓을 의도적으로 말함으로써 A가 잘못된 진술임을 간접적으로 전달하고자 한다. '거짓이라고 믿는 것은 말하지 말라.'는 질의 격률 가운데 첫 번째 격률을 위배하고 있다.[204]

은유는 질의 격률을 의도적으로 위배함으로써 표현 효과를 살리는 수사법의 하나라고 할 수 있다.

(15) 인생은 연극이다.

인생이 연극이 아니라는 것은 분명한 사실이므로 (15)는 질의 격률을 위배하고 있다. 그러나 화자는 인생을 연극에 빗댐으로써 세상살이가 연극처럼 다양한 극적 요소를 가지고 있음을 말하고자 한다.

셋째, 관련성의 격률을 위배하는 경우를 알아보자.

(16) A: 영호는 머리가 좋은 편이 아니면서 성실하지도 않아. 그렇지?
     B: 교수님을 뵈러 갈 거야. 너는 어때?

A의 질문에 대한 B의 대답은 관련성이 없기 때문에 적합하지 않다. 그러나 A가 볼 수 없는 뒤편에 영호가 가까이 오고 있다면 상황이 달라질 것이다. B는 의도적으로 관련성의 격률을 위배하면서 A에게 '말조심 해. 영호가 오고

있어.' 하고 말해주고 싶기 때문이다.

> (17)   A: 회사 형편은 어떻습니까?
>   B: 커피가 다 식었군요.

B는 A의 질문과 관련성이 없는 말을 함으로써 회사 일에 대해서 말하고 싶지 않다는 의미를 함축하고 있다. 이때 청자는 B의 회사 사정이 좋지 않은가 보다고 추론하게 될 것이다.

넷째, 마지막으로 태도의 격률을 위배하는 예를 살펴본다. 다음 (18)은 환자 보호자(A)와 담당 의사(B)의 대화이다.

> (18)   A: 환자 상태가 어떻습니까?
>   B: 글쎄요, 저런 상태로 사나흘 가다가 갑자기 깨어난 사람도 있기도
>   합니다마는. 대여섯 달 가는 경우도 있고 식물인간처럼 오래 동안
>   누워 있는 사람도 있지요. 좀 더 지켜보시지요. 기적같이 깨어나는
>   사례가 종종 있으니까요.

B의 발화는 환자의 상태나 예후에 대해서 명료하게 말하지 않고 있다. 태도의 격률 가운데서 '간결하게 하라.'는 하위 격률을 위배하고 있는데, B는 자신의 발화를 통해서 환자의 상태가 아주 좋지 않음을 우회적으로 전달하고 있다.

1.3. 격률 울타리

대화할 때 우리는 다음 (19ㄱ)처럼 직접 단언하기도 하고, (19ㄴ)처럼 한정적 표현과 함께 단언하기도 한다.

> (19)   ㄱ. 두 사람은 곧 결혼합니다.

ㄴ. 내가 들은 바로는, 두 사람은 곧 결혼합니다.

그런데 화자들 가운데는 (19ㄱ)처럼 단정적인 진술보다는 (19ㄴ)과 같은 표현을 더 선호하는 경향이 있다. 그것은 단언에 앞서서 대화 격률의 준수 정도를 청자에게 알리고자 하는 화자의 심리 때문이다. 곧 (19ㄴ)의 화자는 '내가 들은 바로는'이라는 한정어구로 말을 시작함으로써 자신이 전달하는 정보의 양이 제한적일 수 있음을 조심스럽게 알리고 있다. 다시 말하면, 화자는 자신의 대화 격률의 준수 정도를 말하고 있다. 이와 같이 화자가 대화 격률을 준수하는 정도에 관해서 언급하는 한정적 표현을 격률 울타리maxim hedge 또는 격률 한정어구라고 한다.[205]

다음 (20)은 오랫동안 연인 관계에 있던 두 사람의 결별에 대한 언급에 앞서 격률 울타리가 사용된 예이다.

(20) ㄱ. 충분하게 설명 드린 것과 같이, 성격이 맞지 않아서 두 사람이 헤어지기로 했습니다.
ㄴ. 사실대로 말씀드리면, 성격이 맞지 않아서 두 사람이 헤어지기로 했습니다.
ㄷ. 무엇보다 직접 관련된 것은, 성격이 맞지 않아서 두 사람이 헤어지기로 했습니다.
ㄹ. 분명하게 말하건대, 성격이 맞지 않아서 두 사람이 헤어지기로 했습니다.

(20ㄱ)의 화자는 자신이 양의 격률을 준수하고 있음을 청자에게 확인시키기 위해서 울타리 표현을 사용하고 있다. (20ㄴ~ㄹ)도 각각 질의 격률, 관련성의 격률, 태도의 격률을 준수하고 있다는 것을 화자가 청자에게 알리기 위해서 격률 울타리를 사용하고 있다.

이와 같이 화자는 발화를 하는 가운데서 자신이 대화 격률을 준수하고 있으며, 준수 정도가 어느 수준인가에 대해서 말하는 경우가 적지 않다. 다음 (21)은 우리가 흔히 접할 수 있는 격률 울타리 표현들이다.

> (21) ㄱ. 거두절미하고, 빌려간 돈은 언제 돌려주실 건가요?
> ㄴ. 내가 잘못 보았는지 모르겠는데, 그 건물에서 뛰어나온 사람은 안경을 썼습니다.
> ㄷ. 직접 관련이 있는지는 잘 모르겠지만, 글씨체를 확인하면 누구의 소행인지 알 수 있지 않을까?
> ㄹ. 너무 말이 길어지는 것 같은데, 내 얘기를 잘 새겨서 들어주세요.

(21ㄱ)은 양의 격률, (21ㄴ)은 질의 격률, (21ㄷ)은 관련성의 격률, (21ㄹ)은 태도의 격률과 관련이 있는 울타리 표현들이다. 이와 같이 화자는 자신이 대화 격률을 인식하고 있는 것은 물론이고 가능한 대로 대화 격률을 지키려고 노력한다는 것을 청자에게 말하고자 한다. 그럼으로써 화자는 자신이 협조적인 대화 상대임을 청자가 인정해 주기를 기대한다.

1.4. 함축의 유형

그라이스(1975)는 함축을, 대화 격률과 같은 화용론적 원리에 의해서 추론되는 함축과 대화에 사용된 특정 어휘의 자질에 의해서 일어나는 함축으로 구분하여, 전자를 대화함축이라 하고 후자를 고정함축이라 한다. 그리고 대화함축은 다시 특별한 맥락이나 배경 지식이 필요 없이 추론되는 일반대화함축과 특별한 맥락이 반드시 필요한 특정대화함축으로 구별한다.206) 그리고 개즈더 (1979)에서 양의 격률에 바탕으로 둔 일반 양의 함축의 하위 유형으로 등급함축과 절함축을 제안하고 있다.

이상의 분류에 따라 함축의 유형을 살펴보기로 하자. 순서는 먼저 함축을 대화함축과 고정함축으로 구분하여 살펴보고, 대화함축은 다시 일반대화함축

과 특정대화함축으로 나누어 살펴본다. 그리고 등급함축과 절함축에 대해서
도 간략하게 설명한다.

1.3.1. 대화함축

대화함축conversational implicature에서 가장 기본적인 것은 대화 참여자들이
협력 원리와 대화 격률을 준수하고 있다는 가정이다. 이러한 가정을 바탕으로
화자는 전달하고자 하는 바를 함축하고, 청자는 추론을 통해서 함축 의미를
파악한다. 이와 같이 대화 격률에 대한 화자의 가정과 청자의 추론에 의해서
파악되는 함축을 대화함축이라고 한다.

대화함축에는 두 가지 하위 유형이 있는데, 하나는 특별한 맥락이나 배경
지식이 필요 없이 추론되는 일반대화함축이고, 다른 하나는 특정의 맥락이
반드시 필요한 특정대화함축이다.

가. 일반대화함축

일반대화함축generalized conversational implicature은 청자가 함축 의미를 추론하
기 위해서 특별한 맥락이나 배경지식 등이 필요하지 않은 함축이다.

(22) A: 신분증과 도장은 가지고 오셨나요?
    B: 신분증은 가지고 왔는데요.

B는 A가 말한 신분증과 도장 가운데서 도장은 언급하지 않았다. 그럼으로써
B는 도장을 가지고 오지 않았음을 함축한다. 만일 도장을 가지고 왔다면 당연
히 가지고 왔다고 말을 할 것이다. 그것이 화자가 양의 격률을 준수하는 것이
기 때문이다. 그리고 청자는 이러한 대화 격률을 화자가 준수하고 있다는 가정
아래서 함축 의미를 추론하게 된다. 여기서 주목할 점은 청자의 추론에 특별한

맥락이나 특정의 지식이 필요하지 않다는 것이다. 이와 같이 발화 문장의 맥락에 대한 특별한 배경 지식을 갖지 않고 청자가 추론할 수 있는 함축을 일반대화함축이라 한다.

다음 (23)은 화자가 김 부장의 자녀가 모두 몇 명인지 모르고 있음을 함축한다.

(23) 김 부장은 자녀가 몇 명인가요?

(23)의 함축은 화자가 질의 격률을 지키고 있다는 가정에 의해서 발생한다. 만일 화자가 김 부장의 자녀의 수를 알고 있으면서 (23)을 발화한다면 그것은 질의 격률을 위배한 것으로 앞에서 언급한 것과 전혀 다른 내용의 함축을 갖게 된다. 일반적으로 (23)과 같은 순수 의문문은 화자가 질문의 답을 모르고 있음을 함축하는데, 이것도 특별한 맥락이나 배경 지식 없이 청자가 추론할 수 있는 일반대화함축이다.

영어에서 'a(n) X'와 같이 부정관사를 포함하고 있는 모든 구는 일반대화함축을 갖는다.

(24) I was sitting in a garden one day. A child looked over the fence.
(나는 어느 날 정원에 앉아 있었어. 한 아이가 울타리 너머로 보고 있더군.)

(24)에서 언급된 'a garden'과 'a child'는 화자와 밀접한 관계가 없는 대상임을 함축한다. 이는 부정관사의 화용적 특성 때문에 드러나는 함축인데, 만일 그것들이 화자와 관련이 있다면 화자는 양의 격률을 준수하여 '나의 정원', '내 아이'라고 말하였을 것이다.[207] 이상에서 살펴본 바와 같이, 일반대화함축은 맥락에 대한 특정 지식이 없어도 함축 의미를 파악할 수 있다. 그리고 일반

대화함축은 특별한 맥락이 필요하지 않은 만큼 어떤 맥락에서도 동일한 함축
을 유발한다.

나. 특정대화함축

청자가 특별한 맥락이나 배경 지식을 통해서 추론할 수 있는 함축을 특정대
화함축particularized conversational implicature이라고 한다.

> (25) A: 오늘 저녁 동창회 모임에 나올 수 있어?
>   B: 오늘이 아버지 제삿날이야.

B의 대답은 A의 물음에 직접 관련이 없는 것으로 보인다. 그러나 A는 B가
대화 격률을 준수할 것이라는 가정 속에서, 자신의 질문과 B의 대답 사이의
관련성을 얻기 위해 일정한 배경 지식을 활용하게 된다. 곧 제사는 저녁에
지내게 되고 아버지의 제사에는 반드시 참석해야 하기 때문에 B가 저녁 모임
에 나올 수 없음을 알 수 있다. 이와 같이 특정대화함축은 청자가 함축 의미를
추론하기 위해서 반드시 특정의 맥락이 필요하다.

다음 (26)은 우리나라 국가대표 축구팀의 경기 결과를 묻는 물음에 대한
대답이다.

> (26) 이겼어요.

(26)은 주어진 맥락에 따라서 여러 가지 함축을 일으킬 수 있다. 국가대표팀
이 세계 최강인 브라질 대표 팀과 가진 경기라면 이기는 것이 매우 어려운
일이기 때문에 '대표 팀이 아주 잘했어요.'의 의미를 가질 것이다. 그런데 최약
체인 네팔과 가진 경기라면 대표 팀이 이기는 것은 너무나 당연한 일이기
때문에 (26)의 발화는 '이기기는 했지만 아주 형편없는 경기를 했어요.'의 의미

를 함축할 수 있다. (26)은 화자가 필요한 만큼의 정보의 양을 제공하지 않음으로 해서 이와 같은 함축이 발생한다.

다음 (27)은 사무실 책상 위에 쌓인 일감을 보고 당직 근무자 A가 한 말과 그에 대한 B의 대답이다.

    (27) A: 토요일인데 나오셨군요?

          B: 집에 있으려니까 답답해서요.

밀린 업무가 많아서 회사에 출근한 B가 위와 같이 말한 것을 보고, A는 B가 그 사실을 숨기고 싶어 한다고 생각할 것이다. 이것은 거짓은 말하지 마라는 질의 격률을 B가 어김으로 해서 만들어지는 함축이다.

    (28) A: 너는 아직도 정숙이를 싫어하니?

          B: 해는 지금도 동쪽에서 뜬단다.

    (29) A: 김연아가 체조 선수였지요?

          B: 법정 스님이 천주교 신자이셨던가?

(28)에서, B의 대답은 관련성의 격률을 위배하고 있지만 A는 B의 발화가 '물론이야!' 하는 강한 긍정을 전달한다고 생각한다. 반대로 (29)에서의 B의 대답은 강한 부정을 함축한다고 A는 추론할 수 있다.

이제까지 특정대화함축에 대하여 살펴보았는데, 그 예들이 대화 격률을 준수하지 않음으로 해서 함축이 발생하는 것들임을 확인할 수 있다. 대화 격률을 위배하는 대부분의 경우가 특정대화함축을 유발한다. 그것은 화자가 의도적으로 대화 격률을 위배함으로써 특정한 맥락이나 배경 지식의 필요성을 끌어들이는 결과를 가져오기 때문이다.

1.3.2. 고정함축

지금까지 논의한 대화함축과는 대조적으로 고정함축conventional implicature
은 협력 원리나 대화 격률 등에 바탕을 두지 않는다. 고정함축에서는 협력
원리나 대화 격률이 대화에서 고려될 필요가 없으며, 의미 해석을 위해서
특별한 맥락에 의존하는 일도 없다. 다만 고정함축은 특정 단어와 관련되어
그 단어가 사용됨으로써 또 다른 의미를 만들어낸다. 특정 단어에 의해서
고정함축이 발생한다는 사실을 영어 접속사 'but'을 통해서 이해하도록 하자.
'p but q' 형식의 문장과 'p and q' 형식의 문장은 동일한 명제적 의미를
가지고 있다. 다만 'p but q'의 문장에서는 p와 q 사이에 대조contrast의 의미가
함축된 점이 다르다. 이때의 대조 의미는 단어 'but'이 가지고 있는 특성에
의해서 나타난다.

> (30) ㄱ. Mary was pregnant and John was pleased.
>
> ㄴ. Mary was pregnant but John was pleased.

(30ㄴ)에서, 메리가 임신을 했다(p)는 사실은 but이 가지고 있는 고정함축
에 의해서 존이 기뻐했다(q)는 사실과 대조된다(그라이스 1975, 율 1996: 45).

이와 같이 고정함축은 협력 원리나 대화 격률과 관련 없이 오직 발화 문장
에 사용된 단어의 고정적 자질conventional feature에 의해서 추가적인 의미를 함
축한다.

> (31) ㄱ. 창수가 조그마한 호텔의 요리사 출신이야. 그래서 그는 고급요리를
> 잘하지 못해.
>
> ㄴ. 창수가 조그마한 호텔의 요리사 출신이야. 그러나 그는 고급요리를
> 잘하지 못해.

(31ㄱ)은 창수가 고급요리를 잘하지 못하는 것은 당연한 일이라는 의미를 함축하고 있다. 그것은 접속어 '그래서'에 의해서 추론되는 의미이다. 이와 반대로 접속어 '그러나'가 사용된 (31ㄴ)은 창수가 고급요리를 잘하지 못하는 것이 의외의 일이라는 의미를 함축하고 있다.

(32) 곧바로 병원으로 모셨던들 할머니께서 그렇게 돌아가시지는 않았을 거야.

(32)에서 우리는 '할머니를 곧바로 병원으로 모시지 않았음'을 알 수 있다. 그것은 연결어미 '-던들'이 앞의 문장 내용과 반대되는 내용을 전달하는 특성을 가지고 있기 때문이다.

(33) ㄱ. 이 문제는 내가 풀어도 풀 수 없다.
ㄴ. 이 문제는 내가 풀어도 풀 수 있다.

(33ㄱ)의 '나'는 어지간한 문제는 모두 풀 수 있는 능력자이고, 반대로 (33ㄴ)의 '나'는 아주 낮은 수준의 문제도 풀 수 없는 무능력자이다. 이처럼 '나'가 능력자 또는 무능력자로 평가될 수 있는 것도 연결어미 '-어도'가 극성polarity의 의미를 함축하는 특성을 가지고 있기 때문이다(윤평현 2005: 152).

1.3.3. 등급함축과 절함축

가. 등급함축

화자가 등급scale을 표현하는 단어를 사용함으로써 발생하는 함축을 등급함축scalar implicature이라고 한다. 다음 (34)는 양이나 정도의 등급을 나타내는 단어들인데, 높은 값에서 낮은 값의 순서로 나열되어 있다.

(34) ㄱ. 전부(모두), 대부분, 약간(조금)

　　ㄴ. 항상(언제나), 늘, 자주, 가끔(종종)

　　ㄷ. 뜨겁다, 뜨끈하다, 뜨뜻하다, 미지근하다

　　ㄹ. 차갑다, 쌀쌀하다, 서늘하다, 시원하다

　　ㅁ. 확실하다, 가능하다

　화자는 가능한 대로 정확하고 참된 정보를 제공하기 위하여 (34)와 같은 단어의 집합 속에서 문맥에 맞는 적합한 단어를 선택하려고 한다. 다음 (35)는 화자가 만난 회원의 수를 언급하고 있는데, 이 표현은 화자가 대화 격률을 준수하면서 적절한 단어를 선택한 것으로 가정할 수 있다.

　(35) 나는 이번 모임에서 대부분의 회원을 만날 수 있었다.

　(35)에서 화자가 '대부분'을 사용하였기 때문에 그가 만난 회원의 수가 '전부'가 아님을 알 수 있다. 이와 같이 등급함축은 수량을 나타내는 등급의 어떤 값이 선택되면, 이 값이 갖는 의미는 이 값보다 상위에 있는 모든 값을 부정하는 함축을 갖게 된다. 따라서 (34ㄱ)에서 '대부분'은 그보다 상위에 있는 '전부'의 부정인 '전부가 아님'을 함축한다.[208]

　또한 화자가 만난 회원들에 대해서 다음 (36)과 같이 말한다면 여기에서도 여러 가지 등급함축이 포함되어 있음을 알 수 있다.

　(36) 이번에 만난 회원들 가운데는 이전에도 가끔 만났던 사람이 있다.

　(36)의 화자가 '가끔'을 사용함으로서 빈도를 나타내는 등급에서 이것보다 높은 단계의 단어 곧 '항상, 늘, 자주'가 가지고 있는 부정적 의미들을 각각 함축한다.[209] 앞의 (34ㄷ~ㅁ)은 의미의 강도를 나타내는 형용사들이다. 그 가운데서 체감의 정도를 표현하는 (34ㄷ)의 예를 들어보자.

(37) 온돌방 바닥이 뜨끈하다.

'뜨끈하다'는 등급상 상위에 있는 '뜨겁다'의 부정 의미, 곧 방바닥이 뜨거운 것이 아님을 함축한다.

화자가 자신이 말한 등급함축을 정정하면 처음 표현한 등급함축을 포기하는 것이 된다.

(38) ㄱ. 가을이 깊어지니까 날씨가 서늘하네요.
ㄴ. 가을이 깊어지니까 날씨가 서늘하네요. 아니, 서늘한 것이 아니라 쌀쌀한 편이네요.

(38ㄱ)은 '서늘하다'를 사용해서 '쌀쌀한 것은 아니다'는 의미를 함축한다. 그러나 (38ㄴ)은 뒤에서 말을 바꾸어 '쌀쌀하다'를 사용함으로써 '서늘하다'는 앞의 표현을 취소하고 있다. 그러나 (38ㄴ)은 여전히 '차가운 것은 아니다'의 의미를 함축하고 있다.

나. 절함축

절함축clausal implicature은 복합문 속 내포절의 명제 내용에 대한 함축이다. 내포절의 명제를 확신하는 강한 표현보다 내포절 명제를 확신하지 못하는 약한 표현을 사용하면 화자가 강한 진술을 할 입장이 아님을 함축한다. 다음 (39)의 상위문 서술어를 보면, (39ㄱ)의 '믿다'보다 (39ㄴ)의 '알다'가 더 강한 표현이다.

(39) ㄱ. 나는 창수가 도와줄 것으로 믿는다.
ㄴ. 나는 창수가 도와줄 것으로 안다.

화자가 (39ㄴ) 대신에 (39ㄱ)을 사용한 것은, 화자가 '창수가 도와줄 것'이라는 내포절 명제에 대해서 강한 표현을 할 형편에 있지 않음을 함축한다. 곧 창수가 도와주지 않을 가능성도 있음을 함축한다. 이와 같이 절함축은 내포절을 가진 서술어가 강한 표현의 서술어를 사용하지 않고 약한 표현의 서술어를 사용하는 것은 내포절의 명제 내용에 대해서 강한 표현을 할 만한 판단 근거가 없음을 함축하는 것이다. 그리고 이것은 내포절의 명제 내용에 대한 함축의 문제이기 때문에 절함축이라고 부른다.

절함축의 예를 하나 더 들어보자. '$p \vee q$' 형태의 선언 발화는 '$p \wedge q$' 형태의 연언 표현을 할 만한 근거가 없음을 함축한다.

> (40) ㄱ. 딸 아니면 아들이 집에 왔다 갔다
> ㄴ. 딸과 아들이 집에 왔다 갔다.

선언 표현은 이어진 두 명제 가운데서 어느 것이 참이 되는지 분명하지 않다. (40ㄱ)에서, 딸과 아들 가운데 어느 한 사람이 집에 왔다 갔지만 그가 누구인지는 알 수 없다. 결국 (40ㄱ)은 집에 다녀간 사람이 딸일 수도 있고 딸이 아닐 수도 있음을 함축하고, 아울러 아들이 집에 왔다 갔을 수도 있고 그러하지 않았을 수도 있음을 함축한다. 만일 딸과 아들 둘 다 다녀간 것이 확실하면 (40ㄴ)을 사용했을 것이지만 그렇게 판단할 근거가 없기 때문에 화자는 (40ㄱ)을 사용한 것이다. 곧 화자는 (40ㄱ)과 같은 약한 표현을 사용함으로써 (40ㄴ)과 같은 강한 표현을 할 만한 근거가 없음을 함축한다.

여기서 한 가지 유의할 점은, 절함축은 약한 형태와 강한 형태가 쌍을 이루고 있음을 전제한다는 것이다. 이미 살펴본 바와 같이 (39ㄱ)과 (39ㄴ), (40ㄱ)과 (40ㄴ)도 약한 표현과 강한 표현의 짝으로 되어 있다. 절함축은 이와 같은 전제 속에서 약한 형태를 사용한 것은 강한 형태를 사용할 만한 처지가 아님을 함축하게 된다.[210]

1.5. 대화함축의 특성

대화함축의 중요한 특성으로, 그라이스(1975: 57-8)에서 다음과 같이 다섯 가지를 들었다. 아래에서 살펴볼 대화함축의 특성들은 고정함축과 상호 대립적 관계에 놓여 있다. 따라서 대화함축의 특성을 부정하면 그것이 고정함축의 특성이 된다(레빈슨 1983: 114-8, 이익환 2000: 427-30).

1.4.1. 취소 가능성

대화함축은 화자가 전달된 함축을 취소할 수 있다. 이러한 대화함축의 특성을 취소 가능성cancellability이라고 한다. 다음 (41ㄱ)의 발화를 통해서 화자는 (41ㄴ)과 같은 함축을 전달한다.

(41) ㄱ. 영수는 부인이 한 명 있습니다.
　　　ㄴ. 영수에게는 오직 한 명의 부인이 있다.

(41ㄱ)의 '한 명'이라는 표현은 양의 격률에 의해서 '오직 한 명'이라는 함축을 갖는다. 그런데 다음 (42)처럼 화자는 다른 표현을 써서, 또는 다른 정보를 제공함으로써 '오직 한 명'이라는 함축을 부정할 수 있다.

(42) ㄱ. 영수는 부인이 적어도 한 명 있습니다.
　　　ㄴ. 영수는 부인이 한 명 있습니다. 그런데 사실은 한 명이 더 있을 수 있습니다.

(42ㄱ)은 '적어도'라는 표현을 써서 함축을 부정하고, (42ㄴ)은 다른 사실을 말함으로서 함축을 부정하게 된다.

1.4.2. 비분리성

대화함축은 발화에 사용된 언어 형태가 아니라 발화의 맥락에 의해서 발생한다. 따라서 어떤 언어 형태로 표현되든지 간에 동일한 맥락에 있는 동일한 명제 내용은 항상 동일한 대화함축을 생성한다. 곧 대화함축은 맥락과 불가분리의 관계에 있는데 이것을 대화함축의 비분리성non-detachability이라 한다.

> (43) A: 무슨 영화 보러갈까?
> B: 수자가 그러는데, '가을의 전설'이 괜찮대.

A에 대한 대답인 B는 "'가을의 전설'을 보러가자.'는 의미를 함축한다. 그런데 (43B)를 다음 (44ㄱ~ㄷ)과 같이 바꾸어 말해도 함축 의미는 변하지 않는다.

> (44) ㄱ. 사람들이 '가을의 전설' 얘기를 많이 하더군.
> ㄴ. '가을의 전설'이 구성도 탄탄하고 영상도 아름답대.
> ㄷ. 미국의 박스 오피스에서 '가을의 전설'이 4주 연속 1위를 했어.

(43B)와 (44ㄱ~ㄷ)은 표현은 다르지만 발화 맥락이 동일하기 때문에 동일한 함축을 갖는다. 이와 같이 대화함축은 맥락이 바뀌지 않은 상황에서 발화 문장의 단어를 몇 개 바꾼다고 하더라도 발화 문장으로부터 분리되지 않는다.

1.4.3. 계산 가능성

대화함축은 화자가 대화 격률을 준수할 것이라는 가정과 발화 맥락에서 드러난 정보에 근거하여 청자가 체계적으로 추론함으로써 의미를 파악할 수 있다. 따라서 대화함축은 함축의 발생과 해석을 논리적으로 예측할 수 있는데 이러한 특성을 계산 가능성calculability이라고 한다.

다음 (45)는 시골 마을에 사는 부부가 새벽에 잠에서 깨어나 주고받는 대화이다.

(45) A: 몇 시쯤 되었을까?
      B: 방금 예배당 종소리가 울렸어요.

B의 대답을 통해서 A는 지금 시간이 4시 30분이 조금 지났다는 것을 알 수 있다. 이러한 추론이 가능한 것은, A가 (45B)를 듣고 다음 (46)과 같은 체계적인 사고 과정을 거칠 수 있기 때문이다.

(46) ① 예배당 종소리가 매일 시간에 맞추어 몇 차례 울린다.
      ② 새벽 4시 30분에 예배당 종소리가 울린다.
      ③ 지금은 이른 새벽이다.
      ④ 조금 전에 예배당 종소리가 울렸다.
      ⑤ 따라서 지금 시간은 4시 30분을 조금 지났다.

이와 같이 A는 체계적인 계산을 통해서 B가 전하는 함축 의미를 파악할 수 있다.

1.4.4. 비고정성

발화에 사용된 언어 표현에 의해서 발생하는 함축은 대화함축이 될 수 없다. 그것은 고정함축으로서 특정 단어에 의해서 고정된 함축을 갖지만 대화함축은 발화 문장과 맥락, 그리고 대화 격률에 의해서 그때그때 발생하기 때문에 비고정적이다. 대화함축의 이러한 특성을 비고정성non-conventionality이라 한다.

다음 (47B)와 (48B)는 동일한 문장이지만 발화 맥락이 다르기 때문에 함축하는 바가 다르다.

(47) A: 남은 음식과 그릇들은 어떻게 했어요?
     B: 방금 뒷정리를 끝냈어요.

(48) A: 저녁 식사를 주실 수 있겠어요?
     B: 방금 뒷정리를 끝냈어요.

(47B)는 설거지를 끝냈음을 함축하고, (48B)는 식사를 차려주는 것이 어려움을 함축한다. 이와 같이 동일한 언어 표현인데도 다른 함축을 갖는 것은 대화함축이 맥락에 따라 다르게 나타날 수 있는 비고정적 특성을 가지고 있기 때문이다.

1.4.5. 비확정성

대화함축은 발화 맥락과 대화 격률에 의해서 함축되고 추론할 수 있기 때문에 하나 또는 둘 이상의 함축이 가능하다. 대화함축의 이러한 특성을 비확정성 indeterminacy이라고 한다.

(49) 맨체스터 유나이티드가 안타깝게도 결승 진출에 실패했다.

(50) ㄱ. 맨체스터 유나이티드는 결승 진출을 위해서 노력했다.
     ㄴ. 우리는 맨체스터 유나이티드의 결승 진출을 기대했다.

(49)는 (50ㄱㄴ)의 두 가지 의미 가운데서 하나를 함축할 수도 있고, 둘 다 함축할 수도 있다. 이와 같이 대화함축은 함축하는 바가 분명하게 결정되지 않는 특성이 있다. 그렇기 때문에 화자의 발화 의도가 비확정적인 상태로 남아 있을 수 있다.

이상에서 우리는 그라이스(1975)에서 설명하고 있는 대화함축의 특성에 대해서 간단하게 살펴보았다. 그러나 위에서 살펴본 다섯 가지의 특성들은 각각 독립적인 것이라기보다는 서로 뒤섞여 있다. 대화함축의 특성들이 그만큼 경계가 분명하지 않은 데가 있기 때문이다.

2. 신-그라이스 이론

2.1. 혼의 체계

혼(1984, 2004)는 그라이스(1975)의 격률 가운데서 질의 격률을 제외한 모든 격률을 두 개의 대조되는 원리, 즉 Q-원리Q-principle와 R-원리R-principle로 대치할 수 있다고 주장한다.

> (51) 혼의 원리
>   (가) Q-원리
>   당신의 기여가 충분하게 하라.
>   (R-원리가 주어지면) 당신이 말할 수 있는 만큼 하라.
>   (나) R-원리
>   당신의 기여가 필요하게 하라.
>   (Q-원리가 주어지면) 당신이 말해야 하는 것보다 많이 하지 마라.

Q-원리는 그라이스의 양의 격률 ㉠(대화의 목적에서 현재 필요한 만큼의 정보를 제공하라)과 태도의 격률 ㉠(애매한 표현을 피하라), 태도의 격률 ㉡(중의성을 피하라)을 재해석하고, R-원리는 그라이스의 양의 격률 ㉡(필요 이상의 정보를 제공하지 마라)과 관련성의 격률(관련성 있게 하라), 태도의 격률 ㉢(간결하게 하라), 태도의 격률 ㉣(순서에 맞게 하라)을 재구성하였다. Q-원리는 청자가 충분히 알아들을 수 있도록 가능한 대로 충분하게 말하라는 것이

고, R-원리는 청자에게 필요한 만큼의 말을 하라는 것이다. Q-원리는 청자의 입장에서의 원리이고, R-원리는 화자의 입장에서의 원리이다. Q-원리의 'Q'는 정보의 양을 가리키는 'quantity'의 머리글자를 따온 것이고, R-원리의 'R'은 관련성을 가리키는 'relation'에서 따온 것이다.

2.2. 레빈슨의 체계

레빈슨(1987, 2000)은 그라이스의 격률을 질의 격률을 제외한 나머지 격률을 세 개의 원리, 즉 Q-원리Q-principle, I-원리I-principle, M-원리M-principle로 축소할 것을 제안한다. 그리고 이 원리들은 양면을 지니는데, 화자가 말할 바를 명시하는 화자의 격률과 청자에게 무엇을 추론하게 할 것인가를 지시하는 수용자의 정리로 구성되었다. 그리고 레빈슨(2000: 35-8)에서는 선호되는 해석을 제공하는 발견적 해법heuristics으로 함축의 발견법 세 가지를 제시하였다.

(52) 레빈슨의 원리
　　(가) Q-원리
　　　　화자: (I-원리를 염두에 두고서) 요구되는 것보다 적게 말하지 마라.
　　　　청자: 말해지지 않은 것은 해당 사항이 아니다.
　　(나) I-원리
　　　　화자: (Q-원리를 염두에 두고서) 요구되는 것보다 많이 말하지 마라.
　　　　청자: 말해진 것은 전형적으로 그리고 명시적으로 해석된다.
　　(다) M-원리
　　　　화자: 이유 없이 유표적 표현을 사용하지 마라.
　　　　청자: 유표적으로 말해진 것은 무표적이지 않다.

위의 세 가지 원리를 발견적 해법과 함께 간략하게 살펴보자. Q-원리는 '말해지지 않은 것은 없는 것이다.'What isn't said, isn't.라는 발견적 해법을 반영하

는 원리로서 '대화의 목적에서 현재 필요한 만큼의 정보를 제공하라.'는 그라
이스의 양의 격률 ㉠을 재해석하였다. 이 원리의 'Q'는 정보의 '양'quantity을
고려하여 붙인 것이다. Q-원리는 혼(1984)에서 제시한 '혼의 등급'Horn's scale을
기반으로 한다. 화자가 정보성이 강한 표현 S가 있음에도 불구하고 정보성이
약한 표현 W를 사용한다면 청자는 강한 표현 S가 아니라고 추론할 수 있다.
혼의 등급 표현으로 <모든, 몇몇>, <알다, 믿다>, <뜨겁다, 따뜻하다>, <뛰어나
다, 좋다>, <아름답다, 예쁘다> 등을 들 수 있는데, <모든, 몇몇>을 예로 들어보
면 다음 (53)과 같다.

> (53) ㄱ. 나의 몇몇 친구는 채식주의자이다.
> ㄴ. 나의 모든 친구가 채식주의자는 아니다.

'몇몇'을 포함한 (53ㄱ)은 Q-원리에 의해서 '모든'을 포함한 (53ㄴ)을 Q-함
축한다. Q-함축은 대화상의 함축이기 때문에 대화함축의 특성 가운데 하나인
취소가능성이 있다. 곧 '나의 몇몇 친구는 채식주의자인데, 혹시 나의 모든
친구가 채식주의자인지도 모른다.'라고 말할 수 있는 것처럼 Q-함축을 취소할
수 있다.

I-원리는 '단순하게 표현되는 것은 전형적으로 예시된 것이다.'What is simply
described is stereotypically exemplified.라는 발견적 해법에 상응하는 원리를 반영한
것으로 '필요 이상의 정보를 제공하지 마라.'는 그라이스의 양의 격률 ㉡을
재해석하였다. 이 원리의 'I'는 발화의 정보량과 관련된 추론이라는 점에서
'정보'information를 고려한 것이다. I-원리는 필요한 만큼만 적게 말하라는 것으
로, 화자가 필요 이상의 정보를 제공하지 않기 위해서는 대화할 때 가장 간단
하고 전형적인 언어형식을 사용한다. 화자가 가능한 적게 말하려고 하기 때문
에 청자는 화자의 발화에서 최대한 적절하고도 구체적인 의미를 추론해야
하는데 이렇게 추론된 의미가 I-함축이다. 곧 I-원리는 화자가 말한 최소의

내용을 가지고 청자는 추론을 통해서 최대의 의미를 확장하라는 것이다. 다음 (54)는 I-함축의 예이다.

(54) ㄱ. 창수가 밥을 먹었다.
    ㄴ. 창수가 반찬과 함께 밥을 먹었다.

한국인의 식사는 밥과 반찬을 함께 먹기 때문에 (54ㄱ)을 말하면 I-원리에 의해서 (54ㄴ)을 I-함축한다. 또한 '창수가 밥을 먹었는데, 반찬은 너무 짜서 먹지 않았다.'와 같이 I-함축을 취소할 수도 있다.

M-원리는 '비정상적인 방법으로 말해진 것은 정상적이지 않다'What's said in an abnormal way, isn't normal.라는 발견적 해법에 근거한 원리로서 '명료하게 말하라.'는 그라이스의 태도의 격률과 관련된다. 이 원리의 'M'은 발화의 방식인 '태도'manner에서 따온 것이다. M-원리는 발화에 무표적unmarked 표현을 사용했느냐 아니면 유표적marked 표현을 사용했느냐와 같은 대조적 표현 양식에서 파생되는 함축이다. 무표적 표현을 사용할 수 있음에도 불구하고 유표적 표현을 사용했다면 그렇게 표현할 무엇이 있다고 추론하게 된다. 예를 들어, 운전 중인 차를 멈출 때 '차를 세웠다.'라고 무표적으로 말할 것을 '차를 서게 했다.'라고 유표적으로 말했다면, 브레이크를 밟아서 차를 세우는 것과 같은 전형적이고 정상적인 방법이 아니라 브레이크가 고장 나서 길가의 모래 더미에 부딪쳐서 차를 세우는 것과 같은 비정상적인 방법으로 차를 멈추게 했다고 추론할 수 있다. 다음 (55ㄱ)은 무표적 표현이 쓰인 문장이고 (55ㄴ)은 유표적 표현이 쓰인 문장이다.

(55) ㄱ. 그 사람은 나의 아버지다.
    ㄴ. 그 사람은 나의 어머니의 남편이다.

화자가 '아버지'라는 일반적인 단어를 사용하지 않고 '어머니의 남편'이라는 특이한 표현을 사용함으로써 (55ㄴ)은 M-원리에 의한 M-함축을 유발하고, 결과적으로 청자는 그 사람이 화자의 의붓아버지라고 추론하게 한다.

이와 같이 레빈슨은 일반적인 것을 가리키는 무표적 표현을 사용하면 I-원리에 의한 I-함축으로 해석하고, 무표적 표현 대신 유표적 표현을 사용하면 일반적이지 않은 특이한 것을 가리키는 것이라는 M-원리에 의한 M-함축이 발생한다고 설명한다.[211]

3. 적합성 이론

3.1. 적합성의 개념과 적합성 원리

적합성 이론relevance theory은 스퍼버와 윌슨D. Sperber & D. Willson(1986 / 1995²)에 의해서 고안된 인지화용적 함축 이론이다.[212] 그들은 그라이스(1975)의 협력 원리와 대화 격률을 '관련성 있게 하라.'는 관련성의 격률 하나로 통합하고 그것을 기반으로 이론을 확장하였다. 그리고 그들은 의사소통에서 화자의 발화와 청자의 해석에 이르는 모든 과정은 적합성 원리principle of relevance로 설명할 수 있다고 주장한다.

먼저 적합성의 개념에 대해서 알아보자. 적합성은 화자의 발화와 청자의 해석 과정에서 필요한 두 가지 요인, 즉 맥락 효과contextual effect와 처리 노력 processing effort의 정도를 나타낸다. 스퍼버와 윌슨이 말하는 적합성의 개념은 아래와 같다.

> (56) 적합성의 개념
>
> (ㄱ) 다른 조건이 같다면, 주어진 정보의 처리를 통해서 얻어지는 맥락적 인지 효과가 크면 클수록 그 정보를 처리한 개인에게 그 정보의 적합성은 커진다.

　(ㄴ) 다른 조건이 같다면, 주어진 정보의 처리에 들어간 노력이 크면
　　　클수록 그 정보를 처리한 개인에게 그 정보의 적합성은 작아진다.

　위의 정의는 '어떤 발화에서 맥락 효과가 크면 적합성이 높고, 처리 노력이
크면 적합성이 낮다.'라고 요약할 수 있다. 즉 적합성은 맥락 효과에 비례하고
처리 노력에 반비례한다. 맥락 효과와 처리 노력은 각각 보상reward과 비용cost
의 수지타산의 관계인데, 보상이 크고 비용이 적게 들면 최적의 적합성optimal
relevance을 갖는다고 말한다. 그리고 인간의 의사소통에는 최적의 적합성이
존재한다는 가정을 기반으로 한다. 맥락 효과와 처리 노력, 그리고 최적의
적합성에 대해서 살펴보자.
　다음 (57)은 집을 나서는 나(남편)에게 아내가 하는 말이다.

　(57) 몇 시에 도착해요?

　이 말을 들은 나는, 아내가 나의 부산 출장 일정을 알고 있고, 내가 지금
집을 나서는 것은 부산으로 출장을 가는 길이며, 교통편은 *KTX*를 이용하는데
출장에서 귀가하는 시간이 오늘 오후 늦은 시간일 것이라고 생각하고 있다는
것과, 아울러 아내의 질문 속에는 저녁 식사를 나의 귀가 시간에 맞추어 준비
하겠다는 의도가 담겨 있다고 생각한다. 이것은 내가 아내의 발화를 이해하는
데 최적으로 적합한 방법이다. 왜냐하면 나는 이처럼 생각할 수 있는 맥락상으
로 충분한 인지적 효과가 있으며, 또한 아내의 발화를 해석하는데 많은 노력이
요구되지 않기 때문이다. 따라서 나는 아내의 물음에 다음 (58)과 같이 대답할
것이다.

　(58) 3시 열차라서 좀 늦을 거예요.

　나의 말에 아내는, *KTX*가 부산역에서 오후 3시에 출발하고, 부산-서울의

운행에 소요되는 2시간 40분의 시간이 경과해 5시 40분경에 서울역에 도착하면, 남편은 대강 7시경에 귀가할 것이라고 생각한다. 그리고 남편은 자신이 귀가해서 함께 저녁식사를 하고자 한다고 추론할 수 있다. 우리 부부는 사정이 있으면 좀 늦은 저녁식사도 함께 하기 때문에 그렇게 생각하는 것은 당연하다. 아내와 나는 배경 지식과 인지 환경이 대체로 일치하므로 상대가 하는 말의 의미를 최적의 방법에 의해서 전달하고 해석할 것이라고 생각할 수 있다. 곧 아내와 나의 의사소통은 맥락 효과가 큰 반면에 처리 노력이 적게 드는 만큼 적합성의 정도가 매우 높다고 할 수 있다.

그런데 부부싸움으로 일주일 넘게 말없이 지내던 아내가 불쑥 앞의 (57)을 말한다면 나는 조금 당황스러울 것이다. 어디를 몇 시에 도착한다는 말인가? 내가 말하지 않았는데 아내는 내가 부산 출장이 있다는 것을 알고 있었던 것인가? 그렇다면 도착 시간은 부산역의 시간을 말하는가? 아니면 서울로 돌아오는 시간을 말하는가? 그리고 도착 시간을 묻는 것은 어떤 의도가 있는 것인가? 등등, 나는 맥락에 대한 정보가 부족하기 때문에 아내의 말을 해석하는데 적지 않은 처리 비용을 들여야 한다. 만일 (57)이 옆집 부인이 나에게 하는 말이라면 나는 얼마나 당황스러울까? 맥락상의 인지 효과는 거의 기대할 수 없는 상태에서 나는 헤아릴 수 없을 정도로 많은 노력을 들여 부인의 발화를 이해하려고 할 것이다.

이와 같이 화자의 발화를 청자가 해석하는데 필요한 인지적 노력의 정도를 적합성이라 하고, 적합성의 정도는 맥락 효과와 처리 노력에 의해서 결정된다.

다음은 적합성 원리에 대해서 알아보자. 적합성 원리는 적합성의 개념을 기반으로 다음 (59)와 같이 인지적 원리와 의사소통적 원리로 구성된다(스퍼버와 윌슨 1995: 158).

(59) 적합성 원리

　　(가) 인지적 원리

인간의 인지는 적합성을 최대화하려는 쪽으로 맞춰지는 경향이
있다.
(나) 의사소통적 원리
모든 명시적 자극(예, 발화)은 그것이 나름대로 최적의 적합성이
라고 추정하게 한다.

인지적 원리는 적합성이 인지적 개념임을 전제로 한다. 인간의 인지는 주어
진 상황에서 적합성이 가장 높은 것에 주의를 기울이는데, 인지적 원리는 발화
맥락에서의 인간의 인지가 최소의 처리 노력으로 최대의 인지 효과를 얻고자
하는 경향에 맞춰져 있다는 점을 부각한다. 의사소통적 원리는, 모든 발화는
그 발화 자체가 최적으로 적합하게 이루어졌음을 가정한다. 따라서 청자가
그 의미를 추론하는 것도 최적으로 적합하게 이루어질 수 있다고 추정할 수
있다. 의사소통적 원리가 적합성 이론의 요체라고 말할 수 있다.

3.2. 외축

의사소통은 화자의 발화와 청자의 해석으로 이루어지지만 이것으로 완전하
지 않고 그 사이에 추론의 과정이 추가되어야 한다. 문장이 발화로 사용될
때 문장의 의미와 실제 발화로 전달되는 의미 사이에는 간극gap이 있는데 그
간극은 추론에 의해서 채워지기 때문이다. 고전적 의사소통 이론에서는 의사
소통이 화자의 발화와 청자의 해석 과정으로 이루어진다고 보았지만, 스퍼버
와 윌슨은 이러한 기본 단계뿐만 아니라 그 다음의 단계로서 화자의 의도를
알아내는 추론의 과정이 필요하다고 말한다.[213]

다음 (60)을 통해서 문장의 의미와 그것이 발화로 쓰였을 때의 의미를 살펴
보자. (60)은 강의동 휴게실에서 다음 강의 시간을 기다리던 영하가 함께 있던
수자에게 '시간이 다 됐다.'라고 말했을 때 수자가 한 말이다.

(60) 휴강한다고 하셨어.

이 말을 들은 영하는 '오늘 국어의미론 강의를 휴강한다고 담당교수인 윤화평 교수님이 말씀하셨어.'라는 뜻으로 이해할 것이다. 수자가 휴강 날짜를 말하지 않았지만 영하가 '오늘'이라고 생각하는 것은 그것이 맥락에 가장 적합한 해석이기 때문이다. 수자가 휴강 과목을 말하지 않았는데 '국어의미론'이라고 생각하는 것은 기다리던 수업 시간이 국어의미론 수업이기 때문에 그렇게 해석하는 것이 가장 적합하다. 그리고 수자가 휴강한다고 말한 사람이 누구라고 말하지 않았지만 '-고 하셨어.'라는 간접인용과 존대표현 방식으로 볼 때 '담당교수인 윤화평 교수님'이라고 해석하는 것이 가장 적합하다. 물론 조교가 전달한 말일 수도 있지만 그럴 경우의 표현으로 다소 자연스럽지 못하고, 특히 수자가 조교한테 '하셨어'라고 존대할 가능성이 높지 않기 때문에 덜 적합하다고 생각할 수 있다. 뿐만 아니라 휴강이라는 말만 했을 뿐인데 수자가 '그러니까 강의실에 갈 필요 없어.'라는 의도로 말하고 있다고 영하는 추론한다. 이상의 다소 긴 설명에서 보았듯이, (60)의 문장 의미와 그것을 발화했을 때 화자가 전달하는 의미 사이에는 많은 간극이 있는데 그것을 영하가 추론을 통해서 채우고 있다. 그리고 (60)의 발화와 추론 과정에서 볼 때 수자의 발화가 적합성을 갖는다고 말할 수 있다. 즉 발화 그 자체가 최적의 적합성을 갖는다는 의사소통적 원리가 적용된다.

우리는 그라이스(1975)의 '말해진 것'what is said과 '함축된 것'what is implicated에 대해서 살펴본 바 있는데, 스퍼버와 윌슨은 이러한 이분법의 문제점을 지적한다. 그라이스가 '함축된 것'에 대한 화용론적 기여는 부각하면서 반대로 '말해진 것'에 대한 화용론적 기여는 간과한다는 것이다. 스퍼버와 윌슨은 말해진 것에 명시된 내용이 화용론적 추론 과정에서 중요한 역할을 맡고 있음을 강조하면서, 그라이스의 함축에 대응하여 '외축'explicature이라는 개념을 제시한다. 화자가 직접 말한 바는 아니지만 '말해진 것'에 포함시켜야 하는 내용, 바꾸어 말하면 '명시적으로 소통되는 추정 내용'을 외축이라고 한다.[214] 위의 발화 (60)을 통해서 외축을 이해하도록 하자. '휴강한다고 하셨어.'는 말해진 것인데 이것 자체는 불완전한 표현이다. 개념적으로 불완전체인 발화는 맥락에 의존한 추론을 통해서 명제 내용이 풍부하게 될 수 있다. 화자가 직접 말하지 않았지만 휴강 날짜가 '오늘'이고, 휴강 과목은 '국어의미론'이고, 휴강한다고 말한 사람은 '윤화평 교수님'이라는 것을 추론을 통해서 보충할 수 있다. 이와 같이 말해진 것의 명제 내용을 풍부하게 하는 '명시적 추정 의미'를 외축이라 한다. 따라서 외축은 풍부한 명제 내용을 생성함으로써 발화 문장의 불완전한 논리 형식을 구체화하는 기능을 가지고 있다. 다음 (61)은 아내가 파전을 부쳐놓고 서재에 있는 나(남편)에게 하는 말이다.

  (61) 식겠어요.

나는 (61)의 발화에서 다음 (62)를 추론할 수 있다.

  (62) ㄱ. 아내가 나에게 하는 발화는 최적으로 적합하다.
     ㄴ. 아내는 파전이 식겠다고 말한다.
     ㄷ. 아내는 파전이 곧 식을 것이라고 믿는다.
     ㄹ. 실제로 파전이 곧 식을 것이다.

(62ㄱ)은 적합성의 원리가 제대로 작동하고 있음을 추론하고, (62ㄴ~ㄹ)은 (61)을 통해서 추론된 명시적 내용으로 외축에 해당한다. (62ㄴ)의 '파전'은 아내가 점심 때 파전을 부치겠다고 말했기 때문에 식을 것이 파전이라고 해석하는 것이 적합하고, (62ㄷ)과 (62ㄹ)은 음식이 식는 것은 당연하기 때문에 아내가 '믿는' 것이나 나도 그렇게 생각하는 것은 적합한 해석이다. 이와 같이 외축은 최초의 발화에서 불완전하게 표상된 개념을 추론을 통해서 정교한 명제 형식으로 풍부하게 해준다. 또한 나는 앞의 (61)에서 다음 (63)과 같은

함축의미를 얻게 된다.

(63) 아내는 내가 즉시 와서 파전을 먹기를 원한다.

(61)에서 (63)을 추론할 수 있는 것은, 아내의 발화 자체가 최적으로 적합하게 발화되었으며 내가 그 발화와 함께 명시된 외축을 복원할 수 있기 때문에 가능하다.

3.3. 함축된 가정과 함축된 결론

적합성 이론에서는 '함축된 가정'implicated premise과 '함축된 결론'implicated conclusion이라는 두 종류의 함축을 제안한다. 함축된 가정은 화자에 의해서 의도되고 청자에 의해서 제공되는 문맥상의 가정이고, 함축된 결론은 화자에 의해서 전달되는 맥락상의 함축이다. 다음 (64)는 외제차 판매원이 구매자에게 사브Saab를 추천하면서 나눈 대화이다.

(64) 판매원: 사장님은 사브를 운전해 보셨지요?
구매자: 나는 스웨덴 차를 운전해 본 적이 없어요.

구매자의 대답에서 우리는 다음과 같은 함축을 이끌어 낼 수 있다.

(65) 나는 사브를 운전해 본 적이 없다.

(65)는 그라이스 고전 이론에서 말하는 함축인데, 이것을 적합성 이론에서 함축된 결론이라고 말한다. 그런데 구매자는 이러한 함축을 유도하는데 다음과 같은 전제를 문맥에 도입하고 있다.

(66) 사브는 스웨덴산 차이다.

(66)은 구매자의 발화 속에 전제되었지만 화자가 직접 말하지 않았으므로 함축된 것이다. 이것을 스퍼버와 윌슨은 '함축된 가정'이라고 말한다.

다음 (67)은 늦은 저녁 시간에 음식점에서 나눈 대화이다.

(67) 손님: 식사할 수 있을까요?
     주인: 주방장이 퇴근했습니다.

주인의 대답에서 다음과 같은 함축을 추론할 수 있다.

(68) ㄱ. 음식은 주방장이 만든다. (함축된 가정)
     ㄴ. 그래서 식사를 제공할 수 없다. (함축된 결론)

이와 같이 스퍼버와 윌슨은 두 층위의 함축을 제안한다. 그러나 이러한 분석이 모든 발화 맥락에서 가능한 것이 아니라는 데에 문제가 있다. 예를 들면, 앞의 (60), (61)에서는 추론되는 전제, 즉 함축된 가정이 무엇인지 분명하지 않다. 대체로 그라이스와 신-그라이스의 체계에서 말하는 특정 대화함축에서는 두 층위의 함축을 분석할 수 있지만, 일반 대화함축에서는 함축된 가정을 추정하는 것이 쉽지 않다.

미주

제1장 의미론의 형성

1) 언어학의 세 영역의 관계에 대해서는 많은 학자들의 언급이 있지만 대부분 동일한 내용을 조금씩 다르게 설명하고 있다. 그 가운데 하나로 리치G. Leech(1981: 5)에서는 언어사용의 측면에서 아래와 같은 그림으로 설명한다.

화자의 발신으로 이루어지는 언어의 생성은 (C) → (B) → (A)의 방향으로 작용하고, 반대로 청자의 수신으로 일어나는 언어의 해석은 (A) → (B) → (C)의 방향으로 작용한다. 작용하는 방향에 따라 의미론과 음운론의 위치가 뒤바뀌고, 의미론과 음운론 사이에서 통사론이 연결고리의 역할을 맡고 있다.

2) 고대 그리스 시대 철학자들이 언어에 대한 관심을 가지면서, 단어의 명칭과 의미는 서로 자연스럽게 맺어진 관계인가 아니면 인간이 약정해서 맺어진 관계인가 하는 논의가 있었는데, 전자를 자연론naturalism이라 하고 후자를 규약론conventionalism 또는 약정론이라 한다. 스토아학파가 자연론을 주장하고 플라톤은 옹호하는 입장이었으며, 아리스토텔레스는 규약론을 주장하였다.

3) 울만S. Ullmann(1962: 5-10)은 그 당시까지의 의미론 연구의 역사를 세 시기로 나누었다. 그는 제1기(1825~1883) 약 50년간은 라이지히C. K. Reisig에 의해서 의미 연구의 필요성이 주창되었지만 의미 연구가 고전학의 범위를 벗어나지 못하였다 하여 '지하시대'라고 했으며, 제2기(1883~1931) 약 50년간 즉 브레알M. Bréal(1883)에서부터 슈테른G. Stern(1931)에 이르기까지를 의미변화에 대한 연구 시기라 하여 '의미사 시대'라고 하였다. 그리고 제3기(1931~)는 트리어J. Trier(1931)의 등장으로 의미 연구의 새 시대를 열었으며, 이때부터 본격적인 구조의미론이 나오게 되었다고 말한다. 울만(1962)의 세 시기 가운데서 제1기와 제2기를 합한 것이 우리의 (1) 역사의미론 시기와 일치하고, 제3기는 (2) 구조의미론 시기와 일치한다. 기어랫츠D. Geeraerts(2010)에서는 어휘의미론의 연구사를 (1) 역사-문헌

학 의미론historical-philological semantics, (2) 구조주의 의미론structuralist semantics, (3) 생성주의 의미론generativist semantics, (4) 신구조주의 의미론neostructuralist semantics, (5) 인지의미론cognitive semantics으로 분류하고, 각 시기의 이론을 상술하고 있다. 그러나 기어랫츠(2010)은 어휘의미 연구로 한정하였기 때문에 전체 의미론 연구의 시대 구분이라고 말할 수 없다.

4) 의미론을 가리키는 프랑스어 용어 'sémantique'는 그리스어 형용사 *sémantikos*(의미 있는)에서 유래했다. 이 용어가 처음 등장한 것은 1883년 브레알의 논문 <*Les Lois Intellectuelles du Langage, Fragments de Sémantique*>언어의 지적 법칙들, 의미론 단상이며, 이후 1897년에 출판된 브레알의 저서 『*Essai de Sémantique: Science des Significations*』 의미론 개설: 의미 작용의 과학를 1900년 영국의 쿠스트H. Cust가 『*Semantics: Studies in the Science of Meaning*』이라는 서명으로 영역하면서 영어 용어 'semantics'가 등장했다. 한편, 이보다 앞선 1825년 경 독일의 라이지히는 의미를 연구하는 분야를 'semasiologie'라고 했는데, 이 독일어 용어도 그리스어에서 파생된 것이다. 따라서 의미론을 가리키는 용어로 라이지히의 'semasiologie'semasiology와 브레알의 'sémantique'semantics가 공존하였고, 영어 용어도 'semasiology'와 'semantics'가 한때 같이 쓰이다가 지금은 'semantics'로 정착되었다.

앞에서 언급한 의미론 용어는 모두 그리스어에서 파생된 것인데, 이와는 달리 의미론이란 '의미를 연구하는 학문'이라는 전제 아래 '의미+론 / 학'의 합성어로 이루어진 용어가 생겨났다. 독일어 'bedeutungslehre', 노르웨이어 'betydningslaere', 헝가리어 'jelentestan' 등이 그러한 것들이다. 우리나라와 일본의 '의미론'이나 중국의 '어의학'語义学도 마찬가지이다. 그 당시 'semantics'는 '의미변화를 지배하는 원리'(울만 1951)를 연구하는 학문을 지칭하였지만 이후 의미 전반을 연구하는 용어로 일반화되었다.

5) 카노이(1927)와 슈테른(1931)의 의미변화 분류에 대한 비교 고찰은 기어랫츠(2010: 35-41, 임지룡·김동환 옮김 2013: 70-78)을 참고할 것.

6) 기어랫츠(2010: 42-3)은 역사의미론이 이론적으로 갖는 중요성으로 사전편찬학 현상 연구에 기여한 것 외에 첫째, 의미의 동적 본질dynamic nature을 강조한 점, 둘째, 언어가 가지고 있는 심리적 측면을 강조한 점을 들고 있다.

7) 막스 헤트Max Hecht가 『희랍어 의미론』Griechische Bedeutungslehre(1888: 5)의 서문에서 역사의미론의 학문적 입장을 아래와 같이 요약했다.

의미론은 사전편찬학을 위해 의미를 연대순으로 분류하고, 어원학을 위해 의미변화의 법칙을 기록해 두는 경우에 언어학적으로 귀중하다. 하지만 의미론이 마음의 본질로부터 이런 법칙을 도출하고, 의미가 관념이므로 관념의 역사를 기록하는 경우에, 의미론은 경험적 심리학의 영역으로 분류된다(임지룡·김동환 옮김, 2013: 38).

바이스게르버(1927)는 헥트의 위의 인용문을 격렬하게 비판하면서 자신의 주장을 전개한다. 바이스게르버의 논점은 대체로 다음 세 가지로 요약할 수 있다. 첫째, 역사의미론이 취한 의미의 심리적 개념을 거부한다. 둘째, 역사언어학의 통시적 고찰이 아닌 공시적 연구이어야 한다. 셋째, 역사의미론의 어의론적 관점이 아닌 명칭론적 관점을 취해야 한다(기어랫츠 2010: 49-50).

8)   음소분석 방법은 프라그 학파의 트루베츠코이N, S. Trubetzkoy(1939)에 의해서 제안되었다. 코펜하겐학파를 대표하는 덴마크의 언어학자 옐름슬레우L. Hjelmslev와 야콥슨R. Jakobson은 트루베츠코이가 음운론에서 도입한 이 원리가 문법론과 의미론으로 확장될 수 있으며, 그렇게 되어야 한다고 주장했다.

9)   라이온스(1963, 1977, 1995)에서 '의미관계'meaning relation라는 기존의 용어 대신에 '의의 관계'sense relation를 사용한다.

10) 기어랫츠(2010)에서는 구조의미론의 연구 주제를 생성주의 의미론에서 제시한 표상 방식으로 설명하고자 하는 1980년대 이후의 의미 연구를 '신구조주의 의미론'neostructuralist semantics이라고 부른다. 그리고 이 시기의 연구 방법론을 분해적 접근법decompositional approach과 관계적 접근법relational approach으로 구별한다. 보다 자세한 설명은 기어랫츠(2010: 124-81, 임지룡·김동환 옮김 2013: 178-249)를 참고할 것.

11) 카츠와 포더(1963)에서 대표되는 이론은 투사규칙projection rule인데, 이 이론은 촘스키의 생성문법의 일환으로 고안되었다. 그렇기 때문에 다음 [그림 1]과 같이 통사적 구표지(수형도)를 이용하여 설명한다.

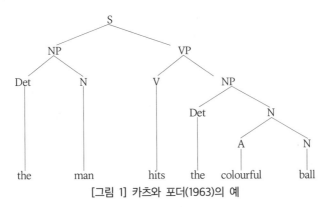

[그림 1] 카츠와 포더(1963)의 예

투사규칙은 수형도 끝의 'the'와 'man'의 의미를 결합하여 명사구 'the man'의 의미를 얻고, 'colourful'과 'ball'의 의미를 결합하고 그 다음에 'the'의 의미를 결합함으로써 'the colourful ball'의 의미를 얻는다. 이와 같은 방법으로 궁극에는 'the man hits the colourful ball.'이라는 문장의 의미를 얻게 된다. 즉 단어의미가 구의미로, 구의미가 문장

의미로, 곧 낮은 단계의 언어단위의 의미에서 더 높은 단계의 언어단위의 의미로 투사시 킴으로써 궁극적으로 문장의 의미를 얻게 된다. 투사규칙은 의미의 합성성을 반영하기 위해서 고안되었다.

12) 자연언어 대신에 기호를 사용하여 체계를 갖춘 기호 논리체계의 언어를 기호언어 또는 형식언어formal language라고 한다. 예를 들면, 명제논리에서 '형이 오거나 동생이 온다.'와 같은 문장을 논리체계에 따라 형식언어로 나타낼 때 'p∨q'와 같이 표현한다.

13) '원형이론'prototype theory은 미국의 심리언어학자 로쉬E. Rosch(1975: 198)에 의해서 제시되 었는데, 여기서 말하는 '원형'은 어떤 범주를 대표할 만한 가장 전형적이고 이상적인 보기 를 가리킨다. 예컨대 '새'의 범주에는 '참새, 비둘기, 까치, 부엉이, 펭귄, 타조' 등을 떠올 릴 수 있는데, 이 가운데서 '참새'는 새의 원형적 보기인데 반하여 '펭귄'이나 '타조'는 주변적 보기이다. 이처럼 자연의 범주는 원형을 중심으로 가족 닮음family resemblance처럼 연쇄적인 망으로 이루어진다는 이론을 원형이론이라고 한다.

14) 레이코프(1987)와 존슨M. Johnson(1987)은, 인간의 '이성'과 '범주화'에 대한 전통적인 견해 를 객관주의objectivism라 하고 이와 대조적인 시각으로 체험주의experientialism를 주장하였 다. 체험주의는 '인간의 사고는 근본적으로 신체화된 경험에서 유래한다.'는 견해를 기저 에 두고 있다. 곧 인간의 마음이란 본질적으로 인간이 몸으로 직접 경험한 일체의 심적 작용과 관련이 깊다는 것이다.

15) '언어학적 의미론'이라는 용어는 일찍이 기로(1955)에서 사용하였다. 그는 자연언어의 의 미를 연구하는 의미론을 언어학적 의미론이라 하고, 언어학적 의미론은 '언어체계 내부 에서 단어(언어)를 연구하는 분야'이며 '가장 우월한 의미론 영역'이라고 말한다(유재호 옮김 1990: 9 참고). 그리고 라이온스(1977: 138)에서는 수리논리학을 배경으로 하는 '논 리적 의미론'logical semantics과 같은 논리학 혹은 수학의 한 분야로서의 의미론을 순수 의미론pure semantics이라고 하여 언어학적 의미론과 구별한다.

16) 울만(1951: 39)은 언어학의 3차원three dimensions of linguistics 속에서 의미론의 위치와 의미 론의 연구 분야를 다음 [그림 1]과 같이 보여 주고 있다.

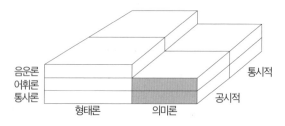

[그림 1] 언어학 영역상의 의미론의 위치

[그림 1]을 이른바 '울만의 상자'Ullmann's cabinet라고 하는데, 이 그림에서 먼저 이해할 수 있는 것은, 의미론이 음운론과는 직접적인 관계가 없고 어휘론 및 통사론과는 직접적인 관련이 있다는 것이다. 다시 말하면, 의미론은 단어(어휘)를 연구 대상으로 삼는 어휘론 및 문장을 연구 대상으로 삼는 통사론과 직접적인 관계를 가지고 연구가 이루어진다. 의미론의 이 두 영역을 일반적으로 어휘의미론lexical semantics과 통사의미론syntactic semantics이라 한다. 통사의미론은 그것이 추구하는 것이 궁극적으로 문장의미 연구이기 때문에 문장의미론sentence semantics이라고 말한다. 그리고 어휘의미론과 통사의미론은 공시적 또는 통시적 방법으로 연구할 수 있기 때문에 각각 (가) 공시적 어휘의미론, (나) 통시적 어휘의미론, (다) 공시적 통사의미론, (라) 통시적 통사의미론의 네 가지 하위 연구 영역으로 분류한다.

17) 의미론의 연구 대상으로 '의미란 무엇인가?'와 같은 본질적인 질문보다는 작고 세부적인 질문으로 의미 현상을 포착하여 설명하는 것이 보다 유용하다고 주장하는 의미론자들이 적지 않다. 대표적으로 비어비쉬(1970)에서는 6개의 의미 현상을, 카츠(1972)에서는 15개의 의미 현상을 제시하고 있으며, 본문에서 소개한 딜론(1977)도 그 중의 하나이다.

(가) 비어비쉬(1970: 167)의 의미 현상
①변칙적anomalous 문장, ②모순된contradictory 문장, ③중의적ambiguous 문장, ④바꿔쓰기 paraphrase 또는 동의관계synonymy, ⑤함의entailment, ⑥전제presupposition

(나) 카츠(1972: 4-6)의 의미 현상
①동의관계synonymy와 바꿔쓰기paraphrase, ②의미의 유사성similarity과 차별성difference, ③반의관계antonymy, ④상위관계superordination, ⑤유의미성meaningfulness과 의미상의 변칙성 anomaly, ⑥의미적 중의성ambiguity, ⑦의미적 잉여성redundancy, ⑧의미적 참truth 및 분석성 analyticity, 메타언어적 참meta-linguistic truth 등, ⑨의미적 거짓falsehood 및 모순성contradiction, 메타언어적 거짓meta-linguistic falsehood 등, ⑩ 의미상 미정의 참 또는 거짓undetermined truth or falsehood, ⑪불일치inconsistency, ⑫함의entailment, ⑬전제presupposition, ⑭질문에 가능한 대답possible answer to a question, ⑮스스로 답한 질문self-answered question

제2장 의미의 의미

18) 리머N. Riemer(2010)에서 단어의 의미를 정의하는 데에는, (가) 실질 정의와 명목 정의, (나) 실물지시적 정의, (다) 동의관계에 의한 정의, (라) 문맥 또는 전형적 보기에 의한 정의, (마) 속과 종차에 의한 정의 등, 다섯 가지 방식이 있을 수 있다고 말한다. 이에 대한 자세한 설명은 리머(2010: 62-9)와 임지룡(2018: 36-41)을 참고할 것.

19) 이러한 지시 관계를 속칭 ''Fido'-Fido 이론'이라고 부른다(라일G. Ryle 1970: 136).

20) 용법설에 대한 비트겐슈타인(1953: 20)의 견해는, '…it can be defined thus: the

meaning of a word is its use in the language.'라는 구절로 요약된다. 철학자 라일 (1970[1953]: 120)에서도 이와 유사한 언급이 있는데, 'Understanding a word or phrase is knowing how to use it, i.e., make it perform is its role in a wide range of sentence.'가 그것이다. 안탈L. Antal(1963: 91)에서는 의미에 대한 심리주의적 태도를 거부하고 용법설을 지지하다가, 곧이어 안탈(1964)에서는 용법설을 포기한다.

21) 라이온스(1977)는 단어들의 의의관계를 대강 다음과 같이 설명한다.

"우리는 '소'와 '동물'이 의의sense 면에서 어떤 방식으로든지 연결되어 있다는 것을 안다. 그것은 '소'의 지시가 '동물'의 지시 속에 포함되어 있음을 알기 때문이다. 또한 우리는 '유니콘'unicorn과 같이 지시 대상이 없는 단어의 의의를 알 수 있는가 하는 질문을 접하는데, '유니콘 같은 동물은 존재하지 않는다.'라는 문장의 의미가 정상적인데 반하여 '유니콘 같은 책은 존재하지 않는다.'라는 문장은 의미가 비정상적이라는 것을 안다. 이것은 ('소'와 '동물'의 관계처럼) '유니콘'과 '동물'이 의의에서 관계가 있지만, '유니콘'과 '책'은 그렇지 않다는 사실에 의존한다. 이와 같이 언어를 아는 화자는 단어와 단어 사이의 의의관계를 알고 있다(1977: 210)."

22) 참고로 라이온스(1995: 41)에서 제시하고 있는 주요 의미 학설은 (가) 지시적(외연적) 이론referential(or denotational) theory, (나) 관념적(심리적) 이론ideational(or mentalistic) theory, (다) 행동주의 이론behaviourist theory, (라) 의미사용 이론meaning-is-use theory, (마) 검증주의 이론 verificationist theory, (바) 진리조건 이론truth-conditional theory 등 여섯 가지이다.

23) 일찍이 독일의 뷜러K. Bühler(1934)에서 언어의 기능에 대해 언급한 바 있다. 뷜러(1934)에서는 언어의 기능으로 '표상'darstellung[representation], '표현'ausdruck[expression], '부름'appell [vocative]의 세 가지 기능을 제시했다. 뷜러(1934)의 분류는 야콥슨R. Jakobson(1960)에 의해 수정되고 확장되었다. 야콥슨(1960)에서는 '표상'을 '지시적'referential으로, '표현'을 '감정적'emotive으로 대신하고, '부름'은 '환기적'conative으로 대치했다. 그리고 야콥슨은 여기에 메타언어적metalinguistic 기능, 시적poetic 기능, 교감적phatic 기능을 더해서 모두 여섯 가지의 기능을 제시했는데, 라이온스(1977)에서는 야콥슨(1960)의 여섯 가지의 기능을 아래의 [표 1]과 같이 세 가지로 통합했다(라이온스 1977: 51-3).

[표 1] 야콥슨(1960)과 라이온스(1977)의 언어의 기능

야콥슨(1960)	라이온스(1977)
지시적 기능 메타언어적 기능	기술적 기능
감정적 기능 시적 기능	표현적 기능
환기적 기능 교감적 기능	사회적 기능

야콥슨(1960)의 언어의 기능에 대한 좀 더 자세한 설명은 강범모(2018: 7-12)를 참고할 것.

24) 크루스(1990, 2000: 46-61)에서는 의미 유형을 (가) 기술적 의미, (나) 표현적 의미, (다) 환기적 의미로 분류하는데 이것을 라이온스(1977)과 대조하면 라이온스의 '사회적 의미'와 크루스의 '환기적 의미'에서 구별된다. 크루스(1990)의 환기적 의미evoked meaning는 화자의 지역적, 시간적, 사회적 방언의 변이형과 화자의 특정 분야field, 입말이나 글말, 전자우편 등의 양식mode, 격식이나 비격식 등의 문체style와 같은 언어사용의 변이형에 의한 차별적 의미를 가리킨다. 이것은 대화 참여자의 사회적 상호작용이라는 점에서 라이온스(1977)의 사회적 의미와 대동소이하다.

25) 대부분의 학자들이 언어표현의 기본적 의미인 문자적 의미와 맥락에서 나타나는 부차적 의미 즉 비문자적 의미로 의미 유형을 대별하고, 비문자적 의미에서 학자에 따라 상이한 분류를 하고 있다.

26) 개념적 의미는 이밖에도 '지시적'referential, '인지적'cognitive, '외연적'denotative 의미라고 부른다.

27) 리치(1977)에서 '문체적 의미'stylistic meaning라 했던 것을 리치(1981)에서는 '사회적 의미'social meaning로 바꿨으나 구체적 내용은 동일하다.

28) 영어 'pretty'와 'handsome'은 같은 명사와 쓰이기도 하지만 대체로 서로 다른 명사와 공기한다.

pretty {girl, woman, flower, garden, color, village …}
handsome {boy, man, car, vessel, overcoat, airliner …}

이와 같은 단어의 배열을 통하여 두 단어의 의미 차이를 짐작할 수 있다.

29) 리치(1981: 23)에서 의미의 유형을 다음 [표 1]과 같이 정리하여 제시했다.

[표 1] 의미의 일곱 가지 유형

1. 개념적 의미		논리적, 인지적, 또는 외연적 의미
연상적 의미	2. 내포적 의미	언어가 지시하는 것에 의해서 소통되는 의미
	3. 사회적 의미	언어사용의 사회적 상황에 의해서 소통되는 의미
	4. 감정적 의미	화자 / 필자의 감정이나 태도에 의해서 소통되는 의미
	5. 반사적 의미	동일한 표현의 다른 의미와 연상에 의해서 소통되는 의미
	6. 연어적 의미	함께 사용되는 다른 단어와의 연합에 의해서 소통되는 의미
7. 주제적 의미		전달 내용이 순서와 강조 등 조직되는 방식에 의해서 소통되는 의미

제3장 의미장

30) 독일의 입센(1924)은 '고대 오리엔트와 인도게르만인'이라는 논문에서 '장'feld의 개념을 도입하였는데, 이것은 예를 들어 'schaf'양, 'schafzucht'양의 사육과 같은 인도-게르만어 어휘처럼 하나의 분절된 의미 단위를 형성하고 있는 한 집단의 단어들을 설명하기 위한 것이었다(허발 1979: 27).

31) 홈볼트(1822)는 언어의 본질을 말하면서, "언어 그 자체는 에르곤ergon이 아니라, 오히려 에네르게이아energeia이다."라고 한다. 이것은 언어가 고정되어 있는 작품werk이 아닌 동적 활동tätigkeit이며, 정신활동에 의해서 영원히 되풀이되어 작용하는 힘wirkende kraft이라는 뜻이다. 홈볼트의 이러한 언어관을 동적 언어관動的言語觀이라고 한다.

32) 홈볼트(1822)는 언어의 구성 원리를 내적 언어형식innere sprachform과 외적형식äussere form 으로 나누는데, 외적형식은 내적 언어형식의 외적 표현, 곧 음성을 가리킨다(허발 1979: 13 참조).

33) wizzen이 그 이전의 list에 대치된 것이 아니기 때문에 1300년대의 kunst-wizzen 관계와 1200년의 kunst-list 관계는 전혀 다르다.

34) 1938년 이후 트리어는 장이론과 관련된 논문을 발표하지 않았지만 그의 이론은 제자와 바이스게르버 등에 의해서 더욱 발전했다. 바이스게르버(1954)는 자신의 생각이 트리어 와 연결되었음을 분명하게 밝혔으며, 그렇기 때문에 '트리어-바이스게르버 이론'Trier-Weisgerber Theory이라는 말이 등장했다.

35) 본문 (다)의 ㉠~㉢은, 죽음에 대한 주관적 감정 또는 평가를 나타내는 단어를 구별하여 제시한 것인데, ㉠은 편안한 죽음을, ㉡은 종교적으로 귀의하는 죽음을, ㉢은 갑작스러운 죽음을 뜻한다.

36) 포르지히(1934)에서 첫머리에 든 예도 이런 부류의 것들이다.

37) 계림유사鷄林類事(1103)에 '내일'을 가리키는 고유어가 '轄載'로 전사되어 있으나, '轄載'의 당시 발음을 알 수 없다. 또한 날짜를 헤는 단어는 현재 모두 고유어가 쓰이는데 언제부터 오늘의 다음 날을 가리키는 단어만 한자어 '내일'로 대치되었는지도 알 수 없다.

38) 색채어 '보라'는 몽고어에서 유입된 차용어설과 고유어설이 있으나 어원이 분명하지 않다.

제4장 성분분석

39) 의미성분은 구체적으로 관찰할 수 있는 성질의 것이 아니기 때문에 그것의 실재성에 대 해서 설명하기가 쉽지 않다. 프롬킨과 로드맨V. Fromkin & R. Rodman(1993: 126)에서는 의도 한 발화와 실제 발화를 비교하여 의미성분의 실재성을 설명한다.

(1) a. a bridge of the nose   b. a bridge of the neck [body parts]
(2) a. when my gums bled   b. when my tongues bled [parts of the head]
(3) a. he came too late   b. he came too early [time]
(4) a. the lady with the dachshund b. the lady with the Volkswagen [German, small]

(1)~(4)의 a는 의도한 발화이고 b는 말실수로 잘못된 실제 발화이다. 그런데 말실수에서 대체된 단어들이 무작위로 만들어진 것이 아니라 의도한 발화의 단어들과 어떤 의미성분을 공유하고 있다는 것이다. 예를 들어서, *nose*와 *neck*는 [신체 부분]이라는 의미성분을 공유하고, *gums*와 *tongues*는 [머리의 일부], *late*와 *early*는 [시간], *dachshund*와 *Volkswagen*은 [독일어]로 [작음]을 공유하고 있으며, 이런 점에서 볼 때 의미성분은 어떠한 방식으로든지 존재한다고 설명한다.

40) 음소를 더 작게 나눈 음성적 특징을 변별적 자질distinctive feature이라 한다. 자음 'ㄱ'과 모음 'ㅏ'를 변별적 자질로 표시하면 다음과 같다.

[ㄱ]	[ㅏ]
+자음성	-자음성
-성절성	+성절성
-전방성	-고음성
-설정성	+저음성
-공명성	+후설성
-비음성	-원순성

41) 음소분석 방법은 프라그 학파의 트루베츠코이Trubetzkoy, N.(1939)에 의해서 제안되었다. 구조주의 언어학자 옐름슬레우와 야콥슨은 트루베츠코이가 음운론에서 도입한 이 원리가 문법론과 의미론으로 확장될 수 있으며, 그렇게 되어야 한다고 주장했다.

42) 카츠와 포더(1963)를 시작으로, 카츠와 포스탈(1964), 카츠(1972) 등에서 생성문법에 알맞은 의미이론을 세우려는 연구가 이어지고, 이러한 연구가 해석의미론interpretive semantics이라는 이론으로 제안되었다.

43) 구별소가 의미표지와 분명하게 구별할 수 있는 성분 개념인가 하는 문제는 논란의 여지가 있다. 바인라이히U. Weinreich(1981: 108)에서 구별소의 이론적 근거에 대해서 의문을 제기하지만 카츠(1975: 87)에서 의미표지와 구별소를 한 가지 개념으로 합한다 하더라도 이론 전체에는 영향을 미치지는 않는다고 주장한다(이익환 2000: 138).

44) 여기에서의 '남성'은 암수의 구별이 있는 동·식물에서 배태하지 않는 쪽 곧 '웅성'雄性을 의미하며, 영어에서의 'male'과 동일하다.

45) 접미사 '-아지'가 붙어서 '새끼'나 '작은 것'을 가리키는 '강아지, 송아지, 망아지' 이외에

도 동물의 새끼를 뜻하는 단어들이 아래와 같이 많이 있다.

병아리(새끼 닭), 능소니(새끼 곰), 개호주(새끼 호랑이), 꺼병이(새끼 꿩), 모쟁이(새끼 숭어), 고도리(새끼 고등어), 노가리(새끼 명태), 간자미(새끼 가오리)

46) 영어의 예를 들면, 품사가 다른 'mother(명사), breast-feed(동사), pregnant(형용사)'에서 의미성분으로 [FEMALE]을 추출할 수 있다.

47) 영어의 'kill'을 성분분석하면 [CAUSE]*x* ([DIE]*y*)와 같다. 이와 같은 의미성분 표시 방법에 대해서는 뒷 절(5. 의미성분의 형식적 표상)에서 설명한다.

48) (26)은 '인간 → 동물', '동물 → 구체물'과 같이 바꿔쓰기로 표시할 수 있다.

49) 진단 성분은 시차 성분distinctive component, 필수 성분essential component, 대조 성분contrastive component이라고도 한다.

50) 비양립관계를 의미성분으로 정의하면 아래와 같다.

비양립관계: P, Q, R 등이 공통적 의미성분의 집합을 공유하지만 하나 또는 그 이상의 서로 다른 대조적인 의미성분이 있으면 *P, Q, R*은 양립할 수 없다.

51) 성분분석의 문제점은 켐프슨(1977)에서 지적한 의미성분의 보편성부터 시작해서 여러 학자들로부터 많은 지적이 있었다. 사이드(2016: 294)에서도 철학적, 심리학적 관점에서 의미성분의 입증과 상위언어의 사용에서 성분분석 이론이 비판을 받고 있음을 지적하고 있다.

52) 본문의 설명은 최경봉(2015: 41)에 의지한 바가 크다.

53) 65개의 의미원소 목록은 NSM 홈페이지(https://www.griffith.edu.au/humanities-languages/school-humanities-languages-social-science/research/natural-semantic-metalanguage-homepage) 또는 강범모(2018: 234-5)를 참고할 것.

54) 강범모(2018: 235)의 분석을 참고함.

제5장 국어 어휘의 의미관계

55) N은 단어의 명칭name을 나타내고 S는 단어의 의미sense 의의를 나타낸다.

56) 동의관계의 유형에 대한 라이온스(1995)와 크루스(2000)의 분류를 보면 다음과 같다.

라이온스(1995: 60-2)에서는 동의관계를 (가) 근사 동의관계near synonymy, (나) 부분 동의관계partial synonymy, (다) 절대 동의관계absolute synonymy로 구별한다. 근사 동의관계는 의미가 유사하지만 동일하지는 않은 표현이다(예 mist-fog, stream-brook, dive-plunge).

부분 동의관계는 맥락에 따라서 동의적이기도 하고 그렇지 않은 경우도 있는 표현이다. 예를 들면 big과 large의 관계이다.

(1) a. They live in a <u>big / large</u> house.
　　b. I will tell me <u>big</u> sister.

(1a)에서의 big과 large는 서로 교체되어 쓰일 수 있지만 (1b)에서의 'big'은 중의적이어서 맥락에 따라 교체될 수도 있고 그렇지 못한 경우도 있다. 곧 'big'이 '몸집이 큰' 자매를 가리킬 경우에는 'large'와 교체할 수 있지만 '큰' 누나의 의미로 쓰일 경우에는 교체할 수 없다. 절대 동의관계는 본문에서 언급한 세 가지 조건을 충족시킬 때 성립한다. 크루스(2000: 156-60)에서는 동의성의 정도에 따라 동의관계를 (가) 절대적 동의관계 absolute synonymy, (나) 명제적 동의관계propositional synonymy, (다) 근사 동의관계near synonymy로 구별한다. 절대적 동의관계는 의미의 완전한 동일성을 가리키는데, 이것은 매우 엄격한 요구 조건이며, 이러한 조건을 갖춘 동의어 쌍은 거의 없는 것으로 간주한다. 명제적 동의관계는 그 명칭이 암시하는 것과 같이 함의에 의하여 정의할 수 있는데, 상호 함의의 관계에 있는 두 문장에서 한 단어만 서로 다를 때 그 단어 쌍은 명제적 동의관계 에 있다고 할 수 있다. 그러나 절대적 동의어가 모든 문맥에서 정상적으로 교체가 가능한 데 반하여, 명제적 동의어는 진리조건은 그대로이더라도 문맥에 따라서 덜 자연스러운 경우가 있다. 근사 동의관계는 부분적으로 동의성을 인정할 수 있으면서도 그 정도가 낮은 단계에 있는 것이며, 따라서 이것은 비동의관계와의 경계선상에 가까이 있다고 할 수 있다. 대체로 'pretty'와 'handsome'에서처럼 명제적 의미는 비슷하다 하더라도 두 단어의 의미 사이에 남성과 여성을 전제하는 것과 같은 대조적 성격이 드러나게 된다.

57) 동일한 지시 대상을 영국 영어와 미국 영어의 어휘에서 서로 다른 단어로 말하는 예는 아주 많은데, 우리가 쉽게 접할 수 있는 예를 몇 개 들면 아래와 같다.

영국 영어		미국 영어	영국 영어		미국 영어
mail	-	post	biscuit	-	cracker
lift	-	elevator	tap	-	faucet
luggage	-	baggage	coach	-	bus
boot	-	trunk	blind	-	window shade
flat	-	apartment	interval	-	intermission
sweet	-	candy	underground	-	subway

58) 영어에서도 고령자를 가리킬 때 'old person'보다는 'senior citizen'을 선호하고, 남성 중심의 'fireman' 대신 성별 구별이 없는 'firefighter'를 사용한다. 부정적인 의미를 내포 하는 단어를 피한다는 점에서 보면 본문 (14ㅁ)의 예들도 완곡어법에 해당한다고 볼 수 있다.

59) 동의어 경쟁에 관해서 천시권·김종택(1982: 145-61)을 비롯하여 임지룡(1992: 143-6),

심재기(2000: 38-9)에서 잘 기술되어 있으며, 이 책의 내용은 앞의 연구에 기대어 정리한 것이다.

60) '무색'은 '물색'에서 'ㄹ'이 탈락했으며, '물'은 '물이 들다.', '물이 곱다.', '물이 바래다.' 등의 표현에서 짐작할 수 있듯이 한자어 '색'色과 의미가 비슷한 고유어이다.

61) 라이온스(1977), 크루스(1986), 뢰브너S. Löbner(2013) 등은 '대립'opposition을 상위 개념으로, '반의성'antonymy을 그 하위 부류로 다루고 있다. 그러나 antonymy가 synonymy동의성에 반대되는 개념으로 등장했고, 전통적으로 의미의 대립을 가리키는 용어로 antonymy가 사용되고 있기 때문에 우리는 반의관계라는 용어를 취한다.

62) 심재기(1982: 237-45)에서 반의어의 검증 기준을 논의하고 있는데, 여기서는 반의어의 성립 조건만 참고하여 다시 정리한다.

63) 이원적 대립관계에 있는 반의어를 진 반의어true antonym(켐프슨 1977: 84), 단순 반의어simple antonym(사이드 2016: 63)라고 부르기도 한다.

64) 의미학자들이 반의관계를 논의할 때 먼저 관심을 두는 것 가운데 하나가 반의어를 '등급을 매길 수 있는'gradable 것과 '등급을 매길 수 없는'ungradable 것으로 구분하는 것이다. 라이온스(1977: 271)과 크루스(1986: 197)에서도 대립을 '등급 대립'gradable opposition과 '비등급 대립'ungradable opposition으로 구별하고, 전자는 반의어antonym, 후자는 상보어complementary라고 부른다. 논리학에서도 이를 구별하여 등급이 있는 반의어는 반대contrary, 등급이 없는 상보어는 모순contradictory의 관계라고 한다.

한편, 크루스(1986: 207-9)에서는 등급 반의어를 (가) 극성 반의어polar antonym, (나) 중첩 반의어overlapping antonym, (다) 등가 반의어equipollent antonym의 세 가지 부류로 나눈다. 세 부류의 차이점은, 첫째로 지시하는 특성에서 차이가 있다. 극성 반의어는 평가에서 중립적이며 객관적으로 기술되는데, 대부분 길이, 무게, 속도 등 단위로 측정될 수 있는 것들이다(길다 : 짧다, 높다 : 낮다, 무겁다 : 가볍다), 중첩 반의어는 의미의 일부분으로 평가적 극성을 갖는데, 한 항목은 좋은 것을 나타내고(좋다, 정중하다, 깨끗하다, 안전하다), 다른 항목은 나쁜 것을 나타낸다(나쁘다, 무례하다, 더럽다, 위험하다). 등가 반의어는 주관적인 감각이나 감정(뜨겁다 : 차갑다, 행복하다 : 불행하다) 또는 주관적 평가(유쾌하다 : 불쾌하다, 만족스럽다 : 불만스럽다)를 나타낸다. 둘째로, '얼마나-질문'에서 차이를 보인다.

(1) ㄱ. 그것은 얼마나 길어?
　　ㄴ. ?그것은 얼마나 짧아?
(2) ㄱ. 그것은 얼마나 좋아?
　　ㄴ. 그것은 얼마나 나빠?
(3) ㄱ. 그것은 얼마나 뜨거워?

ㄴ. 그것은 얼마나 차가워?

극성 반의어의 예문 (1ㄱㄴ)은 (1ㄱ)만 정상적이고 이 질문만 중립적이다. 중첩 반의어의 예문 (2ㄱㄴ)은 두 질문 모두 정상적이지만 (2ㄱ)만이 중립적이고 (2ㄴ)은 편향적이다. 등가 반의어 예문 (3ㄱㄴ)은 두 문장 모두 정상적이지만 두 질문 모두 편향적이다. 이와 같이 등급 반의어로 제시된 예들을 보면 동질적이지 않을 뿐만 아니라 그 경계도 불분명함을 알 수 있다. 참고로 크루스(1986)에서는 '중립적'을 뜻하는 'neutral' 대신에 'impartial'공정한이라는 용어를 사용하고, 그에 대조되는 것으로 'committed'편향된를 사용한다.

65) 크루스(1986: 231-3)에서는 방향 대립어directional opposite의 하위 유형 속에 '관계 대립어'를 설정하고 이것을 역의관계converse라고 부른다.

66) 역의관계를 논리적으로 형식화하면 $A(x,y) = B(y,x)$와 같은 동치 공식으로 표현할 수 있다.

67) 접두사 '피'被는 '선거권 - 피선거권', '압박 - 피압박', '납치 - 피납(치)', '폭격 - 피폭(격)'과 같이 상호 관점의 차이에서 대립관계를 보이는 역의관계를 주로 나타낸다. 영어에서도 *employer - employee*, *addresser - addressee*, *payer - payee*의 예와 같이 접미사 '*-er(or)*'와 '*-ee*'가 붙은 단어 사이의 관계도 마찬가지이다.

68) 리치(1981: 99-100)에서는 반의어antonym라는 용어가 적절하지 않음을 지적하면서 비양립관계incompatibility가 보다 일반적이고 유용한 개념이라고 말한다.

69) '사다'와 맞선 '빌리다, 임차하다'는 소유의 전이가 임시적인데, '빌리다'는 대가에서 분명하지 않으나 '임차하다'는 대가를 치른다는 점에서 구별된다. '훔치다'는 소유의 전이가 정당하지 않게 이루어지면서 대가도 치르지 않는다.

70) 최경봉(2015: 159)에서 든 예를 조금 고쳐서 인용함.

71) 'hyponymy'는 그리스어 'hyp-+-nymy'의 합성어로 'under+name'을 의미한다.

72) 어떤 단어 X· Y· Z에서, X와 Y 사이에 R의 관계($X \to Y$)가 있고, Y와 Z 사이에 R의 관계($Y \to Z$)가 있음으로 해서, X와 Z 사이에 R의 관계가 이어지는 관계($X \to Z$)를 이행적 관계라고 하며, 단어 사이의 이러한 성질을 이행성transitivity이라고 한다.

73) meronymy는 고대 그리스어 'meros'부분와 'nym'이름의 합성으로 이루어진 용어이다. 부분관계에 있는 두 단어에서 한쪽이 부분이면 다른 한쪽은 전체가 된다. 그렇기 때문에 부분-전체관계part-whole relation(라이온스 1977: 311-7), 또는 전체관계partonomy(웅거러와 쉬미트F. Ungerer & H. J. Schmid 2006: 88)라는 용어가 사용되기도 한다.

74) 'Y has X'는 'Y는 X를 가지고 있다.' 이외에도 'Y에는 / 에게는 X가 있다.'로 옮기는 것이 자연스러운 경우도 있다(예, 물고기에는 아가미가 있다).

75) *nail*손톱 / 발톱은 *toe*발가락의 부분어이면서 *finger*손가락의 부분어인데, 이때의 *nail*은 *toe*나 *finger*보다 더 일반적이다. 따라서 *nail*은 *toe*와 *finger*에 대해 상위에 위치하는 상위 부분어super-meronym가 되고, *toe*와 *finger*는 하위에 위치하는 하위 전체어hypo-holonym가 된다(크루스 1986: 200).

제6장 국어 어휘의 의미 변이

76) 볼린저D. Bolinger(1970: 1)에서도, 가장 이상적인 결합은 '한 형식 - 한 의미'one form-one meaning이지만 결국 그러할 수 없는 것이 인간의 언어라고 말한다.

77) 의미 변이는 공시적 현상이며 따라서 통시적인 의미 변화와 구별된다. 고영근(2018: 13)에서 통시적 변화change와 공시적 변이variation의 상관관계를 아래와 같이 도식화한다.

상태 > 변화 ≒ 변이

'상태'state는 공시적 좌표를 뜻하고, 그것이 '>'의 과정을 거치면 좌표 이동을 거쳐 '변화'의 단계를 밟는다. ≒는 공시태 속의 변이를 의미한다.

78) 단의어는 의미와 의미 사이에 '차이'difference가 없고, 동음이의어는 의미와 의미 사이에 '관련성'connection이 없으며, 다의어는 의미와 의미 사이에 '차이'도 있고 '관련성'도 있다(터기D. Tuggy 1993: 356)

79) 다면어의 중의성은 일반적인 중의성과 구별된다. 일반적으로 중의성은 액어법이 있지만 다면어에서의 중의성은 '이 책은 두껍지만 지루하지 않다.'에서처럼 등위접속이 가능하고 액어법도 없다. 액어법에 대해서는 [미주 129]를 참고할 것.

80) 의미 변이에서 의미면이 부각된 것은 단순한 문맥적 변이와 다의성의 중간적 범주를 설정할 필요성이 있었기 때문이다(크루스 2000: 114-7, 최경봉 2015: 265).

81) 다면어의 의미면은 상호의존적이지만 문맥에서 한 면이 분리되어 드러나기도 하고 두 면이 동시에 드러나기도 한다. 문맥에서 의미가 분리되는 점은 다의어와 같다고 할 수 있으나 분리된 의미가 문맥에서 동시에 실현될 수 있다는 점(액어법 없음)에서 다면어의 '의미면'과 다의어의 '독립적 의미'는 구별된다.

82) 생성어휘부 이론은 푸체욥스키(1995)를 통해서 활성화되었는데, 최경봉(1998)에서는 푸체욥스키에서 제시한 속성구조Qualia structure의 개념을 바탕으로 'Q-구조'를 설정하고 명사의 의미구조 기술 방안과 다의현상을 설명했다. 이밖에도 생성어휘부 이론으로 다의어를 분석한 연구로 배도용(2001), 이운영(2004), 강범모(2002), 차준경(2009) 차재은·강범모(2002) 등이 있다.

83) 크루스(2000)의 원근법은 푸체욥스키(1995)의 속성구조 역할qualia structure role을 재해석

한 것이다.

푸체욥스키(1995)의 속성구조역할	크루스(2000 / 2011)의 원근법
구성 역할constitutive role	부분으로 구성된 전체로 보기
형상 역할formal role	다른 종kind과 대조해서 특정한 종으로 보기
기능 역할telic role	어떤 기능을 가지고 있는 것으로 보기
작인 역할agentive role cf.작인作因	근원의 관점에서 보기

84) 문맥적 조정에는 '풍부하게 하기'enrichment와 '빈곤하게 하기'impoverishment의 두 가지 유형이 있다. '풍부하게 하기'는 본문의 (19ㄱ)과 같이 문맥에서 의미 정보를 첨가함으로써 의미가 풍부해지거나 더 특징적이 되는 것이고, '빈곤하게 하기'는 (19ㄴ)과 같이 의미를 모호하게 사용함으로써 단어의 의미가 불확정적이게 한다(크루스 2000: 120-3).

85) 사전에서는 '켜다¹, 켜다², 켜다³…'과 같이 어깨번호를 붙여서 별개의 표제어로 다루고 있으며, 이러한 단어들을 동음이의어라고 부른다.

86) 이러한 부류의 다의성을 체계적 다의성systematic polysemy이라고 한다(크루스 2010: 113). 체계적 다의성은 생산적이고 예측 가능한 단어들에 적용되기 때문에 '규칙적 다의성'regular polysemy, 또는 '논리적 다의성'logical polysemy이라는 이름으로 연구가 이루어지기도 했다. '규칙적 다의성'은 J. D. Apresjan(1974)에서 연구되었는데 이에 대한 내용은 차준경(2009)을 참고할 것.

87) 영어 ear도 마찬가지인데, 고대영어 éare귀와 éar이삭가 음성과 철자의 변화 과정을 거쳐 동음이의어 ear가 되었으며, 이것이 현대영어에서는 의미상 관련이 있는 것처럼 해석되어서 다의어로 취급되고 있다. weed와 ear는 사전 편찬자의 의도에 따라 다의어로 취급하는 사전도 있고 동음이의어로 취급하는 사전도 있다.

88) '여름'을 다의어로 보는 견해가 있으나 현재의 대부분의 사전은 동음이의어로 처리하고 있다.

89) 표준발음법에서도 이러한 발음을 허용한다(「표준발음법」 제5항 참조). 한편 동음이의어를 본원적 동음이의어와 현상적 동음이의어로 구분하기도 하는데, 전자는 독립된 단위로서 동음이의관계를 이루는 경우를 말하고, 후자는 문맥이나 발음 조건에 의해서 동음현상이 일어나는 경우를 말한다(천시권·김종택 1973: 178-80). 대체로 동형동음이의어는 본원적 동음이의어에 속하고 이형동음이의어는 현상적 동음이의어에 해당한다고 할 수 있다. 그렇기 때문에 앞의 (33), (34)는 현상적 동음이의어의 예가 될 수 있다.

90) 고대영어에서 다른 형태였던 두 단어 melo밀가루와 mæl식사은 음운변화의 과정을 거쳐서 지금의 meal이라는 동일한 형태의 동음이의어가 되었다. 이형동음이의어인 tale과 tail은 서로 다르게 발음되었던 것인데 17세기 이후부터 같은 발음으로 바뀌었다. 이와 같이 처음에는 음성적으로 달랐던 두 단어가 동일한 음성으로 변화하는 것을 울만(1962: 176)

은 음성적 일치phonetic convergence라고 말하고 동음이의성의 가장 일반적인 요인으로 꼽았다.

91) 중세영어에서 *flower*는 '꽃'과 '가루'粉를 뜻하는 다의어인데, 현대영어에서는 두 의미 간의 관련성을 잃고 의미가 분기됨에 따라 각각 *flower*꽃와 *flour*가루로 (이형)동음이의어가 되었다.

92) 본문 (43ㄱ)의 'book'은 [형태]와 [내용]의 의미면을 가진 '다면어'의 관점에서 위에서 언급한 바 있다. 그리고, (43ㄴ)의 'dog'는 [미주 86]에서 언급한 바 있는 '체계적 다의성'의 부류에 해당한다. 서로 비교하여 고찰해 보기 바란다.

제7장 국어 어휘의 비유 의미

93) 2019년 12월에 중국 우한武漢에서 시작해 이듬해까지 전 세계에 크게 확산한 '신종 코로나 바이러스 감염증'COVID-19을 경계하면서 발생 초기에 일부 유럽국가에서 동양인을 가리키며 'The Corona comes.'라고 했다(데일리중앙 2020.2.13.).

94) 예전에 결혼식 피로연에 국수를 내놓는 것에서 연유해서, 결혼식을 올리는 일을 비유적으로 '국수를 먹다.'라고 한다.

95) 야콥슨(1987: 98-9)은 문장 구성의 두 축을 '선택'selection의 축과 '배열'combination의 축이라 부르고, '선택'은 유사성의 원리에 따라 작동하고, '배열'은 인접성의 원리에 따라 작동한다고 말한다. 또한 선택은 은유의 원리이고, 배열은 환유의 원리라고 한다. 여기서 말하는 '선택 / 배열'은 우리가 일반적으로 말하는 '계열관계 / 통합관계'와 같은 개념이다.

96) 촘스키(1965: 149-51)에서 선택제약을 위배한 비정상적인 문장도 적절한 문맥이 주어지면 은유적 해석이 가능하다고 말한다.

(1) a. Golf plays John.
    b. John plays Golf.

(1a)는 통사적으로 적형문이지만 동사 'play'가 [+유정물]을 주어로 요구하는 의미자질을 가지고 있기 때문에 선택제약을 위배한 변칙적인 문장이다. 반면에 (1b)는 선택제약을 지킨 정상적인 문장이다. 그러나 (1a)도 적절한 맥락이 주어지면 선택제약을 준수한 (1b)를 유추함으로써 은유적 해석이 가능하다고 설명한다. 곧 John이 골프를 잘 치지 못하는 맥락에서 (1a)를 발화하면, 이는 John이 골프를 치는 것이 아니라 '골프가 John을 데리고 논다.'는 은유적 해석이 가능하다는 것이다.

97) 레디(1979)는 우리의 언어가 다음과 같은 세 가지 복합 은유에 의해서 구조화된다고 말한다.

(a) IDEAS(OR MEANING) ARE OBJECTS [생각(또는 의미)은 물건]

(b) LINGUISTIC EXPRESSIONS ARE CONTAINERS [언어표현은 그릇]
(c) COMMUNICATION IS SENDING [의사소통은 전달하는 것]

곧 화자는 생각(물건)을 언어표현(그릇) 속에 넣어, 그것을 (도관을 따라) 청자에게 보내고, 청자는 언어표현(그릇)으로부터 생각(물건)을 꺼내는 것과 같이 은유적으로 구조화되어 있다는 것이다. 레디(1979)는 의사소통의 방식에 대해서, 물건을 '도관'導管 Conduit을 따라 보내듯이 의사소통도 화자가 자신의 생각을 담은 언어표현을 청자에게 전달하는 것인데, 그 언어표현을 보면 실제로 은유적 표현이 아주 많음을 강조한다.

98) 레이코프와 존슨(1980)의 '목표영역'과 '근원영역'은 리차즈I. A. Richards(1936)의 '목표'tenor와 '매체'vehicle에 대응하는 개념이다. 리차즈의 용어는 현재도 널리 사용되는데, 일반적으로 목표는 '원관념'으로, 매체는 원관념을 포착할 수 있는 '보조관념'으로 이해하고 있다. 리차즈(1936[1981: 51])에서는 은유를 '목표'와 '매체'가 연상시키는 일반적인 속성 간의 상호작용이라는 상호작용설interaction view을 주장한다.

99) '사상'寫像 mapping은 본래 물리학과 수학에서 '어떤 집합의 임의의 원소가 다른 집합의 원소에 대응할 때, 그 두 집합 간의 대응 관계'를 가리키는 용어이며, 인지심리학에서는 '개념적 실체의 한 집합을 다른 개념적 실체의 한 집합으로 투사하는 인지 과정'이라고 정의한다.

100) 은유는 다음과 같이 네 가지 관점에서 분류할 수 있다(퀘베체스Z. Kövecses 2002, 정희자 2004: 186-209 참조).

(가) 관습성에 따른 분류: (ㄱ) 관습적 은유, (ㄴ) 비관습적 은유
(나) 인지 기능에 따른 분류: (ㄱ) 구조적 은유, (ㄴ) 방향적 은유, (ㄷ) 존재론적 은유
(다) 본질에 따른 분류: (ㄱ) 개념에 대한 관습적이고 기본적인 지식을 토대로 생성되는 것, (ㄴ) 심적 영상이나 영상 도식을 토대로 생성되는 것
(라) 보편성에 따른 분류: (ㄱ) 일반적 은유, (ㄴ) 특정적 은유

우리는 '개념적 은유' 이론에 맞추어 레이코프와 존슨(1980)의 분류, 곧 인지 기능에 따른 분류를 중심으로 살펴본다.

101) 한국어교육학사전(2014: 67)을 참조함.

102) '좌천'左遷이 낮은 직위나 한직으로 자리를 옮기는 것에 쓰이는 것은 예전에 중국에서 오른쪽을 숭상하고 왼쪽을 멸시했던 데서 유래한다.

103) 존재론적 은유 표현 가운데는 구조적 은유의 성격을 갖는 것이 많다. 이는 추상적 대상을 실체적 사물로 존재론적 지위를 부여하고, 추상적 대상(목표영역)과 실체적 사물(근원영역)의 개념이 구조화됨으로써 존재론적 은유와 구조적 은유가 복합적으로 은유화한 결과이다.

104) 래너커R. W. Langacker(1993: 4-5)에서, 어떤 개체(목표)와 심리적 접촉을 이루기 위해서 다른 개체(매체) 곧 '참조점'을 끌어들이는 우리의 인지능력을 '참조점 능력'이라 하고, 이를 바탕으로 한 기본적 인지 모형을 '참조점 모형'reference-point model이라고 부른다. 래너커(1991)에서는 참조점 능력이 관여하는 문법현상으로, 소유 구문, 주제-주어 구문, 대명사의 조응관계, 환유 등을 예시하고 있다.

105) 본문의 [그림 3]에서 'R'이 진하게 표시된 것은 참조점이 '인지적 현저성'을 가지고 있음을 나타낸다.

106) 레이코프와 존슨(1980: 35-6)에서, '환유가 지시적 기능을 가지고 있어서 우리가 어떤 것 대신에 다른 것을 사용할 수 있게 해준다.'고 말한다. 또한 은유의 일차적 기능은 이해하는 것이고 환유의 일차적 기능은 지시하는 것인데, 환유는 지시하는 것에 그치지 않고 이해를 돕는 기능도 가지고 있다고 말한다. 예컨대 "타임즈가 아직 기자회견장에 도착하지 않았다."고 말할 때, 우리는 '타임즈'를 사용해서 어떤 기자를 지시하고 있을 뿐만 아니라 그 기자가 대표하는 그 기관의 중요성도 암시하고 있다. 그래서 앞의 예문은 비록 '스티브 로버츠'가 문제의 타임스 기자라 하더라도 "스티브 로버츠가 아직 기자회견장에 도착하지 않았다."라는 의미와는 다른 의미를 안고 있다.

107) 라덴과 쾨베체스G. Radden & Z Kövecses(1999)에서는 '전체-부분 관계'와 '부분-부분 관계'로 구별한다(정희자 2004: 231-41 참조). 임지룡(2017: 191-200)에서는, 부분으로 전체를 지시하는 '확대 지칭'과 전체로 부분을 지시하는 '축소 지칭'으로 분류한다.

108) '워터게이트 사건'은 1972년 미국의 민주당 본부가 있는 워터게이트 빌딩의 사무실에 공화당이 도청 장치를 설치한 사건을 말하는데, 이 일로 당시 닉슨R. M. Nixon 대통령이 대통령직을 사임했다.

제8장 의미변화

109) 근대국어에서 '어엿브다'가 '불쌍하다'와 '아름답다'의 의미로 쓰인 예를 보면 다음과 같다.

(1) ㄱ. <u>어엿븐</u> 그림재 날 조츨 씬이로다. <속미인곡>
ㄴ. 하 영민ᄒ니 <u>어엿브이다</u>. <계축일기 상권 7장>

(1ㄱ)은 '불쌍하다'의 의미로, (1ㄴ)은 '아름답다'의 의미로 쓰였다.

110) 의미변화의 촉진 요인을 울만(1962: 193-210)을 중심으로 설명한다.

111) '해장술'은 '숙취를 풀기 위해서 해장국과 함께 조금 마시는 술'인데, 이때 '해장'의 본딧말은 '해정'解酲이다. 일반사람들이 '숙취'宿醉를 의미하는 한자 '정'酲에 익숙하지 않아서, '속(장)을 풀다'는 생각으로 '장'腸/臟을 가져다 쓴 견강부회의 결과이다.

112) 사회적 원인에는 이와 같은 '사회적 성층에 의한 의미변화' 이외에도 '사회적 구조의 변천에 의한 의미변화'와 '사회적 가치관의 변천에 의한 의미변화'가 더 있을 수 있다. '사회적 구조의 변천에 의한 의미변화'는 역사적으로 사회적 구조가 바뀜에 따라 의미가 변화하는 현상을 말하는데, 예컨대 '장가가다'와 '시집가다'는 각각 모계중심 사회와 부계중심 사회에서 쓰이던 말이지만 이러한 사회적 구조가 없어진 현대에는 모두 '결혼하다'의 뜻으로 사용된다. '사회적 가치관의 변천에 의한 의미변화'는 세월이 흐르면서 어떤 사물에 대한 가치관이 바뀔 수 있는데, 이러한 가치관의 변화에 따라 의미가 변화하는 현상을 말한다. 예전에 '배우'는 [광대]를 가리키는 것으로 낮잡아 보는 뜻이 있었지만 현대에 와서는 전혀 다른 가치를 가지고 있다. 그러나 이들 두 의미변화는 앞서 살펴본 역사적 원인과 긴밀한 관계를 가지고 있다. 그 이유는 이들이 겉으로 보기에는 사회적 원인에 의한 것이지만 내용을 보면 역사적 원인에 의한 것이기 때문이다. 실제로 전자는 역사적 원인 가운데서 '지시물의 실제 변화'에 속하고, 후자는 역사적 원인 가운데서 '지시물에 대한 태도의 변화'에 해당한다.

113) 한때 6명으로 구성된 뉴욕의 관현악단을 'sextet'라고 말하지 않고 'quintet'라고 했던 것도 'sex'라는 단어의 부질없는 간섭을 받은 결과이다. 'sex-'는 '6'을, 'quin-'은 '5'를 의미하는 접두사이다.

114) 오래 전 여든 살이 넘으신 저자의 어머니가 엘리베이터를 '차'라고 부르셨다. '엘리베이터'는 발음이 어렵고 기억하기도 쉽지 않기 때문에 기능적으로 유사한 '차'를 떠올리셨을 것이다.

115) 예전에 민간에서 소쩍새가 '솥적솥적' 또는 '솥적다솥적다'하고 우는 것으로 생각해 '솥적새'라는 명칭을 붙이고, 소쩍새가 울면 그 해에 풍년이 든다고 생각했다.

116) '남방셔츠'의 어원은 '南方shirts'인데, 날씨가 더운 남쪽 지방에서 사는 사람들이 주로 입는 모양의 옷이라고 해서 붙여진 명칭이다.

117) '미원'이 '조미료'를 대신하는 것처럼 상표명이 상품을 대신하는 예는 아주 많다. 일회용 반창고를 '대일밴드'라 하고, 다인용 승용차를 '봉고'라고 부른다. 종이를 묶는 기구(지철기)를 '호치키스'라 하며, 접착용 셀로판테이프를 '스카치테이프'라고 한다. 북한에서 '아이스크림'을 '에스키모'라고 부르는 것도 마찬가지이다. 개념적 환유의 한 유형인 216쪽의 [한 사물로 사물 부류 전체를 대신함]을 참고할 것.

제9장 문장과 의미

118) 여기서 말하는 '동사'는 문장성분으로서의 '서술어'를 가리킨다.

119) 논항과 자릿수는 비슷한 의미로 사용되기도 하지만 엄밀하게는 구별되는 용어이다. 논항은 문장 구성의 필수적 성분을 가리키고, 자릿수는 서술어가 요구하는 자리값을 의미한

다. 또한, 자릿수와 같이 쓰이는 용어로 '결합가'valency가 있는데 이 두 용어도 엄밀하게는 구별된다. 결합가는 서술어의 개념구조상 필요로 하는 논항의 수를 나타내지만, 자릿수는 서술어가 필요로 하는 필수적인 명사구의 수를 나타내는 것이 일반적이다. 예컨대 '얼굴이 예쁘게 생겼다.'에서 서술어 '생기다'는 주어 '얼굴이'뿐만 아니라 부사어 '예쁘게'를 필수적으로 요구하기 때문에 결합가에 포함된다. 그러나 격조사를 취하지 않은 '예쁘게'는 자릿수 계산에 포함되지 않는다. 이처럼 논항, 자릿수, 결합가는 거의 같은 의미로 넘나들지만 경우에 따라서 상호 구별하여 사용하기도 한다. 참고로 'valency'는 본래 화학 용어로서 '원자가'를 의미한다.

120) 의미역은 주제역thematic role / theta role, 참여자역participant role이라고도 한다.

121) '대상'theme을 '피행위자'patient와 동일한 의미역으로 처리하기도 한다. 그러나 '피행위자'는 능동문과 피동문에서 행위자의 영향을 받는 대상으로 제한되지만, '대상'은 자동사문과 형용사문의 주어 명사구도 지시하기 때문에 더 넓은 범위의 의미역이다. 예를 들면 자동사문 '꽃이 피었다.'의 '꽃'과 형용사문 '하늘이 매우 맑다.'의 '하늘'은 '대상'의 의미역이 부여된다.

122) 용어로서 의미역의 명칭은 본문 (2)와 같이 '행위주, 경험주 …' 등으로 하고, 의미역으로서의 역할을 명시적으로 나타낼 필요가 있을 때에는 '행위주역, 경험주역 …'처럼 사용하기도 한다.

123) 국어학계에서 '양태'와 '서법'mood은 개념과 명칭에서 혼란스럽게 사용되고 있다. 우리는, '서법'은 본래의 취지대로 문법 범주로 보고, '양태'는 서법의 의미적 측면으로서 의미 범주로 본다. 서법과 양태의 관계는, '시제'tense라는 문법 범주와 '시간'time이라는 의미범주의 관계와 비슷하다고 할 수 있다(고영근 2018: 467 참조).

124) 양태 표지와 양태 의미에 대한 상세한 설명은 박재연(2006)과 남기심 외(2019) 등을 참고할 것.

125) 통사적 구성을 '우언적 구성'迂言的 構成 periphrastic construction이라고도 한다. 우언적 구성은 조사나 어미와 같은 단일 형태가 아니라 둘 이상의 단어로 구성되어 보다 긴 표현 형태이다.

126) 순수 의문문이 아닌 설의법이나 반어적 용법에서는 의문사와 '은 / 는'의 결합이 가능하다. 예를 들면 "누구는 좋아서 이 일을 합니까?", "언제는 죽고 못 살더니만.", "어디는 다르겠습니까?", "무엇은 제대로 하겠느냐?"와 같은 경우이다.

127) '주제-설명'에 대한 논의는 프라그학파Prague School(1926)를 중심으로 시작되었다. 그들은 정보 전달의 관점에서 문장은 'to say something(B) about something(A)'의 구조, 곧 'A에 대하여 B라고 말하다.'의 구조로 구성된다고 하고, 여기서의 A를 '주제'theme, B를 '설명'rheme이라고 부른다.

128) 주어와 주제를 기준으로 언어를 유형론적으로 분류하면 '주어 중심 언어'subject-prominent language와 '주제 중심 언어'topic-prominent language로 나눈다. 주어와 주제를 본격적으로 다룬 리와 톰슨Li & Tomson(1975)에서는 한국어를 주어와 주제의 특성이 모두 부각되는 언어로 분류하였다. 그러나 근래의 연구에서는 주어에 비하여 주제의 특성이 더 현저한 언어, 곧 '주제 중심 언어'로 분류하는 경향이 강하다(손호민 2013: 176-198, 고영근 2018: 567).

129) 본문 (33ㄱㄴ)처럼 하나의 단어가 동시에 두 개의 다른 의미로 사용되어 부자연스럽거나 변칙적인 표현을 액어법zeugma 또는 액어 현상이라고 한다. 액어법軛語法에서의 한자 '軛'은 소·말의 '멍에'를 뜻하는데, 영어 'zeugma'가 '멍에'를 뜻하는 그리스어에서 유래한 데서 차용하였다.

130) '뒤로 후진하다', '코로 냄새를 맡다'와 같은 잉여적 표현이 '의미 강화'의 수단으로 쓰이기도 한다. 강조나 수사적 효과를 높이기 위해서, 논리적으로 불필요한 말을 덧붙이는 표현 방법을 수사학에서 용어법冗語法 pleonasm이라고 한다.

제10장 문장의 동의성

131) 포더(1977: 89)에서는 동의문을 동일 함의identical entailment를 갖는 것이라고 규정한다. 함의 내용이 동일하면 두 문장은 동의문이라는 의미이다.

132) *paraphrase*는 '다른 말로 말하다'는 뜻의 그리스어 '*paraphrasis*'에서 유래한 단어로서 수사학에서 처음 사용되었다.

133) 연결어미의 의미 기능에 대한 상세한 논의는 윤평현(2005)를 참고할 것.

134) 피동문에 대응하는 능동문이 반드시 있는 것은 아니다. 다음 (1)과 같이 피동문은 있으나 그 짝이 되는 능동문의 쓰임이 자연스럽지 않거나, (2)와 같이 능동문 상정이 전혀 불가능한 경우도 있다.

  (1) ㄱ. 문이 바람에 열렸다.
       ㄴ. ??바람이 문을 열었다.
  (2) ㄱ. 구름이 걷혔다.
       ㄴ. *하늘이 구름을 걷었다.

135) 단형 피동과 장형 피동 사이에 미세한 의미 차이가 있다. 단형 피동은 아무도 원하지 않는데 저절로 그렇게 된 것을 뜻하고, 장형 피동은 그런 결과가 이루어지기를 바라는 어떤 의도적인 힘이 가해져서 그렇게 되는 것을 나타낸다(남기심 외 2019: 478).

136) 단형 사동은 간접 사동과 직접 사동의 해석이 모두 가능하고 장형 사동은 간접 사동으로만 해석이 가능한 것은 여러 언어에 나타나는 일반적 경향이다. 이러한 경향성은 인지적

거리와 문법 형식의 길이와의 상관관계로 설명한다. 직접 사동은 피사동주에 대한 사동
주의 직접 행위를 나타내므로 간접 사동에 비해 사동주와 피사동주의 인지적 거리가 짧
지만 간접 사동은 피사동주에 대한 사동주의 간접 행위를 나타내기 때문에 직접 사동에
비해 사동주와 피사동주의 인지적 거리가 멀다는 것이다. 이러한 인지적 거리의 차이가
문법 형식의 길이 차이로 이어져서, 인지적 거리가 가까운 직접 사동은 형식이 짧은 단형
사동에 쓰이고 인지적 거리가 먼 간접 사동은 형식이 긴 장형 사동이 쓰인다는 가설이다
(남기심 외 2019: 470).

137) 전통적으로 접속문은 대등 접속문과 종속 접속문으로 분류하지만 우리는 종속 접속문을
부사절 내포문으로 처리하는 태도를 취한다.

138) 화자가 어떤 대상이나 사건을 파악할 때 초점을 받는 부분을 '전경'foreground이라 하고,
초점에서 벗어난 부분을 '배경'background이라고 한다. 다음 (1ㄱㄴ)은 동일한 장면을 화자
가 다르게 표현한 문장이다.

(1) ㄱ. 꽃병이 탁자 위에 있다.
ㄴ. 탁자가 꽃병 아래에 있다.

(1ㄱ)은 '꽃병'을 전경화하고, 탁자를 포함한 다른 부분을 배경화하였다. (1ㄴ)은 '탁자'를
전경화하고, 꽃병과 다른 부분을 배경화하였다. 이와 같이 어떤 대상이나 사건의 한 측면
이 초점으로 서술되는 것을 전경화라고 하고, 초점에서 벗어나 서술되는 것을 배경화라
고 하는데, 배경화는 인지적으로 전경화를 보충하는 효과가 있다. 전경과 배경은 각각
'모습'과 '바탕'이라는 용어로 쓰이기도 한다.

제11장 문장의 중의성과 모호성

139) 라르손과 시갈R. Larson & G. Segal(1995: 45)은, 의미의 중의성은 반드시 형식의 중의성을
전제로 한다고 주장한다. 곧 어떤 표현이 두 가지 의미를 가지고 있다면 반드시 형식도
두 가지여야 한다는 것으로, 라르슨과 시갈은 통사적 관점에서 중의성을 설명한다.

140) 본문 (39ㄱㄴ)의 발화를 문장으로 옮겨 적을 때는 다음과 같이 쉼표를 사용하여 구별하기
도 한다.

(39)' ㄱ. 창호는, 울면서 떠나는 영이에게 손을 흔들었다.
ㄴ. 창호는 울면서, 떠나는 영이에게 손을 흔들었다.

141) '지시 표현에 의한 불확정성'을 중의성으로 보는 견해와 모호성으로 보는 견해가 있다.
라이온스(1977: 378)은 이것을 지시적 중의성referential ambiguity이라고 하였으나 일반적으
로는 중의성으로 간주하지 않는 경향이 강하다.

142) 켐프슨(1977: 126)에서 이러한 문장이 모호성을 초래한다고 하면서 이를 '의미의 상세성

의 선언'disjunction in the specification of the meaning이라고 부른다.

143) 그 밖의 중의성 검증 방법으로 등위 검사coordination test(라이온스 1977: 554-8), 의미관계 검사sense relation test(사이드 2016: 59), 정의 검사definition test 및 대조 검사contrast test(머피 2100: 84-6) 등을 참고할 수 있다. 크루스(1986: 49-83)에서는 완전한 검증 방법이 아직 없다고 말한다.

제12장 함의와 전제

144) [표 1]에 쓰인 논리 기호 T는 '참'truth, F는 '거짓'false, ∨는 '또는'or을 의미한다. 그리고 화살표(→와 ←)는 방향대로 '~일 때 ~이다'when …… then의 의미를 갖는다. 따라서 [표 1]의 ㉠을 예로 들면, '문장 p가 참일 때 문장 q가 참이다'라고 읽는다. 그리고 [표 1] 오른쪽의 ㉠~㉣은 설명의 편의를 위해서 저자가 임의로 넣은 것이다.

145) ㄱ은 논리 기호로서 '부정'not을 나타낸다. 부정의 논리 기호로 '~'도 사용된다.

146) 청자는 자신이 접한 문장이나 발화가 전제한 것을 찾아내기 위해서 자신의 지식 상태를 조정accommodation한다. 예를 들면, 영서와 창수의 결혼에 대해서 아는 바가 없는 상태에서 본문 (27ㄱ)을 들으면 청자는 그때까지 몰랐던 (27ㄱ)의 전제 내용, 곧 (27ㄴ)을 받아들여 자신의 지식으로 추가한다.

147) 철학에서 제기되었던 전제에 대한 논쟁은 다음 (1)과 같은 한정 표현의 문제에서 비롯되었다. (1)은 러셀B. Russel(1974[1905])에서 제시한 것으로 지금까지 논쟁의 중심에 있는 예문이다.

(1) 프랑스 왕은 대머리이다The King of France is bald.

러셀은 (1)을 다음 두 문장, 즉 (2ㄱ)과 (2ㄴ)의 연접으로 보았다.

(2) ㄱ. 프랑스 왕이 있다There is a King of France.
    ㄴ. 그는 대머리이다He is bald.

즉 프랑스 왕이 존재하며, 그리고 그 왕이 대머리일 때 문장 (1)이 참이 된다. 그러나 만약 프랑스 왕이 존재하지 않는다면, 곧 (2ㄱ)이 거짓이라면 - 이러한 경우를 '전제 실패'presupposition failure라고 한다 - 문장 (1)은 거짓이라고 판정한다. 그러나 스트로슨P. F. Strawson (1974[1950])은 (2ㄱ)이 거짓일 경우에는 (1)이 참도 거짓도 아닌 진리치 공백truth value gap이라고 주장한다. 그리고 이것을 러셀(1974[1905])은 '함의'라는 용어로, 스트로슨은 '전제'라는 용어로 설명한다.
켐프슨(1975: 143)은 함의와 전제의 차이점을 다음 [표 1]로 요약하고 있다.

[표 1] 함의와 전제의 진리표

함의			전제		
p (함의하는 문장)		q (함의된 문장)	p (전제하는 문장)		q (전제된 문장)
T	$\rightarrow$	T	T	$\rightarrow$	T
F	$\leftarrow$	F	~(T∨F)	$\leftarrow$	F
F	$\rightarrow$	T∨F	F	$\rightarrow$	T

위 표의 ~(T∨F)는 진리치가 참도 거짓도 아님을 나타낸다.

148) 그러나 부정이 상위문의 서술어에만 걸리는 경우-내적 부정 internal negation-에는 전제가 살아남지만, 문장 전체에 걸리는 경우-외적 부정external negation-에는 그렇지 못하다는 이유 때문에 부정 검증을 반대하는 견해도 있다. 한편, 전제는 부정문뿐만 아니라 의문문과 조건문 안에서도 취소되지 않는 것으로 판단된다.

149) 사실 동사와 비사실 동사는 본문에서 제시한 것 외에도 많은데, 몇 개를 더 들면 아래와 같다.
사실성 동사: 분개하다, 깨닫다, 실감하다, 잊다, 기억하다, 유감스럽다, 슬프다 등
비사실성 동사: 의도하다, 가능하다, 확신하다, 말하다, 가정하다, 상상하다, 바라다 등

150) 반대 사실을 전제하는 특성을 지닌 서술어에는 '(-ㄴ) 척하다 / 체하다 / 양하다' 등과 '(-처럼) 가장하다 / 꾸미다' 등이 있다.

151) 본문 (47ㄱ)을 부정한 다음 (1)은 '또'의 수식 범위에 따라서 (2)와 같은 중의성을 갖는다.

(1) 아이가 또 넘어지지 않았다.
(2) ㄱ. 아이가 넘어진 적이 있다.
ㄴ. 아이가 넘어진 적이 없다.

'또'가 '넘어지다'를 수식하면 (2ㄱ)을 전제하고, '또'가 '넘어지지 않았다'를 수식하면 (2ㄴ)을 전제한다. 따라서 전제의 '부정에서의 불변성'은 (2ㄱ)에만 적용된다.

152) 전통적으로 접속문은 대등 접속문과 종속 접속문으로 나누지만, 우리는 종속 접속문을 부사절 내포문으로 간주하는 태도를 취한다.

153) 율G. Yule(1996: 27-30)에서, 특정 언어 형태의 사용과 관련 있는 잠재적 전제potential presupposition를 유형에 따라 다음과 같이 요약하고 있다.

[표 1] 잠재적 전제

유형	예		전제
존재적 전제	그 X	≫	X가 존재한다.
사실적 전제	나는 떠난 것을 후회한다.	≫	나는 떠났다.
비사실적 전제	그는 행복한 척했다.	≫	그는 행복하지 않다.
어휘적 전제	그는 간신히 탈출했다.	≫	그는 탈출하려고 노력했다.
구조적 전제	그 여자가 언제 죽었소?	≫	그 여자가 죽었다.
반사실적 전제	내가 만약 아프지 않다면	≫	내가 아프다.

위 [표 1]에서 ≫는 '전제한다'라는 의미의 기호로 사용한 것이다. 곧 $p ≫ q$는 'p는 q를 전제한다'라는 의미이다. 위에서 제시한 전제의 유형에 대해서 좀 더 자세하게 살펴보자. 존재적 전제existential presupposition는 '그 개 ≫ 개가 존재한다.'와 같은 한정 표현, '너의 차 ≫ 너는 차를 가지고 있다.'와 같은 소유격 표현, '임진강 ≫ 임진강이 존재한다.'와 같은 고유명사, '고무신 두 켤레 ≫ 두 켤레 이상의 고무신이 있다.'와 같은 수량사구 등에서 볼 수 있는 바와 같이, 명사구의 사용으로 사물의 존재를 나타내는 전제이다. 사실적 전제 factive presupposition는 '사람들은 한이수가 성전환자라는 것을 안다. ≫ 한이수는 성전환자 이다.'에서와 같이 사실성 동사 '알다'에 의해서 발생하는 전제이다. 비사실적 전제non-factive presupposition는 사실이 아닌 것으로 추정되는 의미를 가진 동사를 사용함으로써 발생하는 전제이다. '나는 하늘을 나는 것을 상상했다. ≫ 나는 하늘을 날지 않는다.'에서 의 '상상하다'나 위에서 든 예의 '-ㄴ 척하다' 등은 반사실적 의미를 가지고 있다. 어휘적 전제lexical presupposition는 화자가 어떤 단어를 사용함으로써 다른 단어의 의미까지 나타 내는 전제이다. '그는 담배를 끊었다. ≫ 그는 전에 담배를 피웠다.'에서의 '끊다'와 같은 상태변화 동사, '너는 또 늦었구나. ≫ 너는 전에도 늦은 적이 있다.'에서의 '또'와 같은 반복 표현에 의한 전제가 여기에 해당한다. 구조적 전제structural presupposition는 구조의 일부분이 이미 알려진 정보를 포함함으로써 갖게 되는 전제이다. '너는 이 자전거를 어디 에서 샀니? ≫ 너는 자전거를 샀다'에서, '어디'와 같은 의문사를 갖는 의문문 구조는 다음 에 오는 정보가 이미 사실임을 전제한다. '창수가 좋아하는 것은 아이스크림이다. ≫ 창수 가 무엇인가를 좋아한다.'와 같은 분열문 구조도 구조적 전제의 예이다. 반사실적 전제 counterfactual presupposition는 특정한 정보가 사실과 반대되는 것이다. '만약 내가 새라면 ≫ 나는 새가 아니다.'와 같이 단지 사실이 아닌 것을 넘어서 사실과 반대되는 것을 전제 한다. 비사실적 전제와 반사실적 전제는 사실이 아님을 전제하느냐 반대 사실을 전제하 느냐의 문제인데 구체적인 분석에서 그 경계가 분명하지 않은 경우가 있다.

154) 화용론적 전제는 셀라스W. Sellars(1954)에서 전제를 문장 전제sentence presupposition와 화자 전제speaker presupposition로 구분하면서 처음 등장하였다. 프라센B. Van Fraasen(1968)은 의 미론적 전제만 전제로 인정하는데 반하여, 스톨네이커R. C. Stalnaker(1974)에서는 전제는 본질적으로 화용론적 현상이라고 주장한다. 키넌E. Keenan(1971)은 두 가지 전제를 동등한

위치에 두고 설명한다. 레빈슨(1983: 204)은 '전제는 고정적이지 않은 맥락 의존적 의미의 양상'이라고 규정하면서 전제를 화용론적 영역으로 보았다.

155) 스톨네이커(1974)는 화자와 청자가 공유하는 배경 지식의 집합을 '공통 바탕'common ground이라 일컬었다. 클라크H. H. Clark(1996)에서는 이를 더 발전시켜 공통 바탕을 '공동체의 공통 바탕'과 '개인의 공통 바탕'으로 구분하였다. 전자는 공동체 구성원들에 의해서 공유된 배경 지식들의 집합을 가리키고, 후자는 어떤 공동체에 속하는 두 구성원(화자와 청자) 상호 간의 과거 경험으로부터 공유하는 배경 지식의 집합을 가리킨다.

156) 의미론적 전제에서 다루었던 '*The King of France is bald.*'에서의 전제 실패도 화자가 공통 바탕에 없는 것There is a King of France을 가정하여 말하고 있기 때문이며, 따라서 이것은 화용론적 전제에서 적정한 발화라고 할 수 없다(사이드 2016: 105). 앞의 [미주 147]을 참고할 것.

제13장 형식의미론

157) 형식의미론에 대해서는 많은 참고문헌이 있으나 본장에서는 이익환(2000)과 심재기 외(2004 / 이기용 집필)를 참고했다. 다시 정리하는 가운데서 본문을 그대로 옮겨 쓴 부분도 있음을 미리 밝혀둔다.

158) 의미분석에 논리적 방법을 사용하는 의미론을 널리 형식의미론이라 지칭한다. 그러나 그 안에는 특성을 달리하는 여러 유형의 의미 이론이 있다.

159) 합성성 원리는 제9장 2.2.에서 언급한 바 있는데, 본장에서는 논의의 성격에 맞추어서 본문 (5)와 같이 다시 제시한다.

160) 논리 기호의 명칭과 그것에 대응하는 자연언어를 참고로 제시하면 다음과 같다.

논리 기호	기호 명칭	자연언어	참고사항
~	부정기호	…이 아니다, not	논리 기호로 ㄱ도 사용함.
∨	선언기호	-거나, -든지, 또는, 혹은, (either) … or	선언을 '이접'이라고도 함.
∧	연언기호	-고, -며, -면서, 그리고, (both) … and	연언을 '연접'이라고도 함.
→	함언기호	…면 …이다, if … then	함언을 '조건'이라고도 함.
↔	동치기호	…면 그리고 그래야만, 오직 …이어야만, if and only if(=iff)	동치를 '쌍조건'이라고도 함. 동치기호로 ≡도 사용함.

161) 형성규칙 ⑭에 사용된 부호 ϕ와 ψ는 규칙을 일반화하기 위해서 앞에 나온 문장 기호 p, q, r, … 등을 대신하는 상위언어의 변항이다.

162) 자연언어에서 '-거나'와 '-든지'는 다음 (1)과 같이 '-거나~-거나', '-든지~-든지'의 중첩

형태로서 상위문 동사 '하다'에 내포되어 쓰이는 것이 일반적이다.

(1) 형이 오{거나, 든지} 동생이 오{거나, 든지} 한다.

그런데 다음 (2)에서처럼, '-거나~-거나 하다'는 '-거나 하'의 축약이 가능하지만 '-든지~든지 하다'는 '-든지 하'의 축약이 거의 불가능하다.

(2) ㄱ. 형이 오거나 동생이 온다.
ㄴ. *??형이 오든지 동생이 온다. (윤평현 2005: 47-8)

163) 접속어미 '-고'는 동시성과 순차성의 두 가지 해석이 가능하다. 그리고 순차적으로 해석되는 경우의 '-고'는 '-고 나서'로 풀어쓰는 것이 가능하다(윤평현 2005: 205).

164) 자연언어에서, 접속문의 두 명제는 의미적 관련성semantic relevance이 있어야 한다(윤평현 2005: 33).

165) 문장 (22)를 진리함수적 방법으로 항진성을 조사하면 다음과 같은 진리표를 얻게 된다.

$$(1)\ (\ p \quad \wedge \quad q\ ) \rightarrow \quad r$$

1	(1)	1	[1]	1
1	**(1)**	**1**	**[0]**	**0**
1	(0)	0	[1]	1
1	(0)	0	[1]	0
0	(0)	1	[1]	1
0	(0)	1	[1]	0
0	(0)	0	[1]	1
0	(0)	0	[1]	0

둘째 칸의 ( ) 속의 진리치는 1단계로서 $p \wedge q$의 의미이며, 넷째 칸의 [ ] 속의 진리치는 2단계로서 전체 문장 $(p \wedge q) \rightarrow r$의 의미이다. 그런데 그 결과가 둘째 줄(짙은 색)에서 [0]거짓으로 나타나는 것을 볼 수 있다. 즉 어떠한 진리치에도 항상 참이 되는 것이 아님을 보여준다. 따라서 본문에 예시된 문장 (22)는 직관적으로는 항진명제라고 할 수 있으나 명제논리에서는 항진명제가 아닌 불확정 명제로 판정된다. 이와 같은 결과는 명제논리가 문장의 내부 구조를 고려하지 않은 데서 발생하는 문제점이다(박종갑 2001: 170-71 참조).

166) 영어의 양화사에는 '*all, each, every, both, any, many, much, some, a(n), a few, a little*' 등의 어구와 '*one, two, three* …' 등의 수사, '*a group (of), a herd (of), a number (of)*' 등의 명사구가 있다. 그리고 용어 '*quantifier*'는 '양화사' 또는 '수량사'로 널리 쓰이지만 논리 기호에서 '양화 기호'를 의미하기도 한다.

제14장 화용론의 성격

167) 'pragmatics'는 '행동'action을 의미하는 그리스어 'praxis'에서 유래했다(리머N. Riemer 2010: 89).

168) 그런데 메이(2001: 7)에서는, '발화행위'speech act를 다룰 때의 연구 방법을 예로 들면서, 설은 의미주의적 태도이고 오스틴은 화용주의적 태도라고 비교하고 있다.

169) 화용론과 의미론 사이의 관계를 리치(1983: 6)에서, "화용론과 의미론은 상호보완적이고 관련성이 있는 연구 분야이면서도 실제로는 서로 다른 것이라는 견해는 주관적으로 받아들이기 쉽지만 객관적으로 정의하기가 어렵다. 이 견해는 다른 견해들이 설명하지 못하는 점이나 미흡한 점 등을 지적하는 것과 같은 부정적인 방법으로만 유지될 뿐이다."라고 말한다.

제15장 직시

170) '직시'를 뜻하는 영어 용어 *deixis*는 '보여주다, 가리키다'를 의미하는 그리스어 *deíknumi*의 명사형 *deîksis*에서 유래했다. 그리고 영어 *pointer*는 라틴어 *index(=pointer)*로부터 파생된 영어 *index*와 동일한 신체 부위인 '집게손가락'을 가리키는데, 라틴어 *index*는 어원적으로 그리스어 *deîksis*와 관련이 있다(사이드 2016: 190, 메이 2001: 337). *deîksis*는 '직시' 이외에 '화시'話示, '지시'指示 등의 용어가 쓰이기도 한다.

171) 언어철학에서는 직시 표현을 '지표적 표현indexical expression이라고 부른다(라이온스 1977: 637, 1982: 106 참조).

172) 직시의 중심이 이동하는 것을 라이온스(1977: 579)는 '직시의 투사'라고 하고, 필모어 (1975)는 '관점의 전이'shift in point of view라고 한다.

173) 직시 표현의 용법을 좀 더 상세하게 구별하면 다음 (1)과 같다(레빈슨 1983: 64-8).

(1) ㄱ. 직시적 용법: ① 몸짓 용법, ② 상징 용법
ㄴ. 비직시적 용법: ① 비조응적 용법, ② 조응적 용법

본문에서 설명한 몸짓 용법과 상징 용법은 직시적 용법deictic usage에 속한다. 직시적 용법과 구별되는 것으로 비직시적 용법non-deictic usage이 있는데, 직시적 용법이 맥락 속에서 특정의 대상을 직접 가리키는데 반하여 비직시적 용법은 직시 표현이 맥락 속의 대상을 직접 가리키는 것이 아니라 이미 나온 다른 대상을 가리키거나 그와 유사한 형태로 쓰이는 것을 말한다.

(2) ㄱ. 너 자신을 알라.
ㄴ. 창호가 만나기를 원하지만 나는 그를 만나지 않을 것이다.

(2ㄱ)에서 직시 표현 '너'는 맥락 속의 특정 대상이 아닌 일반 사람을 가리키는 비조응적 용법non-anaphoric usage으로 쓰였다. (2ㄴ)에서의 '그'는 앞에 나온 선행사 '창호'를 대신해

서 가리키는 조응적 용법anaphoric usage으로 쓰였다. 그런디P. Grundy(2008, 박철우 옮김 2016: 55)에서는 비직시적 용법의 '비조응적 용법'을 '감정이입적 용법'이라고 부른다.

174) 스페인어는 본문 (14)와 같이 화자와의 거리로 구분하기도 하지만, *este*화자 가까이, *ese*청자 가까이, *aquel*양쪽으로부터 떨어져서과 같이 청자의 위치와 관련지어 사용하기도 한다(사이드 2016: 191).

175) *â*는 내림 어조falling tone로, *a*는 높음 어조high tone로 발음한다.

176) '나 먼저 원리'에서 벗어난 표현도 적지 않다. '나'와 '너'가 병렬 구성을 이룰 때 '너'를 먼저 말하는 것이 자연스러운 경우가 많다. '너와 나, 너나들이, 너나없이' 등이 그러한 예인데, 이것은 상대방을 예우하는 사회적 관습 때문이라고 할 수 있다. '어제오늘, 작금 昨今, 예나 지금이나'와 같은 시간 표현은 시간의 흐름을 따르는 것이 자연스럽다.

177) 3인칭 대명사의 대표 격인 '그'가 구어 발화에서 사용되는 경우는 극히 드물다. "창수가 놀러온대. 너는 {?²그 / 그 사람}를 / 을 아니?"에서 '그'는 '창수'의 대용인데 아주 부자연스 러운 표현이다. 선행 맥락 없이 '그'가 직시적으로 사용되는 것은 더욱 불가능한 일이다.

178) 다음 (1)은 2인칭 대명사 '당신'이 직시적 용법으로 쓰인 예이다.

(1) ㄱ. (편지 글에서) <u>당신</u>은 누구시기에 제 마음 속에서 지워지지 않을까요? [높임]
ㄴ. <u>당신</u>이 원하는 일인데 내가 마다할 이유가 없지요. [친밀함]
ㄷ. <u>당신</u> 같은 사람 말은 들을 필요도 없어. [낮잡음]

그런데 다음 (2)의 '당신'은 맥락에서 앞의 사람 곧 '할아버지'를 높여서 가리키는 3인칭 의 재귀대명사이다.

(2) 할아버님께서는 평소에 <u>당신</u>의 건강을 잘 돌보셨다.

곧 2인칭의 '당신'은 직시적으로 쓰이지만 3인칭 선행사의 재귀칭인 '당신'은 비직시적이다.

179) 어떤 언어는 이를 문법화하여 청자를 포함하는 형태와 청자를 포함하지 않은 형태의 두 가지 1인칭 복수 대명사를 가지고 있다. 피지어Fijian에는 '포함한 우리'의 *keda*와 '배제한 우리'의 *keimami*가 있으며(율 1996: 11), 에티오피아의 오모틱어Omotic인 자이세Zayse에 도 각각 *núy*와 *nii*로 구별한다(사이드 2016: 195).

180) 세계의 언어들은 수에 관해서 언어마다 대단히 많은 차이를 보인다. 수 범주가 없는 언어 에서부터 '단수-양수-삼수-소복수(몇몇)-복수'에 이르기까지 아주 다양하다. 이에 대한 자세한 논의는 코베트C. Corbett(2000: 9-53)을 참고할 것.

181) 필모어(1971)에서 화자가 발화 또는 기호화하는 시간coding time: CT과 청자가 수신하는 시 간receiving time: RT을 구별하였는데, 레빈슨(1983:73)에서도 이 점을 강조한다. CT와 RT가 동일한 것CT=RT을 라이온스(1977: 685)에서 '직시의 동시성'deictic simultaneity이라고 한다.

182) 레빈슨(1983: 74)에서 '지금'now을 '발화 시점을 포함하는 화용론적으로 주어진 시간'이 라고 정의한다.

183) 주요 언어의 하루 구간 날짜 직시 표현을 살펴보면 다음 [표 1]과 같다.

[표 1] 하루 구간 날짜의 직시 표현

언어	0-3	0-2	0-1	0	0+1	0+2	0+3	0+4
한국어	그끄제	그제	어제	오늘	내일	모레	글피	그글피
영어			yesterday	today	tomorrow			
중국어		前天 (qiantian)	昨天 (zuotian)	今天 (jintian)	明天 (mingtian)	后天 (houtian)		
독일어		vorgestern	gestern	heute	morgen	übermorgen		
아랍어		albarahati	albaraha	alioum	ghuden	badaghuden		
프랑스어		avant-hier	hier	aujourd'hui	demain	après-demain		
펀자브어		parso	kall	ajj	kall	parso		
스페인어		anteayer	ayer	hoy	mañana			
일본어	さきおととい	おととい	きのう	きょう	あした	あさって	しあさって	
그리스어	antipro-chthes	pro-chthes	chthes	sinera	avrio	methavrio	anti-mentha	

[표 1]을 보면, 양방향으로 이틀이 어휘화되어 모두 다섯 개의 어휘를 가진 언어가 가장 많다. 또한 일반적으로 양방향 대칭 구성인데 한국어와 스페인어는 비대칭 구성으로 되어 있다. 그리고 양방향의 하루(±1) 또는 이틀(±2)을 동일 단어로 표현함으로써 어휘수를 줄이는 언어가 있는데 펀자브어, 힌두어 등이 그 예이다. 펀자브어는 '어제'와 '내일'을 'kall'로, '그제'와 '모레'를 'parso'로 나타낸다. 이때의 중의적 해석은 시제표시와 같은 문법체계나 맥락에서의 공유 지식으로 해소한다. 위의 [표 1]은 황(2011: 147)을 참고하고, 필자가 한국어, 프랑스어, 일본어를 추가하여 재작성하였다. 참고로 멕시코 원주민의 치난텍어Chinantec는 양방향으로 나흘이 어휘화되어 모두 9개의 어휘가 있다(필모어 1997: 71).

184) '이쪽, 그쪽, 저쪽'이 '방향 직시'에 쓰이지만 본질에서 '이리, 그리, 저리'와 다르다. 전자는 격조사 '-으로'의 결합으로 이동 방향을 나타내는데 반해 후자는 단어 자체의 의미정보로 이동 방향을 나타낸다.

185) 발화시 대화 참여자가 맥락상 표준 위치라고 여길 수 있는 '집, 학교, 근무처' 등을 필모어(1971)에서 'home-base'라고 부른다.

186) 비직시적 용법으로 쓰이는 '오른쪽 / 왼쪽'이 가리키는 방향에 대해서 논란이 있을 수 있다. 우리가 사물을 바라보는 상태에서의 '오른쪽 / 왼쪽'과 사물의 정면이 앞을 바라보는 상태에서의 '오른쪽 / 왼쪽'은 정반대가 되기 때문이다. 그런데 '오른쪽'이란 사물의 정면이 북쪽을 향했을 때의 동쪽과 같은 방향을 말하기 때문에 후자의 관점에서 보는 것이 당연하다. 사람의 신체 부위, 예컨대 '오른팔, 왼쪽 가슴' 등을 생각하면 이해되는

일이다.

187) 이러한 용법을 라이온스(1977: 670)에서 '비순수 텍스트적 직시'impure textual deixis라고
한다. 담화 직시와 조응 현상을 구별하고자 할 때 야기되는 문제는 대명사화pronominalization
와 관련되는데, 레빈슨(1983: 86-7)에서 앞의 용법을 포함하여 여러 가지 문제점을 언급
하고 있다.

188) 인칭 직시와 사회 직시가 불가분리의 관계에 있는데, 인칭 직시는 사회 직시와 분리해서
연구할 수 없다고 주장하는 학자(마르마리도우s. A. Marmaridou 2000: 79)도 있다. 사회
직시는 인칭 직시의 존재를 함의하지만 그 반대는 성립하지 않는다(황 2011: 163).

189) 'anaphora'와 'substitution'의 역어로 '대용'이 사용되는 경우가 있는데 이 둘은 구별된
다. substitution은 선행 문맥에서 사용된 표현을 반복적으로 사용하는 것을 피하기 위해
서 다른 표현으로 대치하는 현상을 말하는데, '대용' 이외에도 '대치', '대체' 등의 용어가
쓰인다. 물론 여기서 '조응'과 같은 용어로 쓰이는 '대용'은 anaphora를 말하며,
anaphora는 substitution의 하위 유형 가운데 하나라고 할 수 있다.

190) 이러한 용법의 대명사를 '게으름 대명사'pronoun of laziness라고 부른다. 레빈슨(1983: 86-7)
에서 대명사의 담화 직시적 용법과 조응 현상을 구별할 때 야기되는 문제를 논의하면서
이러한 용법을 언급했다. '게으름 대명사'는 본문 (68)'과 같은 긴 표현을 반복하는 것이
번거로워서 짧은 대명사로 대신한다는 의미에서 붙여진 명칭이다.

제16장 발화행위

191) 오스틴(1962)의 발화행위에 대한 번역 용어가 다양하여 혼란스러울 정도인데, 몇 개를
예시하면 다음 [표 1]과 같다.

[표 1] 오스틴(1962)의 발화행위 용어 대조표

Austin(1962)	이익환(2000) 박종갑(2001) 박철우(2016) 윤평현(2020)	임지룡 (2018)	서재석 외 (2001)	영어학사전(1990) 송경숙(2003) 이상철(2004) 이성범(2019)	박영순 (2007)
locutionary act	언표(적)행위	표현행위	언표내적행위	발화행위	언어적행위
illocutionary act	언표내적행위 / 언표수반행위	표현내적행위	언표외적행위	발화수반행위	수행적행위
perlocutionary act	언향적행위 / 언표달성행위 / 언표영향행위 / 언표효과행위	표현달성행위	발화효과행위	발화영향행위 / 발화효과행위 / 발화결과행위	언향적행위

192) 언표수반효력을 전달하기 위한 언어적 장치를 '언표수반효력 표시 장치'illocutionary force
indicating device: IFID(레빈슨 1983: 238)라고 부르는데, 가장 대표적인 IFID가 화자의 행위

를 명시적으로 표현하는 수행동사이다. 수행동사 외에도 언표수반효력을 보여주는 관습적 표현들이 있는데, 예를 들어 영어에서 'please'를 사용하여 공손한 요청을 나타내는 것이다. 한국어는 존댓말과 존대법이 발달되어 이를 토대로 적절하게 공손함을 표시할 수 있다.

193) 수행가설은 '모든 비수행문의 기저구조에는 수행문이 존재한다.'는 로스(1968)의 가설에서 시작되었으며, 로스(1970), 세이덕(1974) 등을 거치면서 더욱 체계화되었다.

194) 수행가설의 문제점에 대한 더 자세한 설명은 율(1996: 52-3), 이익환(2000: 454-7)을 참고할 것.

195) 발화행위를 몇 개의 대부류로 분류하기 위해서는 다음의 두 가지 질문을 상정해야 한다 (힌델링Hindeling 1982, 김갑년 옮김 1999: 78-9).

(1) 발화행위 분류에 대한 두 가지 질문
(가) 발화행위 모델들의 분류가 도대체 가능한가? 그리고 그러한 분류들은 어떤 특성을 갖는가?
(나) 발화행위들의 그러한 부류들을 몇 개나 상정해야 하는가? 그리고 이 부류들은 어떤 기준에 따라 형성되는가?

196) 설(1979)에서는 '진술'representative을 '단언'assertive으로 바꾸어 표현하고 있을 뿐이며 전체 내용은 설(1977)과 동일하다.

197) 설(1977)에서 제안하고 있는 분류 기준은, ① 언표수반행위의 목표, ② 심리적 태도, ③ 맞추기의 방향, ④ 효력, ⑤ 사회적 지위, ⑥ 이해 관계, ⑦ 담화 관련 기능, ⑧ 내용, ⑨ 언표수반행위와 수행동사, ⑩ 사회 제도와 언표수반행위, ⑪ 언표수반행위와 수행문 ⑫ 스타일 등 열두 차원의 기준이다. 이에 대한 자세한 설명은 메이(2001: 119)를 참고할 것.

198) 위에서 설명한 언표수반행위의 일반 기능과 주요 특징을 율(1996: 55)에서 [표 1]과 같이 요약하고 있다.

[표 1] 다섯 가지 언표수반행위의 일반 기능과 특징

언표수반행위의 유형	맞추기 방향	S = 화자, X = 상황
진술 행위	발화를 세계에 맞춘다	S가 X를 믿는다
지시 행위	발화에 세계를 맞춘다	S는 X를 원한다
약속 행위	발화에 세계를 맞춘다	S는 X를 의도한다
표현 행위	발화를 세계에 맞춘다	S는 X를 느낀다
선언 행위	발화가 세계를 바꾼다	S가 X를 만든다

그런데 표현 행위의 맞추기 방향을 보면 본문의 설명과 일치하지 않음을 볼 수 있다.

그것은 명제 내용의 변화에 대한 인식의 차이에서 나온 결과이다.

199) 이러한 간접화행에 대해서, 고든과 레이코프D. Gordon & G. Lakoff(1975)는 우리의 일상적
인 대화에는 일반적인 대화공준conversational postulate이 있으며, 우리는 이 공준을 이용하
여 간접화행을 이해한다고 주장한다. 본문의 (33ㄱ)과 관련된 요청의 대화공준은 다음과
같다.

대화 공준(고든과 레이코프 1975: 86)
ASK (*a, b*, CAN (*b, Q*)) → REQUEST (*a, b, Q*)

위의 대화공준은 '화자 a가 b가 *Q*할 수 있는지를 물으면, 이것은 b가 *Q*를 하도록 요청함
을 암시한다.'로 해석된다. 이것은 설(1975)에서 제시한 복잡한 추론 과정을 간결하게 형
식화한 것으로 이해할 수 있다.

제17장 함축

200) '*implicature*'함축라는 단어는 그것의 동계어인 '*implication*'암시과 같이 동사 '*imply*'함축
하다에서 파생되었다. 원래 *imply*는 '접다'to fold라는 뜻의 라틴어 동사 *plicare*에서 유래한
것으로 '무언가를 다른 어디에다 접어 넣다.'라는 의미이다. 따라서 '함축된' 것은 '접혀져
들어간' 것으로 그것을 이해하기 위해서는 '펼쳐야'한다고 말할 수 있다(메이 2001: 45).

201) 언어학에서는 '규칙'rule 또는 '원리'principle라는 용어가 익숙하지만 철학에서는 오래 전부
터 '격률'maxim이라는 용어를 사용해 왔다.

202) 그 동안 그라이스(1975)의 'maxim of relation'에서의 'relation'을 '관계'로 옮겼으나, 그
라이스를 포함한 많은 연구자들이 relation을 'relevance'의 개념으로 사용하기 때문에
'관련성'로 옮겨 사용한다.

203) 그라이스(1975: 49-53)는 대화 격률이 지켜지지 않은 경우를 (ㄱ) 격률 위반violating a
maxim, (ㄴ) 격률 회피opting out of a maxim, (ㄷ) 격률 무시flouting a maxim, (ㄹ) 격률 실수
infringing a maxim로 구별한다. 격률 위반은 '비현시적인 방법으로 조용하고 눈에 띄지 않
게' 격률을 지키지 않는 경우이다. 화자가 격률을 위반할 경우에 자신이 그 격률을 어기고
있다는 것을 청자가 눈치 채도록 굳이 노력하지 않는다. 그렇기 때문에 청자는 화자가
격률을 위반할 경우 그 사실을 모른 채 넘어갈 수 있다. 격률 회피는 화자 자신이 격률이
요구하는 대로 대화에 협조할 수 없음을 분명하게 표현하는 것이다. 격률 무시는 화자가
자신이 한 말이 어떤 격률을 지키지 않고 있음을 청자가 알 수 있도록 의도적으로 격률을
지키지 않는 것이다. 격률 실수는 언어적 실수로 인해 우연히 격률을 지키지 못하는 결과
가 발생하는 것이다(이성범 2015: 130-4 참조). 우리는 이 네 가지 경우를 구별하지 않고
격률을 준수하지 않은 일반적인 예만 살펴보기로 한다.

204) 크루스(2000: 355)에서, 질의 격률 가운데 두 번째 하위 격률인 '적절한 증거가 없는 것은 말하지 말라.'가 첫 번째 격률인 '거짓이라고 믿는 것은 말하지 말라.'를 함의한다고 말한다. 그것은 일반적으로 거짓 진술이라고 생각되는 것은 그 사건에 대한 충분한 증거가 없는 것이기 때문이다. 그렇기 때문에 크루스(2000)에서 질의 격률을 '증거가 뒷받침되지 않은 진술은 하지 말라.'Do not make unsupported statements.라고 의역할 수 있다고 주장한다.

205) '울타리'hedge는 레이코프(1972)에서 처음 사용한 용어인데, 그는 의미적 관점에서 화자가 자신의 뜻에 따라 자신의 언어에 대해서 사용하는 언어표현으로 '울타리 표현'expression of hedge이라고도 한다. 울타리 표현은 특유의 억양으로 혹은 어휘로, 또는 구나 문장의 형식으로 다양하게 나타낼 수 있는 '언어에 대한' 표현이다.

206) 함축을 고정함축과 비고정함축으로 구분하고, 다시 비고정함축을 대화함축과 비대화함축으로 나누기도 한다. 그리고 대화함축은 다시 일반대화함축과 특정대화함축으로 구분할 수 있다. 한편으로 그런디(2008, 박철우 옮김 2016: 219)에서는 함축의 유형을 다음 [표 1]과 같이 제시하고 있다.

[표 1] 함축의 유형

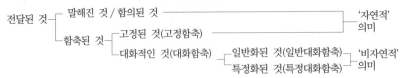

207) 부정관사를 포함한 구는 일반대화함축에 의해서 'a(n) X +> not speaker's X(X는 화자가 가지고 있는 X가 아님을 함축한다) 라고 해석된다(율 1996: 41). 기호 '+>'은 '함축하다'를 의미한다.

208) 등급함축에 대한 자세한 설명은 레빈슨(1983: 133-4)을 참고할 것.

209) 빈도를 나타내는 '항상(언제나), 늘, 자주, 가끔'에서, '늘'은 앞의 '항상 / 언제나'와 동일한 의미로 여겨지기도 하지만 그보다 빈도수가 좀 떨어진 듯한 느낌을 주기도 하다. 다음 (1)을 보면 다소의 차이를 짐작할 수 있다.

(1) 오늘도 {항상, 늘, 자주, 가끔} 가는 김치찌개 집에서 점심 식사를 했다.

(1)에서, '늘'은 '항상'과 '자주'의 중간 단계로 이해할 수 있다

210) '강한 형태'stronger form와 '약한 형태'weaker form의 유사쌍의 예는 레빈슨(1983: 137)을 참고할 것.

211) 신-그라이스 이론에 대한 보다 자세한 설명은 황(2011: 36-54, 이해윤 옮김, 2009: 44-67), 그런디(2008, 박철우 옮김, 2016: 224-37), 이성범(2019: 166-81) 등을 참고할 것.

212) 적합성 이론은 프랑스의 철학자 스퍼버D. Sperber와 영국의 철학자 윌슨D. Willson의 공동 저작인 스퍼버와 윌슨D. Sperber & D. Willson(1986 / 1995²)에서 주요 개념이 소개되고, 스퍼버와 윌슨(2004)에서 보완되었다. 그리고 블레이크모어D. Blakemore(2002, 2004), 카르스톤R. Carston(1998, 2002, 2004) 등 여러 학자들의 호응으로 많은 연구가 진행되고 있다. 'relevance'의 번역 용어로 '적합성' 외에 '적절성', '관련성', '연관성' 등이 쓰이고 있다.

213) 의사소통 이론에는, 의사소통이 발신자의 입력과 수신자의 해독으로 이루어진다는 '코드 모형'code model과 입력과 해독의 과정에 추론이 개입한다는 '추론 모형'inferential model의 두 가지 유형이 있다.

214) 스퍼버와 윌슨(1986 / 1995²)은 그라이스(1975)의 'implicature'에 대응하는 개념으로 'explicature'를 제안했다. 전자는 '암시적으로 소통되는 추정 내용'implicitly communicated assumption이고, 후자는 '명시적으로 소통되는 추정 내용'explicitly communicated assumption이다. 그리고 우리는 번역 용어로 implicature의 '함축'에 호응하여 explicature를 '외축'이라고 부른다.

참고문헌

강범모(2018), 의미론, 한국문화사.

강보유(2016), "언어의 주관성과 주관화", 중국조선어문 205, 길림성민족사무위원회.

강소영(2006), "우측 어순 변동 구문의 실현 양상과 의미기능 연구", 한국어 의미학 20, 한국어의미학회.

강우원(2002), "담화표지 '아'와 '어'의 특성 비교 연구", 우리말연구 12, 우리말학회.

강연임(2006), "광고 문구에 나타난 '화용적 대립어' 연구", 한국어 의미학 20, 한국어의미학회.

강위규(1998), 국어 관용표현 연구, 세종출판사.

고석주(2011), "조사 '에'의 의미 재고". 국어학 61, 국어학회.

고성환(2003), 국어 명령문에 대한 연구, 역락.

고영근(2018), 우리말 문법, 그 총체적 모습, 집문당.

고영근·구본관(2018), 우리말 문법론(개정판), 집문당.

고영진(1997), 한국어의 문법화 과정, 국학자료원

고재설(2001), "동작성 명사 구문에 대하여", 한국언어문학 제47집, 한국언어문학회.

고창운(2006), "우리말 맛 그림씨의 어휘장 연구 - '달다'류와 '시다'류 어휘를 중심으로 - ", 한국언어문학 제56집, 한국언어문학회.

구본관(2007), "한국어에 나타나는 언어적 상상력", 국어국문학 146, 국어국문학회.

구본관·박재연·이선웅·이진호·황선엽(2016), 한국어 문법 총론 Ⅱ, 집문당.

구현정(1997), 대화의 기법, 한국문화사.

권혁웅(2010), 시론, 문학동네.

김갑년 옮김(1999), 화용론 입문, 한국문화사.

김경훈(2001), "의미론에서의 몇 가지 논의들 - 논리실증주의자들을 중심으로", 개신어문연구 18, 개신어문학회.

김광순(2016), "{값}의 속성을 가진 어휘소의 의미 분석", 한국어 의미학 53, 한국어의미학회.

김광희(1997), 국어 변항범주 연구, 한국문화사.

김동언(2005), 국어표현론, 도서출판 월인.

김동욱(2000), "한국어 추측표현의 의미차이에 관한 연구 - 'ㄴ 것 같다', 'ㄴ 듯 하다'와 'ㄴ가

보다', 'ㄴ 모양이다'의 의미차이를 중심으로", 국어학 35, 국어학회.

김병균(1996), 국어 동음이의어 연구, 이회문화사.

김슬옹(1998), "상보반의어 설정 맥락 비판", 한국어 의미학 3, 한국어의미학회.

김영근(2000), 국어 수량사 연구, 문창사.

김영란(2000), "{왜}의 화용 기능", 한국어 의미학 6, 한국어의미학회.

김영철(2004), "우리말 담화표지의 기능 고찰 - '거시기'를 대상으로", 한국언어문학 제52집, 한국언어문학회.

김용경(2002), "문법화의 단계성에 대한 고찰", 한글 256, 한글학회.

김윤신(2013), "생성어휘부 이론과 합성성의 기제", 한국어 의미학 41.한국어의미학회.

김은영(2005), "현대국어 감정동사의 범위와 의미 특성에 대한 연구", 한국어 의미학 16, 한국어의미학회.,

김인균(2003), "관형 명사구의 구조와 의미 관계", 국어학 41, 국어학회.

김재봉(1999), 텍스트 요약 전략에 대한 국어교육학적 연구, 집문당.

김정남(2007), "의미 투명성과 관련한 국어의 제 현상에 대하여", 한국어 의미학 22, 한국어의미학회.

김정대(1993), "한국어 비교구문의 통사론", 계명대학교 박사학위 논문.

김정은(1995), "현대 국어의 단어 형성법 연구", 한글 228, 한글학회.

김종현(2000), "미지칭 지시어의 활용과 파생", 한국어 의미학 6, 한국어의미학회.

김준기(2004), "의미 범위의 속성에 대한 재검토", 어문학 85, 한국어문학회.

김지은(2019), 원형의미론: 범주와 어휘 의미, 한국문화사, 2019.

김지형(1999), "어휘장 연구의 새로운 모색", 한국어 의미학 4, 한국어의미학회.

김지홍(2014), 국어 통사·의미론의 몇 측면; 논항구조 접근, 도서출판 경진.

김진수(2004), "국어의 울타리 표현 1", 어문연구 40, 어문연구학회.

김진식(2007), 현대국어 의미론 연구, 박이정.

김진해(2010), "관용 표현의 새로운 쟁점", 한국어학 49, 한국어학회.

김진호(2000), 국어 특수조사의 통사·의미 연구, 도서출판 역락.

김천학(2013), "상태와 상태변화", 형태론 15-2, 박이정.

김한샘(2006), "말뭉치에 기반한 공간 명사의 의미변화 연구", 비교어문연구 21, 비교어문학회.

김해미(2014), "'짜다' 계열 어휘의 의미 확장 연구", 한국어 의미학 46, 한국어의미학회.

김혜령(2015), "국어 어휘 의미의 실현 조건 연구", 고려대학교 박사학위논문.

김홍범(2016), "상징어의 의미영역 분류 연구", 문법 교육 26, 한국문법교육학회.

김홍수(2004), "문체 텍스트와 문체론", 한국어학 25, 한국어학회.

남경완(2008), 국어 용언의 의미 분석, 태학사.

남기심·고영근·유현경, 최형용(2019), 표준국어문법론, 한국문화사.

남길임(2014), "언어 사용의 경향성과 유의어의 기술-인내동사를 중심으로", 한국어 의미학 43, 한국어의미학회.

남명옥(2011), "중국 조선어의 한어기원 한자어 의미 연구", 한국어 의미학 35, 한국어의미학회.

남유진(2019), "현대국어 용언의 부정 의미 전염 연구", 고려대학교 박사학위논문.

노명현(2012), 의미론 개관, 한국문화사.

노명희(2008), "한자어의 구성성분과 의미 투명도", 국어학 51, 국어학회.

도재학(2016), "국어 문장 의미의 분석 방법 연구", 고려대학교 박사학위논문.

류현미(2002), "반복의문문의 화행과 대화기능", 어문연구 39, 언어연구학회.

목정수(2018), "한국어 정보구조와 통사구조", 언어학 81, 한국언어학회.

문금현(2010), "대중가요에 나오는 반의어의 의미 양상", 한국어 의미학 33, 한국어의미학회.

문병열(2015), "한국어의 역문법화 현상에 대하여", 국어학 75, 국어학회.

민경모(2012), "Deixis의 개념 정립에 대한 일고찰", 한국어 의미학 37, 한국어의미학회.

민병곤(2001), "TV 토론 담화의 논증 분석 - 화용·대화론적 접근법을 중심으로", 텍스트언어학 11, 한국텍스트언어학회.

민현식(2002), "'부사성'의 문법적 의미", 한국어 의미학 10, 한국어의미학회.

박근영(2000), "'거시기'의 문법화", 한국어 의미학 7, 한국어의미학회.

박동근(1996), 현대국어 흉내말의 연구, 건국대학교 박사학위논문.

박만규(2002), "다의어의 의미 분할과 의미 부류", 한글 257, 한글학회.

박소영(2004), 한국어 동사구 수식 부사와 사건구조, 태학사.

박영순(2000), 한국어 은유 연구, 고려대출판부.

박재연(2006), 한국어 양태어미 연구, 태학사.

박재연(2019), 한국어 어미의 의미, 집문당.

박종갑(2012), "국어 의문문의 화용론적 중의성 해소 방법에 대한 연구", 우리말연구 31, 우리말학회.

박진호(2012), "單義(monosemy)와 多義(polysemy)-문법화와 유형론의 관점에서", 한국어의미학회 제30차 전국학술대회(2012. 2. 16.) 발표 논문.

박철우(2013), "어휘부와 의미론", 국어학 66, 국어학회.

박호관(2013), "연결어미 '-(으)며'와 '-(으)면'의 인지언어학적 의미 해석", 우리말글 58, 우리말글학회.

배도용(2001), 우리말 의미 확장 연구, 한국문화사.

백낙천(2003), 국어의 통합형 접속어미, 도서출판 월인.

범기혜(2010), "중국어와의 대조를 통해 본 한국어 연어 연구", 서울대학교 박사학위논문.

변정민(2005), 우리말의 인지 표현, 월인.

서울대학교 국어교육연구소 편(2014), 한국어교육학사전, 하우.

서반석(2018), "한국어 접속부사에 대한 인지·텍스트적 연구", 서울대학교 박사학위논문.
서 혁(1996), 담화의 구조와 주제 구성에 관한 연구, 서울대학교 박사학위논문.
손남익(2006), "국어 반의어의 존재 양상", 한국어 의미학 19, 한국어의미학회.
손남익(2014), 부사 사전, 역락.
손세모돌(2000), "국어 색채어 연구", 한말연구 6집, 한말연구학회.
손춘섭(2000), 현대국어의 정도어에 대한 연구, 전남대학교 박사학위논문.
송경숙(2003), 담화 화용론, 한국문화사.
송복승(2005), "'아니다' 구문에서 주격 보어의 격 실현", 배달말 37, 배달말학회.
송원용(2005), "신어의 어휘부 등재 시점 연구 - 어휘 지식 유무 검사를 통한 검증 - ", 국어학
        46, 국어학회.
송지혜(2011), "'시원하다'의 통시적 의미 변화 양상 연구", 어문학 111, 한국어문학회.
송창선(1998), 국어 사동법 연구, 홍문각.
송현정(2012), "言語 形式으로서의 表出에 대한 槪念 考察", 어문교육 40-2, 한국어문교육연구
        회.
시정곤(1997), "국어의 부정극어에 대한 연구", 국어국문학 119, 국어국문학회.
신명선(2009), "텍스트 결속 기제로 작용하는 국어 명사의 특징에 대한 연구", 한국어학
        42, 한국어학회.
신서인(2009), "어순 변이와 문장 의미 해석", 한국어 의미학 28, 한국어의미학회.
신선경(2002), '있다'의 어휘 의미와 통사, 태학사.
신언호(2006), "한국어 현재 시제의 다의적 현상에 대한 고찰", 한국어 의미학 21, 한국어
        의미학회.
신지연(2005), "접속부사 '그러나'의 의미", 한국어 의미학 18, 한국어의미학회.
신현숙(2001), 한국어 현상과 의미 분석, 경진문화사.
신현숙·김영란(2012), 의미와 의미분석, 푸른사상.
신호철(2012), "한국어 색채 표현의 이원 체계", 문법교육 16, 한국문법교육학회.
신희삼(2015), "국어 어휘에서 나타나는 의미 투명성의 양상", 한국언어문학 제94집, 한국언
        어문학회.
심재기(2000), 국어어휘론신강, 태학사.
심재기·이기용·이정민(2004), 의미론서설, 집문당.
안명철(2013), "논항 교체 구문의 의미론 - [처소]-[대상] 구문을 중심으로", 국어학 68, 국어
        학회.
안소진(2019), "단어 정보의 기억에 대한 은유 연구 - 은유로서의 어휘부에 대하여", 형태론
        21-1.
안주호(1997), 한국어 명사의 문법화 현상 연구, 한국문화사.
양명희(2007), "국어사전의 유의어에 대하여", 한국어 의미학 22, 한국어의미학회.

양정석(2013), "개념의미론과 합성성", 한국어 의미학 40, 한국어의미학회.

양태식(1984), 국어구조의미론, 태화출판사.

오규환(2019), "단어 형성론의 관점에서 분류한 한국어의 감탄사", 한국어 의미학 65, 한국어
　　　　의미학회.

오경숙(2003), 국어 후치사 비교구문 연구, 서강대학교 박사학위논문.

우형식(2001), 한국어 분류사의 범주화 기능 연구, 박이정.

원광연(2014), "한국어 자·타 양용동사 연구", 고려대학교 석사학위논문.

유경민(2005), "지시어 '저'의 제한적 기능에 대한 통시적 고찰", 한국어 의미학 16, 한국어의
　　　　미학회.

유현경(2004), "국어 소절(Small Clause) 구성의 복합술어 분석", 국어학 44, 국어학회.

유형선(1996), "국어의 주격 중출 구문에 대한 통사·의미론적 연구", 고려대학교 박사학위논
　　　　문.

윤석민(2005), "웃음의 의미론적 분석", 국어문학 40, 국어문학회.

윤평현(2003), "국어 소형문의 발화 행위에 대한 고찰", 한글 259, 한글학회.

윤평현(2004), "『혼불』의 어휘 특성 고찰 - 상징어를 중심으로 - ", 혼불의 언어세계, 전북대
　　　　학교 출판부.

윤평현(2005), 현대국어 접속어미 연구, 박이정.

윤평현(2008), 국어의미론, 역락.

윤평현(2013), 국어의미론강의, 역락.

윤평현 외(2016), 국어의미론의 탐색, 역락.

윤평현 외(2016), 국어의미론의 심화, 역락.

윤평현 외(2016), 국어의미론의 접목과 확장, 역락.

이건환(2002), 동사 "잡다의 의미확장", 언어과학연구 22, 언어과학회.

이관규(1996), "통사 자질과 의미 자질", 국어국문학 116, 국어국문학회.

이광호(2008), "유의어 변화의 기술 방안", 어문학 99, 한국어문학회.

이동혁(2010), "담화 은유", 한국어 의미학 31, 한국어의미학회.

이민우(2019), "개념적 은유의 특수성 - 최근세 말뭉치에 나타난 '사랑'의 개념화 양상을 중심
　　　　으로", 한국어 의미학 57, 한국어의미학회.

이선영(2011), "국어의 모순어에 대하여", 국어학 61, 국어학회.

이선웅(2012), 한국어 문법론의 개념어 연구, 월인.

이선희(2004), 국어의 조사와 의미역, 한국문화사.

이성범(1999), 언어와 의미, 태학사.

이성범(2019), 소통의 화용론, 한국문화사.

이수련(2010), "주관화와 의미 해석 - 개념화자를 중심으로", 우리말연구 27, 우리말학회.

이숙의(2013), 한국어 동사 온톨로지 구축 연구, 역락.

이운영(2004), "한국어 명사의 다의적 해석", 서울대학교 박사학위논문.

이유미(2012), "의사소통 해석 과정에 나타나는 복의(複義) 연구", 한국어 의미학 39, 한국어 의미학회.

이은섭(2005), 현대 국어 의문사의 문법과 의미, 태학사.

이은지(2007), "'씩'의 범주와 의미", 어문연구 53, 언어연구학회.

이익환(2000), 영어의미론, 한국문화사.

이재성(2011), "부사절의 시제와 상 결합 양상 연구", 새국어교육 89, 한국국어교육학회.

이정복(2002), 국어 경어법과 사회언어학, 도서출판 월인.

이정식(2003), 다의어 발생론, 역락.

이정애(2013), "국어 항진명제의 통사유형과 의미", 한국언어문학 제87집, 한국언어문학회.

이정택(2006), "필수성과 수의성의 본질", 한국어학 30, 한국어학회.

이종열(2003), 비유와 인지, 한국문화사.

이종철(2002), 우리말의 화용적 양상과 지도 방법, 박이정.

이종희(2004), "국어 종결어미의 의미 체계 연구", 연세대학교 박사학위 논문.

이준희(2001), "명령문의 간접 화행", 한국어 의미학 8, 한국어의미학회.

이지영(2009), "한국어 교육을 위한 감정표현 연구", 한국어 의미학 29, 한국어의미학회.

이진호(2005), 국어 음운론 강의, 삼경문화사.

이찬규(2001), "문장 의미 해석을 위한 한국어 동사의 층위별 의미 자질 구조화", 한국어 의미학 8, 한국어의미학회.

이찬규·유해준(2013), "현대 한국어 단일어의 분포와 의미적 특성에 관한 연구", 어문연구 41-1, 한국어문교육연구회.

이창덕(2014), "현대 국어 부정 의미의 표현 형식과 화용 체계 연구", 국어교육연구 55, 국어교육학회.

이필영(2005), "인용구문의 의미특성 연구", 언어 30, 한국언어학회.

이한규(1997), "한국어 담화 표지어 '왜'", 담화와 인지 제4권, 담화·인지언어학회.

이호승(2007), "복합서술어의 특성과 범위", 어문연구 55, 언어연구학회.

임근석(2010), 한국어 연어 연구, 월인.

임규홍(2015), "국어 모음의 음상과 의미의 유연성", 언어과학연구 74, 언어과학회.

임동훈(2015), "보조사의 의미론", 국어학 73, 국어학회.

임지룡(2017), 인지의미론(개정판), 한국문화사.

임지룡(2018), 한국어 의미론, 한국문화사.

임지룡 외(2015), 비유의 인지언어학적 탐색, 태학사.

임지원(2005), "광고어의 함축과 그 추론과정", 어문연구 49, 언어연구학회.

임채훈(2012), 사건 발화상황 그리고 문장의미, 역락.

장경현(2013), "소설 텍스트의 장 분할에 대한 텍스트언어학적 연구", 텍스트언어학 35, 텍스트언어학회.

장경희(2004), "국어 지시 표현의 유형과 성능", 한국어 의미학 15, 한국어의미학회.

장영천 역(1990), 구조의미론과 낱말밭이론, 집현사.(Geckeler, H.(1971), *Strukturelle Semantik und Wortfeldtheorie*, Múnich: Fink.)

장영희(2001), "국어 관형사의 범주와 기능", 한국어 의미학 8, 한국어 의미학회.

전영옥(1999), "한국어 담화에 나타난 반복 표현의 기능", 한국어 의미학 4, 한국어의미학회.

전영철(2016), "한국어 의미 연구와 의미 이론", 한글 313, 한글학회.

전혜영(2005), "구어 담화에 나타나는 '-ㄴ 것이'의 화용 의미", 국어학 46, 국어학회.

정상희(2016), "복수 표현의 복수성과 화용적 의미", 한국어 의미학 52, 한국어의미학회.

정수진(2005), "미각어의 의미 확장 양상", 한국어 의미학 18, 한국어의미학회.

정유남(2016), "한국어 발화 동사의 의미 분류 체계 연구", 고려대학교 박사학위논문.

정인수(1994), "국어 형용사의 의미자질 연구", 영남대학교 박사학위논문.

정주리(2004), 동사, 구문, 그리고 의미, 국학자료원.

정희자(2004), 담화와 비유어, 한국문화사.

정희정(2000), 한국어 명사 연구, 한국문화사.

조경순(2014), 동사의 의미구조와 문장 구성 원리, 태학사.

조남호(2004), "언어 변화: 의미 변화 이론의 수용과 전개", 국어학 43. 국어학회.

조민정(2015), "'좀'의 의미와 기능 변화 양상 연구", 한국어 의미학 49, 한국어 의미학회.

조항범(1998), "친족어휘의 통시적 의미론", 의미론 연구의 새 방향, 박이정.

조향숙(2009), "국어 선택 표현의 성립 조건에 대한 고찰", 겨레문학 43, 겨레어문학회.

주경희(2002), "속담과 관용어의 차이점", 국어국문학130, 국어국문학회.

주세형(2005), "통합적 문법 교육 내용 설계 - '의미를 구성하는 문법 지식'을 중심으로", 이중언어학 27, 이중언어학회.

주지연(2015), "한국어 병렬구성 연구", 서울대학교 박사학위논문.

차재은·강범모(2002), "다의 설정 방법에 대하여", 한국어학 15, 한국어학회.

차준경(2009), 국어 명사의 다의 현상 연구, 제이앤씨.

채숙희(2015), "한국어의 전달 증거성", 한국어 의미학 50, 한국어의미학회.

채 완(2003), 한국어의 의성어와 의태어, 서울대학교 출판부.

채영희(2000), "조건월의 화용적 특성", 우리말연구 10, 우리말연구회.

채현식(2007), "어휘부의 자기조직화", 한국언어문학 제63집, 한국언어문학회.

천병희 역(1982), 시학, 삼성출판사.

천시권·김종택(1973), 국어의미론, 형설출판사.

최경봉(2015), 어휘의미론, 한국문화사.

최규수(1999), 한국어 주제어와 임자말 연구, 부산대학교 출판부.

최상진(2013), "어휘의미의 홀론(holon)적 의미 속성 연구", 어문연구 41-1, 한국어문교육연구회.

최윤지(2016), "한국어 정보구조 연구", 서울대학교 박사학위논문.

최정혜(2005), "관형격 명사구의 의미", 한국어 의미학 17, 한국어 의미학회.

최지훈(2010), 한국어 관용구의 은유·환유 연구: 인지의미론적 관점을 중심으로, 혜인.

최형용(2003), 국어 단어의 형태와 통사, 태학사.

최호철(2006), "전통 및 구조 언어학에서 본 의미의 본질", 한국어 의미학 21, 한국어의미학
회.

최호철(2011), "국어 발화의 의미에 대하여", 한국어 의미학 36, 한국어의미학회.

최홍열(2005), 정도부사의 유의어 연구, 역락.

하길종(2005), "은유문의 어휘에 대한 의미 반응", 한국어학 27, 한국어학회.

한송화(2017), "구어 담화에서 보조사 '은/는'의 의미와 담화 기능", 한국어 의미학 55, 한국
어의미학회.

한정한(2002), "내포문에서의 화제화 제약과 정보구조", 언어 27-3, 한국언어학회.

허 발(1979), 낱말밭의 이론, 고려대학교출판부.

홍윤기(2003), "상황유형과 부사의 상적 의미 표시 기능", 한국어 의미학 13, 한국어의미학회.

홍재성 외(2003), 21세기 세종 계획-전자사전 개발, 문화관광부.

황화상(2006), 한국어와 정보, 박이정.

Austin, J. L.(1962), *How To Do things With Words*, Oxford: Clarendon Press.(김영진 옮김
(1992), 말과 행위, 서광사.)

Bierwisch, M.(1970), Semantics, In Lyons, J. ed. *New Horizons in Linguistics*, Penguin
Books.

Black, M.(1955), *Metaphor*, In Mark Johnson (ed), philological Perspectives on Metaphor,
Minneapolis: University of Minnesota Press.

Blakemore, D.(2002), *Relevance and linguistic meaning: the semantics and pragmatics
of discourse markers*. Cambridge: Cambridge University press.

Bloomfield(1933), *Language*, London: G. Allen & Unwin, Ltd.

Carnap, R.(1943), *Meaning and Necessity*, Chicago: University of Chicago Press.

Carston, R.(2002), *Thoughts and utterances: the pragmatics of explicit communication*,
Oxford: Blackwell.

Chomsky, N.(1957), *Syntactic Structure in Context: Scrambling and Information Structure*,
Standford: CSLI Publications.

Chomsky, N.(1965), *Aspects of the Theory of Syntax*, Cambridge, MA: MIT press.

Chomsky, N.(1975), *Reflections on Language*, New York: Pantheon.

Chomsky, N.(1981), *Lectures on Government and Binding*, Dordrecht, Holland: Foris.

Clark, H. H.(1996), *Using Language*, Cambridge: Cambridge University Press.

Corbett, Greville G.(2000), *Number*, Cambridge: Cambridge University press.

Cruse, D. A.(1986), *Lexical Sementics*, London: Cambridge University Press.(임지룡·윤희수 옮김(1989), 어휘의미론, 경북대학교 출판부.)

Cruse, D. A.(2000), *Meaning in Language - An Introduction to Semantics and Pragmatics*, Oxford University Press.(임지룡·김동환 옮김(2002), 언어와 의미: 의미 화용론 개론, 태학사.)

Cooper, W. E. and Ross, J. R.(1975), Word order, *CLS Functionalism*, 63-111.

Darmsteter, A.(1887), *La vie des mots*, C. Delagrave.(최상규 옮김(1963), 낱말의 생태 - 단어 의미론적 연구, 문교부.)

Saussure, F.(1916), *Course in General Linguistics*.(최승언 옮김(2006), 일반언어학 강의, 민음사.)

Dillon, G. L.(1977), *Introduction to Contemporary Linguistic Semantics*, Prentice-Hall.

Dowty, D.(1979), *Word Meaning and Montague Grammar*, Dordrecht-Holland: Reidel.

Dowty, D. R. Wall and Peters S.(1981), *Introduction to Montague Semantics*, Dordrecht-Holland: D. Reidel.

Fillmore, C. J.(1971), *The Santa Cruz Lectures on deixis*, Bloomington: Indiana University Linguistic Club.

Fillmore, C. J.(1997), *Lectures on deixis*, Stanford: CSLI.

Fodor, J. D.(1983), Semantics: *Theories of Meaning in Generative Grammar*, Brighton: Harvester.(김봉주 옮김(1982), 의미론 - 생성문법의 의미이론, 한신문화사.)

Frege, G.(1975[1892]), On sense and reference, In D. Dasidson&G. Harman, eds.(1975), *The Logic of Grammar*, Encino, CA: Dickenson Pub. Co.

Gazdar, G.(1979), *Pragmatics: Implicature, Presupposition, and Logical Form*, New York: Academic Press.

Geckeler, H.(1971), *Strukturelle Semantik und Wortfeldtheorie*, Múnich: Fink.(장영천 옮김(1987), 구조의미론과 낱말밭 이론, 집현사.)

Gibbs, R. W.(1994), *The Poetics of Mind: Figurative Thought, Language and Understanding*, Cambridge University Press.(나익주 역(2003), 마음의 시학: 비유적 사고·언어·이해, 한국문화사.)

Grice, H. P.(1975), Logic and Conversation, In D. Davidson & G. Harman, eds.(1975), *The Logic of Grammar*, Encino, CA: Dickenson Pub. Co., 64-74. Also in Grice, Paul(1989). Sutdies in the way of Words, Cambridge, MA: Harvard U Press, 22-40.

Griffiths, Patrick(2006), *An Introduction to English Semantics and Pragmatics*, Edinburgh

University Press.(박철우 역(2010), 언어의미학 개설, 한국문화사.)

Grundy, Peter.(2008), *Doing Pragmatics*(3rd edn.), London: Edward Arnold.(박철우 역 (2016), 화용론의 실제, 커뮤니케이션북스.)

Guiraud, Pierre(1955), *La Sémantique*, Presses Universitaires de France.(유제호 옮김(1986), 의미론, 탐구당.)

Hamawand, Z.(2016), *Semantics - A Cognitive Account of Linguistic Meaning*, Shefield, U.K.: Equinox.(임지룡·윤희수 역(2017), 의미론: 언어 의미의 인지적 설명).

Hawkes, T.(1972), *Metaphor*, London: Methuen.(은유, 심명호 역(1988), 삼성출판사.)

Hayakawa, S. I.(1949), *Language in Thought and Action*, New York: Harcourt Brace World, Inc.(김영준 역(1957), 의미론, 민중서관.)

Horn, L. R.(1984), Toward a new taxonomy for pragmatic inference: Q-based and R-based implicature. In Schiffrin, D.(ed) *Meaning, form, and use in context: linguistic applications.* Washington, DC: Georgetown University Press, 11-42.

Horn, L. R.(2004), Implicature. In Horn, L. R. Ward, G. (eds.)(2004), *The handbook of pragmatics,* Oxford: Blackwell, 3-28.

Huang, Yan(2011), *Pragmatics(2nd)*, Oxford: Oxford University Press.(이해윤 옮김(2009), 화용론, 한국외국어대학교 출판부.)

Jackendoff, R.(1990), *Semantic Structures,* Cambridge, MA: MIT Press.(고석주·양정석 옮김 (1999), 의미구조론, 한신문화사.)

Jakobson, R.(1987), *Language in Literature*, eds., by Pomoska. k. & Rudy, S. The Belknap Press of Harvard University Press, Cambridge, Massachusetts, London, England.(신문수 편역(1989), 문학 속의 언어학, 문학과 지성사.)

Katz, J. J. & Fordor J. A.(1963), "The Structure of semantic theory", *Language 39.*

Katz, J. J.(1972), *Semantic Theory*, New York: Harper & Row.

Kempson, R. M.(1977), *Semantic Theory*, Cambridge: Cambridge University Press.(허광일 ·이석주·박양구 공역(1980), 의미론, 한신문화사.)

Kempson, R. M.(1980), *Ambiguity and Word Meaning,* Greenbaum,Leech & Svartvik, eds., 7-16.

Lakoff, G.(1987), *Women, Fire, and Dangerous Things-What Categories Reveal about the Mind*, University Of Chicago Press.(이기우 옮김(1994), 인지의미론, 한국문화사.)

Lakoff, G. & John, M.(1980 / 2003), *Metaphor We Live By.* Chicago and London: University Of Chicago Press.(노양진·나익주 옮김(2006), 삶으로서의 은유, 박이정.)

Langacker, R. W.(1987), *Foundations of Cognitive Grammar. Vol. I: Theoretical*

Prerequisites. Stanford: Stanford University Press.(김종도 역(1999) 인지문법 의 토대: 이론적 선행조건들, 박이정.)

Langacker, R. W.(1993), "Reference Point Constructions", Cognitive Linguistics 4-1: 1-38.

Langacker, R. W.(2013), *Essentials of Cognitive Grammar*, Oxford University Press.

Leech, G. N.(1981), *Semantics(2nd)*, London: Penguin Books.

Leech, G. N.(1983), *Principles of Pragmatics*, London: Longman.

Levin, S.(1977), *The Semantics of Metaphor*. Baitimore: Johns Hopkins University Press.

Levinson, S. C.(1983), *Pragmatics*, Cambridge: Cambridge University Press.(이익환·권경원 공역(1992), 화용론, 한신문화사.)

Levinson, S. C.(1987), Minimization and conversational inference. In Verschueren, J. and Bertccelli-Papi, M. (eds.) 61-129.

Levinson, S. C.(2000), *Presumptive meanings: the theory of generalized conversational implicature*. Cambridge, MA: MIT Press.

Lyons, J.(1977), *Semantics 1*. London: Cambridge University Press.(강범모 역(2011), 의미론1, 한국문화사.)

Lyons, J.(1977), *Semantics 2*, London: Cambridge University Press.(강범모 역(2013), 의미론 2, 한국문화사.)

Lyons, J.(1995), *Linguistic Semantics: An Introduction*, Cambridge: Cambridge University Press.

Matthews, J. R.(1971[1980]), "Concerning a linguistic theory of metaphor", *Foundations of Language 8*, 423-25.

Marmaridou, S. S. A.(2000), *Pragmatics meaning and cognition*, Amsterdam: John Benjamins.

Mey, J. L.(2001), *Pragmatics: An Introduction(2ed)*, Oxford; Blackwell.(이성범 옮김(2007), 화용론 개관, 한신문화사.)

Montague, R.(1974a), Proper treatment of quantification in ordinary English, IN R. Thomason, ed. *Formal Philosophy: Selected Papers of Richard Montague*, New Haven; Yale University Press, 247-270.

Montague, R.(1974b), English as a formal language, In R. Thomason, ed. *Formal Philosophy: Selected Papers of Richard Montague*, New Haven: Yale University Press, 247-270.

Montague, R.(1974c), Universal grammar, In R. Thomason, ed. *Formal Philosophy: Selected Papers of Richard Montague*, New Haven: Yale University Press, 247-270.

Morris, C.(1938), *Foundations of the theory of signs*. Chicago: Chicago University Press.

Murphy M. I.(2003), *Semantic relation and the lexicon: antonymy, synonymy, and other paradigms*. Cambridge: Cambridge University Press.(임지룡·윤희수 옮김

(2008), 의미관계와 어휘사전, 박이정).

Murphy M. I.(2010), Lexical meaning, Cambridge: Cambridge University Press.

Nida, E. A.(1975), *Componential Analysis of Meaning*, The Hague: Mouton.(조항범 옮김 (1990), 의미분석론, 탑출판사.)

Ogden, C. and I. A. Richards(1923), *The meaning of Meaning*, 10th ed. London: Routledge & Kegan Paul.(김봉주 옮김(1986), 의미의 의미, 한신문화사).

Palmar, F. R.(1981), *Semantics*, Cambridge: Cambridge University Press.(현대언어학연구회 옮김(1984), 의미론, 한신문화사.)

Palmar, F. R.(2001), *Mood and Modality(2nd)*, Cambridge University Press.

Pustejovsky, J.(1995), *The Generative Lexicon*, Cambridge: The MIT Press.(김종복·이예식 역, 2002, 생성어휘론, 박이정.)

Radden, G. & Kövecses, Z.(1999), Towards a Theory of Metonymy, In Panther, R. & Radden, G.(eds.), *Metonymy in Language and Thought, 17-59.* Amsterdam ·Philadelphia: John Benjamins Publishing Company.

Reddy, M. J.(1979), *The Conduit Metaphor,* In Ortony(ed.), *Metaphor and Thought*, 284-324, Cambridge: Cambridge University Press.

Richards, I. A.(1936), *The Philosophy of Rhetoric*, Oxford: Oxford University Press.

Ross, J. R.(1970), "On declarative sentences", In Jacobs & Rosenbaum, eds.(1970).

Russell, B.(1905), On denoting, In Zabeeh et al., eds.(1974), 141-58.

Sadock, J. M.(1974), *Toward a Linguistic Theory of Speech Acts*, New York: ademic Press.

Saeed, J. I.(2016), *Semantics(4th)*, Oxford: Blackwell.(이상철 역(2004), 최신의미론, 한국문화사.)

Searl, J. R.(1969), *Speech Acts: An Essay in the Philosophy of Language,* Cambridge: Cambridge University Press.(이건원 역(1987), 언화행위, 한신문화사.)

Searl, J. R.(1975), Indirect speech acts, In Cole & Morgan, eds.(1975), 59-82.

Sellars. W.(1954), "Presupposing", P*hilosophical Review* 63, 197-215.

Singleton, D.(2000), *Language and the Lexicon: An Introduction,* London: Arnold, xii+244).(배주채 옮김(2008), 언어의 중심 어휘, 삼경문화사.)

Sohn Homin(2013), *Topic in Korean Language and Linguistics,* Korea University Press.

Stalnaker, R.(1974), "Pragmatic presupposition", in M. K. Munitz and P. K. Unger (eds.), *Semantics and Philosophy*, 197-213, New York: Academic Press.

Stern, G.(1931[1965]), *Meaning and Change of Meaning*, Bloomington: Indiana Univeristy Press.

Strawson, P. F.(1950[1974]), On referring, In Zabeeh et al., eds., 159-93.

Stroik, T.(1988), *The Pragmatics of Metaphor*, Morehead: Morehead State University.

Tarski, A.(1952[1944]), The semanctic concept of truth, In Linsky, ed. 13-47, Also in Zabee et al., eds. 675-712.

Trier, J.(1931), *Der Deutsche Worschatz in Sinnbezirk des Verstandes*, Heidelberg.

Trier, J.(1934), "Das sprachliche Feld: eine Auseinandersetzung", *Neue Jahrbucher fur Wissenschaft und Jugendbildung* 10: 428-49.

Tuggy, D.(1993), "Ambiguity, polysemy, and vagueness", Cognitive Linguistics 4(3), 273-90.

Turner, M. & Fauconnier, G., (1995), Conceptual Integration and Formal Expression, *Journal of Metaphor and Symbolic Activity* 10.3: 183-203.

Turner, M. & Fauconnier, G., (1998), Conceptual Integration in Counterfactuals, In J. P. Koenig (ed), *Discourse and Cognition: Bridging the Gap*, Vol. Ⅱ. Stanford: Center for the Sturdy of Language amd Information, 285-296.

Turner, M.(2015), Blending in Language and Communication, in Darbrowska, E. & Divjak, D. (eds), *Handbook of Cognitive Linguistics*, Berlin: De Gruyter Mouton, 211-232.

Ullmann, S.(1962), *Semantics: An Introduction to the Science of Meaning*, Oxford: Basil Blackwell.

Ungerer. F. & H. J. Schmid(2006), An Introduction to Cognitive Linguistics. London and New York: Longman(임지룡·김동환 옮김(2010), 인지언어학 개론, 태학사.)

Wallace & Atkins(1960), *The Meaning of Kinship Terms*, Romney and D'Andrade.

Wittgenstein, L.(1953), *Philosophical Investigations*, Oxford: Blackwell and New York: Macmillan.

Yule, G.(1996), *Pragmatics*, Oxford University Press.(서재석·박현주·정대성 공역(2001) 화용론, 박이정.)

한·영 인명 대조표

/ㄱ/

개즈더 G. Gazdar
게켈러 H. Geckeler
고다드 C. Goddard
고든 D. Gordon
굿인어프 Goodenough
그라이스 P. H. Grice
그레마스 A. Greimas
기로 P. Guiraud
기어랫츠 D. Geeraerts

/ㄴ/

나이다 E. Nida
뉴메이어 F. J. Newmeyer
니롭 K. Nyrop

/ㄷ/

다름스뜨때에르 A. Darmsteter
다우티 D. Dowty
도어티 R. C. Dougherty
딜론 G. L. Dillon

/ㄹ/

라덴 G. Radden
라르손 R. Larson

라이온스 J. Lyons
라이지히 C. C. Reisig
라일 G. Ryle
라포포트 A. Rapoport
래너커 R. W. Langacher
러셀 B. Russel
레디 M. J. Reddy
레빈슨 S. C. Levinson
레이코프 J. Lakoff
로스 J. Ross
론스베리 F. Lounsbury
뢰브너 S. Löbner
리차즈 I. A. Richards
리치 G. Leech

/ㅁ/

마르마리도우 S. A. Marmaridou
마르티 A. Marty
마토레 G. Matore
맥콜리 J. D. McCowley
메이 J. L. Mey
메이에 A. Meillet
멜축 I. A. Mel'čuk
모리스 C. Morris
몬태규 R. Montague
밀러 G. Miller

/ㅂ/

바와이스 J. Barwise
바이 C. Bally
바이스게르버 L. Weisgerber
바인라이히 U. Weinreich
바크 K. Bach
바-힐렐 Bar-Hillel
반 프라센 B. Van Frassen
보아스 F. Boas
분트 W. Wundt
뷜러 K. Bühler
브레알 M. Bréal
블레이크모어 D. Blakemore
블룸필드 L. Bloomfield
비어비쉬 M. Bierwish
비어즈비카 M. Wierzbicka
비트겐슈타인 L. Wittgenstein

/ㅅ/

사이드 J. I. Saeed
사피어 E. Sapir
샤핀 R. Chaffin
세이덕 J. M. Sadock
설 J. R. Searle
소쉬르 F. de Saussure
슈테른 G. Stern
스트로슨 P. F. Strawson
스톨네이커 R. C. Stalnaker
스퍼버 D. Sperber
스페르버 H. Sperber
시갈 G. Segal
싱클레어 J. M. Sinclair

/ㅇ/

안탈 L. Antal
알렌 K. Allan
앤더슨 S. R. Anderson
야콥슨 R. Jakobson
예름슬레우 L. Hjelmslev
오그덴 C. K. Ogden
오스틴 J. L. Austin
울만 S. Ullmann
워프 B. L. Whorf
월 R. Wall
율 G. Yule
윈스톤 M. Winston
윌슨 D. Willson

/ㅈ/

자켄도프 R. S. Jachendoff
존슨 M. Johnson

/ㅊ/

체이프 W. Chafe
촘스키 N. Chomsky

/ㅋ/

카노이 A. Carnoy
카르납 R. Carnap
카르스톤 R. Carston
카츠 J. J. Katz
카투넌 L. Karttunen
캄프 H. Kamp
켐프슨 R. M. Kempson
코르지브스키 A. Korzybski

코베트 C. Corbett
코세리우 E. Coseriu
콘돈 J. C. Condon
콘클린 Konklin
쿠스트 H. Cust
쿠퍼 W. E. Cooper
퀘베체스 Z. Kövecses
크루스 D. A. Cruse
크리마 E. Klima
키넌 E. Keenan
키파스키 C. Kiparsky
키파스키 P. Kiparsky

/ㅌ/

타르스키 A. Tarski
탈미 L. Talmy
터기 D. Tuggy
터너 M. Turner
트루베츠코이 N. S. Trubetzkoy
트리어 J. Trier

/ㅍ/

파울 H. Paul
파티 B. Partee
퍼스 J. R. Firth
페리 J. Perry
펠바움 C. Fellbaum
포더 J. D. Fodor
포르지히 W. Porzig
포스탈 P. M. Postal
포콘니어 G. Fauconnier
푸체욥스키 J. Pustejovsky
프레게 G. Frege
플라톤 Platon

피터스 S. Peters
필모어 C. J. Fillmore

/ㅎ/

하니쉬 R. H. Harnish
하마완드 Z. Hamawand
하아제 F. Haase
하야카와 S. I. Hayakawa
핸크스 P. Hanks
헥트 M. Hecht
혼 L. R. Horn
황 Y. Huang
훔볼트 W. von Humbolt

찾아보기

/ㄱ/

가능세계 의미론 334
가설 81
가족 닮음 474
가톨릭교 216
간접 하의관계 154
간접 행위 279
간접발화행위 429
감염 228
감정적 의미 55
강범모 484
강세 298
강한 형태 453
개념 38, 39, 46
개념구조 116, 211
개념설 37
개념의미론 23, 113, 116
개념장 63, 67
개념적 은유 200, 201
개념적 은유 이론 200
개념적 의미 52, 121, 271
개념적 친족들 63
개념적 환유 200, 211
개념화 47, 201, 203, 212
개념화설 47
개념화자 47, 212
개별 언어 29
개즈더G. Gazdar 367, 444

개체 변항 350
개체 정항 350
객관주의 28, 474
거리 지향적 언어 382
게으름 대명사 501
게켈러H. Geckeler 84
격률 무시 503
격률 실수 503
격률 울타리 443
격률 위반 503
격률 위배 440
격률 한정어구 443
격률 회피 503
격문법 25, 28
격식 127
견인 234
결과상태 251
결합가 489
결합관계 64, 65
경험주 250
계림유사 478
계산 가능성 455
계열관계 64, 65, 199
계열적 장이론 66
계층적 구조 97
고대영어 179
고다드C. Goddard 117

고든D. Gordon 503
고영근 484
고유명사 323
고유어 131
고전문헌학 19
고전적 은유관 200
고정적 자질 449
고정함축 444, 449
공간 직시 396
공간적 213
공간적 인접성 240
공감각적 은유 239
공기관계 56
공동격조사 290
공인된 수신인 406
공인된 화자 406
공존 129
공지시적 409
공통 바탕 330
공통 성분 104
공통성 102, 105, 133
공하의어 152
과학적 분류법 151
관계 반의어 141
관계 성분 107
관계 표시 방법 107
관계적 접근법 473
관계적 정보 406
관념 38
관념장 21
관련성 174, 191
관습적 은유 197, 200
관습적 표현 210
관습적 환유 217
관습화 204
관용표현 143

관점의 전이 498
관형격조사 301
교차 해석 305
구개음화 236
구별소 94
구분의 원리 157
구정보 258
구조의미론 21, 224
구조적 동의문 277
구조적 은유 204, 210
구조적 중의성 288
구조주의 21
구조주의 의미론 471
굿인어프W. H. Goodenough 22
규범적 위치 400
규약론 18
규칙적 다의성 485
그라이스P. H. Grice 26, 365, 433
그라이스 고전 이론 434
그레마스A. Greimas 22
그리스어 472
극성 450
극성 반의어 482
근사 동의관계 480
근원 375
근원영역 201, 202
금기 235
금기어 235
기능어 274
기독교 55, 233
기로P. Guiraud 21
기본 어휘 338, 351
기본의미 176
기술의미론 29
기술적 기능 49
기술적 의미 51, 121, 123, 271

기술적 차원 122
기술적인 언어학적 의미론 29
기어랫츠D. Geeraerts 471
기의 38, 40
기준치 251
기표 38, 40
기호 39
기호 이론 38, 40
기호언어 333
기호학 26, 364
끝자리 동사 언어 250

/ㄴ/

나 먼저 원리 383
나이다E. Nida 22
난센스 371
날짜 시간어 394
남기심 490, 492
내용어 274
내적 부정 494
내적 언어형식 64, 66
내포 127
내포적 의미 53, 121, 292
논리 실증주의 413
논리적 다의성 485
논리적 의미론 27, 53, 333, 474
논리적 전제 329
논리적 진명제 348
논리적 함의 318
논리학적 표시 방법 108
논평 262
논항 250, 349
높임법 404
능동문 278, 284

/ㄷ/

다듬은 말 125
다름스뜨때에르A. Darmsteter 20
다면성 167
다면어 162, 165
다우티D. Dowty 27, 334
다원 분류 145
다의관계 174
다의성 167, 173, 226
다의어 153, 162, 173, 190
다의어적 분석 194
다층적 장 74
단모음 185
단순 반의어 482
단어의미 30
단언 136, 319, 425
단의성 167
단의어 162, 163, 167
단축 229
단층적 장 74
담화 영역 353
담화 직시 401
담화표상이론 26
대립관계 132
대립어 132
대상 251
대상언어 336
대용 409
대용 표현 304
대응관계 143
대응물 36
대응설 335
대응어 143
대조 449
대조 검사 493

대조 성분 480
대조적 배타성 134
대척관계 143
대척어 143
대척점 143
대칭 141
대칭동사 291
대하여성 263
대화공준 503
대화 격률 436
대화함축 444
도관 은유 200
도구 251
도어티R. C. Dougherty 25
도착점 251
독립성 168
독립성분 249
독일어 83, 407
동물적 은유 239
동반주 251
동위어 152
동음어 181
동음이의성 181
동음이의어 131, 162, 181, 190
동음이의어의 재해석 179
동음이의어적 분석 194
동의 경쟁 128
동의관계 117, 119
동의문 271
동의성 268, 271
동의어 119
동의적 120
동의중복 129
동일 어원 192, 193
동일 어휘범주 134
동일 의미영역 134

동일 함의 491
동일률 347
동일성 제약 169, 304
동적 언어관 64
동질성 134
동질성 조건 134
동치 32, 199, 344
동형동음이의어 183
동형이음이의어 185
두 자리 서술어 250
두 층위 의미론 23
등가 반의어 482
등급 450
등급 대립 482
등급 반의어 137, 315
등급성 137
등급화 138
등위 검사 493
등위 접속 168
딜론G. L. Dillon 51

/ㄹ/

라덴G. Radden 488
라르손R. Larson 492
라이온스J. Lyons 22, 46, 49, 51, 122, 182,
    194, 375, 383
라이지히C. C. Reisig 18
라일G. Ryle 475
라틴어 84, 191, 193, 237, 382
랑그 203
러셀B. Russel 493
로드맨R. Rodman 478
론스베리F. Lounsbury 22
리차즈I. A. Richards 20, 39
래너커R. W. Langacher 25, 28, 48, 488

레디M. J. Reddy 200, 486
레빈슨S. C. Levinson 26, 323, 366, 368, 376, 459
레이코프J. Lakoff 28, 200, 201, 205
로스J. Ross 24, 383
뢰브너S. Löbner 482
리머N. Riemer 475
리치G. Leech 52, 368, 471

/ㅁ/

마르마리도우S. A. Marmaridou 501
마르티A. Marty 20
마토레G. Matore 21
막스 헥트M. Hecht 472
말라가시어 382
말레이어 83
말뭉치 23
말해진 것 435
맞추기 방향 424
매체 211
매체-목표 212
맥락 의미 370
맥락 이론 44
맥락 효과 462
맥콜리J. D. McCowley 24
머피M. I. Murphy 22
메이J. L. Mey 26, 366, 382
멜축I. A. Mel'čuk 23
명령 426
명사구 접속 291
명사형 전성어미 274
명시적 수행발화 417
명제 254
명제내용조건 421
명제논리 337

명제적 동의관계 481
명제적 의미 53, 271
모리스C. Morris 26, 364
모순 136, 482
모순명제 347
모순성 32, 265
모순율 340, 347
모습 492
모음전환 244
모형이론적 의미론 334, 352
모호성 163, 226, 299
목표 211, 212
목표영역 201, 202
몬태규R. Montague 27, 333
몸짓 용법 377
몽고어 407
무표적 140, 461
문두성 263
문맥 296
문맥적 변이 162
문맥적 선택 171
문맥적 조정 171
문법표지 94
문자적 의미 51
문장 전제 495
문장 접속 291
문장 틀 155
문장성분 249
문장의미 30
문장의미론 30
문체 127
문체적 의미 55, 477
문학 화용론 364
문화인류학 91
문화인류학자 22
미국 영어 481

민간 분류법 151
민간어원 229, 241
민족심리학 20
민족정신 20
밀러G. Miller 23
메이에A. Meillet 20

/ㅂ/

바-힐렐Bar-Hillel 365, 371
바와이스J. Barwise 25
바이C. Bally 21
바이스게르버L. Weisgerber 21, 71
바인라이히U. Weinreich 25, 479
바크K. Bach 24, 26
바탕 492
박재연 490
박종갑 420
박철우 504
반대 482
반대말 132
반복 표현 327
반사실 동사 325
반사적 의미 55
반의관계 117, 132
반의어 132
반 프라센B. Van Frassen 495
발견적 해법 459
발화시 391
발화의미 30
발화행위 26, 413
발화행위 이론 413
방언 122, 124
방향 반의어 141
방향적 은유 204, 207
배경 492

배경화 284
배도용 484
배열 486
배제한 우리 387
배중률 346
배타적 선언 341
범문화적 화용론 364
범주화 28
베트남어 407
변별적 자질 91, 479
변칙성 32, 266
변형규칙 25
변형생성문법 24
별자리 72
보상 463
보수성 230
보아스F. Boas 81
보어문 252
보조관념 487
보조사 299, 315
보충 성분 104, 106
보편성 112
복합 은유 209
복합성 146
본원적 동음이의어 485
본질적 의미관계 76
본질조건 421
부분 155, 156
부분 동음이의성 182
부분 동음이의어 182
부분 동의관계 480
부분 부정 295
부분-전체관계 483
부분관계 155
부분어 156, 169
부분어문 159

부분장 67, 150
부사어 294
부사절 282, 328
부속성분 249
부정문 279, 340
부정사 293
부정어 228
부정에서의 불변성 322
부조화 32
분류 성분 107
분류학적 자매들 145
분석적 진명제 348
분석철학 365
분열문 327
분절 64, 68
분절 구조 64, 66, 68
분절적 부분 158
분트W. Wundt 20
분해적 접근법 473
불교 232, 236, 245
불어 225, 378, 407
불연속적 168
불연속체 163
뷜러K. Bühler 375
브레알M. Bréal 19, 20
블레이크모어D. Blakemore 505
블룸필드L. Bloomfield 41
비격식 127
비고정성 456
비고정함축 504
비교 구문 290
비교 기준 133, 146
비교 표현 137, 139, 328
비기술적 기능 50
비기술적 의미 51
비기술적 차원 122

비대화함축 504
비등급 대립 482
비명시적 수행발화 417
비문자적 의미 51
비분리성 455
비사실 동사 325
비속어 127
비양립관계 144, 480
비어비쉬M. Bierwish 23
비어즈비카M. Wierzbicka 23, 113, 117
비용 463
비유 197
비적형식 339
비전형성 148
비지속적 225
비직시 표현 374
비직시적 용법 408
비트겐슈타인L. Wittgenstein 44
비확정성 457
빈곤하게 하기 485
빈자리 채우기 86

/ㅅ/

사건시 394
사고 18, 39
사동문 279
사람 지향적 언어 381
사상 201, 202, 211
사실 46
사실 동사 324
사실적 함의 318
사어 129
사은유 197
사이드J. I. Saeed 17, 124, 191, 382
사전편찬자 191

사피어E. Sapir 22, 81
사피어-워프 가설 81
사회 직시 404
사회 환경의 특수화 177
사회-문체적 변이 54
사회언어학 364
사회적 기능 50
사회적 원인 227, 232
사회적 의미 51, 54, 121
산스크리트어 236
3원 체계 381
3인칭 대명사 385
상대높임법 405
상대 동의관계 123
상대어 132
상대적 개념 137, 139
상반관계 132
상보 반의어 135, 275, 315
상보적 쌍 136
상보주의 368
상위 부분어 484
상위문 281
상위어 152
상위언어 336
상의어 152
상징 용법 379
상태변화 동사 326
상호 교체 122
상호배타적 135
상호작용설 487
상호함의 136, 272, 311
상황의미론 25
색채어 82
생략 228, 241, 280
생성어휘부 23, 167
생성의미론 24, 113

생성주의 89, 113
생성주의 의미론 23, 200, 472
생존 129
서술어 249
서열적 분절 74
서울말 127
선언 340
선언 행위 428
선언적 표현 303
선적 연쇄 64
선택 171, 486
선택자질 372
선택제약 108, 200, 253, 264
선행사 409
설J. R. Searle 26, 365, 421
설명 262
설명결합사전 23
설의법 490
성분분석 21, 90
성분분석 이론 89
성분정의 100
성실조건 421
성적 평가어 69
세 자리 서술어 250
세상지식 296, 318
세이덕J. M. Sadock 26
셀라스W. Sellars 495
소리의 변동 184
소멸 129, 130
소쉬르F. de Saussure 21, 38, 64
소유 구문 301
손호민 491
수량사 293, 327
수사학 197, 214
수신시 391
수의적 성분 249

수정확대표준이론 25
수직적 146
수평적 146
수행가설 418
수행동사 417
수행문 417
수행발화 414, 417
수행발화 삭제규칙 419
순수 의미론 474
술어 349
술어 정항 350
술어논리 349
술어상승규칙 115
슈테른G. Stern 20
스레어 382
스토아학파 18
스톨네이커R. C. Stalnaker 369, 495
스트로슨P. F. Strawson 493
스퍼버D. Sperber 462
스페르버H. Sperber 20
스페인어 382, 407
시각 392
시간 392
시간 직시 390
시간적 인접성 240
시갈G. Segal 492
시제 선어말어미 394
시차 성분 480
시차성 102, 105
신구조주의 의미론 472
신정보 258
신훔볼트학파 63
실제 335
심리언어학 364
심리적 경로 212
심리적 영상 38, 40

심리적 원인 227, 234
심리적 접촉 211
심리적 태도 424
심리형용사 252
심재기 85
심층격 25
심층구조 24, 93
싱클레어J. M. Sinclair 24
쓰나미 235
쓰레기통 371

/ㅇ/

아리스토텔레스 18, 200
아일랜드 영어 124
아즈텍어 81
안탈L. Antal 476
액어 현상 491
액어법 168, 491
앤더슨S. R. Anderson 383, 388
야콥슨R. Jakobson 473, 476
약속 427
약속 발화 422
약속 행위 426
약한 함의 319
약한 형태 453
양립적 선언 341
양방함의 311
양태 254, 283
양화 기호 356
양화논리 356
양화사 357
어원 18
어원론 19
어의학 472
어휘 공백 86

어휘 데이터베이스 23
어휘 유발 표현 324
어휘분해 113, 114
어휘삽입규칙 115
어휘소 46, 276
어휘의미론 30
어휘장 63, 67, 150
어휘적 동의문 273
어휘적 빈자리 84
어휘적 중의성 286
어휘체계 61
어휘함수 23
어휘화 393
억양 298
언어 내용 연구 73
언어 사용자 364
언어능력 28, 369
언어변화 223
언어상대성 22, 81
언어세계관 64, 71
언어수행 369
언어예절 236
언어유희 181
언어의 경제성 173, 285
언어적 원인 227, 228
언어적 중간세계 66, 71
언어학의 3차원 474
언어학적 의미론 29
언표수반행위 415, 416
언표수반행위의 목표 424
언표수반효력 416
언표수반효력 표시 장치 501
언표행위 415
언표효과행위 415
얼마나-질문 140, 482
에네르게이아 73

에르곤 73
에스키모어 81
역사-문헌학 의미론 471
역사의미론 19
역사적 원인 227, 230
역의관계 141, 275, 316
역의어 141
역행관계 142
역행어 142
연상 198, 238
연상성 33
연상장 21
연상적 의미 51, 53
연쇄 199, 244
연어 56, 77
연어적 의미 56
연언 342
연음 184
연접 297, 317
영국 영어 124, 481
영상 38
영어 83, 227, 378, 407
영역 횡단 사상 202
영향권 293
영향권 중의성 293
영향주 251
예름슬레우L. Hjelmslev 473
예비조건 421
오그덴C. K. Ogden 20, 39
오리온 72
오모틱어 499
오스틴J. L. Austin 26, 413
완곡어 128, 235
외국어의 영향 180, 227
외래어 125
외연 46, 352

외적 부정 494
외축 466, 505
요청 발화 423
용법 43
용법설 43
용어법 491
우언적 구성 490
운율적 요소 55, 185, 297
울만S. Ullmann 21
울만의 상자 474
울타리 표현 504
워드넷 23
워프B. L. Whorf 81
원관념 487
원근법 168, 169
원자가 490
원자문 338
원자적 114
원형의미 176
원형이론 28
월R. Wall 334
웨일스어 82
'위-아래' 은유 207
윌리엄 제임스 강좌 365, 433
윌슨D. Willson 462
유사성 178, 198, 238
유연성 192, 226
유의관계 120, 123
유표적 140, 461
윤평현 312, 425, 450, 491, 497
율G. Yule 366, 369, 494
은유 79, 178, 197
음성 18
음성 형식 71
음성적 일치 485
음소 분석 91

음운변화 187
음운현상 184
의도 의미 58
의문사 260, 329
의미 35, 38
의미 강화 491
의미 변이 161, 163
의미 분기 188
의미 삼각형 39
의미 이론 35
의미-텍스트 이론 23
의미관계 22, 32, 110, 118
의미관계 검사 493
의미론 17, 89, 364
의미론적 전제 329
의미면 162, 165
의미변화 20, 70, 223
의미보존 가설 25
의미부 339, 355
의미성분 89, 144, 152
의미역 250
의미영역 103
의미원소 89, 113
의미의 불확정성 301
의미의 상세성 부족 302
의미의 상승 246
의미의 유사성 192, 193
의미의 이동 244
의미의 일반화 232
의미의 전이 244
의미의 추상화 239
의미의 축소 233, 243
의미의 특수화 232, 233
의미의 하락 245
의미의 확대 232, 242
의미장 21, 61, 76

의미적 관련성 32
의미주의 368
의미표시 93
의미표지 94
의미해석규칙 25
의사소통적 원리 464
의의 46
의의관계 22, 46
의의관계설 46
의인간적 은유 239
의인화 210
의존적 범주 55
이론의미론 29
이론적인 언어학적 의미론 29
이분법 107
이운영 484
이원 분류 145
이원성 186
이원적 101
이원적 쌍 136
이익환 40, 334, 368
2인칭 대명사 385
이접 318
이중모음 185
이질성 134
이질성 조건 134, 135
2차 반의어 149
2차적 지시 409
이치율 340
이탈리아어 407
2항 술어 350
이해윤 504
이행성 154, 158
이행적 관계 154, 158
이형동음이의어 183
인공언어 29

인과적 213
인과적 인접성 240
인접성 198, 213, 238
인지 27
인지능력 28, 48, 211
인지문법 25, 28
인지심리학 27
인지언어학 28, 197, 198
인지의미론 27, 47, 472
인지적 원리 464
인칭 직시 385, 404
인칭대명사 385
일반대화함축 445
일반성 32
일반의미론 22
일방함의 139, 154, 159, 311
일본어 235, 381, 407
1인칭 대명사 385
1차 반의어 149
1차적 지시 409
일탈 200
1항 술어 350
임지룡 488
입센G. Ipsen 63
입체적 분절 74
잉여규칙 102
잉여성 32, 267
잉여성분 102

/ㅈ/

자극어 149
자극 - 반응 41
자기 하의관계 153
자기중심적 375
자리값 489

자릿수 250
자매 구성원 145
자아중심 원리 383
자연 의미 상위언어 117
자연 의미 상위언어 이론 113
자연론 18
자연언어 27, 29
자율언어학 28
자켄도프R. S. Jachendoff 23, 113, 116
작용역 358
작용역 중의성 293
잠재적 전제 494
장 21, 62
장소 251
장소 직시 395
장이론 62
재귀대명사 386
적용의 전이 176
적정조건 26, 421
적합성 462
적합성 원리 462, 464
적합성 이론 462
적형문 337
적형식 337
전건 343
전경 492
전경화 284
전달하는 것 435
전문어 126
전방 조응 410
전산언어학 23
전산의미론 23
전염 228, 241
전용 200
전제 269, 319
전제 실패 493

전제 유발 표현 323
전제된 문장 320
전제하는 문장 320
전체 부정 295
전체관계 483
전체어 156
전체어문 159
전칭 360
전칭양화사 357
절대 동음이의성 182
절대 동음이의어 182
절대 동의관계 122, 480
절대적 개념 137
절대적 정보 406
접속문 281
접속문 줄이기 282
접속어 450
접속조사 290
정감어 127
정도 부사 139
정도어 137
정보 258
정보전달력 262
정서적 의미 55
정신병리학 364
정신적 중간세계 71
정의 검사 493
정의적 의미 51
정희자 487
제네바학파 63
제유 214
조각 156
조응 403, 409
조응 표현 409
조응사 409
조정 171, 331, 493

존비어 127
존슨M. Johnson 200, 201
존재 360
존재론적 116
존재론적 은유 204, 208
존재양화사 357
종 151
종류 151
주변 청자 389
주변의미 175
주성분 249
주어 중심 언어 264
주의 47
주제 262
주제 중심 언어 264
주제역 490
주제적 의미 58
주체높임법 404
중간적 전체어 156
중간지대 137
중국어 83, 407
중립 질문 140
중립적 140
중심 청자 389
중심의미 175
중의문 286
중의성 267, 285
중의성 검사 304
중의성 해소 295
중첩 반의어 482
중화 184
지배영역 212
지시 39, 46, 498
지시 표현 303
지시 행위 426
지시물 36, 39, 230

지시설 36
지시성 213
지시적 모호성 301
지시적 중의성 492
지표적 표현 498
직시 373
직시 방향어 398
직시 표현 374
직시의 동시성 391, 499
직시의 중심 375
직시의 투사 377
직접 하의관계 154
직접 행위 279
직접발화행위 429
진 반의어 482
진단 성분 104
진리론 27
진리조건 27, 46, 335
진리조건설 46
진리조건적 의미론 335
진리치 46
진리치 공백 321, 493
진리치 동치 공식 335
진술 404, 418
진술 행위 425
진술발화 418
질료적 함언 344

/ㅊ/

차별성 133
차이 144
차재은 484
차준경 484
착용동사 108
참여자역 490

참조점 212
참조점 능력 211
창조성 112
처리 노력 462
천주교 406
철학적 의미론 22
청각영상 38
체계적 다의성 485
체계적 대조 104
체계적 부분 158
체이프W. Chafe 25
체험주의 28
초점 284
촘스키N. Chomsky 24, 93, 113, 200
최경봉 166
최명옥 92
최적의 적합성 463
추론 435, 465
추론 모형 505
추상명사 37
추상어휘 114
출발점 251
충고 발화 423
취소 가능성 454, 460
측정 명사 140
측정 형용사 140
치난테어 500
친교적 행위 50
친족 명칭 22
친족어 82

/ㅋ/

카노이A. Carnoy 20
카르납R. Carnap 22, 333, 364
카르스톤R. Carston 505

카투넌L. Karttunen 365
카츠J. J. Katz 369
카츠J. J. Katz 24, 93
캄프H. Kamp 26
켐프슨R. M. Kempson 31, 98, 194, 304
코드 모형 505
코르지브스키A. Korzybski 22
코베트C. Corbett 499
코세리우E. Coseriu 21, 66
코펜하겐학파 473
쿠스트H. Cust 472
쿠퍼W. E. Cooper 383
퀘베체스Z. Kövecses 487
크루스D. A. Cruse 154, 157, 168, 477, 484
크리마E. Klima 24
키넌E. Keenan 495

/ㅌ/

타갈로그어 407
타당성 검증 98
타동사문 252
타르스키A. Tarski 22, 333
타이어 407
탈미L. Talmy 28
태 252
터기D. Tuggy 484
터너M. Turner 200
터키어 83
토템 235
통사구조 116
통사규칙 256
통사론 364
통사부 338, 351
통사적 구성 255
통합관계 64, 65, 66, 199

통합적 장이론 66
투사규칙 93, 473
트루베츠코이N. S. Trubetzkoy 473
트리어J. Trier 21, 62, 67
트리어-바이스게르버 이론 478
특수 어휘에 의한 높임법 405
특수성 32
특정대화함축 447
틀 28
틀의미론 28

/ㅍ/

파롤 203
파생의미 176
파울H. Paul 20
파티B. Partee 334
판단 동사 326
퍼스J. R. Firth 44
펀자브어 500
편향적 140
평면적 분절 74
평서문 414
폐어 129
포더J. D. Fodor 24, 93
포르지히W. Porzig 63, 76
포섭 150
포섭관계 150, 214
포용 77
포콘니어G. Fauconnier 200
포함한 우리 387
표준 발화 391
표준 위치 400
표준발음법 185
표준이론 24, 113
표준함축 438

표현 행위 427
표현적 기능 50
표현적 의미 51
푸체욥스키J. Pustejovsky 23
풀어쓰기 275
풍부하게 하기 485
프라그학파 473, 490
프레게G. Frege 256, 333
프롬킨V. Fromkin 478
플라톤Platon 18
피동문 278, 284
피지어 499
피터스S. Peters 27, 334
피행위자 490
필모어C. J. Fillmore 25, 377
필수 성분 480
필수적 성분 249
필요충분조건 335
페리J. Perry 25
펠바움C. Fellbaum 23

/ㅎ/

하니쉬R. H. Harnish 26
하마완드Z. Hamawand 117
하아제F. Haase 19
하야카와S. I. Hayakawa 22
하우사어 382
하위 전체어 484
하위어 152
하의관계 150, 159
하의어 152, 169
한 자리 서술어 250
한국어 83, 404, 407
한국한자음 182
한자어 125, 131

한정 명사구 324
한정 표현 324
함언 343
함의 100, 154, 268, 309
함의 관계 27, 333
함의규칙 102
함의된 문장 310
함의한 문장 310
함축 26, 434
함축된 가정 468
함축된 것 435
함축된 결론 468
합성성 원리 256, 337
항위명제 347
항진명제 347
항진성 265
해석 48
해석 모형 354
해석의미론 25
해석자 364
핸크스P. Hanks 24
행동설 41
행동주의 이론 41
행위주 250
허발 478
현상적 동음이의어 485
현저성 211
협력 원리 436
형성 규칙 338, 351
형식언어 27, 333
형식의미론 22, 27, 333
형식화 106, 256
혼L. R. Horn 458
혼성 이론 200
혼의 등급 460
홍재성 250

화시 498
화용론 26, 30, 363
화용론적 전제 330
화용주의 368
화자 의미 369
화자 전제 495
화제 262
화행 413
화행이론 413
확대표준이론 25
확장 234
확장의미 176
환언 142, 272
환유 178, 198, 199
환유적 사상 213
활성화 171
황Y. Huang 366, 407
후건 343
후방 조응 410
훔볼트W. von Humbolt 21, 64
힌두어 407, 500

기타

'Fido'-Fido 이론 475
I-원리 459
I-함축 460
M-원리 459
M-함축 461
NSM 이론 117
Q-원리 458
Q-함축 460
R-원리 458
[TREEHOOD] 36
T/V 구별법 407

저자 윤평현

전남대학교 국어국문학과 명예교수, 문학박사

전남대학교 국어국문학과 교수 역임
조선대학교 국어국문학과 교수 역임
중국 푸단대학復旦大學 초빙교수 역임
국어국문학회 대표이사, 한국어의미학회 회장 역임

저서 『현대국어 접속어미 연구』(2005), 『국어의미론』(2008), 『국어학의 이해』(공저, 2008),
    『국어의미론 강의』(2013), 『국어의미론의 새로운 인식과 전개 1·2·3』(공편, 2016) 등 15권

논문 「국어 소형문의 발화행위」, 「<혼불>의 상징어 고찰」, 「국어 접속어미에 의한 가정표현
    고찰」, 「한국어 접속어미의 의미」, 「의미이론과 한국어 교육」 등 100여 편

새로 펴낸 **국어의미론**

초판 1쇄 발행 2020년 8월 27일
초판 2쇄 발행 2021년 2월 27일

저 자 윤평현
펴낸이 이대현
편 집 권분옥
디자인 안혜진

펴낸곳 도서출판 역락
주 소 서울시 서초구 동광로 46길 6-6(반포4동 문창빌딩 2F)
전 화 02-3409-2060(편집부), 2058(영업부)
팩 스 02-3409-2059
등 록 1999년 4월 19일 제303-2002-000014호
이메일 youkrack@hanmail.net

ISBN 979-11-6244-553-2 93710